浙江省哲学社会科学规划项目成果（项目编号：11JCWH09YB）

教育部人文社会科学研究项目成果（项目编号：13YJA720028）

杭州师范大学人文社科振兴计划资助出版项目（项目编号：201808）

朱晓鹏　赵玉强　著

# 平民哲学与社会发展

南宋浙学精神
及其现代价值

## CIVILIAN PHILOSOPHY AND SOCIAL DEVELOPMENT

THE SPIRIT OF ZHEJIANG THOUGHT
IN THE SOUTHERN SONG DYNASTY AND ITS MODERN VALUE

社会科学文献出版社
SOCIAL SCIENCES ACADEMIC PRESS (CHINA)

# 序言　论从传统文化到现代文化的创造性转化

　　从当代的视野来看，中国文化发展的现代化，首先是一个从传统文化到现代文化的创造性转化过程，但实际上它就是一个"中西古今"的融合贯通过程。也就是说，它既必须打通"中西"，又必须对接"古今"，并最终实现从传统文化到现代文化的创造性转化和现代思想文化的创新。具体来说，要通过这种"中西古今"的融合贯通实现从传统文化到现代文化的创造性转化，就至少要从以下几方面展开和努力：一是必须对中国历史上的基本原典以及重要思想文化现象作深入的解读研究。二是努力挖掘传统思想文化的价值及其意义。三是实现历史追溯与思想探索的紧密结合，即"史"与"思"的统一。四是要致力于探讨传统思想文化的多方面、多层次的重要的现代价值和现代意义。只有这样，在当今现代化和全球化的历史潮流中，民族复兴和中国文化的重建才既可以有其具有普适性的现代性坐标，也可以找到自己独特的民族性基础。

一

　　一般而言，所谓"传统"的最明显、最基本的含义就是指那些世代相传的东西。① 而传统文化作为在过去一个较长时期内形成的比较稳定而又世

---

　　① 参见爱德华·希尔斯《论传统》，傅铿、吕东译，上海人民出版社，2009，第 12 页。

1

代相传、延续至今的观念、习俗及各种相关的精神产品，它往往与过去的历史、已有的权威和固定化的模式相关，因之也就易于呈现为神圣的、保守的甚至落后的形象。尤其是随着现代的"进步"观念的普及，人们较多习惯于把"传统"与"现代"相对立，把"传统"视为"现代化"的障碍，因而需要予以否定。"对于进步主义观点来说，传统包含着阻止发展、阻止把科学和理性运用于人类事务中去的全部因素"。① 与这种激进主张不同的是，现在已有越来越多的人认识到，"无论是哪种类型的现代化，关键都在于传统性和现代性的互动"。正是"由于传统性和现代性之间缺乏足够的兼容能力，欠发达国家在现代化进程中不断出现中断"。② 因此，在一个国家从传统社会走向现代化的过程中，并不存在要不要传统文化的问题，而是如何构建起连接传统文化和现代文化的融合通道，实现传统性和现代性的兼容、互动问题。

中国是世界上少有的有着数千年延绵不绝的文明史的国度。中国数千年的文明史为我们留下了丰富悠久的思想文化传统，面对这种传统的思想文化，正在进行现代化探索的当代人当然有责任也有必要予以继承和发扬，把它们引入现代社会。但是，这实际上需要我们认真思考这样两个重要问题或者说它实际上可以具体化为这样两个重要问题：一是我们究竟要继承哪些传统的思想文化？二是应该如何继承这些传统思想文化？

就第一个问题来说，任何社会的传统都不可能是单一的，而是必然包含了多样性的内容。如在中国先秦就有儒、道、法、墨各家；在南宋思想界就并存着理学、心学、浙学等多种思想传统，还有民间的信仰、习俗等文化传统。那么，我们今天到底应该继承哪些传统文化呢？显然我们今天对传统思想文化的研究、继承和发扬，并不是要简单地向所有传统回归、让所有传统复活，而归根结底是为了有益于现代人的生存和思考，是为现时代以及未来人们寻求一种更合理、更有意义的生活服务的。因此，对传统思想文化的继承要侧重传统思想文化中那些具有恒久生命力和普遍性价值的成分以及那些

---

① 爱德华·希尔斯：《论传统》，第 7 页。
② 西里尔·E. 布莱克：《比较现代化》，杨豫、陈祖洲译，上海译文出版社，1996，第 20、23 页。

可以回应现时代问题及重建当代思想文化的丰富可贵的精神资源，使之成为中国社会从传统向现代性转换过程中应予以借鉴依凭的一个特有的民族性基础。只有这样，在当今现代化和全球化的历史潮流中，民族复兴和中国文化的重建才既可以有其现代性坐标，也可以找到自己独特的民族性基础。

就第二个问题来说，应该如何继承上述这些传统思想文化？这实际上涉及传统思想文化现代化或作用于现代社会的思想文化、社会生活的具体途径、方法问题。我认为，传统文化与现代文化的融合互动的最主要路径就是实现传统的创造性转化。由华人学者林毓生教授最早提出的"创造转化"的观念，近30多年来已经在国内及海外华人的文化圈、学术界被普遍接受。创造性转化意味着从现代的维度来观察、研究传统思想文化问题。它不但要以此克服五四新文化运动以来西化派与传统派的长期对立与纠葛，也要求超越可能缺乏自信的"中国传统思想如何现代化"的命题，将一百多年来学者们有关思想变革的看法，导入至少在心态上是一种相当健全的方向。正如韦政通先生所说的，"创造转化"思想的精髓，不但对中国的思想传统在态度上应批判地继承，对西方文化也应做到批判性吸收，彻底消除以往"我族中心"或"西方中心"文化交流上的不平衡、不理性的状态。[①]

按照这一思路，从传统文化到现代文化的创造性转化，就不仅仅涉及"古今"问题，还涉及"中西"问题。正因此，有关中西古今之争成了中国近现代一个最重要的文化主题。一个多世纪以来中国的文化思潮与文化论争，大多是围绕古今中西关系而展开的，从中体西用论、西化论、五四新文化运动，一直到20世纪80年代以来的文化热，这一主题都不断再现。这种中西古今之争的实质是如何理顺文化的民族性与时代性、本土文化与外来文化的关系，从而解决任何后发展中国家在迈向现代化过程中都必然碰到的现代文化的重建问题。

不过，从历史形态看，这样一个复杂的"中西古今"问题，首先碰到的就是严酷的"中西"冲突问题。从19世纪中后期开始，中国人在面对遭

① 参见韦政通《中国思想传统的创造转化》，《韦政通自选集》自序，云南人民出版社，2002，第1页。

受西方列强坚船利炮的侵略和先进科学技术及文化的强烈冲击后所产生的严重的文化危机时，首先提出了"中体西用"论，即以西方先进的科技之用补救中国固有文化之体，试图以此作为实现从传统到现代的创造性转化的主要应对之策。但是这种"中体西用"模式是注定行不通的。因为中国传统社会是一个以小农为主导的农业社会，近现代社会在本质上是以大工业生产为主导的工业化社会和以商业生产和交换为主导的市场化社会。显然，这两种社会的主导价值观和文化形态是存在巨大差异的。这种差异不仅仅是空间分布上的不同类型，更体现了时间纵向上的不同发展序列。中国传统社会文化是典型的古代社会文化形态，而西方近现代社会文化则是现代性社会文化形态，他们之间有着质的区别，中西异质文化和异质社会造成的这种"中西之别"在很大程度上也就是"古今之别"。所以，如果说"中体西用"论还基本上把中西方文化定位为不同的文化类型，甚至骨子里还把中国传统文化看作高于西方文化之"体"，那么，自甲午战争、戊戌变法失败证明了"中体西用"论完全破产后，随之兴起的西化论、新文化运动等则已将"中西之争"进一步演变成了"古今之争"，即将中国传统社会文化看作停留于中古阶段的社会文化，而西方近代以来的文化则被视为代表着人类新的文明方向的现代文化。① 因此，中国近现代"向西方学习"的过程也就并不仅仅是被当作不同文化之间模式、典范的"转型"，更被视为社会文化在整体层面上由传统向现代的演进、变迁。正如冯友兰所说："一般人心目中所有之中西之分，大部分都是古今之异。所以以近代文化或现代文化指一般人所谓西洋文化是通得多……我们近百年来之所以到处吃亏，并不是因为我们的文化是中国的，而是因为我们的文化是中古的，这一个觉悟是很大的。"②

从文化发生学来看，上述观念演变是有其合理性的。中国近代以来的中西文化冲突实质上是在不同历史阶梯上的文化冲突：近代中国还是传统文化的世界，但它面对的已不是西方世界的传统文化，而是近现代文化！这样一种以传统文化对抗现代文化的战争，当然是难免失败的。所以我们不能简单

---

① 参见朱晓鹏《从"中西之争"到"古今之争"——中国传统社会文化的近现代变革》，《河北学刊》2006年第2期。

② 冯友兰：《冯友兰学术论著自选集》，北京师范大学出版社，1992，第156页。

地对中西文化作出好坏优劣甚至先进落后的价值判断。就一般而言，任何一种文化的价值及其效用都不可能是无限的，而是必有其核心与边界。根据经济学上的"边际效用"原理，一种东西的价值及其效用将会呈现从核心到边界的递减规律。因此，要对各种文化的价值及其效用进行正确的判断，必须首先对不同文化划分出其合理的"价值边界"，从而认识到不同文化既有其核心价值，也有其"价值边界"。在这种"价值边界"，其文化的价值及其效用很可能十分微小甚至归零。根据这一道理，我们要对中西文化作出正确的价值判断，也必须首先对中西方不同文化划分出合理的"价值边界"。就中国传统文化来说，尽管在其"价值边界"以内，有其曾经十分辉煌、灿烂的核心价值，但是一旦超出了其"价值边界"，其效用可能就不行了，因为它已经与其相适应的特定的社会文化环境、历史条件相脱节，所以无法发挥其应有的效用。如传统伦理道德主要滋生并适应于以血缘宗族关系为基础的乡土社会、"熟人社会"，但显然已经不适用于现代高度流动性、平等化的工商社会、"陌生人社会"。这样来看，我们不能简单地说传统文化失效了，因为实际上是它已超出其适应范围。而面对现代高度流动性、平等化的工商社会、"陌生人社会"，必须进行与之相适应的伦理道德的重建。

## 二

如上所述，从当代的视野来看，中国文化发展的现代化，首先是一个从传统文化到现代文化的创造性转化过程，实际上它就是一个"中西古今"的融合贯通过程。也就是说，它既必须在空间维度上打通"中西"，又必须在时间维度上对接"古今"，并最终实现从传统到现代的创造性转化和现代思想文化的创新。

一方面，必须打通"中西"。要求打通"中西"并不意味着现代化是简单的"西方化"。因为实际上任何文化形态的更新发展都离不开以原有文化主体的积累作为有效载体，也离不开原有文化主体的积极参与作为内在动力。中国传统的思想文化能够延续发展几千年的顽强生命力也使它完全具备作为文化更新发展的有效载体和内在动力的主体资格。历史事实表明，一种具有丰富独特的民族性、地域性色彩的文化越是具有活力，在世界文化舞台上就越能够散发出独有的魅力，从而越容易具有世界性的地位和影响。因为所谓世界历史和世界文化也就是由这种丰富的富有活力的多样性文化组成的。所以，无论是"中体西用论"还是"西化论"，都无法最终有效地解决中国传统思想文化的现代化问题。这样要实现从传统到现代的创造性转化，对中国固有的丰富悠久、深刻博大的思想文化传统首先应该有深入准确的了解，这几乎是不待言的。但是仅仅如此显然还不够。要知道我们已经生活在东西方文化广泛交融甚至文化全球化的时代，不论承认与否，我们都已经受到西方文化的深刻影响。西方文化在从传统到现代的文化形态的更新发展上先走了一步，因此具有示范作用，可以说西方文化已经作为一个重要的参照系存在于我们的面前，这是我们所无法回避和漠视的事实。更何况，一百多年来西方文化对中国文化产生了非常巨大的冲击，以致造成了中国原有的传统社会秩序和文化体系崩溃的严重社会文化危机。因此，如何看待中国传统文化和西方现代文化及其关系就成了一个十分迫切的问题，整个近现代中国的思想文化论争首先是围绕着这种"中西之争"展开的。作为造成了中国近代社会文化空前严重危机的外来异质文化，正可以对中国思想文化从传统到现代的创造性转化形成必要的张力。

思想文化的转型一般有两种模式：一种是主动的自我更新，如明清之际的思想启蒙运动、西方的现代化运动；一种是被动的诱致性变迁，如近代中国文化的变革。不过，在现代社会文化条件下，特别是全球化进程加速推进的世界里，上述两种模式几乎都不可能单独发生和成功。真正成功有效的思想文化的现代转型，往往都需要两种模式的交互作用，最后形成由被动的诱致性变迁导致的主动自我更新，从而实现从传统到现代的创造性转化。因此，我们实际上要对西方文化有很深的了解和吸收，使西方异质文化和中国固有的传统文化相互融合，才可以做重建传统的创造性工作。而且西方文化作为一种异质文化，能使人对自己原有的文化圈产生"距离"，从而有利于对其进行更清醒、理智的审视和批判。可以说通过吸收异质的西方文化而达到对传统文化的批判是现代思想文化创造的一个重要途径。总之，现代思想文化的真正发展，绝不是在原有封闭的文化体系中的自我爬行，而必须放眼世界，以全球化的眼光、以海纳百川的宽阔胸襟来对待一切外来文化和先进文化，以人之长，补己之短，勇敢地融入浩浩荡荡的世界历史进程中去，创造出中西文化会通融合的现代新文化。这既是文化变革的内在要求，也是文化发展和创新的必要条件。中国近代著名思想家康有为、严复、谭嗣同、孙中山等都主张中西文化不同程度的会通融合。康有为在戊戌变法时提出："泯中西之界限，化新旧之门户。"① 严复则指出："必将阔视远想，统新故而视其通，苟中外而计其全，而后得之。"② 孙中山也强调："发扬吾固有之文化，且吸收世界之文化而光大之，以期与诸民族并驱于世界。"③

另一方面，必须对接"古今"。如前所述，古与今、传统与现代并不是二元对立、非此即彼的，思想文化的转型不是要通过彻底否定传统、抛弃传统来实现的。因为社会及文化的发展有一些共通性，现代社会文化的发展也需要植根于传统的活力，需要从传统中吸取有用的资源；现代文化的发展还可以从传统文化的形成、发展的机制和理路上吸取有益的经验教训。所以任何文化形态的更新发展都不可能是在一个文化"废墟"或"空地"上出现，更不可能直接通过文化移植或文化替代来实现，而是必然要在原有的文化基础上进行文化重构。但是，中国传统文化毕竟又是适合于传统社会这一特定时代的精神产品，它更多地具有过去的历史时代的特征，反映着以往社会文化的需要，体现了一种历史性的维度。在某些时候，传统本身的丰富性恰恰有可能成为人们大胆地走向未来的沉重包袱，以至于让"死的拖住活的"。如有些海外学者就指出，晚清政治改革失败的一个重要原因就在于当时的改革者们没有利用现代民主权利原理彻底否定作为帝国政权合法性基础的天命论，却大力求助于《孟子》或其他儒家早期典籍中蕴含的自由主义因素，所以，"从一种重要意义上来说，可能正是中国政治思想本身的丰富性和完善性——不管它具体实现到何种不完善的程度——构成了它走向现代化的障碍"。④ 这说明任何社会由"古"到"今"、从传统向现代的变迁都很难说

① 康有为：《康有为政论集》（上册），中华书局，1981，第294页。
② 严复：《严复集》第3册，中华书局，1986，第560页。
③ 孙中山：《中国革命史》，《孙中山全集》第7卷，中华书局，1981，第60页。
④ 吉尔伯特·罗兹曼：《中国的现代化》，江苏人民出版社，1988，第62页。

会是直线性的，更不是自然而然地过渡的，而可能充满了反复性和复杂性。因此，思想文化的转型需要建立现代性的维度，从现代人的需要和眼光对传统进行分析和反思，剔除传统中消极的、不合理的成分，使它能赢得现时代更多人的心理认同、文化认同，获得更多更大的文化包容性，体现出思想文化的时代性、世界性。当然，更重要的是，要以思想文化的创新来实现传统思想文化与时代性、现代性的对接。继承的目的是创新，离开了创新，文化变革也就失去了其本来的意义。只有创造出符合现代社会生活特点和需要的新文化，传统思想文化的现代转型才能算是成功的，才可以说是从传统到现代的创造性转化。因此，要弘扬中国的传统思想文化，至少要具备现代的基本的能力、基本的知识和思考的训练，要有明确的现代意识。在这个基础上，去消化传统的思想，去思考传统的问题，去审视传统的思路，给传统问题一个属于这个时代的解释，赋予传统以现代的生命，使它具有现代的意义。否则，如果仅仅以传统解释传统，就可能会由于它已经缺乏活泼泼的生命的承载而把传统变成一种僵化腐朽了的东西，甚至是让"死的拖住活的"东西。也只有如此，思想文化才具有真正的现代性。如前所说，如果说"中体西用"论还基本上把中西方文化定位为不同的文化类型，文化形态的更新发展过程被当作不同文化之间模式、典范的"转型"，那么，将"中西之争"进一步演变成"古今之争"之后，中国现代文化形态的更新发展过程也就被视为在社会文化的整体层面上要实现由"古"到"今"、从传统向现代的变迁。实际上，这样一个过程到现在为止仍然远未完成，中国思想文化的现代化仍然任重而道远。

## 三

具体来说，要通过"中西古今"的融合贯通实现从传统文化到现代文化的创造性转化，就至少还要从以下几个具体方面展开和努力。

一是必须对中国历史上的基本原典以及重要思想文化现象做深入的解读研究。以儒家、道家等为代表的传统思想作为中国文化史上辉煌灿烂的思想范本，是真实地体现出了民族文化的原型精神的文化符号，是中国传统文化中极为重要的基本组成部分，是以后的思想者可以反复从中汲取思想养料、获得思想启迪的重要精神资源。系统深入地研究这些重要思想能够帮助今人更好地理解一个文明的整体性质和特有的文化传统所具有的内在特质，即本民族的传统文化的内在精神、文化类型和理论思维的特点，理解其中所蕴含的各种核心价值和基本观念对于本民族悠久的文明发展所起的规范和导向作用。在具体的解读研究中，应该采取历史和逻辑相统一的方法。一方面，要对各种经典原著和重要史料包括出土文献做必要的考证、整理和诠释，因为对一些史料史实进行考证和尽可能提供深入确切的分析说明，切入对文本的具体诠释的深度解读研究，正是任何一种思想史的研究都需要的最基础的研究。为此，只有尽可能地"复原"或"再现"那些基本原典以及重要思想文化现象产生时的现实"语境"，重建它们在历史上的思想生态环境，才能够尽可能地与古代思想家进行超时空的交流、沟通和"对话"，从而实现较客观准确的理解和阐释。另一方面，由于任何原著和史料都不可能是一种僵死了的抽象理智的陈列、是一系列毫无生气也毫无联系的史料的堆积，而是一些体现了前人对自然、社会、人生、价值、理想等的理解和追求，以及表达、阐述这些思想、理论和信念的建构方式和概念系统，因而今人对以往思想的研究，除了应努力对那些原创性原典做全面的、富有新意的解读，甚至在微观上对一些重要的概念命题和史料史实做必要考证辨析之外，还应着重从学理上对那些原典及其思想展开多层次多角度的探析。也就是说，我们不能仅满足于对原著和史料包括出土文献的考证、整理和诠释，更应对古人通过那些具体的文本所体现出的思想和认识做深刻系统的理解和阐释，并且学习研究这些思想和认识生长发展的特有方法和途径即"如何思想"，努力揭示那些基本原典以及重要思想文化的基本内涵、主要精神及其固有价值和意义。尽管它们难免还会掺杂有我们今天的阐释者"自己的理解和阐释"，但这种从考据与学理、文本结构与逻辑结构、宏观与微观、内在逻辑与历史发展相统一的多元化角度对传统思想文化的理解、把握，无疑十分有利于从整体"原生态"上、从活生生的思想有机体上来贯穿和统揽整个传统思想的理解和阐释，以此尽可能构建、复原那些真实的传统思想形象。

二是努力挖掘传统思想文化的普适价值及其意义。大凡人类历史上重要的思想文化体系，都具有时代性和普遍性双重属性，也就是说，它既能够适应当时当地社会环境的需要，又或多或少包含有某种超时空的价值。而思想文化中的这种价值，正是根源于人类面临的生存环境和生存方式的共同性，根源于人类对超越自然、实现人性的共同追求。它往往构成了人类文明发展的基础，体现了某些人类生活的共同准则和人类道德价值的底线或理想。中国是文明古国、礼仪之邦，其悠久传统所体现的深厚的文化积淀，往往就具有极丰富的价值。特别是其中所蕴含的丰富的人生智慧、生态伦理观念、道德礼仪文化，可以说是中华民族传统文化贡献给人类社会的最具有价值的文明成果之一。这些丰富的人生智慧、生态伦理观念、道德礼仪文化，在剔除掉其中不合时宜的一些具体历史内涵后，作为观念样式，它们确实仍具有某些超时空的价值，兼有时代性和普遍性的双重属性。随着我国经济实力的飞跃和社会发展水平的巨大提升，对于这些具有普遍价值的传统文化精神，我们不仅要敢于公开承认，更应该大力予以宣示和传播。可以相信，今后它们将会越来越多地受到世界各国人民的尊重，也会发挥越来越大的影响。

当然，注重传统思想文化的普遍价值并不意味着排斥传统思想文化自身往往特有的地域性、民族性、本土性的价值，相反，如前所述，在文化上，往往越是民族的，就越是世界的。从世界文化发展史上来看，正是丰富多样的民族性、地域性文化组成了所谓世界文化。譬如，就中国思想史上的南宋浙学而言，即使是其作为当时一种非主流的、地域性的甚至被边缘化的思想学说，也不见得仅仅具有有限的地区性的意义，其中有可能蕴含了当时主流文化、正统社会还无法理解和包容的新的价值观。因此，研究具有独特的地域性、民族性、本土性价值的南宋浙学等中国传统思想文化不但对于研究特定地域的传统思想文化与当时的整个思想文化及经济社会发展的关系以及地域性与全球化、区域文化与普遍性文化等的关系，都是非常有意义的，而且对于探讨那些独特的区域文化传统中所蕴含的根本性"本土性问题"及其解决方案在中国思想史上的重要价值和地位，探讨在目前日益全球化背景下重新评估"地方性知识"的意义和普遍性价值，以及当代问题意识下思想文化的本土化途径、传统文化的现代化路径等问题都会富有启迪作用。因此，对多元化的思想文化生态的宽容正是一切思想文化发展的必要空间和根本保障。

三是实现历史追溯与思想探索的紧密结合，即"史"与"思"的统一。例如哲学的思考不同于其他学术研究的一个重要特点就是它离不开对以往哲学史的研究，正如黑格尔所说的，哲学是哲学史的总结，哲学史是哲学的展开。从一定意义上说，哲学就是"史"与"思"的结合。哲学作为一种"思"，总是在过去"思"的积累基础上进行的，因此，哲学史作为过去"思"的积累，其本身就构成了哲学之思的一个基础，是与我们现在的"思"密切相关的一种"活"的历史。任何新哲学的重建总是以不断地反省以往哲学为自己的前提。因此，哲学史上曾出现过的那些哲学思想，特别是那些具有原创性的重要哲学思想，就成了后人需要不断返回驻足的思想原点，成了以后的思想者可以反复从中汲取思想养料、获得思想启迪的重要精神资源。正因此，我们必须以丰富全面的历史材料、经典文本作为基础进行扎实的研究。但是我们又必须站在现代的前沿，以对现实社会和人生重大问题的关切为基点，从"以道观之"的形而上高度作为视点来推进理论的智慧之思，以史和思的联系来展开其所思的维度，以求在融通古今中西原创的思想智慧基础上以"既济"来支撑"未济"，使任何当下的思想探索都既有充分的历史厚度，又始终能有一种面向未来、保持开放的态度。显然，这样一种态度，在今日中国思想文化长期丧失本位状态的情况下，应该是对于传统思想文化的一种真正意义上的批判继承态度，也是一种在"会通以超胜"的开放视域和总体取向中的思想创新之路。

四是要致力于探讨传统思想文化的多方面、多层次的重要的现代价值和现代意义。思想史研究的一个重要意义还在于它能够为当代的思想文化的研究和创新提供可以借鉴的宝贵资源。因为传统思想文化并不是一种只能供博物馆展览的"化石"，它仍具有许多"活的精神"，仍具有多方面、多层次的重要的现代价值和现代意义，值得现代人去深入挖掘、阐发和借鉴。所以传统思想文化研究的一个重要使命是必须以现代意识和批判精神去审视那些传统思想文化，以较广阔的视野、较大的包容性和必要的前瞻性深入地分析其所具有的现代意义及其局限性，努力做到在现代人的视野中分析把握古典思想，以现代批判意识去重新评判传统精神，努力从各个不同的角度研究探讨传统思想文化中含有的现代价值和现代意义。而且,形而上的沉思不能疏离形而下之域,任何理论探讨本来就不能局限于单纯的形而上的沉思,而应该切入现实的形而下的生活世界中去,在其中去关注社会生活的本质、发现现实中的根本性问题,然后利用各种思想文化资源寻求解决这些问题的思路和办法。从这个意义上说,传统思想文化的现代价值正是主要取决于它们能够在多大程度上利用这种思想文化资源发现现代社会生活的本质、解决那些根本性问题。

总之,将传统思想文化与时代性、现代性有效对接,有利于我们以开放的心态、兼容并包的气度、综合创新的精神,通过中西方多种不同文化、思想的融合会通,为传统思想文化的现代性转换和重建探索出新的境域,也为在实践上构建一种人类社会的新的生活方式和更合理的文明形态而提供自己特有的精神导向作用。为此,我们要以现代性的维度为参照系来评价和探求传统思想文化的现代价值,既要发现其与现代化、现代社会的契合性,并予以现代阐释和对接会通,也要发现其与现代化、现代社会的异质冲突性,并予以梳理过滤、筛选改造等,从而最终努力挖掘和转化传统思想文化中所蕴含的价值及其现代意义。而显然,从传统文化到现代文化的创造性转化乃至思想文化的真正创新也就体现在这样一个过程中。

# 目　录

# 绪　论

　　早在 7000 多年前就已建立起足以与黄河流域的文明相媲美的灿烂的史前文明的浙江文化，在中国历史上一直具有自己鲜明的文化特色和杰出的文化贡献。无论是先秦还是汉唐，浙江的经济文化一直在稳步发展，尤其是自宋代以来，更是进入了空前的繁荣状态，并因此造就了许多杰出的大思想家和影响巨大的学说或学派，如王充、吕祖谦、陈亮、叶适、王阳明、刘宗周、黄宗羲、全祖望、章学诚和天台宗、事功主义、阳明学派、浙东史学等在中国哲学史、思想史上都占据了十分重要的地位。浙江历史上在哲学、思想文化领域所取得的辉煌成就与浙江这一特定的地域及相关的人文背景是紧密关联的，不能不带有自身的独特气质和面貌，是一种具有自己的丰富生动、超凡卓绝的内涵的"浙学"。从思想学术史上揭示这种具有地域文化属性的浙学的精神传统及区域人文社会的内在关联性，梳理出其内部演进的思想谱系和价值意蕴，探寻其在当代延续伸展的生长点和可行路径等，当是一件具有多方面意义和价值的工作。南宋浙学的研究一直是中国哲学史、学术思想史上的一个重要议题，虽然以往的有关研究对此做了很重要的资料积累、某些学术思想史梳理和概括，但目前这方面的研究还有许多不足。我们有必要通过厘清若干思想学术史上的是非和模糊之处，探求南宋浙学独特的思想内涵、历史作用和现代价值，挖掘出南宋浙学及整个浙学中所蕴含的根本性的"本土性问题"及问题意识和解决方案，揭示其所具有的重要的现代性意义和价值。

# 一 南宋浙学的研究现状

以往人们对"浙学"概念的理解，有一个很大的局限性，即局限于主要指南宋以陈亮、叶适等为代表的事功之学或清代以黄宗羲、章学诚等为代表的浙东学派，却还不是一个能包括南宋事功之学和清代浙东学派的统一性概念，更不是一个能够涵盖整个浙江历史上的学术思想的统一性概念。有鉴于此，我们不妨把原有的"浙学"概念加以改造扩展，使之成为一个不仅能包括南宋事功之学和清代浙东史学的统一性概念，而且是一个能够涵盖整个浙江历史上的学术思想的统一性概念，即浙江自古以来那些杰出的思想家和影响巨大的学说或学派，上溯古越文化、下迄浙东学派，都应属于"浙学"的范围。显然，这是一个广义的"浙学"概念。这样，准确地说，南宋以陈亮、叶适等为代表的事功之学就可以不再简单地被称为"浙学"或浙东学派，而应该称之为南宋浙学。南宋浙学既是传统浙学的延续和创新，更是传统浙学的主体，体现着一种文化传承和创新的浙学范型。

南宋浙学的研究一直是中国哲学史、学术思想史上的一个重要议题。从历史上黄宗羲、全祖望等人的《宋元学案》、章学诚的《文史通义》，到近现代学者何炳松的《浙东学派溯源》（1932 年）等，都对此做了很重要的资料积累、某些学术思想史梳理和概括。不过，国内学界真正深入研究这一课题，是从 20 世纪下半期特别是 80 年代以来开始的。随着对宋明理学、浙东学派、浙江思想文化史及若干相关个案研究的展开和一些重要原著资料的整理出版，本议题的研究获得了前所未有的推进。如早期王凤贤等著的《浙东学派研究》、周梦江著的《叶适与永嘉学派》《叶适评传》、方如金等著的《陈亮与南宋浙东学派研究》、潘富恩著的《吕祖谦思想初探》《吕祖谦评传》、董平等著的《陈亮评传》等，近期年轻学人王宇著的《道行天地——南宋浙东学派论》、陆敏珍著的《宋代永嘉学派的建构》等，近年出版的大型《南宋史研究丛书》《阳明学研究丛书》等研究专著，整理出版的《叶适集》《陈亮集》《陈傅良集》《薛季宣集》《周行己集》《吕祖谦全集》《王阳明全集》《黄宗羲全集》（含《宋元学案》四册）等一大批重要的原著、原始资料及《浙江文丛》《金华文献丛书》《温州文献丛书》等各地方文献丛书的陆续整理出版，召开的数十个浙东学派国际学术研讨会、叶适及永嘉学派国际学术研讨会、陈亮国际学术研讨会、浙学与浙江精神学术研讨会等大型浙学学术会议，编辑出版的《论浙东学术》《叶适与永嘉学派论集》《浙学研究集萃》《浙学研究论集》《浙学传统与浙江精神论集》等多部专题论文集，浙江省文化研究工程、浙江文献集成等大型文献整理和研究工程的连续推进等。这些学术研究活动和成果有力地深化了南宋浙学及整个浙江文化的研究，并在学术界产生了较大的影响，为今后的进一步研究提供了很好的基础。与此同时，本课题研究也受到了港台及国外学者的重视，他们也出版、发表了一些重要论著。如美国学者田浩教授所著的《功利主义儒家——陈亮对朱熹的挑战》一书不但深入细致地研究了陈亮思想的内涵和特质，而且开创了西方中国思想史研究界重视对非主流思想家的研究以至使其渐成主流研究的学术风气。①

　　总的来说，国内外学术界对本课题的研究还不够重视，虽然历年来的研究也取得了不少成果，出版、发表了不少专著、论文等，但是这方面研究中还存在一些不足和偏颇，即个案研究较多，整体性研究较少；地方性的各自研究较多，宏观性的统一研究较少；阐述性研究较多，以问题为中心的突破性研究较少。即使多达 50 卷的《南宋史研究丛书》中，也没有一部专门研究南宋浙学的学术专著，这不能不说是一大缺憾。特别是学术界对南宋浙学的形成、理论来源、思想归属、演变机制、总体脉络、思想特质等方面的系统研究仍然较为欠缺，也存在较多的歧见，如绝大多数学者都把南宋浙学看作儒学特别是程朱理学在浙江的传承、发展，以一种传统的泛儒学中心主义的观念或以朱陆为中心的学术史观来看待、描述南宋浙学的形成和演变及其思想归属等问题，表现了一种学术思想史观上的局限性。

　　此外，就南宋浙学对整个浙学传统和浙江精神的形成和发展的影响以及它对当代浙江乃至整个中国的经济社会发展、思想文化建设的现实意义来说，这方面的研究是直到近些年随着浙江及国内的经济社会和文化的快速发

---

① 田浩：《功利主义儒家——陈亮对朱熹的挑战》，江苏人民出版社，1997。

展和现代化进程加速推进而日益受到重视，凸显其研究的重要价值的。目前已有不少学者特别是浙江省内的学者开始进行有关的研究，取得了一些重要成果，如陈立旭等著《文化与浙江区域经济发展》《从传统到现代化——浙江模式的文化社会学阐释》，何福清主编《纵论浙江》，张仁寿、史晋川、陆立军等学者对温州模式、台州模式、义乌模式、浙江经济发展的文化动因等的一系列研究等，都对浙江区域文化资源对浙江经济社会发展的影响、浙江历史上的事功之学与当代浙江人较突出的讲求实效、自主创新的精神气质之间的关系等重大问题进行了富有价值的探讨，为本课题研究做了重要的积累。另外，韦伯命题、新制度学派、费孝通的乡土中国理论、儒家文化与东亚工业化研究、市场经济与文化发展的关系等一般性理论研究成果也为本课题研究提供了很好的理论参照和广阔的思想视野。当然，目前这方面的研究还有一些不足，如大部分研究偏重于各个内容的直接叙述比较，有简单化、雷同化之嫌，单篇的论文较多，专门性、综合性的学术专著较少；也缺乏从一定的理论系统和分析框架入手来深入系统地研究地域、环境、思想家的大传统与民间的观念民俗等的小传统、经济社会生活等诸因素之间的复杂互动模式、互动机制、传递转化演进路径等问题。尤其是需要通过厘清若干思想学术史上的许多是非和模糊之处，探求其独特的思想内涵、历史作用和现代价值，挖掘出南宋浙学及整个浙学中所蕴含的根本性的"本土性问题"及问题意识和解决方案，突破性地揭示其所具有的重要的现代性意义和价值。显然，这种研究对于探讨在目前日益全球化背景下重新评估所谓"地方性知识"的意义特别是对现代社会和文化精神的构建具有重要的价值，以及对探索当代西方学术思想的本土化途径等问题都是十分必要的。

## 二 南宋浙学研究的现代意义

南宋浙江是当时中国的政治经济文化中心，其思想文化成就对整个中国文化的发展影响巨大。浙江又素称"文物之邦"，具有悠久的历史文化积淀和思想学术传统，尤其是南宋的事功之学对于形成浙学传统和浙江精神乃至整个中国的思想文化具有重要作用，南宋浙学研究对南宋时期浙东事功之学的形成发展及其基本精神对整个浙学传统和浙江精神的形成和发展的影响，以及它对当代浙江及当代中国的经济社会发展、思想文化建设的现实意义的研究，具有重要的意义和价值。这无疑也是当代浙江学者应该自觉担当的历史使命，有利于弘扬优秀传统文化、建设现代新文化，促进当代的经济社会发展。

　　然而，从以往中国哲学史和思想史的研究来看，人们对南宋浙学的认识和评价存在比较大的差异，而且普遍对南宋浙学在思想史上的重要性和特殊意义认识不够，具体体现为：一是认为它只是一种非主流的、边缘化的思想学说，仅仅具有地区性的意义，其地位和重要性难以与同时期的朱陆诸学相提并论；二是虽然大多数人都承认陈亮、叶适等的浙学与以朱熹为代表的理学的分歧乃至对立，却又大多认为其没有超出儒学的范围，把南宋浙学简单地归入宋代儒学至少是传统儒学系统中去，从而看不到浙学思想所具有的独特性质和意义。显然，这些观点所体现出的处理思想史的方法实有简单化和非历史主义之嫌，既没有充分考虑到南宋浙学在思想史上作为一个独特个案所具有的复杂性，又没有把它放在一个具体的历史性的情景和过程中去加以把握，因而无法解读出其所具有的丰富蕴涵和思想特质，更难以理解其对浙学传统和当代浙江精神的形塑和发展所具有的重要意义。

　　实际上，我们如果从具体的历史的视角出发，真正深入探讨南宋浙学思想的特质及其意义，是不难发现其新的思想史价值和意义的。

　　从思想史上看，南宋浙学的价值和意义首先就在于它们超越了传统儒家泛道德主义的化约论立场，开创了在宋儒注重道德心性修养的价值关怀之外，构建新的政治、社会秩序的根本途径。在从北宋到南宋的思想文化传承演变中，由于受北宋熙宁改革失败及后来宋室灭亡的影响，南宋社会的主流思潮开始拒斥一切改革而逐渐转向保守和封闭，尤其是宋代理学所倡导的注重道德教化的性理之学一步步成为在社会现实中占主流地位的思想话语。南宋理学虽然有朱陆之别，但那主要是理学内部的区别，它们的总体特征还是一致的，即都严分理欲、崇尚修养，"皆谈性命而辟功利"（黄宗羲语），强调性命义理之学的优先地位，以修身内圣作为重建社会人心秩序的根本。而陈亮、叶适等事功之学强调经世致用、力辟空谈，反对将理欲、公私、义利切割为绝对对立的"两截",主张以实事实利、治世事功、制度建设作为评判伦理德性价值和挽救社会现实危机,重建政治、社会秩序的根本依据,从而开创了在宋儒思想的主流话语之外,把知识分子的知识关怀与现实事功、道德修养与制度建设紧密地贯通起来的新的政治、社会秩序构建的根本途径。这种贯通内圣外王的新的思想范式,从思想特征来说,属于事功主义的"经制之学",与宋儒的道德中心主义相对立;从学派属性上说,属于"浙学",与朱陆的"闽学""江西之学"相对应。与长期以来偃武修文、崇理尚德的内在化思潮在客观上往往导致保守、消极的社会影响相比,南宋浙学以其事功主义、"经制之学"有力地颠覆了原有的社会发展模式,以一种更切实、可行和有效的方式引导了具有新的近世化色彩的政治、社会秩序的创建路径。

其次,南宋浙学在开创构建新的政治、社会秩序的根本途径的同时,也开辟了一片完全不同于宋儒及一切传统学术的新的研究领域,构建了一条新的思想学术路径,具有自己鲜明的思想特色和创新性。实际上,南宋浙学把思想学术的主要兴趣转向了传统所谓外王之道的探讨研究,对历史和现实中的各种政治、经济、军事等制度问题、历史价值观问题、具体的财政税收等民生问题都展开了深入系统的研究,提出了对经济、政治、军事等各种问题的一系列主张和见解。最具有意义的是他们敏锐地发现了制度因素在社会变革中的重要作用,因而十分重视对历代各种制度的研究,力图通过对历史上各种制度的研究探讨"可措之于用"的制度建设路径。这就是南宋浙学不同于宋儒及传统学术的创新性。从思想史上看,不少学者还是认识到南宋浙学的这种创新性的。宋代陈振孙认为叶适的《习学记言序目》"务为新奇,无所蹈袭"。[1] 全祖望认为:"东莱之文献,艮斋止斋之经制,水心之文章,莫不旁推交通,连珠合璧,自来儒林所未有。"[2] 近人钱穆指出:"水心论学,实在要轶出当时正统理学之轨辙,另来一套新花样。"[3] 他们也正是在

---

[1]　陈振孙:《直斋书录解题》卷五《杂家类》,上海古籍出版社,1987,第313页。

[2]　全祖望:《鲒埼亭集内编》卷十一《梨州先生神道碑文》,《全祖望集汇校集注》,朱铸禹汇校集注,上海古籍出版社,2000,第220页。

[3]　钱穆:《中国学术思想史论丛》,安徽教育出版社,2004,第274页。

肯定了南宋浙学的创新性基础上，承认浙学是可以与朱学、陆学鼎足而立的重要思想学说。全祖望认为："乾、淳诸老既殁，学术之会，总为朱、陆二派，而水心断断其间，遂称鼎足。"① 其实，正如黄百家指出的，叶适、陈亮两派的思想最为接近，"俱以读书经济为事，嗤黜空疏、随人牙后谈性命者，以为灰埃"，故同被称为"浙学"。② 以至就连南宋浙学的主要论敌朱熹也一再地表示陈亮的思想"新论奇伟不常，真所创见"，"纵横奇伟，神怪百出，不可正视，虽使孟子复生，亦无所容其喙"。③ 叶适在评论陈亮时也说："其说皆今人所未讲，朱公元晦意有不与而不能夺也。"④ 这样看来，学术界长期以来把南宋浙学的思想属性归入传统的儒学系统中去，从而在实际上有意无意地抹杀了南宋浙学所具有的独特性质和意义，这是有简单化和非历史主义嫌疑的处理思想史的方法。尽管南宋浙学不同于宋儒及传统学术的创新性思想学术体系还不够系统完备，也不够深刻并且大多未能付诸实践，但是它已经是代表着传统学术思想向近代学术思想转换的范式，已具备近现代学科化、专业化学术思想的初步形态，为从传统社会向现代社会的根本转型提供了可贵的探索。而与此同时，我们也应以一种多元的、开放的学术史观重新解读和梳理浙学史，恢复其作为中国思想史上十分辉煌而独特的、富有光彩的思想学说的本来面目和应有地位，这在一定程度上是对一些传统的说法、"定论"的突破，对于重新理解中国哲学史、思想史，重新梳理、系统总结浙学史，发展当代浙学，都有重要的意义。

再次，通过研究南宋浙学可以进一步对浙学传统和当代浙江精神的形塑和发展加深认识，并且予以积极的推进。南宋浙学作为扎根于浙江这块大地上的思想学说，是真正来自草根的一种平民哲学，它充满了求真务实、讲求功利的实践理性追求，也富有传统文化中稀缺可贵的独立自主精神和包容开放精神。的确，在浙学历史上，这类浙江精神已成为一种普遍的社会文化现

---

① 黄宗羲：《宋元学案》卷五十四《水心学案上》，《黄宗羲全集》第五册，浙江古籍出版社，2005，第106页。

② 黄宗羲：《宋元学案》卷五十六《龙川学案》，《黄宗羲全集》第五册，第216页。

③ 陈亮：《陈亮集》（增订本）附录：《朱熹寄陈同甫书之二、之八》，河北教育出版社，2003，第283、288页。

④ 陈亮：《陈亮集》（增订本）附录：叶适《龙川文集序》，第417页。

象。浙学中的许多杰出人物往往都无所师承、不傍门户、异军突起、自致通达。他们不怕孤立，敢于突破传统、批判权威，虽处非主流、非正统，甚至被视为"异端"、怪物，也仍然能以"推倒一世之智勇，开拓万古之心胸"的豪杰气概和"狂者气象"，坚持创新，特立独行，提出了一系列新知卓识，从而形成一种可贵的浙学传统。① 而当代浙江的经济社会的较成功发展所展示出来的独立自主、勇于创新、讲求实效等浙江精神，不能不说正是这种浙学传统的一种继承和体现。由此也可见，南宋浙学思想的特有意蕴和价值并没有随着时间的流逝而消失，而是早已经积淀为我们以往的思想文化传统和精神气质的一部分，始终发挥着其应有的影响。南宋浙学思想实际上已构成可以对浙学传统和当代浙江精神的形塑和发展产生重要影响的基本思想资源之一。它还有利于解读"浙江现象"，推广浙江经验。针对当代浙江经济社会快速发展、"浙商"全面崛起等的"浙江奇迹"，以南宋事功之学为个案对浙学传统和浙江精神做追根溯源性的研究，有利于超越一般的经济文化层面去探讨产生"浙江现象"的哲学、思想等深层次的动因，寻求浙江和当代中国的可持续、和谐发展的精神动力。叶适、陈亮等人是中国历史上的著名思想家，虽然其事功之学早已成为整个中国文化传统中的一个重要组成部分，但由于叶适、陈亮等人的事功之学毕竟又是与浙江这一特定的地域及其相关的人文背景密切相连的，因而不能不带有自身的独特气质和面貌。可以说，南宋浙学思想既是浙江的思想文化精神传统及其独特的性格气质的典型体现，又反过来以其特有的思想内涵和精神气质，极大地丰富了浙江固有的历史文化精神，形塑了浙学的优秀传统。

最后，深入系统地研究南宋浙学的形成和发展过程、演进路径、它与地域环境、民间文化传统、不同的思想学说间的相互关系、互动机制等，厘清若干思想学术史上的是非，探求其独特的思想内涵、历史作用和现代价值，有利于挖掘南宋浙学及整个浙学中所蕴含的根本性的"本土性问题"及问题意识和解决方案，揭示其所具有的现代性和普遍性价值。显然，这种研究对于探讨在目前日益全球化背景下重新评估所谓"地方性知识"的价值特

---

① 参见朱晓鹏《浙学刍议》，《中国哲学史》2006 年第 1 期。

别及其对现代社会和文化精神的构建所具有的重要价值，以及当代问题意识下学术思想的本土化途径等问题都会富有启迪作用。浙学本身乃是一种具有初步的现代性的学术思想范式，因而它又自然地具有极深刻的现代性和普遍性价值，包含有可以导向现代理性和现代社会构建的丰富可贵的精神资源，如平等精神、制度建设、工商社会、市场经济、自然人性论、民本思想、批判意识、独立自主精神、自强自立的主体意识、秩序理念、市场意识与公民责任、理性原则、人文关怀、权利意识、主体性观念、追求功利实效、从道德人向经济人的转向、价值观上的世俗化取向等等。这些具有重要的现代性和普遍性价值的思想资源，无疑值得我们深入系统地研究挖掘，并标举出其在中国思想史上的独特价值和意义，推动当代中国社会尽快从传统社会向现代社会的根本转型和发展。

## 三　南宋浙学研究的方法问题

任何真正的思想家的思想和学说，都是针对着自己的问题而来的，而所谓"自己的问题"又是由自己所处的环境和条件，即已有的历史传统、现实的和思想的双重环境等因素构成的。因而我们要去解读一种思想、学说的内在意蕴和演进逻辑，就必须依循其据以产生发展的原有条件和环境进行。按照这种基本思路，南宋浙学研究应该力图把南宋浙学的形成、发展和它对整个浙学传统和浙江精神的意义、影响的研究，放在一个充分互动的关系模式中予以考察，即认为南宋浙学的形成和发展是历史上长期形成的整个浙学传统、浙江精神、浙江独特的自然环境、地域因素、民风民俗及当时的社会经济政治生活等因素综合作用的结果。而同时，前者也反过来给后者重要而持续的影响，形成了两者之间充分而良性的互动。所以，南宋浙学研究的一个重要任务就是探寻这种互动关系的内在机制、演化脉络及其所包含的多方面的价值意蕴。

美国人类学家罗伯特·雷德菲尔德（Robert Redfield）在其《乡民社会与文化》一书中提出，较复杂的文明中存在着两个层次的文化传统，即"大传统"（Great Tradition）和"小传统"（Little Tradition）。他把主要是由知识分子、思想家等少数人信奉和生产的精英文化称为"大传统"，把民间大多数人所奉行的民俗文化称为"小传统"。大传统主要依赖于典籍记忆，尤其是哲学、宗教、文学经典所构造的记忆、想象与理想而存在、延续。小传统主要以民俗、民间文化活动等"非物质"性的、活的文化形态流传和延续。南宋浙学作为一种"大传统"，其形成和发展就是在与"小传统"的良性互动中实现的。南宋事功学派的"讲求实效、注重功利"以及重视工商的精神无疑浸润于浙江民间的社会实践和思想观念中，是对当时当地普遍的社会心态的概括与提炼。大传统从小传统中找到源头活水。如果没有地方民间社会不求经、理，但求功利、注重实用以及重视工商的社会心理基础和社会背景，是难以产生与占统治地位的传统理学针锋相对的学术精神的。可见，发达的民间工商业无疑为浙东学派"讲求实效、注重功利"以及"重视工商"的精神提供了极其厚实的社会土壤。

另外，浙东事功学的"讲求实效、注重功利"以及重视工商的精神，不仅从民间得以提炼并为浙江地方民间的相应实践活动提供了理论依据，而且经过广泛的传播，又反过来深刻地影响了浙江地方民间心理。随着岁月的流逝，在浙江历史上形成的"讲求实效、注重功利"以及重视工商的精神，构成了浙江人的"遗传因子"，这对改革开放以来浙江经济体制变迁的演进轨迹也不可能不产生深刻的作用。正如诺斯所说，价值信念、伦理道德、习惯以及意识形态等统称为文化的东西即非正式制度安排，是影响经济体制演进轨迹的重要因素。

南宋浙学的学者们之所以能与民间形成良性的互动关系，一个主要原因在于其思想学术性格本身就具有特别强烈的平民性，可以说，平民性正是浙江思想家的一个突出特点！故而其思想能够来自民间，又很容易地回到民间、作用于民间。事实上，这也是当代浙江经济社会快速发展的奥秘之一，如浙江经济以中小企业、民营企业为主力军，表现为典型的"老百姓经济"；大多数改革都得益于"自下而上"的推进，是一种诱致性的制度变迁，等等。从这个意义上说，浙学也可以说是一种平民哲学、"草根哲学"。这种平民哲学正适合宋以来由工商业不断发展、世俗化日益加强而导致的平民化趋势愈来愈明显的浙江社会。而这也是传统浙学在当代浙江的经济文化和社会发展中仍具有重大生命力的一个主要原因。

　　由此也可见，对南宋浙学及整个浙学传统中所蕴含的根本性"本土性问题"及其解决方案的研究，不仅有利于我们深入认识唐宋社会近世化转型所具有的思想文化特点及其意义，而且它们本身就具有极深刻的现代性和普遍性价值，包含有可以导向现代理性和现代社会合理构建的丰富可贵的精神资源，如制度保障、平等精神、工商社会、市场经济、自然人性论、权利意识、主体性观念、追求功利实效、从道德人向经济人的转向、价值观上的世俗化取向等等。这些具有重要的现代性和普遍性价值的思想资源，无论从历史还是现实中来看，无疑都是值得我们深入系地研究和挖掘的，也需要重新认识并阐明其在中国思想史上的特有价值和作用。

　　为了达成上述研究目标，在具体研究过程中，我们对南宋浙学的研究，就需要采取科学可行的方法，以马克思主义唯物史观为指导，从哲学、文化学、历史学、社会学、经济学、思想史等多学科视角出发，采取历史与逻辑相结合，文献考证、整理分析与史迹考察相结合的方法，对南宋浙学的形成和发展的历史过程、逻辑线索、基本史实等进行认真的考察梳理和客观认定，避免主观联系、任意拔高、夸张比附的主观主义研究方法。同时，通过考察辨析南宋浙学的形成和发展过程中的一些核心概念、主要理念的基本内涵和意义特点，分析南宋浙学的内在逻辑结构、基本精神及其与环境、历史、社会、文化传统等互动的机制、传递转化途径等。还要采用比较的方法将南宋浙学与不同的思想学说特别是程朱理学、心学，浙学和浙江文化与湘学、闽学等不同的地域文化，传统浙学与现代社会的基本价值取向等等进行比较分析，从中提炼出科学的评价和理论，阐发其具有的重要的现代性和普遍性价值。

　　此外，还应该采取深入系统的实地考察调查方法。通过考察温州、金华、永康等浙东事功学派的主要活动地方，调查有关南宋浙学的史迹史料，对南宋浙学的形成和发展的历史过程、逻辑线索、基本史实等进行认真的考证，了解历史上的浙学传统与浙江精神互动的路径选择、传承机制等，以积累各种第一手资料，厘清若干思想学术史上的是非。更重要的是，通过深入系统的实地考察调查，我们可以具体地了解和感受了南宋浙学的形成和发展过程、演进路径、思想特质与浙江独特的自然环境、地域因素、民风民俗、文化传统及当时的社会经济政治生活等因素的综合作用下的互动关系，探寻这种互动关系的内在机制、演化脉络及其所包含的多方面的价值意蕴，同时也可以特别考察了解浙东事功学"讲求实效、注重功利"以及重视工商的精神等的"大传统"，是如何从民间心理文化的"小传统"中得以提炼并又成为浙江地方民间的相应实践活动的理论依据的，以及浙江区域文化与当代浙江区域经济、社会发展的互动关系。还可以从实地考察调查中具体地了解和感受历史文化的留存、保护、影响等各种实际情况，并结合实际，提出历史文化留存的保护、历史文化旅游开发、当代思想文化的发展建设等各种意见、建议。这些对于当代中国重建乡土社会、民间社会的良好秩序，恢复和延续传统社会中优秀的自然和人文精神传统，都能起到积极的作用。

# 第一章　南宋浙学产生的社会时代背景

　　尽管一种思想文化观念的产生发展不能简单地化约为特定社会政治、经济及生活方式的直接反映，但是，它们之间存在着重要的关联性则是无法否认的。正因此，只要不将马克思关于社会存在与社会意识的关系理论予以机械化的理解，其所体现的辩证原理还是具有方法论上的指导意义的。实际上，思想文化观念的产生发展既不可能完全吻合于社会存在演化的真实序列，也不可能完全疏离于这种真实序列而成为仅仅是在一种封闭自足的语境中的观念独白。一种有价值的思想史研究和阐释，应该是既能够回到原有的历史场景中去，"将思想放回历史语境中，重新建立思想的背景"，[①] 也就是将思想观念尽可能放回人们原有的社会、经济、政治、制度、技术、生活方式等环境中去予以考察；又注意分析思想观念传承演变的内在理路，将每一个特定思想本身固有的问题和逻辑予以恰当的梳理和阐释。无疑，这将会是一种"内外兼修""合纵连横"的立体性、综合性的思想史研究方法。这样的思想史一方面能较清晰地呈现由于其与社会存在演化的真实序列的相关性而具有的历史脉络和思想性格，另一方面又可以使思想史成为有血有肉、丰富生动的思想有机体，从而能够透现出其内在的思想逻辑和精神意蕴的固有魅力。

　　根据这种"内外兼修""合纵连横"的立体性、综合性的思想史研究方法，对南宋浙学的思想史研究首先应该从其所植根的社会存在演化的真实序

---

① 葛兆光：《拆了门槛便无内外：在政治、思想与社会史之间——读余英时先生〈朱熹的历史世界〉》，《书城》2004 年第 1 期。

13

列中予以考察，在南宋社会的政治、经济、制度、技术、生产生活方式等历史环境中进行"语境化"（contextualization）的解读。

# 一 唐宋变革

在中国历史上，宋代是一个较为特殊的时代，国内外学术界都较普遍地认同从唐代到宋代有着较大社会变化甚至发生了所谓"社会转型""社会变革"的巨大变化的观点。在一般的治史者中，早已有唐宋分界观，习惯于把汉唐与宋元明清加以区分。但是，把唐宋分界进一步看作唐宋变革并作为一种正式的学术观念，主要来源于国外汉学界普遍倡导的一种唐宋转型的"假说"（hypothesis）。这个假说，最早可追溯到日本中国学京都学派的创始人内藤虎次郎（号湖南）的主张。在 20 世纪初期，内藤湖南逐步系统地阐述了他关于唐和宋在社会和文化性质上具有显著差异的论断，他把中国历史分为"上古"（从远古至后汉中叶）、"中世"（从五胡十六国至唐中叶）、"近世"（从宋元至明清）三个性质不同的时期，认为唐代是中世纪的结束，而宋代则是"近世"的开端。这就是著名的"内藤假说"。此后，内藤的学生宫崎市定等人在继承其学说的基础上，发展出一种明确系统的"唐宋变革"论。内藤湖南及其京都学派关于宋代是中国历史近世开端、唐宋变革的历史观，在日、欧、美汉学界产生了巨大影响并被普遍接受，当然也引起不少质疑和争论，但它们更多的实际上是进一步补充和修正了这一假说。①"可以说，从 1909 年起一百年来，'唐宋变革说'在日本学界引起的反响是相当热烈的，它成为日本中国学界的研究主流"。② 在美国学者于 1975 年出版的宋学研究论文集《中国宋朝的危机和昌盛》（*Crisis and Prosperity in Sung China*）的导言中，主编海格尔概括道："中国'近代'史的开端可以追溯到 8、9、10 这三个世纪，即所谓唐—宋过渡时期，这点现在几乎已成

---

① 有关"唐宋变革论"的国内外学术界的研究讨论情况，可参见李华瑞《"唐宋变革"论的由来与发展》，《河北学刊》2010 年第 4、5 期。
② 卢睿蓉：《海外宋学的多维发展——以美国为中心的考察》，中国广播电视出版社，2012，第 221 页。

为自明之理。"① 可见，"唐宋变革论"在很大程度上已成为海外汉学界关于宋代历史、文化研究中的重要范式，至少构成了相关研究的重要问题背景。

当然，内藤湖南的宋代近世论显然是受西方近代历史分期学说影响的产物，具有以西方社会发展模式比附中国历史的局限性。但是，这毕竟是较早地借鉴西方的历史分期法对中国历史进行上古、中古、近世这样的阶段性划分的尝试，而且它恰恰力图以此对中国历史发展作出独立的观察和解释。所以他与当时"将所有的东西全都归结到西洋的'近代'这一单线的历史观相比，在本质上全然不同"，"'近世论'的特征在于，并非只重视西洋'近世'，对日本、中国也设定了这一有着共通时代面貌的'近世'"。② 总之，尽管内藤湖南及京都学派的"唐宋变革"说具有某些局限性，但它对于国际国内学术界重视和重新审视宋代自身的独特性质、认识中国社会历史发展的固有道路及其规律，推动宋史及中国史的研究是有着巨大作用和启发的，也正是在这一意义上，本书也是赞同唐宋变革论的基本观点的。但是，本书同时也认为，它作为一种宏观的历史观，还缺乏对一些重大实际和理论问题的进一步具体探讨和说明，而只有进一步解决了这些问题，才能使唐宋变革论获得真正坚实的历史和理论的支撑，也才可以较好地说明宋代作为"近世"社会所具有的基本特质、发展逻辑和特有价值。

因此，我们有必要首先来深入考察一下唐宋之际尤其是宋代的社会、经济、政治、制度、技术等各方面的发展状况及其水平是否已极大地不同于以往时代，从而表现出了"近世化"的特征。

在进行相应的考察之前，有必要先在这里对"近世"这个概念做明确的规定。学术界对"近世"这个概念大致有两种主要的理解：一是把"近世"与"近古"概念在基本相似意义上使用或混用，一般指唐末至明末，或五代至明末，也有指宋元明时代，此说把此时期看作仍是中国古代史的一部分，在晚近中文史学界已较少使用。二是把"近世"与"近代"概念在基本相似意义上使用或混用，一般指宋元明清，也有特指明清者。此说把其

---

① J. W. Hegel：《〈中国宋朝的危机和昌盛〉导言》，《中国史研究动态》1981 年第 8 期。
② 〔日〕内藤湖南研究会编著《内藤湖南的世界》，马彪等译，三秦出版社，2005，第 139、157 页。

所指时期看作已不同于此前之中国古代史，而具有相当于西欧中古以后的"近代"的意义，这已在现代中外学者中得到较多认同和应用，如胡适在其《中国古代哲学史》中，就以"近世"指宋元明清，其义相当于西方中古以后的时代。内藤湖南等日本学者在 20 世纪上半期，也是在此义上使用中国"近世"概念的，并在日本、欧美学界得到较普遍认同。正如钱婉约指出的："在内藤所处的时代，日语中用'近世'一词对应上述'Modern'所包含的这些意义，有时也用'近代'一词代替'近世'，即内藤时代的日本，是以'近世'和'近代'两词混用，来指代相当于英语中的'Modern'一词的。而在当今的日本学术界，则似乎把'Modern'又分为两个时期，其前期是'近世'，后期是'近代'，而'近代'一词更对应于原本'Modern'的意义。"[1] 本书所主张的"近世"概念，与上述诸义都有不同，它既不同于"中古"，也不同于"近代"，而是指一种从中世纪向近代过渡的形态，也可称之为"前近代"或者"亚近代"的"近世化"的历史时期。因为我们现在所运用的"近代"一词，源于欧美语境中的英语"Modern"这一概念，同时也称为"现代"，实指一种现代化的历史过程，"它在一般意义上是指离我们当代最近的以前那个时代，从哲学意义上说，它是指从非理性的、非科学的宗教主义或专制主义的束缚中解放出来之后的时代；从历史意义上说，则表示摆脱中世纪的封建领主制而进入工业革命的时代"。[2] 这样一个"近代"概念，并不完全符合中国自宋至清末的历史实际，所以不适合采用。若把自宋至清末这样一个从中世纪向近代（现代）过渡的"前现代化"（pre-modern）的社会文化阶段称之为"近世"，可能更能准确地标示出其时代的特征。在这个意义上，本书对"近世"概念的界定，与内藤湖南的"宋代近世说"是基本一致的。据内藤湖南研究专家钱婉约认为："内藤的'近世'（有时也用'近代'）正是借用了那个时代普遍使用的'近世'这一概念，但又不完全等同于欧美语境中的'Modern'或今天日语中的'近代'，他所指陈的'近世'的意义，是说宋代开始定型

---

① 钱婉约：《从汉学到中国学——近代日本的中国研究》，中华书局，2007，第 235 页。
② 钱婉约：《从汉学到中国学——近代日本的中国研究》，第 235 页。

的政治、经济和社会组织的基本类型，以及当时所达到的文化、艺术生活的水准，在中国直到清代以前一直延续着，基本上没有变化。"① 也就是说，内藤湖南认为从唐末开始到宋代定型并发展到高度发达状态的政治、经济、社会组织及文化等形态，不仅领先于当时世界各国几个世纪，而且已具有"近世化"的特征。只是此后它没能进一步发展进入"近代化"的进程而一直停滞、延续到清末为止。显然，这种不同于"近代"的"近世"，是介于中世纪与近代之间的一种形态，具有自身的突出特点。这种"近世"概念，已日渐被一些学者所接受，如陈来就明确表示赞同这种"唐宋转型"说，并主张以"亚近代"或"近世化"来指称"唐宋转型"这一历史时期："中唐开始而在北宋稳定确立的文化转向正是这个'近世化'过程的一部分。这个近世化的文化形态可以被认为是中世纪精神与近代工业文明的一个中间形态，其基本精神是突出世俗性、合理性、平民性。"② 综上所述，本书主张以"近世"来指称自唐末到清末（简单地说是宋元明清）这个从中世纪向近代过渡的"前现代化"（pre-modern）的社会历史阶段，而自清末开始为近代社会。这实际上是把宋代看作一个承先启后的过渡期，更是一个继往开来的转折期。明确这样一种历史分期，对于我们真正深入认识和把握宋元明清这一历史时期的性质和特点是有着十分重要的意义的。正如法国已故宋史专家巴拉兹认为的：中国封建社会的特征，到宋代已发育成熟，而近代中国以前的新因素，到宋代已显著呈现。要研究中国封建社会中承上启下的各种问题，宋代具有决定性的意义。③

不过，对于唐宋之际开始的社会转型特别是宋代所具有的近世化社会性质，学术界还是有许多不同的认识，也有不少反对意见。我认为，要确认唐宋之际开始的社会转型特别是宋代所具有的近世化社会性质，首先要考察其社会经济生活状况是否已经具有近世化社会的性质及其特点。所以，下文将着重考察在唐宋之际特别是宋代社会所具有的社会经济性质和特点问题。

---

① 钱婉约：《从汉学到中国学——近代日本的中国研究》，第 235~236 页。
② 陈来：《中国近世思想史研究》，"序"，商务印书馆，2003；又见陈著《宋明理学》，辽宁教育出版社，1991，第 17 页。
③ 参见关履权《两宋史论》，中州书画社，1983，第 6~7 页。

## 二　经济自由的初曙

任何社会的变革都不能不首先与其特定的社会经济生活状况相关联。唐宋之际特别是南宋时期社会经济生活发生了许多不同于以往社会的重大变革，从而为唐宋之际特别是南宋时期整个社会、政治、文化等领域的变革提供了深厚的基础。

首先，从生产力状况上看，自唐末到宋代，中国的经济发展水平不仅达到了中国历史上的最高程度，也居于同时期世界范围的最高水平。以宋代的农业生产为例。虽然传统农业依旧是宋代社会的最主要生产部门，但它已发生了许多重要的变革。日本农学史家西山武一在其所著《亚洲的耕作法与农业社会》一书中认为中国农业在历史上每隔 1500 年就会发生一次巨大的变化。他把中国农业历史划分为三个时期：第一期为殷周时期（公元前2000～前500年）：以北方旱地农业为主的粗放式农业阶段；第二期为战国到唐末时期（公元前500～1000年）：以华北平原为中心的旱地耕作法产生了巨大的生产力，先进于欧洲数世纪；第三期为宋到现在（公元1000年至今）：宋朝的深耕、排水、施肥这三大农业技术革新催生了以江南为中心的稻作高产农业。[1] 宋代以深耕、排水、施肥为中心的农业生产技术的革新使宋代农作物单位面积产量比唐代提高了两三倍，如粮食亩产量可达米两三石，在经济发达的明州地区亩产谷可达六七石[2]，远超以往朝代，被一些学者称作中国历史上比西欧早几个世纪启动的"农业革命"。[3] 尤其在南宋的江浙地区，随着北方人口的大量南移和耕作工具与技术的大幅度进步，垦田大面积增加，以致"浙间无寸土不耕"。[4] 同时推广精耕细作，对农作物采用全程合理管理、集约化经营等农业生产方法，加上政府十分重视水利建

---

[1] 参见三石善吉《传统中国的内发性发展》，中央编译出版社，1999，第209～210页。
[2] 《宋会要·食货》61之110。
[3] 葛金芳：《两宋社会经济研究》，天津古籍出版社，2010，第8页。又见斯波义信：《宋代江南经济史研究》，方键等译，江苏人民出版社，2001，第24页。
[4] 黄震：《黄氏日抄》卷78。

设、通过治水排涝抗旱，政府和民间均重视农业技术的改进提高，出现了许多专门的"农师"和《农书》等农学种植专著，这些因素结合在一起都极大地促进了农业生产的发展。江浙地区的岁粮已占全国三分之一多，并出现了南粮北调的新格局。

事实上，唐宋时期出现"南粮北调"的新格局是极为重大的历史变化。在唐代之前，以关中地区为中心的北方高原地带是农产资源丰富的富饶之地，历代王朝的首都大多选址于此是很有道理的。"可是到了唐代，关中地区的经济利用价值已经接近极限"。[①] 其主要原因是其自然环境逐渐恶化、北方异族征战频繁。随着以关中地区为中心的北方高原地带的衰落及黄河下游平原和江南地区的大面积开发，江南地区最终成为全国岁粮的主要产地，标志着中国经济重心正式实现了南移。"苏湖熟，天下足"的谚语就出现在南宋。[②] 江浙地区成了中国农业最为发达的地区，宋代逐渐完善并定型的一整套农业生产经营技术和方法，不仅达到了当时的世界最先进水平，而且在近千年后的工业化农业展开之前仍然都是一直使用的并有效的最先进农业生产经营技术和方法。著名宋史研究专家漆侠指出："宋代农业最发达地区的单位面积产量，大约为战国时代的 4 倍、唐代 2 倍有余。显而易见，宋代农业劳动生产率已经有了显著的提高，这是历史的一个重大进步"，"居于世界的最前列"。[③] 宋代农业经济及其生产技术所达到的当时的世界最先进水平也得到当代欧美学者的肯定，可以说尽管他们对唐宋变革论等中国古代史问题会有一些不尽相同的认识，但对此几乎是一致公认的。如英国学者伊懋可（Mark Elvin）的代表作《中国历史的模式》（*The Pattern of the Chinese Past*）详细研究了 13 世纪中国农业达到的水平，通过对工具、肥料、农作物品种引进和改良、灌溉体系、农产品商品化程度等各方面的考察、比较，认定宋代中国已经发生农业革命，南方成为全国的粮仓，通过

---

① 宫崎市定：《东洋的近世》，刘俊义主编《日本学者研究中国史论著选译》第一卷，中华书局，1992，第 169 页。

② 范成大：《吴郡志》卷五〇《杂志》，中华书局 1990 年《宋元方志丛刊》本。

③ 漆侠：《宋代经济史》（上），中华书局，2009，第 139 页及第 2 页。

大运河实现南粮北调，中国拥有了当时世界上最高的农业生产率。①

除了农业生产之外，宋代的工商业经济也十分兴盛。在宋代，由于人口的大幅度增长，人地矛盾日益突出，剩余大量劳动力，转而开发其他产业，如农业的专业化分工和商品化生产，就转移吸收了很多剩余劳动力，像大片专门种植棉、麻、桑、茶、果、花等经济作物专业户的发展，既转移消化了大量剩余劳动力，又极大地提高了土地和生产的效率，促进了商品经济的发展。而宋代"农业生产的发展、农产品商品化与专业户的增加，又促进了宋代工商业的兴盛和商品货币经济的繁荣"。② 宋代手工业的经营规模已扩大，很多手工作坊人数达上百、数千人，甚至已有不少十余万人的矿场。③手工业分工更细，产品产量与生产技术都有显著提高，像宋代铜铁金银的产量被认为是"当时世界上产量最高的"，④ 而冶金、采盐、纺织、造船、宋瓷等各种生产技术上的创新，以"行"为典型的专业化分工和规范化制度的形成，都极大地推进了宋代工商业的繁荣。虽然宋代主导性经济仍然是以农业为主的自然经济，但无论是官方还是民间都已突破了历代奉行的"重农抑商"观念的束缚，确立起了"农工商并重"的国策，不仅官营手工业和商业有较大发展，而且民营手工业和商业也得到了政府的扶持，获得了划时代的发展变化。手工业和商业内部高度专业化的细致分工、四通八达的商业网络、都市和集镇的高度市场化商业化、规模庞大的商品交易，这些都表明宋代工商业已达到了前所未有的高峰。如在制陶过程中，由采土开始，簸土、造型、赋彩、上釉以至烧成，各有专门的职工分担每一道工序。印书业中也分为雕工、印工、裱工、镌工等，工人一般都各专一行。列宁指出："社会分工是商品经济的基础。"⑤ 而宋代这种发达精细的手工业分工，"已

---

① 参见胡志宏《西方中国古代史研究导论》第六章"西方的中国古代经济史研究之三：宋代的发展"，大象出版社，2002，第306~313页。

② 叶坦：《富国富民论——立足于宋代的考察》，北京出版社，1991，第26页。

③ 《宋会要·食货》34之27。

④ 周宝珠、陈振主编《简明宋史》，人民出版社，1985，第85页。

⑤ 列宁：《俄国资本主义的发展》，《列宁全集》第三卷，人民出版社，2013（增订版），第19页。

经脱离家庭工业的阶段，属于甚至可称为近世资本主义的大企业"。① 正因此，像"南宋商税加专卖收益超过农业税的收入，改变了宋以前历代王朝农业税赋占主要地位的局面"。② 这种国家税赋上的重大变化意义非凡，因为它表明了"在这种商业达至极其隆盛的社会情势下，政府的财政政策亦不得不由中世的政策变为近世的政策"。③

此外，宋代的海外贸易也十分繁荣，对外贸易港口众多、贸易范围大为扩展，所出口商品的附加值较高，这些都从一个侧面反映了宋代商品经济发展的状况。与此相应地宋代出现了一批城市人口在百万人以上的空前规模的大都市。④ 几十万人口的城市有数十个，这样人口规模的城市在当时世界上是无与伦比的。更值得注意的是，与以往以政治统治中心为主的都市职能相比，"到了宋代，都市几乎变为完全的商业都市"。⑤ 或者至少可以说，宋代城市往往既是政治中心也是工商业和贸易的中心，甚至其工商贸的经济繁华状况在很大程度上掩盖了其原有的政治职能，其典型如《清明上河图》所展示的汴京。正因此，"无需引用马可·波罗的证词，南宋首都临安府（治今杭州）是9～13世纪发生在中国的商业革命、城市革命的颇具代表性的一个范例。众所周知，这是无愧世界之冠的特大都市"。⑥

综上所述，宋代在农业、手工业、商业、贸易及相关技术开发和应用等方面都取得了空前的成就，其生产力水平已远居当时世界的前沿。宋代生产力的高度发展，已突破了中国传统上的自给自足的自然经济形态，而开始迈向农工商贸四业并举的半自然经济半商品经济时代，已具有前近代的近世社

---

① 宫崎市定：《东洋的近世》，刘俊义主编《日本学者研究中国史论著选译》第一卷，第176页。

② 王国平：《南宋史研究丛书》代序，陈国灿：《南宋城镇史》，上海古籍出版社，2009，第13页。

③ 宫崎市定：《东洋的近世》，《日本学者研究中国史论著选译》第一卷，第176～177页。

④ 据一些学者认为，北宋汴京实际城市人口可达150万～170万人，南宋杭州（临安）城约有150万人（分别见叶坦：《富国富民论——立足于宋代的考察》，第30页；斯波义信：《宋代江南经济史研究》，江苏人民出版社，2001，第329页）。另据《咸淳临安志》记载，南宋临安城有124万人。

⑤ 宫崎市定：《东洋的近世》，《日本学者研究中国史论著选译》第一卷，第174页。

⑥ 斯波义信：《宋代江南经济史研究》，江苏人民出版社，2001，第321页。

会性质。正如宫崎市定所说："从这点来看，也可见宋以后的中国社会实拥有不能简单视为农业国的特质。农民在数目上无疑占压倒的多数，但资本却集中在工商阶级的手中。从这一点来说，宋代也有非常近世的性质。"[1]

其次，从生产关系变化上看。宋代社会生产力的巨大发展，必然引起并伴随着社会生产关系领域的深刻变革。在所有制形态上，自唐末到两宋就已发生巨大的变革。土地是中国传统农业社会中最重要的财产，其所有制形式历来是以皇权为中心的国家所有制为主要形态，从原始村社土地所有制到夏商周的井田制、曹魏屯田制、北魏隋唐的均田制等，在本质上都属于国家土地所有制。表面上看，这种国有土地制度似乎是历代统治者和理论家们为实现农民"耕者有其田"的理想实施的，但是实际上，农民并不真正拥有土地的所有权，不能自由买卖和交易，正如漆侠所指出的："国有土地制度并不是为那些无'顷亩之分'的'单陋之夫'即无地农民解决土地问题，而是为它自己获得足够的劳动力。它把无地农民紧紧地束缚在国有土地上……"[2] 如果说这种国有土地所有制在一个王朝的初期可以起到安抚人心、休养生息作用，特别是在社会剧烈动荡后对修复残破的社会经济能起到一定的积极作用的话，那么随着田地越来越少，个体农民在使用这块土地不足以养活自己的老小，而相应地租和赋税徭役往往合而为一、不减反增的情况下，农民与国有土地所有制的矛盾冲突就会不断深化，成为阻碍社会经济发展的制度屏障。与此同时，以世族豪强的庄园制和寺院的庄园制为主要形态的大土地所有制始终与国有土地所有制如影随形，并在国有土地所有制不断衰落时通过大规模的土地兼并、巧取豪夺等手法获得了某种超过国有土地所有制的主导性地位。

尽管"由于庄园主占有土地的自然条件较好，劳动生产者不承担国家赋役，因之劳动生产率不低于国有地，甚至更高一些，这就是封建主土地所有制能够最终取代封建国家土地所有制、居于主导地位的一个重要原因"[3]，但是，无论是以庄园制为代表的大土地所有制还是国有土地所有制，它们都

---

① 宫崎市定：《东洋的近世》，《日本学者研究中国史论著选译》第一卷，第178页。
② 漆侠：《宋代经济史》（上），第17页。
③ 漆侠：《宋代经济史》（上），第21页。

一样地存在着两个根本的症结。

一是作为生产劳动者的农民个人不拥有真正的土地所有权。庄园制下的土地所有权自然归豪族世家的大土地所有者拥有，即便是均田制等国有土地所有制下，以皇权为中心的国家统治者也拥有大部分土地的所有权："均田制中一个严酷的事实是，农民对于口分田只有使用权而没有所有权，对世业田虽有所有权，但在分配中占的比重很小，这是农民与封建国家土地所有制发生矛盾的关键所在。"① 这样，即便有较高的劳动生产率也难以保证劳动者获得较好的劳动收益，使劳动者缺乏应有的生产积极性，在战争、自然灾害、地租赋役等因素的不利影响下，劳动者不仅难以维持温饱和扩大再生产，反而连基本的生存都难以为继，进而引起大规模的破产、死亡和逃亡。

二是在这些土地所有制关系中的劳动农民始终是以农奴、半农奴的身份依附于国家和庄园主的，他们无任何迁徙自由和经济自由，使社会经济发展始终无法突破自给自足的小农经济形态的局限。从秦汉至隋唐的历史看，无论是国有土地还是庄园制土地，耕种的主体农民还是具有很强依附性的农奴或半农奴，如前田直典就指出："古代的大土地所有者的耕种，主要由奴隶担任……在正史中可以见到隋唐均田制下的豪族拥有数目众多的奴隶，而敦煌发现的户籍中亦有很好的例证说明大土地所有者使用奴隶耕作。"② 漆侠也指出："国有地上的农民，虽然在社会身份上高于私家控制下的佃客、部曲，但仍然处于半农奴的地位。"③

总而言之，宋代以前的中国传统社会，长期处于马克思所说的"亚细亚生产方式"之下，使农民的个人土地私有权和个体自由长期受到严重的束缚。马克思认为，在亚细亚生产方式及其制度结构下，国家是"真正的地主"，也就是说，"没有私有土地的所有权，虽然存在着对土地的私人的和共同的占有权和使用权"。④ 由此可以进一步发现，那些占有和使用土地的农民只不过是传统东方社会统治者们"实际上的财产，也就是奴

①　漆侠：《宋代经济史》（上），第 19 页。
②　前田直典：《古代东亚的终结》，《日本学者研究中国史论著选译》第一卷，第 145 页。
③　漆侠：《宋代经济史》（上），第 17 页。
④　马克思：《资本论》第三卷，《马克思恩格斯全集》第 25 卷，人民出版社，1974，第 891 页。

隶而已",① 这使整个社会陷入"东方的普遍奴隶制"状态。② 因为正如马克思在另一处强调指出的:"土地的所有权是个人独立发展的基础","自耕农的自由所有权"就是这个"土地所有权"。③ 唐宋以前的中国农民长期没有自己的真正土地所有权,自然沦落为"东方的普遍奴隶制"状态。

然而,自唐后期至两宋,上述传统社会生产关系中的两大症结问题取得了重要突破。一方面,宋代土地私有制不仅获得较大发展,而且占据了主导地位。漆侠指出:"在宋代土地所有制中,土地私有制占绝对的支配地位,而地主的土地所有制又在土地私有制中占绝对的支配地位。"④ 这是唐宋之际所有制形态上所发生的巨大变革。以往均田、营田、屯田等国有土地所有制或者因经营管理不善,经济收益低下而遭厌弃,或者因无法满足广大农民对土地份额的基本要求而走向衰落,逐渐被新的土地私有制所代替。据统计,北宋垦田在宋神宗熙宁元丰之际约700万至750万顷,国有地占垦田总数的4.3%左右,而民田亦即私有地则占总数的95.7%左右。南宋垦田约在450万至500万顷,国有田占垦田总数的4.4%～4%,而私有土地占比同北宋相差不多,可见无论北宋还是南宋私有土地数都是居绝对优势地位的。⑤两宋土地私有制包括地主土地私有制和自耕农小土地私有制。地主土地私有制取得这样巨大的发展,主要是通过两宋300多年间的土地兼并实现的。宋代国有土地所有制衰落正是经由各种方式的作用,通过土地兼并推动土地向私有制演变造成的,所以可以说宋代已进入一个"不立田制""不抑兼并"的新时代,而"不抑兼并"亦成为宋代推动土地私有制发展的基本国策。⑥在宋代土地兼并过程中,品官形势之家的"贵者以力可以占田"的传统方式固然仍然可以在土地兼并过程中起到先锋的作用,但"富者有资可以买田"的新方式则已经起着经常性的并且是具有决定性的作用,这说明在宋

① 马克思:《政治经济学批判大纲》,第393页。
② 马克思:《政治经济学批判》(1857～1858年手稿),《马克思恩格斯全集》第46卷,人民出版社,1979,第496页。
③ 马克思:《资本论》第三卷,《马克思恩格斯全集》,第25卷,第909页。
④ 漆侠:《宋代经济史》(上),第340页。
⑤ 具体数据引自漆侠《宋代经济史》(上),第342～343页。
⑥ 参见葛金芳《两宋社会经济研究》,天津古籍出版社,2010,第258页。

代的土地兼并中经济性因素已超过以往时代而占有主要的地位，由商业资本、高利贷资本所推动的土地买卖在整个土地兼并中起着重大作用和影响。土地已经可以像商品一样在市场上进行流通和自由买卖，辛弃疾所谓"千年田换八百主"① 成为社会常态，这种"贫富无定势，田宅无定主"② 的商业化、市场化现象，加上政府的"不抑兼并"政策，都使在这种兼并过程中逐渐形成的地主土地私有制不断强大并在宋代土地私有制中"占绝对的支配地位"。这是宋代土地私有制发展中不同于以往时代的突出特点，无疑已具有近世社会经济的性质。

而与此同时，自耕农的小土地私有制也在原有的国有土地所有制衰落过程中得到了发展。特别是经过大规模的唐末农民战争和政权更替，从五代到北宋，自均田制崩溃之后，农民有更多的空间去垦辟荒地，并能够有一定的自主权自由处理和买卖土地，这相比以往时代是一个较大的进步，从而使这种小土地所有制有了较大发展。宋代自耕农小土地所有制尽管在整个土地私有制中还只是少数，最多只占整个垦田总数的百分之三四十，但是其意义和作用十分重大，能够极大地推动个人独立和社会经济的自由发展和繁荣。正如马克思所说的："土地所有权是个人独立发展的基础"，"自耕农的自由所有权"就是这个土地所有权。③ 自耕农们在拥有自己的土地所有权后，就有了基本的经济自由和较大的劳动积极性，可以更多地依据市场信息和利益原则自主地从事生产经营活动，有利于农业的专业化、商品化、市场化的发展。漆侠认为："宋代社会经济之所以超过以前任何一个时代，经济文化之所以居于当时世界的最前列，自耕农民数量之多以及各占有相应的一小块土地是一个极为重要的因素。"④

另一方面，宋代劳动者在社会生产关系中原有的普遍依附关系得到了很大程度的缓解，他们的人身自由得到了部分实现。随着国有土地所有制和豪族大土地所有制的衰落，地主土地所有制占优势地位，生产方式也由农奴制

① 辛弃疾：《最高楼》，《稼轩词》卷四。
② 袁采：《世范》卷三《富家置产当存仁心》。
③ 马克思：《资本论》第三卷，《马克思恩格斯全集》，第25卷，第909页。
④ 漆侠：《宋代经济史》（上），第346页。

半农奴制转化为以租佃制为主。也就是说，从事生产经营的劳动者由原来具有强烈依附关系的农奴半农奴为主转变为以租佃制下自由民为主。宫崎市定在其重要论文《从部曲走向佃户》中深入考察了贵族社会瓦解后宋代社会阶层的巨大变化，认为原来束缚在庄园制下的农奴随着贵族社会的解体而被解放，变成了独立的自由民佃户，佃户在完成地租契约义务后有转移的自由，可以不受地主的人格束缚，体现了地主与佃户的平等契约关系。① 其实不论是原国有制、庄园制下解放出来的农奴、半农奴，还是大量新涌现出的自耕农，他们的最大共同点就是都具有了初步的人身自由，同时也与地主具有了名义上对等的权利。由此可见，对于农民来说，宋代社会至少在法律上初步实现了由依附性的"身份社会"向自由平等的"契约社会"的巨大转变，而这种转变正是近世社会发展的特征。

的确，从欧洲近代资本主义起源的历史过程看，大量从中世纪封建庄园制的人身依附关系中解放出来的自由劳动者的存在是近代资本主义起源和发展的重要条件，所以当时新兴的资产阶级及其经济学家、政治家都热切地呼唤实现"人的解放"及其政治经济的自由，维护自由劳动者作为新的经济主体的成长。正如经济史专家亨利·皮朗所说的："市民阶级最不可少的需要就是个人自由。没有自由，那就是说没有行动、营业与销售货物的权利，这是奴隶所不能享有的权利，没有自由，贸易就无法进行，他们要求自由，仅仅由于获得自由以后的利益。"② 自由成了人能否真正获得新的经济主体地位的关键："这个新的统治阶级（指资产阶级）到处致力于一个关键的字眼——'自由'。"③ 可以说，资本主义的一个伟大作用就是把大量的劳动者从封建的人身依附关系的枷锁中解放出来，实现了人的前所未有的初步解放。尽管这种"人的解放"还是初步的、不彻底的，甚至还伴随着要付出许多惨痛的代价，但它毕竟为实现近代意义上的各种自由、平等的权利和人格尊严提供了必要的基础，也为资本主义的快速发展提供了强劲的动力。

---

① 参见宫崎市定《从部曲走向佃户》（上、下），《日本学者研究中国史论著选译》第五卷（宋元），中华书局，1993。又见同上书，第一卷，第 180～181 页。
② 亨利·皮朗：《中世纪欧洲经济社会史》，上海人民出版社，1964，第 46 页。
③ 米歇尔·博德：《资本主义史：1500～1980》，东方出版社，1986，第 88 页。

　　当然，宋代农民的人身自由还是仅限于直接的经济领域，而且还远未达到近代意义上真正的经济自由程度。由于不论是佃户还是自耕农，他们作为自然经济中的小生产者，在经济上其实是非常脆弱的，只要遭遇了任何天灾人祸，如严重的旱涝、沉重的佃租、赋税及徭役、社会动荡、家庭变故等等，就有可能被摧垮，从而重新陷入破产、贫困和依附于地主豪族的境地。宫崎市定认为："佃户本是独立的自由民，……然而佃户是经济上的弱者，生活逐渐不能不依靠地主。高额的佃租通常是五成，假如有额外的支出，便一定要向地主借贷。虽然如此，大多数佃户在春季为了进行新的生产，都经常向地主借资金，利率又颇高，春天开始的头遭收获五成被征的情形并不罕见。这样，由于佃农向地主借贷愈来愈重，别无推却办法，大多倾向于变为隶农存在，受地主的土地束缚。"[①] 自耕农也会遇到类似问题。虽然自耕农较均田制下的农民有了真正的人身自由并能够在自己的一小块土地上自由耕作，但出于上述天灾人祸的各种原因，他的小块土地的所有权极不稳定，会不断缩小或丢失，以至于重新变为无地农民或委身于地主豪族的"隶农"，从而也重新失去自己的人身自由，难以真正走出马克思所说的以"人的依赖关系"为特征的原有第一大社会形态的范围。[②]

　　总之，宋代经济的发展水平不仅达到了中国历史上前所未有的高度，而且位居当时的世界最先进水平。宋代经济的高水平不单体现在其发达的生产力上，更有意义的是其生产技术、生产关系及制度安排诸方面较之以往社会已发生重大的变革。这些变革已具有从自然经济向商品经济、从自给自足的小农经济向以分工和交换为基础的工商业经济转化的过渡性质，尤其是它极大地推动了土地私有制的发展、实现了劳动者初步的人身自由，使以自由平等的权利原则和契约精神为基本内涵的现代经济自由得以初步展现。这些无疑是宋代社会有可能走向近代化的重要条件。"这一切表明，宋代，特别是南宋东南沿海地带的商品经济发展到了一个崭新的阶段，近代工商业文明的曙光已经依稀可见，甚至可以说宋代社会已然处在近代化的前夜，这比欧洲

---

① 宫崎市定：《东洋的近世》，《日本学者研究中国史论著选译》第一卷，第180～181页。

② 马克思：《政治经济学批判》，《马克思恩格斯全集》第46卷，上册，人民出版社，1979，第104页。

至少要早三四百年"。① 正因此，著名华裔历史学家黄仁宇认为，从经济形态上看，宋代已经向经济科技最前沿的方向发展，具有开放的现代的趋势②。漆侠也指出："在两宋统治的三百年中，我国经济、文化的发展，居于世界的最前列，是当时最为先进、最为文明的国家"。③

但是，出于某些更深层次和更为复杂的原因，宋代经济始终未能走出以农为本的自然经济的根本局限，向近代以工商业为主的经济形态转变。其中，中国传统社会的基本政治结构始终无法挣脱高度集权的专制统治秩序应该是一个最主要的原因。例如宋代政府和历代政府一样对盐、铁、茶等重要的工商业实行严格的垄断性经营，不能真正让百姓有自由地从事合法的工商活动的平等权利。同样，统治者对民众的经济活动不仅有过多的干预、管制，而且还"嫉其自利而为国利"，④ 进行各种严苛的榨取、掠夺，苛捐杂税多如牛毛，对人民的剥削十分严重。据估计，南宋孝宗时，杂税已达正税的九倍，这还只是中央政府的收入。此外，各地州县也需要财政支出，也想尽办法搜刮民财，"于是州县之所以诛求者，江、湖为月椿，两浙、福建为印版帐，其名尤繁，其籍尤杂"。⑤ 在这种残酷的苛捐杂税剥削下，中小地主和自耕农纷纷破产，挣扎在死亡线上。叶适说"臣采湖南士民之论，以为二十年来，岁虽熟而小歉辄不耐；地之所产，米最盛而中家无储粮。"⑥ 城市平民也好不到哪去，"城市之民，青黄未接，食于常平者十家而九。"⑦ 正因此，"若夫齐民中产，衣食仅足，昔可以耕纺自营者，今皆转徙为盗贼冻饿矣。……州县破坏，生民之困未有已也。"⑧ 宋代社会经济的长足发展不但没有让民众真正分享到其成果，使民众的生活实现普遍的安康，反而使大量劳动者朝不保夕，以致造成"吞噬千家之膏腴，连亘数路之阡陌，岁

① 葛金芳：《两宋社会经济研究》，第264页。
② 参见黄仁宇《大历史不会萎缩》，广西师范大学出版社，2004，第28页。
③ 漆侠：《宋代经济史》（上），第2页。
④ 叶适：《水心文集》卷四《财计上》，《叶适集》，中华书局，1983，第659页。
⑤ 叶适：《水心别集》卷十《经总制钱》，《叶适集》，第775页。
⑥ 叶适：《水心文集》卷一《上宁宗皇帝札子二》，《叶适集》，第2页。
⑦ 叶适：《水心文集》卷一《上宁宗皇帝札子二》，《叶适集》，第3页。
⑧ 叶适：《水心别集》卷十《经总制钱》，《叶适集》，第777页。

入号百斛，则自开辟以来未之有也"① 的一个贫富悬殊的局面，无疑会对社会经济的真正转型发展产生严重的抑制作用。我们知道，统治者残酷地剥削、压榨生产者的剩余产品，使他们只能维护基本的生存和简单的再生产，这样他们就很难拥有足够的经济力量进而促成自然经济的逐步解体，也很难成为足以与专制统治阶级相抗衡的独立的社会政治—经济变革力量。马克思说："超过劳动者个人需要的农业劳动生产率，是一切社会的基础，并且首先是资本主义产生的基础。"② 在欧洲中世纪一个普通农民家庭，无论正常年景（1257～1258）还是荒年（1306～1307），都能够保持比较高的结余，其储蓄率能达到15%。③ 另据有关专家对1500年以后一个时期欧洲农民的一般估计，"绝大多数农民每年除养活自己一家、家畜和留待来年的种子之外，大约还能多出20%的产品"④。我国学者庞卓恒经过推算也认为，即使西欧封建时代中处境较悲惨的农奴，"估计他们中的多数或相当不少的一部分人在正常年景下可能拥有10%～20%"的净余率，大概是不会太离谱的⑤。其他人如"自由民"之类的产品剩余率当然会更多。正是农业的发展和农民以各种经济活动对城市和商业的影响，才在极大程度上促进了欧洲中世纪城市的兴起，从而使它成为旧的经济秩序的瓦解剂，推动了资本主义的产生和新经济主体的成长⑥。对比前述宋朝历史上的情况，可见专制统治者普遍奉行"王者国不蓄力，家不积粟"，"无令人有余力，地有余利"的"弱民"政策，作为维护其专制集权统治的基本策略，使中国历史上大多数农民的年均产品剩余率为零，经常存在"青黄不接"的现象，不能保证基本的温饱，甚至挣扎在贫困线下，造成了社会中下层的普遍贫困。对此，我们不能不承认中国历代专制统治者对劳动生产者的超经济剥削和控制是使整个社会经济和政治的发展长期停滞的一个重要原因，也是宋代社会经济最终没有走出小农经济的束缚，转向近代以工商业为主的经济形态的根本原因。

---

① 刘克庄：《后村大全集》卷五十一《备对札子三》。
② 马克思：《资本论》第3卷，《马克思恩格斯全集》，第25卷，第885页。
③ 马克垚主编《中西封建社会比较研究》，学林出版社，1997，第119页。
④ 《泰晤士世界历史地图集》中文版，三联书店，1982，第178页。
⑤ 庞卓恒：《人的发展与历史发展》，吉林文史出版社，1988，第120页。
⑥ 参见 Charles Petit Dutaillis, The French Communes in the Middle Ages, London, 1978, p. 10.

"不管怎么说，国家权力始终处于传统中国舞台的中心。中国文化的命门存在于政府和意识形态（政教）当中，其混合体决定着其他一切，包括经济领域。……不断提高的生产力、日益拓展的贸易、重商主义的张扬和正在发展的城市化，也不能促成这一变化"。① 特别是宋以后的元明清经济不仅没有进一步发展，而且从根本上阻断了从唐宋以来开始的走向近代化的进程，使之最终只是停留在从中世纪走向近代的过渡形态即"近世"社会形态中，从而也使中国传统社会向现代社会的转型变得异常复杂和艰难。而这一点，正是本书后面将进一步予以展开讨论的一个重要内容。②

# 三 政治的集权化与平民化

## 1. 皇权的强化

赵宋王朝是在唐末五代十国的割据纷争和动荡混乱中建立起来的。鉴于唐末以来王权衰微、天下分裂的教训，面对此起彼伏的藩镇称雄和频频不断的谋篡之祸，赵宋统治者特别是前几任皇帝最关心和要解决的最迫切问题就是如何维护赵宋王朝的长治久安。为此，他们千方百计采取了一系列措施，通过改革政治体制，加强中央集权，实现天下一统，建立了新型的宋代君主政治模式。

首先，收兵权，抑武将。赵匡胤通过"陈桥兵变"夺得皇位后，十分担心后人也会仿效夺权，加上本身根基不厚，缺乏权威，为了巩固自己的王朝，他就采取了"杯酒释兵权"等方法解除那些有功有位的武将的兵权，也逐渐削夺了各地方长官的军事大权。同时，通过实行募兵制和更戍法，集天下精兵于京师，分遣劲旅戍守于边城，并实施以文官代理武职、由文臣主持地方大政等防范措施。这样就使任何将帅都难以拥兵自重，而把兵权牢牢掌握在了皇帝手中，达到宋太宗所谓"事为之防，曲为之制"的防范制衡目的，像唐末五代藩镇拥兵自雄、割据一方的局面也就再难形成。朱熹总结

---

① 刘子健：《中国转向内在——两宋之际的文化转向》，赵冬梅译，江苏人民出版社，2012，第 153 页。

② 笔者多年前曾经初步探讨这一问题，参见朱晓鹏《论"非欧社会"没有产生近代资本主义的基本原因》，《河北大学学报》（社科版）1995 年第 2 期。

说："本朝鉴五代藩镇之弊，遂尽夺藩镇之权。"①，赵宋王朝始终将集兵权于中央、抑制武将的独立地位作为根本的国策，有效消除了自唐末五代以来藩镇割据、武夫跋扈所造成的社会动乱和政权更迭的弊端，的确有利于赵宋王朝政权的稳固。从更广的意义来看，由此进一步造成的宋代军队的国家化、独立化，实现从"枪杆子里出政权"到"由政权指挥枪而不是由枪指挥政权"的转变，建立国家和军队的新型关系，是具有近代意义的重大制度变革。日本中国史学家小岛毅认为："在军制方面，在以职业军人组成国军这个意义上，宋朝或可说是更像一个近代国家。"② 当然，这无疑是超出了赵宋统治者主观想象的客观效果，是宋代社会具有近世社会性质的反映。

其次，集权与分权。赵宋统治者所采取的收兵权、抑武将等措施，归根结底是为了集兵权于中央，防止各武将藩镇拥兵自重，以致制造独立甚至谋反。为此，在削夺各武将、地方长官兵权的同时，特用文臣作军队主帅及地方长官，在收权于中央之外，通过文臣弱化地方的军事及内政管理上的自主权，监督制约各方面的权力膨胀，达到巩固中央政权的目的。这样一种将地方上的兵权、政权、财权悉数收归中央政府的中央集权制度对于刚刚历经战乱和动荡的政治生态和社会环境来说，是有利于维护天下一统的和平局面的。从其内政管理来看，也是一种较成功的制度设计。当然，赵宋统治者也认识到，在实行中央集权的同时，又必须进行适当的分权，以此尽可能使各方面的权力相互制约。可以说，中央集权的实现恰恰是建立在各部门和地方分权的基础之上的。宋代承袭了秦以来中央国家机构中行政、军事、监察三大系统鼎立的基本格局，并借助于这种分权模式的强化来相互牵制，以此达到中央集权并最终集权于皇帝一身的目的。同样，在宋代地方政府中，宋代采取分割各级长官事权的办法，使各级各部门分事军政、民政、财政、司法等不同职能，互不统属，互相牵制，极尽分权之能事。宋代政府机构由于实行了一整套互不统属而又互相监察的运行机制，虽然难免有些叠床架屋，造成机构臃肿、效率低下、刻板保守的官僚病，但的确是一套能较有效保障中

---

① 《朱子语类》卷二十四，中华书局，1986，第599页。
② 小岛毅：《宋朝：中国思想与宗教的奔流》，《中国的历史》第七卷，广西师范大学出版社，2014，第60页。

央集权的制度安排。事实上，宋代的集权与分权已能达到一定程度的相对均衡，使上至皇帝下至各级官员的权力都能在一定程度上相互制约，共同形成了一种重视"法制"的风气。如宋代许多规矩逐渐制度化而成为独特的"祖宗家法"后，就不但对后世诸帝有较大约束力，减少了君主个人的逾矩行为，保证了制度的连续性，而且也使官员们在忠于皇室的同时，并不单纯是皇帝的应声虫，这样就使得"祖宗家法"在很大程度上成为一套君臣都要共同遵守和维护的制度规范和行为模式。至于针对一般官员的法制，甚至达到"细者愈细、密者愈密，摇手举足，辄有法禁"的程度。可见"宋代君权的加强并不意味着皇帝直接掌控所有权力，宋代君主保留的是最终裁决权。……在某种意义上，宋代可以称作君主独裁制，而非君主独裁，皇帝享有制度赋予的最高权力，但并非随心所欲的权力"。① 这样一种国家权力的架构，也有可能向着近代政治中的君主立宪制作进一步的演化，如宋仁宗皇帝在有人建议他"收揽权柄，勿令人臣弄威福"时曾说："不如付之公议，令宰相行之。行之而天下以为不便，则台谏得言其失，于是改之为易矣。"② 这里君主立宪制的雏形似乎已呼之欲出了，可惜未能进一步演化为现实。

当然，收兵权、抑武将，以及在军政、民政、财政、司法等领域进行集权与分权的复杂制度设计和运作，的确强化了皇权，有利于赵宋统治的稳固。同时，也在国家和平治理的制度化、规范化方面有所推进，具有向近世国家转化的趋向。但是，过度的中央集权所造成的"强干弱枝"状态，使国家的军备不振、边防松懈、地方萎缩、州县困顿，不仅为以后北方游牧民族的多次入侵及北宋、南宋的先后亡国埋下了祸根，也成为赵宋王朝在内政上始终面临严重的财政困难，人民陷于沉重的力役租赋而趋于普遍贫困的重要原因。

2. 平民化政治

中国政治自魏晋始，逐渐被门阀世家所把控。在东汉后期的士大夫中，形成了一些累世公卿的大家族，他们既是世居高位，门生、故吏遍布于天下

---

① 游彪：《宋史十五讲》，凤凰出版社，2011，第167～169页。
② 《古今源流至论别集》卷3。

的士大夫的领袖，又是兼并、占有大量土地的大地主。这是一种由血统关系和财产关系相结合而形成的新的"门阀"，在当时的经济、政治、社会生活及意识形态上都具有特殊的地位，因而对当地甚至最高政权产生着重要的影响。尤其自魏以来实行"九品中正制"的选官任职之法以后，这逐渐沦为由门阀世家操纵而不是皇帝操纵的选举之法，也进一步强化了门阀世家对政权的实际把控。因为"任中正的是封建地主，被品评的是封建地主。所谓九品中正之制，无异于封建地主阶级自己推举自己的制度。则'上品无寒门，下品无世族；高门华阀有世及之荣，庶姓寒人无寸进之路'云云，正是必然的结果。这必然的结果，就是门阀支配政治的特征。"① 所以南宋郑樵说："自隋唐而上，官有簿状，家有谱系，官之选必由簿状，家之婚姻必由谱系。"② 文天祥也说："自魏晋以来至唐最尚门阀，故以谱牒为重。"③ 门阀世家不仅拥有种种政治、经济上的特权，而且可以直接干预朝政，甚至左右政权的更替稳定之势，形成了门阀世族在政治上居主导的地位和王权弱小受制于贵族的局面。

门阀政治自隋唐起开始衰落，至宋代彻底退出了历史舞台。门阀政治的衰落有以下一些主要原因。

首先是门阀被军阀代替。六朝、隋唐频频发生的大规模征战，疆域的扩大，国际市场的拓展，都使武人凭借其武功和兵权而坐大，成为军阀，且超过门阀，成为影响政治走向和政权结构的最主要因素。周谷城指出："门阀的衰落，原因当不止一个，而武功的压迫，实为重要原因之一。"④ "武功既盛，政府里奖进有功的武人，终于把门阀压倒，取其地位而代之。"⑤

其次是科举考试制代替九品中正制成为选任官员的主要渠道。隋唐开始实行的科举考试取士制度，到宋代逐步完善。它打破了九品中正制下门阀贵族对选任官员的垄断，使门阀与非门阀在事实上没有了真正的分别，寒素之

---

① 周谷城：《中国政治史》，中华书局，2007，第154页。
② 郑樵：《氏族略》，《通志》卷二十五。
③ 文天祥：《跋吴氏族谱》，《文山集》卷十四。
④ 周谷城：《中国政治史》，第155页。
⑤ 周谷城：《中国政治史》，第167页。

士大量进入权力体系，使高门士族支配政治的机会几乎完全消失了。"自五季以来，取士不问家世，婚姻不问阀阅"，①正是对这种历史变迁的描述。

再次，经过唐末宋初近百年社会政治、经济等的剧烈变迁，最显著的后果之一就是大批的门阀世家衰落了。宋代土地租佃制的广泛发展抽掉了原有门阀世家存在的经济基础，而宋代通过削夺藩镇和各种独立势力而形成高度中央集权的制度设计更使原有的门阀世家没有了生存空间，也使新的世家大族无从产生，门阀政治完全息影。

这样，从门阀政治中解脱出来的王权开始追求自己的绝对权力。但绝对专制的局面并没有很直接地实现，因为军阀取代门阀，在贵族政治之后又出现了军阀政治。各种军阀坐大后成为拥兵自重的藩镇，经常对王权造成严重的威胁甚至直接取而代之，如"安史之乱"和五代十国的政权更替，大多是军阀政治的结果。因而，正如宋初统治者所为，要建立稳固的专制王权，必须抑制军阀、削除藩镇。宋太祖黄袍加身之后，首先想到的就是："自唐季以来数十年间，帝王凡易十姓，兵革不息，苍民涂地，其故何也？吾欲息天下之兵，为国家建长久之计，其道如何？"大臣赵普进言："唐季以来，战斗不息，国家不安者，其故非他，节镇太重，君弱臣强而已矣。今之所以治之，无他奇巧也，惟削夺其权，制其钱谷，收其精兵，天下自安矣。"②为此，宋太祖、太宗及真宗深知为政要以"驾驭戎臣为要机"。③他们所采取的基本政治方略是：大幅度调整权力配置，千方百计强君弱臣，防范各种威胁王权、分裂国家的政治力量东山再起。

那么，抑武削藩之后，由谁来代替空缺以支撑其统治体系呢？这就是文人官员，所以如前所述，抑武佑文成为宋代一项基本的政治方针。宋太祖宣称："五代方镇残虐，民受其祸。朕今用儒臣干事者百余人分治大藩，纵皆贪浊，亦未及武臣十之一也。"④太宗、真宗则继续奉行兴文教、抑武事的基本国策。他们以文臣代替武将主持地方大政，甚至大量以文官代理武职。

① 郑樵：《氏族略》，《通志》卷二十五。
② 《涑水纪闻》卷一。
③ 《宋史纪事本末》卷十七。
④ 《宋史纪事本末》卷二。

地方官率皆文士，难以称兵逞强，由此宋代建立了一套以抑武佑文为主要导向的新的文官制度，并成为国家的主要官僚制度。《宋史》评价说："自古创业垂统之君，即其一时之好尚，而一代之规模，可以豫知矣。艺祖革命，首用文吏而夺武臣之权，宋之尚文，端本乎此"。① 正是这样一种文官制度帮助王权逐渐实现了绝对专制的统治。

代替九品中正制而成为官员选拔主要制度的科举考试制，为宋代文官体制的建立发挥了最主要的作用。包弼德证实："到了1050年，科举考试已经成为入仕的主要途径，同时也是获取高官厚禄的唯一途径。"② 科举考试制的一个最大特点是无论考试资格还是考试标准都较为公平，如欧阳修所说的"无情如造化，至公如权衡"，没有门阀世族及新晋豪门的特权，没有高门寒素之分。这种平等性使大量平民阶层的子弟有机会通过读书进入社会上层，从而改变自身的寒素地位，造成了社会上下层的流动。如《宝祐四年登科录》记载科举录取进士601人，其中官僚家庭出身者184人，平民家庭出身者417人。同时，科举考试制也极大地改变了国家的权力结构。"分科考试之制行，政府把选拔人才的大权完全操在自己手里了。考试的本身尽管有流弊，但不论高门与寒素，一律要考，且一律准考。这个事实，对于专制政治的演进，有极大的影响。"③ 这种影响，首先体现为平民阶层凭科举进入政权体系后，士大夫阶层作为新的相对独立的政治力量开始崛起了，并在此后中国近千年的政治生活中发挥着重要影响。在宋代，这种士大夫阶层恰恰构成了皇权的绝对权威的主要支柱，有力地推进了君主绝对专制的统治秩序的建立。正是在这一意义上，正如内藤湖南指出的，在中国，"平民发展时代即君主独裁时代"，"因为中国在平民时代之前，是贵族时代，六朝到唐的贵族兴盛的时代，君主与平民都受到贵族的压制，没有应有的实际权力。到唐宋之际贵族衰颓，君主和平民才同时从贵族手上获得解放。因此，中国进入平民发展时代正好也是君主独裁建立的时代。"④ 当然，这种平民

---

① 《宋史》卷四三九。
② 包弼德：《历史上的理学》，浙江大学出版社，2010，第31页。
③ 周谷城：《中国政治史》，第174页。
④ 钱婉约：《从汉学到中国学——近代日本的中国研究》，第237页。

与政治的关系还远非近现代平民直接参政的民主政治关系，但其所造成的社会流动性和权力结构的新形态，与当时世界上的其他国家和民族相比，的确具有平民化的"近世"社会特征。著名社会学家帕森斯在其《社会行动论》中认为，不同社会有一套不同的由社会角色期待及其保护机制所构成的"社会价值观念体系"，由这套社会价值观念体系依据的不同选择标准而可区分为重血统、出身背景、社会地位等血缘或裙带关系的亲选型社会（ascriptive society）和以重个人能力和成绩、强调机会均等为主的贤选型社会（achieving society）。所谓现代化就是从亲选型社会转变为贤选型社会。① 宋代科举制及其产生的文官制度，以机会均等、选贤任能为其追求的社会价值观念，表现了其正处在从亲选型社会向贤选型社会过渡的近代化过程中。宋代统治集团始终崇尚文治，重用文臣，尊重和优待知识分子，对士大夫采取了较为宽松宽容的态度，不仅广开门径开科取士，使登第者大多为出身于寒素的平民，而且对士大夫待之以礼，"不得杀士大夫及上书言事人"（宋太祖语），使士大夫及一般知识分子的参政议政热情都十分高涨，思想空前活跃、自由，他们以"文化权力对抗政治权力"，② 从而在一定程度上形成了"皇帝与士大夫共治天下"的政治局面，已呈现向近代政治过渡的近世化特征。同时，与中国传统社会中大多数统治者实行严酷的集权专制，对文臣及一般知识分子残酷打击、肆意滥杀的状况相比，宋代政治的平民化色彩不但最浓厚，而且具有可贵的开明"近世性"，这对宋代社会思想文化观念的影响无疑是深刻、独特的。

宋代政治的平民化还有一个重要方面就是它还体现在国家的施政治理、制度安排上，及对普通民众的地位和权利的一些初步保障上。一方面，宋代的普通平民开始有了初步的自主性地位。以往的统治者，大多或起于草莽，或雄于权谋，一朝夺得大统，即为个人独裁的"家天下"，个人或家族的权势意气之争，完全重于为国为民之念。除了少数与之相互依附的权贵豪强之

① 参见西里尔·E. 布莱克编《比较现代化》，杨豫、陈祖洲译，上海译文出版社，1996，"译者前言"第21～23页。

② 葛兆光：《七世纪至十九世纪中国的知识、思想与信仰》，《中国思想史》第二卷，复旦大学出版社，2000，第355页。

外，大多数普通平民都被视如草芥，毫无独立地位，往往大多是作为贱民、"私民"而存在。"直到唐代为止，穷民一直都被称作贱民或奴婢，是一种私民现象。可是到了宋代，基本上全部作为佃户良民登记"。① 普通民众不仅摆脱了土地、人身上的依附关系，具有了初步的经济自由和人身自由权利，而且在教育、科举、入仕、文化活动等政治和社会生活各方面都不再受出身门第的限制，可以拥有较平等的机会，从而也造成了社会上官民、贵贱、贫富之间相互转化的普遍化。南宋著名士大夫袁采所说的"贫富无定势，田宅无定主"，"富儿更替做"② 现象从一个侧面反映了宋代社会较平等的现实状况。

另一方面，宋代政府已重视民生、注重民生保障。小岛毅认为："宋代的一个重要特征可以说就是庶民终于成为政治关心的对象。"③ 传统的政治统治并不真正以关注民众、不断改进民生为自己的主要目标，而只在意其统治能否长治久安。至于广大民众的生活能不为饥荒所困，达到"不饥不寒"的低标准已是"太平盛世"下才有的幸运，绝大多数情况下广大民众都在生死线上挣扎。而政府对饥荒灾难的救助还一直缺乏系统化的组织和制度化的保障。宋代政府不仅在认识上肯定"士、农、工、商皆百姓之本业"④ 的社会共识，而且开始在制度上对"四民"的民生都予以一些初步的保障，如在政治上实行的科举取士，在农业上实行的租佃制和王安石变法中实行的"青苗法"，在商业上实行的雇佣制和"坊郭户"制，在军事上实行的募兵制等，这些制度安排"表明制度在政策上根据传统的齐民思想要保护取得自立的农民家庭。国家并不总是只考虑如何掠夺无辜的民众，为政者有时甚至更想积极支援民众自立"。⑤ 同时，宋代政府还进一步完善、推广常平仓制度，倡导设立各种义仓、义庄、社仓等官方及民间救济组织，设立"福田院""安济院""慈幼局"等"养恤"的多种机构，救助赈济贫病孤寡之

---

① 小岛毅：《中国思想与宗教的奔流：宋朝》，《中国的历史》第七卷，广西师范大学出版社，2014，第 296 页。
② 袁采：《世范》卷三。
③ 小岛毅：《中国思想与宗教的奔流：宋朝》，《中国的历史》第七卷，第 297 页。
④ 陈耆卿：《嘉定赤城志》卷三七《风土》，中华书局，1990 年《宋元方志丛刊》本。
⑤ 小岛毅：《中国思想与宗教的奔流：宋朝》，《中国的历史》第七卷，第 296 页。

人。在宋以前，官方的社会救助活动多属临时性质；宋代开始，各州县普遍设立了各种社会救助的永久性机构，使宋代的这些社会保障措施对保证基本民生、缓和社会矛盾起到了一定作用，也对后来建立系统的现代社会保障制度具有启发意义，可以说"中国古代真正意义上的社会保障事业是从两宋开始的"。① 这些都体现了宋代政治平民化的特点，对中国及世界后世政治现代化的发展也不无启发意义。

总之，宋代政治平民化的趋势，已从多方面展现了与以往时代不同的新气象，具有向近世化演变的趋势。正如国外史家在评价王安石改革时所指出的："王安石改革的特征是滴水不漏的严密的制度设计。其基础是他对于《周礼》等儒教经典的独到的深刻理解。在以相传为周代的各种政治制度和财政机构为模范的基础上，他结合宋代的社会现实构筑的各种新法，是唐宋变革期最为华丽的改革。如果新法政策能够得到长久继承，那我们是否可以想象，中国社会也可能同西洋的历史一样，就那样顺势跨入近代社会。"② 钱穆也说："论中国古今社会之变，最要在宋代。宋以前，大体可称为古代中国，宋以后，乃为后代中国。秦前，乃封建贵族社会。东汉以下，士族门第兴起。魏晋南北朝定于隋唐，皆属门第社会，可称为古代变相的贵族社会。宋以下，始是纯粹的平民社会。除蒙古满州异族入主，为特权阶级外，其升入政治上层者，皆由白衣秀才平地拔起，更无古代封建贵族及门第传统的遗存。故就宋代而言之，政治经济、社会人生，较之前代莫不有变。"③ 这种巨大的政治、社会的变迁，正是由传统向现代转变过程中的"近世化"变迁的重要表现。

当然，虽然宋代政治的这些"近世化"变迁难能可贵，给中国几千年的传统集权专制政治带来了难得的几道阳光，但可惜的是，这几道阳光终究难以穿透集权专制政治的厚重黑幕，引导中国政治从此真正走向开放民主的近代政治形态。尤其是从北宋到南宋，宋代政治生活既有延续性的一面，也有发生了重大变化的一面。像熙宁变法中实现的士大夫"得君行道""君主

---

① 参见王国平主编《南宋史研究丛书》，"代序"，人民出版社，2008。
② 小岛毅：《中国思想与宗教的奔流：宋朝》，《中国的历史》第七卷，第193页。
③ 钱穆：《理学与艺术》，《宋史研究集》第七辑，台湾大化书局，1974，第2页。

与士大夫共定国是"的政治局面不但难以再现，而且被宋高宗等南宋统治者有意予以避免，正如有学者指出的："宋高宗遗产中最为重要的，是一个倾向于绝对独裁的君主专制权力。"因此，"专制政体顽强地存在着，有时膨胀加强，有时堕落成为绝对专制主义的暴力统治"。① 总的来看，中国这一古老帝国的专制集权趋势在宋以后越来越强化，以致不断压缩平民政治的空间，窒息了走向近代民主政治的生机，最终使中国社会陷入长期停滞、僵化的世界中难以自拔。

---

① 刘子健：《中国转向内在——两宋之际的文化转向》，赵冬梅译，江苏人民出版社，2012，第101、149页。

# 第二章 浙学及南宋浙学

要深入系统地研究南宋浙学，首先要考察历史上的"浙学"概念以及浙学思想的传承演变的脉络，对"浙学""南宋浙学"的概念及其内涵做出新的阐述、界定。实际上，我们有必要将自古及今的浙江学术思想作为一门新的学科——浙学——予以全新的、系统的整体性研究。同时，应对浙学史、浙学的基本精神、浙学传统对当代浙江的经济社会发展及文化建设的重要价值和意义、当代浙学的发展创新等问题展开深入研究。这种浙学研究对于探讨全球化背景下重新评估"地方性知识"的意义以及当代问题意识下学术思想的本土化途径等问题都会富有启发作用。

## 一 "浙学"概念考

要对"浙学"进行研究，自然应先弄清"浙学"究竟是一个什么概念，因为就目前情况来说，"浙学"还远不是一个具有公认的、确定一致内涵的概念。

我们先来考察一下以往人们对这个概念的认识。在学术思想史上，"浙学"这个概念主要有以下两个不同的含义。

首先，浙学是指南宋浙学，即南宋的事功之学。据笔者的陋见，现在已见到的文献中最早提出"浙学"概念的是著名的南宋哲学家朱熹。不过朱熹提出"浙学"这个概念是为了用来概括和批判当时活跃在浙江金华、永嘉、永康等地的"事功、功利学派"的，因而它是一个带有贬低、责难意味的词语。朱熹说：

> 江西之学只是禅，浙学却专是功利。禅学，后来学者摸索一上，无
> 可摸索，自会转去；若功利，则学者习之，便可见效，此意甚可忧！①

我们历来知道朱陆对立，但很多人大概不会想到朱熹真正更忧惧的是吕祖
谦、陈亮等人讲究"功利"的浙学，而不是陆象山的"江西之学"！

不过，尽管朱熹对"浙学"持批判否定态度，连《宋元学案》里也说：
"晦翁（朱熹）生平不喜浙学"。② 但他明确地把当时金华、永嘉、永康等
地的事功学派称之为"浙学"，这在思想学术史上是有着标志性意义的，
因为他赋予了"浙学"这个概念一个重要的基本含义，即"浙学"并不是
一个学派的单一的称谓，而是具有浙地之学或浙人之学这种地域性特点的
多个学派、学说的统称。"浙学"概念的这种基本含义此后一直延续了下
来，并被不断延伸扩展。如元代学者刘埙的《隐居通议二》中说："宋乾
（道）淳（熙）间，浙学兴，推东莱吕氏（祖谦）为宗。然前是已有周恭
叔（行己）、郑景望（伯熊）、薛士龙（季宣）出矣，继是又有陈止斋
（傅良）出，有徐子宜（谊）、叶水心（适）诸公出，龙川陈同甫亮则出
于其间也。"由以上材料可见，宋元时期学者们已公认存在着一个主要由
婺州学派和永嘉学派等所构成的"浙学"，并且已了然其学术思想的传承
脉络。尤其应该指出的是，正是这种"浙学"构成了一种被人们公认为可
以与当时的朱学、陆学鼎足而立的重要思想学说。著名经学史家周予同在
《朱熹与当代学派》中说："按初期浙学，如陈亮之粗疏，陈傅良之醇恪，
其功力与辩解，自非朱熹之敌。但自叶适之《习学记言》出，不仅与朱、
陆二派鼎足而三，而且有将破坏朱氏全部哲学之势。"③

在思想学术史上第一次对"浙学"进行较系统的梳理、描述的是《宋
元学案》。虽然《宋元学案》的作者在该书中十分了解朱熹对"浙学"的批

---

① 黎德靖编《朱子语类》卷一二三，中华书局，1986，第2967页。
② 《宋元学案》卷八十六《东发学案》，《黄宗羲全集》第六册，第394页。
③ 周予同：《周予同经学史论著选集·朱熹》，上海人民出版社，1983，第178~179页。

判否定态度，但是大概由于自宋以后围绕"浙学"的言说环境逐渐起了变化，以致在《宋元学案》里，这种语境已发生明显的转换，即由先前对"浙学"的贬低、否定转而为颂扬、肯定。所以尽管《宋元学案》里对"浙学"概念内容的理解基本上是与朱熹一致的，但是范围更宽一些了，而且显然对"浙学"采取了同情、肯定的态度。它对"浙学"的兴起、演变及其内在的"学统"等都做了生动的解说，从而第一次在中国的思想学术史上展示了"浙学"的基本面貌。如：

> 世知永嘉诸子之传洛学，不知其兼传关学。考所谓"九先生"者，其六人及程门，其三人则私淑也。而周浮沚、沈彬老，又尝从蓝田吕氏游，非横渠之再传乎？鲍敬亭辈七人，其五人及程门。晦翁作《伊洛渊源录》，累书与止斋求事迹，当无遗矣。而许横塘之忠茂，竟不列其人，何也？予故谓为晦翁未成之书，今合为一卷，以志吾浙学之盛，实始于此。①
>
> 勉斋之传，得金华而益昌。说者谓北山绝似和靖，鲁斋似绝上蔡，而金文安公尤为明体达用之儒，浙学之中兴也。②
>
> 四明之专宗朱氏者，东发为最。《日钞》百卷，躬行自得之言也，渊源出于辅氏。晦翁生平不喜浙学，而端平以后，闽中、江右诸弟子，支离舛戾固陋，无不有之，其能中振之者，北山师弟为一支，东发为一支，皆浙产也。其亦足以报先正倦倦浙学之意也夫。③

以上文字，俨然是《宋元学案》的作者为我们勾画的一部以北宋永嘉"九先生"为起始，金华"中兴"、四明胜出为基本线索，具有浙学的渊源、隆盛、中兴等历史事实的"浙学史"。不过，虽然这个浙学史脉络清楚、力求"完整""客观"，但由于该书的基本学术史观是以"程朱学、陆学"为

---

① 《宋元学案》卷三十二《周许诸儒学案》，《黄宗羲全集》第四册，第405页。
② 《宋元学案》卷八十三《北山四先生学案》，《黄宗羲全集》第六册，第215页。
③ 《宋元学案》卷八十六《东发学案》，《黄宗羲全集》第六册，第394页。

中心的学术史观，① 因而它所讲述、展示的浙学史过于夸大了程朱理学对浙学的影响，忽视了浙学的独特内涵和精神正在于在很大程度上是对程朱理学的反动，遮蔽了浙学史内部的思想史必然性，从而有意无意地仅仅把"浙学"放在与外来的"洛学""关学""程学""朱学""陆学"的相互关系中进行描述和评价，陷入了一种后智论的历史观。

不过，尽管《宋元学案》对"浙学"概念及浙学史的阐释有其局限和不足，但它毕竟在学术思想史上第一次以同情和肯定的态度系统地整理了"浙学史"，保存和梳理了大量的浙学资料，在学术思想史上是极有意义和价值的。它所提出的"浙学"概念，也被许多后学者包括近现代学者所认同，如周予同、吕思勉及不少当代学者所论"浙学"概念，都是指以南宋的浙东事功之学为主的浙学。②

其次，"浙学"主要指清代浙东学派和浙东史学。

自明末清初以来，浙江作为江南学术思想中心，涌现了一大批卓越的学者、思想家，他们以犀利的眼光、敏锐的思维、渊博的学识，兼综诸说，会其同异，创立新说，大开风气，取得了突出的成就和影响，其中，以黄宗羲、万斯同、全祖望、章学诚为重要代表。他们一般被称为浙东学派，也有些学者称之为"浙学"。如曹聚仁说："在浙东，继黄梨洲、万斯同的史学大业，卓然有所建树的，有全谢山、章实斋；实斋倡六经皆史之说，纠正了当时经学家以训诂考订以求道的流弊，可称之为浙学（浙东学派）。"③ 同时把这种以全谢山、章实斋为代表的"浙学"看作乾嘉以后清代朴学的主要流派之一，用以与惠栋为首的"吴学"，以戴震为首的"皖学"、以王念孙为首的"扬学"并列。④ 钱穆在其力作《中国近三百年学术史》中，更从学术思想史的角度生动地描述了浙学的发展史："故余谓晚近世浙学，基址

---

① 参见（日）早坂俊广："关于《宋元学案》的'浙学'概念"，《浙江大学学报》（人文社科版）2002 年第 1 期。
② 参见周予同《周予同经学史论著选集·朱熹》，上海人民出版社，1983；吕思勉：《理学纲要·浙学》，东方出版社，1996；周梦江：《宋元明温州论稿·婺学与永嘉学派》，作家出版社，2001。
③ 曹聚仁：《中国学术思想史随笔》，三联书店，1986，第 266 页。
④ 同上书，第 266~270 页。

立自阳明，垣墙扩于梨洲，而成室则自实斋。合三人而观，庶可以得其全也。"① 在钱穆看来，"浙学"这座大厦的思想渊源来自阳明学，因为就为学来说，"若自梨洲言之，则读书多而不反求之心，仍不免为俗学也。惟会稽章实斋于乾嘉考证学极盛之时，独持异论，谓：'浙西尚博雅，浙东尚专门，各有其是。'而谓'为学须本性情'，自谓即阳明良知薪传。其言足为梨洲扶翼。若为学而一本诸性情，则即是阳明《拔本塞源论》宗旨"。② 而黄宗羲作为清初的浙学大师，在经学、政治哲学等各方面都极多创获，于史学尤有最大创辟，因为他强调经史结合，穷经必兼通史，如此才可经世致用。所以黄宗羲治史又有两个突出特点，即重近代当时之史和重文献人物研究。"综斯以观，梨洲论学，虽若犹承明人之传统，而梨洲之为学，则实创清代之新局矣"。③ 也正是由于黄宗羲的巨大贡献，清代浙学经过数代后学者特别是章学诚的努力，终能卓然挺立，蔚为大观："（黄梨洲）此种重现代、尊文献之精神，一传为万季野，再传为全谢山，又传为邵二云、章实斋。浙东史学，遂皎然与吴、皖汉学家以考证治古史者并峙焉"。④ 不过，依曹聚仁的看法，如果就浙学与吴学、皖学等诸学的比较来说，浙学的价值实在它们之上，而且，他尤其推许浙学大师章学诚的学术地位。他写道："且说在乾嘉年间，皖学、吴学真是如日中天，势焰很高。可是，真正够得上跟皖学大师戴东原切磋研究，争一日之短长的，还得推浙学大师章学诚（实斋）。……在二百年后的今日，我们再来看乾隆年间的学术思想，自觉得章实斋的史学成就，其重要性还在皖学、吴学之上，可以自树一帜的。"⑤

综上所述，从学术思想史看，以往人们对"浙学"概念及其内涵的理解归结起来有以下几个要点。

①从空间上说，他们把在不同地点但又主要集中于浙江地域的具有较多共性的多种学派、学说概括为了"浙学"。

----

① 钱穆：《中国近三百年学术史》上册，商务印书馆，1997，第34页。
② 钱穆：《中国近三百年学术史》上册，第34页。
③ 钱穆：《中国近三百年学术史》上册，第36页。
④ 钱穆：《中国近三百年学术史》上册，第35页。
⑤ 曹聚仁：《中国学术思想史随笔·浙东学派》，三联书店，1986，第275页。

②从时间上说，他们把宋代事功之学或清代浙东史学这样一种具有特定的时间界限但又处在一个较漫长的历史发展过程之中的学说、学派统称为了"浙学"。

③从性质上说，他们把在内部虽不是一个统一的学派，也没有严格意义上的师承授受关系，而且也不是处在同一时、同一地，却都有比较一致的思想观念、思想方法（及治学方法）和价值追求，具有一些较突出的共同特征（如注重实际事功、追求经世致用、长于史学研究等），且相互之间存在着一定的思想影响和承续关系的浙江的学术思想学说、学派归之为"浙学"。

## 二　"浙学"新说

为了进一步讨论"浙学"这一概念，现在，我们需要回过头来补充确认一个前提，即，鉴于浙江在学术思想史上的众所周知的突出成就及其鲜明特色，完全有必要为浙江的这种学术思想确定一个适当的名称。如果确认了这个前提，也就是说，既然浙江的学术思想有必要确定一个名称，那么，究竟什么名称合适呢？

1. "浙学"概念的狭义与广义

事实上，直到目前为止，这还真是一个众说纷纭、见仁见智的问题。著名历史学家何炳松先生在1932年所著的《浙东学派溯源》一书中，也主张要给宋以来的浙江学术思想确定"一定的地点和名称"。他对全祖望在《宋元学案》中把宋以来的浙江学术思想有时叫作"浙学"，有时叫"婺学"，有时又称之为"永嘉之学"提出异议，认为这"三个名词都不很恰当，因为前一个太泛，后两个太偏"。他赞成章学诚的意见，认为其所定的"'浙东学术'四个字比较恰当"。[1] 我当然很赞成何先生要有一个名称的意见，不过，他对《宋元学案》的上述批评却不对，因为《宋元学案》中"浙学"、"婺学"、"永嘉之学"的名称是各自针对不同的情况、对象而说的，

---

① 何柄松：《浙东学派溯源》，广西师范大学出版社，2004，第148页。

本来就并不是在同一个意义上使用，当然不可完全混同。"婺学"、"永嘉之学"可以分别被称为"浙学"，或一起被概称为"浙学"，但"浙学"、"婺学"和"永嘉之学"三者之间毕竟还有区别，"浙学"是一个泛称、概称，"婺学"、"永嘉之学"则是特称，它们既不能互相代替，也不能完全涵盖"浙学"概念所具有的内涵。显然，三个名称中，"浙学"是能够较恰当地概括当时浙江的学术思想的。而如前所述，包括《宋元学案》在内，人们的确主要是在这一意义上使用"浙学"这一概念的。

前述以往人们对"浙学"概念的理解，固然有很多很好的地方，在总体上是应该肯定的，但毕竟还是有很大的局限性，即它局限于主要指南宋以陈亮、叶适等为代表的事功之学或清代以黄宗羲、章学诚等为代表的浙东学派，却还不是一个能包括南宋事功之学和清代浙东学派的统一性概念，更不是一个能够涵盖整个浙江历史上的学术思想的统一性概念。有鉴于此，我们不妨把原有的"浙学"概念加以改造扩展，使之成为一个不仅能包括南宋事功之学和清代浙东史学的统一性概念，而且是一个能够涵盖整个浙江历史上的学术思想的统一性概念。这样，如果说以往原有的"浙学"概念是一个狭义的概念的话，现在这里所说的"浙学"则是一个广义的概念了。

具体来说，这里所提出的广义上的"浙学"概念，意指：

首先，从时间上说，它包括"传统浙学"与"现代浙学"。浙江自古以来那些杰出的思想家和影响巨大的学说或学派，上溯古越文化、下迄浙东学派，都应属于"传统浙学"的范围。而那些在中国近现代思想文化史上风云际会、引领风骚的浙江思想家们及其学说，则可归于"现代浙学"的范围。传统浙学是浙学的主体，现代浙学是传统浙学的延续和创新。因此，"浙学"既是一个古老的学术命题，有着丰厚悠久的历史内涵，又有新的意义，是一种体现着文化传承和创新的成功范型。

其次，从空间上说，它包括"浙中之学"和"浙人之学"。浙学，固然是浙江这个地域上的学术思想的统称，但它又不是一个纯粹的地理概念，即它并不严格地限于浙江的地域范围。因此，具体来说，"浙学"实又可分为"浙中之学"与"浙人之学"。"浙中之学"主要是指直接在浙江这一地域上产生的学术思想，它的主体是在本土的浙籍人的思想学说，但也包括在浙的那些已在一定程度上受到浙江的社会历史环境和浙学传统影响、熏染的非浙籍人的思想学说。"浙人之学"是指在浙江本土的浙人之学，但也包括虽不在浙江本土但因血缘、教育、传统等影响其思想、性格、观念等显然继承了浙江学术思想文化的精神血脉的浙人之学。当然，说到浙学的地域问题，它自然还应包括浙东之学和浙西之学，因为浙东之学和浙西之学虽然有些区别，但那仅仅是浙学内部的区别（此点详见后论），无论是浙东之学还是浙西之学，它们都共同构成了浙学的丰富内涵。

综上所述，尽管浙学概念不能不含有历史和地理的因素，但浙学既不仅仅是一个历史的概念，又不是一个纯粹的地理的概念，它应该主要是一个学理上的概念。"浙学"，学之谓也，就如"易学"、"数学"、"朴学"是表示某一种、某一门类学术思想的名称，而"浙"只是一个地理的标位。浙学作为"学"，它虽产生于浙江地域并因时代不同而存在着或明或暗的传承脉络，发生了这样那样的极大影响，但它并不专属于浙江，而是属于整个中国文化，它构成了整个中国文化中的重要组成部分。可以说，"浙学"固然是以地域命名的一种学术思想的统称，但它又远远超出了地域学术的范围，而成为一个具有普遍文化价值的学术形态。

2. 浙学与浙东学派

由此需要进一步说明的是，浙学既然主要是一个学理上的概念，那么也就意味着它主要不是一个学派的概念。由于它不是一个学派，所以它在整体上并没有严格意义上的学术师承关系，即不存在一个统一的学术渊源、一脉相承的学统和有清晰线索可循的学术谱系。相反，浙学中的许多人物在当时往往是异军突起、自致通达，在并无直接师承授受的情况下做出了了不起的业绩。这竟然差不多是浙学史上的一种普遍现象了。尤其令人惊奇的是，尽管浙学并不是一个统一的学派，缺少有脉络可循的师承关系和统一的学术谱系，却仍然具有十分相似的精神气质和思想追求，表现了基本共同的学术主张和价值取向，这不能不说是浙学所呈现出的一个奇特而有意味的学术思想史景观。

说到浙学与学派的关系问题，则不能不说一说浙学与浙东学派的关系。"浙东学派"一词，最早大概于清初《明史》馆臣中即已使用，故黄宗羲在其《移史馆论不宜立理学传书》一文中就为浙东学派辩护而拒其"浙东学派最多流弊"之说,不过其"浙东学派"概念主要指浙东王学一派。此后,"浙东学派"、"浙东之学"之名逐渐流行,至章学诚著《文史通义》,特辟《浙东学术》篇专论浙东之学,且溯其源流、揭示宗旨,虽未用"浙东学派"之名,实极大地有助于"浙东学派"之名的成立及其影响的推广。近人章太炎、梁启超都曾论及明清嬗代之后的浙东学派,并勾勒了其大致的学术系谱。现代史学家何炳松著《浙东学派溯源》,今人王凤贤、管敏义等编著了《浙东学派研究》、《浙东学术史》等,对浙东学派的研究和关注渐成气候。

考察学界对"浙东学派"概念的理解,可以说与历史上人们对狭义上的"浙学"概念的理解是基本一样的,即或指南宋的事功之学或指清代的浙东史学,所以《辞海》中释"浙东学派"有二义:"浙东学派,①南宋以浙东地区为活动中心的学派。包括以吕祖谦为代表的金华学派(一称婺学),以薛季宣、陈傅良、叶适为代表的永嘉学派和以陈亮为代表的永康学派。……②清初以黄宗羲、万斯大、万斯同、全望祖、章学诚、邵晋涵等为代表的史学派别。……"① 当然,也有将上述两者合而作为一个延续、发展的思想文化传统的整体而统称之为"浙东学派"的,如章学诚、何炳松等。不过,不管"浙东学派"具体指向哪种含义,它们在很大程度上都是可以等同于狭义的"浙学"概念的。也正因为如此,不少学者直接把"浙东学派"、"浙东之学"、"浙学"这几个概念混称。如金毓黻说:"考浙东学派起于宋,时有永嘉学派、金华学派之称,……当时号称浙学"。② 周梦江说:"南宋时期,在理学盛行之时,两浙东路产生了主张事功反对理学的浙东学派,简称浙学。"③ 黄百家在《宋元学案》里也指出:"永嘉之学,薛(季宜)、郑(伯熊)俱出程子(颐)。同时,陈同甫又崛兴于永康,无所承接,然其学俱以读书经济为事,嘻黜空疏随人牙后谈性命者以为灰埃,亦遂为世

---

① 《辞海》,上海辞书出版社,1989,第2446页。
② 金毓黻:《中国史学史》,河北教育出版社,2000,第352页。
③ 周梦江:《宋元明温州论稿》,作家出版社,2001,第100页。

所忌。以为此近于功利，俱目之为浙学。"①

　　但是，"浙东学派"这一概念本身具有的限制，使它还是与浙学的概念存在着区别。首先，它在地理上主要限于浙东地域。关于"浙东"之名，在古代是与现在有所不同的。清代乾隆元年刊刻进呈的《浙江通志》卷一载：

> 元至正二十六年，置浙江等处行中书省，而两浙始以省称，领府九。明洪武九年，改浙江承宣布政使司。十五年割嘉兴、湖州二府属焉，领府十一。国朝因之，省会曰杭州，次嘉兴，次湖州，凡三府，在大江之右，是为浙西。次宁波，次绍兴、台州、金华、衢州、严州、温州、处州，凡八府，皆大江之左，是为浙东。

　　这里所说的"大江"，指的是钱塘江，即浙江的下游，"大江之左"的"浙东"，即我们通常所称的"上八府"；而"大江之右"的"浙西"，即所谓"下三府"。至于"两浙"之称，起源很早，唐代就置浙江西道、东道；宋改称浙江西路、东路，宋代以后的浙东学派，就出现在"浙江东路"或"大江之左"的地域上。可见，浙东学派所具有的地域性——尽管并不是很严格的、明确不变的——决定了它不可能是真正意义上的"浙学"。因为古代的"浙"，仅指钱塘江，而"浙东"仅是"大江之左"的地区，而今天的"浙"，是指浙江全境，所以，以往所谓"浙东之学"，并没有包括全部"浙学"。如章学诚就提出了与"浙东之学"相对应的"浙西之学"："世推顾亭林氏为开国儒宗，然自是浙西之学。不知同时有黄梨洲氏，出于浙东，虽与顾氏并峙，而上宗王（阳明）、刘（宗周），下开二万（万斯大、万斯同），较之顾氏，源远而流长矣"。"浙东贵专家，浙西尚博雅，各因其习而习也"。② 浙东之学与浙西之学由于地理、经济、社会环境等因素的影响而各具面目、风格有异，如浙东以史学为主，浙西长于经学、文学，浙东贵专门，浙西尚博学等。不过，尽管浙东之学与浙西之学有这些区别，但由于两

---

① 《宋元学案》卷五十六《龙川学案》，《黄宗羲全集》第五册，第216页。
② 章学诚：《文史通义》，上海古籍出版社，2008，第169页。

浙之学都有少门户之见、重经世致用等特点，所以它们在整体上还是有其共性，两浙之学可合称为一整体上的"浙学"，正如章学诚所说的：他们"盖非讲学专家，各持门户之见者，故互相推服，而不相非诋。学者不可无宗主，而必不可有门户；故浙东、浙西，道并行而不悖也"。①

# 三 南宋浙学的思想史价值

南宋浙学既是传统浙学的延续和创新，更是传统浙学的主体，体现着一种文化传承和创新的浙学范型。因为虽然吕祖谦、陈亮、叶适等人作为中国历史上的著名思想家，其事功之学早已成为整个中国文化传统中的一个重要组成部分，但由于吕祖谦、陈亮、叶适等人的事功之学是与浙江这一特定的地域及其相关的人文背景密切相连的，所以又不能不带有浙学自身所特有的气质和面貌。可以说，南宋浙学思想既是浙江的思想文化精神传统及其独特的性格气质的典型体现，又反过来以其特有的思想内涵和精神气质，极大地丰富了浙江固有的历史文化精神，形塑了浙学的优秀传统。

1. 南宋浙学的思想特质

按照以往中国哲学史和思想史的框架和视野，人们对以叶适、陈亮为代表的事功之学的评价大多持一种比较轻忽的态度，对其在思想史上的重要性和特殊意义认识不够，具体体现为：一是认为其只是一种非主流的、边缘化的思想学说，仅仅具有地区性的意义，其地位和重要性难以与同时期的朱陆诸学相提并论；二是虽然大多数人都承认陈亮等的浙学与以朱熹为代表的理学的分歧乃至对立，却又大多认为其没有超出儒学的范围，把南宋浙学简单地归入传统的儒学系统中去，从而看不到浙学思想所具有的独特性质和意义。显然，这些观点所体现出的处理思想史的方法实有简单化和非历史主义之嫌，既没有充分考虑到陈亮之学等浙学在思想史上作为一个独特个案所具有的复杂性，又没有把它放在一个具体的历史性的情景和过程中去加以把握，因而无法解读出其所具有的丰富蕴涵和思想特质，更难以理解其对浙学

---

① 章学诚：《文史通义》，上海古籍出版社，2008，第169页。

传统和当代浙江精神的形塑和发展所具有的重要意义。实际上，我们如果从具体的历史的视角出发，真正深入探讨南宋浙学思想的特质及其意义，是不难发现其新的思想史价值和意义的。

首先，南宋浙学与当时以朱熹为代表的正统理学的基本思想观点是存在根本差异的。以陈亮、叶适为代表的南宋浙学，在哲学基本思想上认为"道在器内"、"道在事中"、"道存于物"，主张本体与现象、普遍与特殊相统一的唯物论世界观和辩证法。在价值取向上主张"理欲统一"的道德观和"义利合一"的价值观，在人生观上反对宋儒认为学者只可学做圣贤、醇儒的主张，以"学为成人"为普遍的人生追求。在学风上提倡为学务实的学术追求，倡导学与行均要见之事功，特别是对现实民生和政治改革的关注。事功学派的思想家们的一个突出特点是几乎都十分关注现实民生问题，并将这种关注付诸理论的探讨和行动的实践。在政治上，他们鲜明地反对传统的重农抑商政策和本末对立的观念，主张富民强国的治道观等。①

这些思想观点的独特性是显而易见的，以至就连与陈亮反复争论的论敌朱熹也一再地表示陈亮的思想"新论奇伟不常，真所创见"，"纵横奇伟，神怪百出，不可正视，虽使孟子复生，亦无所容其喙"。② 其同道叶适也评论陈亮说："……（陈亮）其说皆今人所未讲，朱公元晦意有不与而不能夺也。"③ 陈亮思想的独特性不仅表现在他能以其超凡脱俗的见识向朱熹等理学挑战，试图重建社会秩序和道德秩序的准则，确立新的事功主义的思想范式，而且表现在他在理论上能以非凡的勇气敢于独立提出了一系列全新观念、勇于开创许多新的学术研究领域。

其次，陈亮等事功之学超越了传统儒家泛道德主义的化约论立场，在宋儒注重道德心性修养的价值关怀之外，构建新的思想范式。我们知道，在南宋思想文化环境中，由于受宋代以来长期偃武修文、崇理尚德思潮的影响，注重道德教化的性理之学成为在社会现实中占主流地位的学术话语。南宋理

---

① 参见朱晓鹏《论陈亮思想的特质及其意义》，载《浙江学刊》2009 年第 1 期。

② 陈亮：《陈亮集》（增订本）附录：《朱熹寄陈同甫书之二、之八》，河北教育出版社，2003，第 283、288 页。

③ 陈亮：《陈亮集》（增订本）附录：叶适《龙川文集序》，第 417 页。

学虽然有朱陆之别，但那主要是理学内部的区别，它们的总体特征还是一致的，即都严分理欲、崇尚修养，"皆谈性命而辟功利"（黄宗羲语），强调性命义理之学的优先地位，以修身内圣作为重建社会人心秩序的根本。而陈亮、叶适等事功之学强调经世致用、力辟空谈，反对将理欲、公私、义利切割为绝对对立的"两截"，主张以实事实利、治世事功作为评判伦理德性价值和挽救社会现实危机，重建政治、社会秩序的根本依据，从而在儒家思想的主流话语之外，开创了把知识分子的知识关怀与现实事功紧密地贯通起来的新的思想范式。他们不但积极投入各种新的思想学术领域的研究之中，创造性地开拓了许多具有近现代意义的学科领域的雏形，如政治学、经济学、财政学、税收学、社会学、军事学、战略学、管理学等等，而且认为正是这些学问才是真正值得大力发展研究的关涉实事实利、治世事功的真学问、真功夫。也正因为如此，才招致那些理学家们以轻视的态度进行贬低，如朱熹就一再地讥评永康永嘉之学"大不成学问"、"没头没尾"，认为"浙学"专讲功利，应予以全盘否定。①

再次，南宋浙学的根本思想不仅完全不同于传统儒学及当时理学注重"内圣"的思想旨趣，关注于实事实功、追求经世致用的外王之道，并且进一步突出制度建设对于合理的政治、社会秩序建构的主导作用，从而超越了一般的传统外王之道。南宋浙学的这种异质性思想特征，在永嘉学派那里得到了极为鲜明、自觉的反映。从薛季宣到陈傅良、叶适，永嘉学派重事功而通世变，主张学术与事功统一，强调实事实功、经世致用。他们虽然也与理学家们有一些共同的论题和学术关怀，如他们都十分重视对五经的研究，但永嘉诸子研究经制（五经中记述的制度）更重于研究经义（五经的义理），而且认为研究经制的目的在于治事（治理国家政事）。同样，他们也注意了理、欲、义、利问题的探究，但他们摒弃理学的空谈玄说，反对理学家的"存天理，灭人欲"之论，把理与欲、义与利、道德与事功结合起来，达到了空前的一致。所以，正如黄宗羲曾经极中肯地指出的："永嘉之学，教人

---

① 参见《朱子语类》卷一二二，第 2957 页；卷一二三，第 2961 页等。

就事上理会，步步着实，言之必使可行，足以开物成务”。①

正是在这种理欲统一、“以利和义”（叶适语）的事功理念和批判求实的基础上，永嘉学派把思想学术的主要兴趣转向了传统所谓外王之道的探讨研究，对历史和现实中的各种政治、经济、军事等制度问题、历史价值观问题及具体的财政、税收等民生问题都展开了深入系统的研究，提出了经济、政治、军事等一系列社会问题的主张和见解。最具有意义的是他们敏锐地发现了制度因素在社会变革中的重要作用，因而十分重视对历代各种制度的研究；同时他们还否定了几千年来的重农轻商、“厚本抑末”的传统思想和政策，认为这种思想政策是“非正论”；他们还建议“以国家之力扶植商贾，流通货币”，② 发展工商业，认为当时的重税盘剥是打击了工商业的正常发展，应该予以改变。永嘉学派在经济、政治、军事等问题上的主张和见解，不仅极大地拓展了思想学术研究的领域，而且在观点上往往发前人所未发的独特大胆之见、新颖有益之论。元末明初的婺州学者王祎对此深表赞赏，他说：“自薛氏一再传为陈君举氏，叶正则氏，戴少望氏，而陈氏尤精密，讨论经史，贯穿百氏，年经月纬，昼验夜索，呈事一物咸稽于极，上下千载，珠贯而丝组之，综理当世之务，于治道可以兴滞而补弊，复古而至道条画本末粲如也。此所以永嘉经制之学，要在弥纶以通世变，操术精而致用远，博大宏密，封植深固，足以自名其家也。”③

具有这种独特思想内涵和学术旨趣的永嘉学派等南宋浙学，必然无法认同当时的理学家们。事实上，永嘉诸子大多直接或间接地批评理学乃至整个儒学。例如叶适就对理学及传统儒家进行了深入的批判，正如牟宗三所说：“叶水心不满曾子、子思、孟子、‘中庸’、‘易传’以及北宋诸儒所弘扬之‘性理’，而另关讲学之大旨，以其有合于二帝三王之‘本统’。”他是一个“真正轻忽孔子而与孔子传统为敌者”。④ 不过，叶适对理学及传统儒学的批判，具有自己的鲜明特色，即他的这种批判，恰恰主要是立足于自己对外

① 《宋元学案》卷五十二《艮斋学案》，《黄宗羲全集》第五册，第 56 页。
② 叶适：《习学记言序目》卷十九《史记一》，中华书局，1977，第 273 页。
③ 王祎：《王忠文公集》卷六《送顾仲明序》。
④ 牟宗三：《心体与性体》第一册，中正出版社，1968，第 225 页。

王、事功的深入思考。韦政通认为：叶适的基本思想"与儒家传统着眼于君德与道德动机的德治主义不同，这在政治问题的思考上是一大转进。他所表现的客观心态，与理学家是对立的，他在外王问题上的思考，有重大的历史意义"。① 应该说，南宋浙学不仅开辟了一条不同于理学及传统儒学的学术思想路径，更重要的是由此在把理想的外王之道切实地措之于用，真正推进政治和社会秩序的合理建构的近世化转型方面，取得了前所未有的成就，为现代社会的发展留下了丰富可贵的思想遗产。

2. 南宋浙学的思想史地位和价值

南宋浙学的这种新的思想范式，从思想特征上来说，是属于事功主义的，以与宋儒的道德主义相对立；从学派属性上说，是属于"浙学"，以与朱陆的"闽学"、"江西之学"相对应。从思想史上看，不少学者承认浙学是可以与朱学、陆学鼎足而立的重要思想学说。全祖望认为："乾、淳诸老既殁，学术之会，总为朱、陆二派，而水心断断其间，遂称鼎足。"② 其实，正如黄百家指出的，叶适、陈亮两派的思想最为接近，"俱以读书经济为事，嗤黜空疏、随人牙后谈性命者，以为灰埃"，故同被称为"浙学"。③ 这样看来，全祖望评论叶适的上述文字，也同样适合于陈亮，可以认为以陈亮、叶适为代表的"浙学"作为一种新的思想范式确实在南宋学术界与朱、陆之学构成了鼎足而立的格局，其重要性和影响并不亚于朱陆诸学。至于"浙学"此后在学术思想史上长期作为仅仅具有地区性、短时性意义的思想学说处于被轻视、被边缘化甚至被失传的状态，则是与宋明以来以朱陆等为代表的儒学长期占据正统主流的意识形态地位，从而使人们在学术思想史解读上不可避免地采取以朱陆等儒学为中心的学术史观有莫大的关系。

正统理学对包含有鲜明独特的异质思想内涵和学术风格的永嘉之学乃至整个浙学都是采取排斥、否定态度的，甚至进一步视为"异端"，予以打压。《四库全书总目提要》就曾描述这种情况："盖理宗之后，天下趋朝廷风旨，道学日兴，谈心性者谓之真儒，讲事功者谓之杂霸，人情所竞，在彼

① 韦政通：《中国思想史》（下册），第1221页。
② 《宋元学案》卷五十四《水心学案上》，《黄宗羲全集》第五册，第106页。
③ 《宋元学案》卷五十六《龙川学案》，《黄宗羲全集》第五册，第216页。

不在此。"① 理学运动兴起后，大力口诛笔伐所谓异端邪说，凡是有悖于朱子学说的，都不遗余力地加以排斥和批判，容不得半点争鸣。而包括永嘉学派在内的浙学，自然是其讨伐的重点。王祎在论及永嘉学派的遭遇时说："论者顾谓其说不皆本于性命，以故近时学者一切党同伐异，唯徇世取宠之为务，其学遂废而不讲，而不知穿凿性命，穷高极远，徒骛于空言，其将何以涉事耦变以适世用哉。"② 实际上，朱熹与浙学之间的这一思想史大公案最值得探究的地方就在于：它们实质上是两种完全不同的学术思想范式的冲突和对立。前者固然已达到了儒学乃至整个传统学术思想的最高峰，但它终究只是一种传统的学术思想范式的典型；而后者虽然还不够系统成熟，却已经代表着传统学术思想向近代学术思想转换的范式，已具备近现代学科化、专业化学术思想的初步形态，因而已标志着重大的历史转折，即标志着他们已充分地认识到传统的以内圣为基点的外王之道已发生"肠梗死"，而必须完全另谋它途。李泽厚认为，从传统儒学到现代新儒学都强调道德主义。但从内圣到外王的路径，实际上已走不通了，需要彻底地改变："这种道德至上的伦理主义如不改弦更张，只在原地踏步，看来是已到穷途了。"③ 但从宋明理学到现代新儒家只固守于儒学传统之中，拼命批评那些讲求功利、"外王"之人，如牟宗三在《心体与性体》中就以大量篇幅痛责了"与孔子传统为敌"的叶适。但正如李泽厚所认为的，这是错误的。尽管那些讲求功利、"外王"的哲学在理论上并没有达到的讲"内圣"之学的宋明理学那种深妙入微的理论高度和鼓舞力量，但荀子、易传、柳宗元、叶适以至康有为等人在反映表达和反作用于中华民族的生存发展上，都具有不可磨灭的重要意义，比宋明理学有过之而无不及者。正因此，其中必然还会有可以提炼发挥的东西值得我们今人去挖掘继承。④

从这一意义上说，正是那些超过宋明理学的东西，体现出了包括永嘉学派在内的南宋浙学兴起的必要性和革命性所在！显然，浙学及明清实学思潮

---

① 《四库全书总目提要·宗忠简集》。
② 王祎：《王忠文公集》卷六《送顾仲明序》。
③ 李泽厚：《探寻语碎》，上海文艺出版社，2000，第317～318页。
④ 李泽厚：《探寻语碎》，第318页。

的兴起是一致的，它们都反映了中国文化、思想自身在努力实现从传统到现代的范式转型。而这样一种学术思想史的崭新意义，显然是以传统儒学及正统理学为中心的学术史观所无法理解的，也是一定要极力将其边缘化、扭曲化或理学化和儒学化的。而这恰恰又正是造成永嘉学派及南宋浙学在学术思想史上长期被遮蔽和遗忘的一个重要原因。

总之，如果我们能够摆脱以传统儒家为正统、以朱陆为中心的南宋以来的传统学术史观和学术史面貌的影响与束缚，重新找出南宋浙学本身的形成、演变的固有线索及其规律，阐明以陈亮、叶适等为代表的南宋浙学与传统儒家核心思想的差异，找出南宋浙学自身固有的丰富新颖、富有现代性意义的思想内涵，从而以一种多元的、开放的学术史观重新解读和梳理浙学史，恢复其作为中国思想史上十分辉煌而独特的、富有光彩的思想学说的本来面目和应有地位，这将在很大程度上是对一些传统的说法、"定论"的突破，对于重新理解中国哲学史、思想史，重新梳理、系统总结浙学史，发展当代浙学，都有重要的价值和意义，尤其对于当代合理的政治、社会秩序的建构具有重要的借鉴意义。

# 第三章　宋代思想的演变与
# 南宋浙学的形成

　　正像北宋思想文化世界是一个多样性的生态系统一样，南宋的思想文化世界也是一个充满了多样性的生态系统。南宋时期无论是学者、思想家还是相关的学派、学术思想群体在数量和质量方面都是十分突出的，可谓群星璀璨、异彩纷呈。就其代表性人物及其派别而言，就有朱熹的道学、吕祖谦的婺学、陆九渊的心学、陈傅良与叶适等永嘉学派、陈亮的永康学派等，而且他们大多抱有不同的思想宗旨和价值取向，难以统一到某面思想大旗（如儒学、道学）之下。正因此，以往的研究过多地把这种多元性规约到一种单一的主流思想中去的做法是不可取的，因为那样不仅限制了我们对以往思想传统的多样性的认识，也限制了我们从一种更广阔和真实的思想史背景去理解不同思想传统的固有特点和价值。在这个意义上可以说，类似余英时所批评的"一度抽离"即"把道学从儒学中抽离出来"，[①] 把道学当作宋代儒学乃至整个思想界的主流予以唯一性关注的研究模式是应该抛弃了，而要把大量被朱熹及其道学的光环所遮蔽的其他思想家们解放展现出来，成为思想史研究中应有的现象。像美国汉学家田浩就较早地挑战以往的宋学研究范式，明确地对"新儒学正统"的过度关注提出质疑，并竭力主张以更广阔的视野来探究宋代多样化的思想世界。因为在他看来，宋代的思想世界本来就属于多种多样的思想，而不是朱熹一人的天下。正如《宋元学案》所说："宋乾、淳以后，学派分而为三：朱学也，吕学也，陆学也。三家同时，皆

---

① 　余英时：《朱熹的历史世界——宋代士大夫政治文化的研究》，三联书店，2004，第8页。

不甚合。"① "乾淳诸老既殁，学术之会，总为朱、陆两派，而水心断断其间，遂称鼎立。"② 同时代的南宋学者黄震说："先生（按：吕祖谦）以理学与朱、张鼎立为世师。"③ 王应麟也说："乾道淳熙间，正学大明，朱子在建，张子在潭，吕子在婺，陆子在抚，学者宗之，如日月江汉光润所被，皆为名儒。"④ 这些说法尽管略有不同，但都显示了一个多元化的南宋思想界的真实存在，尤其常被后世以朱陆为中心的儒学史叙事模式所轻视甚至遗忘的以吕祖谦、叶适等人为代表的浙学是南宋思想界一支与朱学、陆学均不同的独立学派，在当时多元化的思想界具有与朱、陆之学"鼎足而立"、互相抗衡的巨大作用和影响。显然，在从北宋到南宋的思想文化传承演变过程中，南宋浙学也扮演了相当重要的角色。

# 一　北宋思想文化遗产

北宋的灭亡和南宋偏安江南，使南宋的士大夫和一般知识分子的精神世界发生了不同于北宋的巨大变化。北宋思想界所关心的主题正如余英时所言是"重建秩序"⑤，而这一"秩序重建"的工作，我以为需要从两个主要层面展开：一是政治、社会秩序的重建，包括赵宋王朝的政权合法性及其合理性的确立和"卧榻之侧，岂容他人酣睡"的江山一统化追求；二是意识形态上的大一统秩序的重建，尤其是在思想文化上受到了佛道学说的严重挑战之后，如何收拾人心、统一信仰，从而恢复以儒家道德信仰为核心的大一统的伦理思想文化秩序，成为一个重大的时代课题。

从历史上看，上述"重建秩序"的努力还是取得了较大成效的。

首先，"从太祖到真宗，经过大约六十多年的时间，国家及权力的合法性得到了普遍的认同"⑥。特别是通过偃武修文、平衡集权与分权的制度安

---

① 《宋元学案》卷五十一《东莱学案》，《黄宗羲全集》第五册，第7页。
② 《宋元学案》卷五十四《水心学案》，《黄宗羲全集》第五册，第106页。
③ 黄震：《黄氏日钞》卷四十《读东莱先生文集》。
④ 王应麟：《广平书院记》。
⑤ 余英时：《朱熹的历史世界——宋代士大夫政治文化的研究》，三联书店，2004，第118页。
⑥ 葛兆光：《七世纪至十九世纪中国的知识、思想与信仰》，《中国思想史》第二卷，第268页。

排和保障经济自由的"近世化"使赵宋王朝重建起了一个有权威和秩序的国家系统，被确认了政治权力的合法性。当然，文官制度、制衡督察制度等的兴盛也有一些副作用，即也导致了官僚机构效率低下、军备不振、财政困难等弊端，尤其是边患严重、疆域大减，"八尺大床变成了帆布行军床"①，以致不但在卧榻之侧，不得不容他人酣睡，而且进一步被"去中心化"，发生了"正统性"危机，"尊王攘夷"的"正统"之争已然成为北宋内部及其与辽、夏诸国交往时常常不得不面对的尴尬难题。因此，通过改革积弊、刺激经济、富国强兵，实现天下统一的国家秩序的重建，使中国重新回到中国传统文明的中心地位，成为北宋士大夫及一般知识分子的普遍诉求。"庆历新政"、"熙宁变法"就是这种社会思潮的产物。正如陈亮所说："方庆历、嘉祐，世之名士常患法之不变"②。而"陛下与士大夫共治天下"的政治主体意识和"以天下为己任"的责任担当情怀也是以宋代新儒学为中心的文化发展和以改革为基本取向的政治态势的集中反映。就北宋思想界的主流来说，这些"外王"事业无疑具有首推的重要性，而"得君行道"也自然而然地成为大多数关心国家富强的士人们最大的期盼。

其次，由于古代中国王权是一种将政治统治、宗教权威与文化秩序合于一体的"普遍王权"，所以它不仅要求建立一种有权威的国家系统以实施有效的军事政治的控制和管理，而且要求确立一种与其大统一的政治统治相适应的知识、思想与信仰等意识形态上的制度化的文化支持系统。北宋统治者也是追求这种"普遍王权"的，因此，它在确立了稳固的政治统治秩序后，也努力重建相应的思想文化秩序。不过，宋代意识形态上的大一统秩序的重建，面临着许多不同的难题。其中一个最大的难题就是随着佛道学说的快速发展和强烈渗透，以儒学为中心的传统思想及其道德信仰体系受到了巨大冲击。而要有效地回应这种挑战，关键是要对传统儒学在形上学理论的系统建构上的先天性缺陷和不足做出重要的补充和完善，从而重建起新儒学的形上学体系。我们看到，宋代儒学特别是以程朱理学为代表的新儒学，通过对佛

---

① 钱钟书：《宋诗选注》，三联书店，2007，第1页。
② 陈亮：《诠选资格》，《陈亮集》（增订本）卷十二，第106页。

道形上学理论的充分融摄和创造性转化，的确实现了以理本体论为中心的儒学本体论的重建。这样它不但深化了其儒学本体论的认知维度，而且在一定意义上重建了儒家形上学的价值之维，最终初步实现了本体论的认知之维与价值之维的统一，使自己构建的新的形上学体系具有了较为普遍性的品格，从而在形上学体系的完整构建方面取得了重大成就，达到了中国传统哲学形上学的新高度。而这也正是宋明儒学所实现的形上学理论上的深刻重大的突破，亦是其不同于传统儒学之处。① 这样一种具有普遍性和超越性品格的形上学体系，为整个思想与信仰等意识形态层面上的文化支持系统的重建提供了较坚实的基础。事实上，也正是在这种逻辑运作下，作为本体之"理"就成为超越宇宙、自然、社会的根本之"道"，也就是为政治国家、道德伦理、宇宙构架、自然万物提供了同一性依据的"理"，即具有超越个体生命、政治权力、地理区域或时间维度而得到普遍认同的普遍真理。这也就是邵雍所说的"天下之物莫不有理"②、程颐所说的"天有是理，圣人循而行之，所谓道也"③。这样，为"适应国家一统的需要，赵宋统治者提出了'一道德而同风俗'的课题"④，可以说这一课题任务在一定程度上是被实现了的，至少北宋作为"文化"意义上的"中国"已重建了文明中心的基本形象，与"四夷"保持了应有的空间差异和文明差异，正如石介所说的："中国，中国也；四夷，四夷也。"⑤ 而整个宋代社会文化所达到的繁荣发达程度及其"近世化"的进程，无疑使其在中国及世界文化史上留下了浓墨重彩的一笔。

总的来说，宋代社会"秩序重建"的两个层面实是一个互为表里的统一过程，因而尽管北宋的思想学术面貌呈现多元化的格局，但无论是赵宋统治者、士大夫阶层，还是各家各派思想学说都以这种"秩序重建"作为基本"共识"，进行着各种不同甚至互有矛盾冲突却总体目标一致的努力。正

---

① 参见朱晓鹏《从朱熹到王阳明：宋明儒学本体的转向及其基本路径》，《哲学研究》2015 年第 2 期。

② 邵雍：《观物篇》第十二。

③ 《河南程氏遗书》卷二十一，《二程集》，中华书局，2004，第 274 页。

④ 陈祖武：《朱熹与〈伊洛渊源录〉》，《文史》第三十九辑，中华书局，1994，第 150 页。

⑤ 石介：《中国论》，《徂徕石先生文集》卷十，中华书局，1984，第 116 页。

像余英时指出的，"重建秩序是北宋儒学的主线，古文运动、王氏'新学'和道学都莫能自外"。"本书断定宋代儒学的整体动向是秩序重建，而'治道'——政治秩序——则是其起点。道学虽然以'内圣'显其特色，但'内圣'的终极目的不是人人都成圣成贤，而仍然是合理的人间秩序的重建。"① 这种'内圣'与'外王'合而为一的"秩序重建"，其表现的典型"共识"可以以张载的一句名言作为象征，张载说："为天地立心，为生民立命，为往圣继绝学，为万世开太平。"② 张载的这一名言以一种高度自豪和自信的方式表达了宋代士人要重建一种从天地万物到社会百姓、从宇宙秩序到精神秩序整合为和谐一体的世界秩序的宏伟愿景，显然这种宏伟愿景不仅把从内圣到外王作为一个连续体，而且显示了"'内圣'的终极目的，不是人人都成圣成贤，而仍然是合理的人间秩序的重建"③。它所体现的主要精神就是关注现实和实践，注重经世致用，追求内圣外王的贯通。可以说，这是北宋思想文化最重要的"遗产"之一。以王安石为代表的"新学"之所以能够在北宋中后期执思想文化界之牛耳，主要就在于它较充分地体现了这种北宋思想文化遗产的主要精神。正如葛兆光说的："在当时的政治世界中，一种相当现实的思想走向与策略仍占据着主导的位置，从庆历革新以后到熙宁新法时期形成的一种现实思想，由于它的立竿见影与速见成效，曾经是当时的时代思潮，也是皇权支持下的主流思想。"④ 漆侠在《宋学的发展和演变》一书中也指出："宋学从创始阶段到发展阶段，亦即从范仲淹到王安石，一再把经世济用的经学放在社会实践上，实际上这也就是把儒生们所尊奉的'内圣外王之道'这一最高理想，不是托诸空言，而是通过社会实践付诸实现。宋学之所以在北宋取得蓬勃的发展，这是一个重要的原因。"⑤

---

① 余英时：《朱熹的历史世界——宋代士大夫政治文化的研究》，三联书店，2004，第47、118页。
② 《近思录拾遗》，《张子全书》卷十四，《四部备要》本，第132页。
③ 余英时：《朱熹的历史世界——宋代士大夫政治文化的研究》，第47、118页。
④ 葛兆光：《七世纪至十九世纪中国的知识、思想与信仰》，《中国思想史》第二卷，第310页。
⑤ 漆侠：《宋学的发展和演变》，《漆侠全集》第六卷，河北大学出版社，2009，第4页。

然而，到了宋室南渡之后，由于面临的社会、政治状况的巨变，思想界的主要问题也随之变化，特别是由此呈现的继承北宋思想文化遗产的路径也存在着不同的特点。具体考察起来，可以发现南宋思想对北宋思想文化遗产主要有三条不同的继承路径，即政治实用主义、道德理想主义和事功主义。

## 二　政治实用主义

第一条道路首先是"得君行道"的政治实用主义倾向。

如前所述，注重实践性的操作方法和实用政治策略，正是北宋的主流思潮，具有强烈的政治实用主义色彩。而到了南宋，这种政治实用主义倾向已表现得更为强烈和突出。因为首先，"秩序重建"中"政治秩序"的重建已演变为在破解"救亡图存"的危机基础上的"恢复"大业。其次，与此相应地对这种国家危机或恢复大业的"治道"的寻求也已然成为思想学术关注的头等大事。正如田浩所说的："南宋的国家大事最重要的莫过于如何对付占据北方的金人。"① 如果说北宋的统治者能够实行"偃武修文"的国策还表明其具有一定的"统治自信"、文人们在豪迈地高歌"大江东去"时仍还保有"清明上河图"里的世俗乐趣和雅致，那么到了南宋那里，从庙堂到民间，从公开的讲论辩说到私下的笔墨交流，都充满了"时不我待"的焦虑和金戈铁马的悲壮，西湖歌舞中"暖风熏得游人醉"的美景，也被人们视为不合时宜的"直把杭州作汴州"的奢侈。这样看来，关注现实和实践、注重经世致用、追求内圣外王的贯通的北宋思想遗产，不仅在南宋思想界得到了较普遍的继承，而且似乎以一种更急迫凌厉的方式呈现出来。因为如前所述，面对中原沦陷、强敌压境、秩序混乱的南渡初期，当务之急就是破解"救亡图存"的危机，恢复政治、社会和思想文化的秩序，重新确立自己的正统地位，因而趋向实际的各级官员和注重实用政治策略的建言献策受到了朝野的普遍推重。"于是，在很长的一段时间里，那种不切实用的性

---

① 田浩：《朱熹的思维世界》，陕西师范大学出版社，2002，第117页。

理讨论被暂时放置，而高调的道德理想主义也不被重视，连同持这种理想主义的士人，都被摒弃在边缘。同样，经历了惨烈的亡国之痛，进入政治中心的士人们直接能够反省的'招祸之本'，如'用人不专'、'黜陟不明'、'刚断不足'之类，也很容易激活政治的实用主义，因为在这个特殊时代，解决政权安危已经成了绝对充足的理由。"① 朝野上下、知识分子们所最关注的就是军政、财用、吏治等实用主义的"治道"，就连推重理学的胡安国和胡寅父子在上书中也把实用的政治策略放在前面，强调"务实效而去虚文"，批评"士以空言相高，而不适于实用，以行事为粗迹，曰不足道也"的空疏之风。②

这种政治实用主义倾向的一个典型体现就是士大夫们所普遍期待的"得君行道"的理想。因为在中国传统的专制政治体制内，一切政治活动的基本动力源来自皇帝，"内圣"之大明，根本上是要让君主"大明"，成为明君；而"外王"之可行，也在明君能行"王道"。所以以儒家为核心的士大夫们所追求的"内圣外王"的理想境界，也就是"得君行道"理想的实现。北宋政治实践中形成了皇帝"与士大夫共定国是"的原则，这是"得君行道"理想的成功体现，其标志性事件就是王安石变法。"这样看来，熙宁变法在宋代政治史上的划时代性是不容否认的。主要由于王安石及其支持者的奋斗，士大夫至少在理论上取得了'共定国是'、'同治天下'的合法权力。这是一个重大的突破，使士大夫的政治主体意识得以具体地落实在政治行动之中。"③ 王安石实际上是超越了各种"俗儒"的"儒而有为者"④，而王安石正是以其切实积极之"有为"精神，超越了一切俗儒。王氏在"得君行道"上的成功，不仅使北宋当时哪怕持有不同思想政见的士大夫们大多予以肯定，而且使这种影响延展到南宋，使包括朱熹等理学家在内的士大夫们仍一如既往地追求"得君行道"的理想。可见，"'得君行道'包涵

① 葛兆光：《七世纪至十九世纪中国的知识、思想与信仰》，《中国思想史》第二卷，第318页。
② 李心传：《建炎以来系年要录》卷二十七，建炎三年，中华书局，1988，第533～545页。
③ 余英时：《朱熹的历史世界——宋代士大夫政治文化的研究》，第410页。
④ 邹元标：《崇儒书院记》，《年谱考略》卷首之二引。

着理学家群体关于实现'外王'的理想，这一点是不容否认，也无法否认的"。① 余著曾有专章考证朱熹、陆九渊、张栻等著名南宋理学家是如何迫切地希望通过"轮对"这种方式实现"得君行道"的理想的。② 可见，尽管在政治主张、思想观念上南宋时期的士大夫包括朱熹等人已对王安石有相当多的批评否定，但是士大夫参与政治的范型选择并未脱离王安石时代的基本原型，也就是说，淳熙、绍熙时代的理学家的政治文化仍然延续着庆历熙宁时代儒学的政治文化，在这个意义上，余英时认为朱熹的时代也可称之为"后王安石时代"③。所以，推重政治实用主义仍是从北宋延展至南宋并且被绝大多数士大夫们所认同的重要思想遗产，而且这也应是"中原文献之传"的重要体现。

这种政治实用主义倾向不仅影响到南宋政治的种种实用策略，如与金人的议和、对激进的抗金派的打压甚至不杀士大夫的国策等，都无不是出于对其现实的统治秩序进行更好维护的实用策略，而且也是南宋政权进行意识形态管制的基本原则。宋孝宗曾亲自写过《科举论》、《三教论》，明确地表达了当时皇权对于实用性知识和信仰的倡导。④ 实际上，宋代各种党争、党禁、学禁等在很大程度上也与此实用倾向相关。像早在北宋"新学"与"道学"就都已互相指责其学不合于实用，王安石批评程颢"公之学如壁上行"，即难以实行的空谈⑤。而程颐也批评"在位者不知学，在人主不得闻大道，朝廷不能致善治，不闻道，则浅俗之论易入，道义之言难进"⑥。程颐虽提倡道义至上，但仍声言它是真正有效的"善治"之本。程朱理学在南宋后期（1195～1202年）被作为"异教邪说"遭到查禁，就因为它被视为"伪学"，⑦ 何澹上疏就说："专门之学，流而为伪，空虚短拙，文诈沽

---

① 余英时：《朱熹的历史世界——宋代士大夫政治文化的研究》，第424页。
② 余英时：《朱熹的历史世界——宋代士大夫政治文化的研究》，第423～457页。
③ 余英时：《朱熹的历史世界——宋代士大夫政治文化的研究》，"自序"，第9页。
④ 周密：《癸辛杂识》前集，中华书局，1987，第21～22页。
⑤ 《河南程氏遗书》卷十九，《二程集》，第255页。
⑥ 《续资治通鉴长编》卷三九七，第9676页。
⑦ 陈邦瞻：《宋史纪事本末》（标点本），中华书局，1977，第867～898页。

名。"① 南宋道学家们在理论上喜谈空洞的心性道德，耻言功利，在实践上也往往缺乏实际行动能力，不仅很少担纲实际政务，而且不屑于理财、兴利，这些自然很容易被政敌抓住作为他们空谈无能的证据，理学从而作为"伪学"被禁。

# 三　道德理想主义

如果说上述政治实用主义的倾向更多地显示了北宋思想文化遗产在南宋传承的连续性的主要一面，那么，这种传承还有其次要的一面，即其断裂性和变异性的一面。北宋的思想文化本来就具有多元化的格局，在"秩序重建"以及"得君行道"这一基本"共识"之下，不同思想派别往往对于如何重建秩序、得君行道的具体途径有着不同的选择。总体而言，与倡导实用主义政治策略和现实关怀的主流思想不同的是，在文化中心洛阳聚集着的一批有相当影响却暂时没有政治权力或失去政治权力的高级士大夫们，他们主张一种高调的道德理想主义和文化保守主义的立场，用以与激进的政治实用主义的政治策略和改革举措相对抗。

崇尚道德、坚守保守立场原本就是儒门的基本特色。梁启超说："儒家言道言政，皆植本于仁。"② 孔子言仁，实已冶道德、人伦、政治、社会于一炉，致人、己、家、国、天下于一贯，因而孔子崇尚仁政德治，追求以德取位、以道化民、成己成物，使物我有远近先后之分，而无内外轻重之别，从而至"万物一体之仁"的道德化理想状态。然而，后世儒者往往把这一成己成物的合内外之道相剥离，偏执于一端，尤其喜欢倡导高调的道德理想主义，以泛道德化的立场去拷问和追寻自然、社会、人生等一切领域的合理性及其意义，过分突出了那些纯粹属于精神领域的超越思想和理想主义的价值，从而导致了以道德为中心的精神世界与以生活为中心的现实世界的高度紧张和对峙。从二程到朱熹，宋代理学的发展不断强化这种"着眼于君德

① 《续编两朝纲目备要》卷四，第64页。
② 梁启超：《先秦政治思想史》，天津古籍出版社，2003，第83页。

与道德动机的德治主义的儒家传统"①，也进一步凸显了伦理道德规范作为终极价值的普遍性、绝对性意义。他们习惯于从一种抽象的普遍主义原则出发来思考和看待一切问题，把格物致知穷理尽性作为根本的学问途径，也是一切行为的起点，而把"治国平天下"当作枝梢末节的"治术"，充其量只是学问修养的实用处。正如萧公权指出的："理学家哲学思想之内容互殊，而其政论则多相近。约言之，皆以仁道为政治之根本，而以正心诚意为治术之先图。"② 如程颢在宋神宗、王安石开始变法后，"每进见，必陈君道以至诚仁爱为本，未尝一言及功利"。③ 神宗问"致治之要"，程颢也是大谈"致治之要"在"正心诚意"、"明善恶之归，辨忠邪之分"④，以至神宗也觉得其"迂阔"。另一著名保守派宰相司马光也宣称："天子之职莫大于礼。"⑤ 朱熹不仅明确地强调道德原则的至上性、优先性："古之圣人致诚心以顺天理，而天下自服，王者之道也。"⑥ "圣贤千言万语，只是教人明天理，灭人欲。"⑦ 而且把道德与事功、义与利当作对立的两极："凡日用常行应接事物之际，才有一毫利心，便非王道，便是伯者之习。"⑧ 这样，程朱理学就以其道德理想主义所具有的精神超越功能直接替代了外部世界的秩序建构和意义活动，实际上等于取消了现实生活本身。他们相信只要坚持以道义为中心的"内圣"，自然而然会有其事功的"外王"实现，就如他们推崇的董仲舒所说的"仁人正其谊不谋其利，明其道不计其功"，⑨ 因为讲道义就一定会有事功，事功就在道义之中，这就如孟子所谓"亦有仁义而已矣，何必曰利"⑩。这种只讲道义、内圣，不讲事功、外王的道德理想主义最终

① 韦政通：《中国思想史》下册，水牛出版社，1980，第1221页。
② 萧公权：《中国政治思想史》，新星出版社，2005，第331页。
③ 《河南程氏粹言》卷二，《二程集》，第1252页。
④ 《河南程氏粹言》卷二，《二程集》，第1251页。
⑤ 司马光：《资治通鉴》卷一，中华书局，1956，第2页。
⑥ 朱熹：《孟子或问》卷一，《朱子全书》第6册，上海古籍出版社、安徽教育出版社，2002，第923页。
⑦ 《朱子语类》卷十二《学六》，中华书局，1986，第207页。
⑧ 《朱子语类》卷二十五《论语七》，第629页。
⑨ 《汉书·董仲舒传》。
⑩ 《孟子·梁惠王上》。

被化约为唯道德主义。而当那些道德原则又被当作现成的、"不被论证的"绝对真理时，其所包含的正是"失之毫厘、谬之千里"的错误，不可不察。这正如叶适所批评的："仁人正谊不谋利，明道不计功。此语初看极好，细看全疏阔，古人以利与人，而不自居其功，故道义光明。后世儒者，行仲舒之论，既无功利，则道义者，乃无用之虚语尔。"① 可见，宋儒在形上学的哲学系统的构建方面具有重大的创获，但在政治思想上仍不过搬演了《大学》《中庸》之正心诚意，《孟子》之尊王黜霸、仁义至上等陈说，"而对于当时实际之政治问题则缺乏创新之贡献"。②

这种高调的道德理想主义固然在北宋程学中已经成型，但在当时的思想界尚未产生重要影响，还只是一种非主流的、边缘性的思想倾向，"并没有占据思想世界的制高点"。③ 到了南宋，特别是经过朱熹等人的努力，这份北宋思想遗产不仅得到了传续，而且发生了进一步的变异。这种变异主要表现在两个方面。

一是通过"道统论"把这种高调的道德理想主义塑造为儒学的"正统"。朱熹及其门人们接过唐宋以来的"道统论"所刻意编织的"道统"谱系，一个重要目的就是要把自己塑造成儒家道统的继承者，将一家一派之言奉为"真传"、"正统"，同时排斥异端，打压不同思想主张，实际上是为了把自己所崇尚的高调的道德理想主义当作唯一正确、衣披万世的绝对真理。程颐宣称："周公殁，圣人之道不行；孟轲死，圣人之学不传。道不行，百世无善治；学不传，千载无真儒。无善治，士犹得以明夫善治之道，以淑诸人，以传诸后；无真儒，则天下贸贸焉莫知所之，人欲肆而天理灭矣。"④ 孟子以后"得不传之学于遗经"的是乃兄、号称"明道先生"的程颢。朱熹以二程私淑弟子自居，抛开汉唐大儒，以二程直接上承孟子。他说："宋德隆盛，治教休明，于是河南程氏两夫子出，

① 叶适：《汉书三·董仲舒》，《习学记言序目》卷二十三，中华书局，1977，第324页。
② 萧公权：《中国政治思想史》，新星出版社，2015，第297页。
③ 葛兆光：《七世纪至十九世纪中国的知识、思想与信仰》，《中国思想史》第二卷，第310页。
④ 《河南程氏文集·明道先生墓表》，《二程集》，第640页。

而有以接乎孟氏之传"，"然后古者大学教人之法，圣经贤传之指，粲然复明于世"，① 朱熹的弟子则奉朱熹为"道统"嫡传和集大成者，所谓"集诸儒之大成，而嗣周程之嫡统，萃乎洙泗濂洛之渊源者"。② 《宋史·道学传》肯定了周公以后，孔、孟、程、朱为道之统绪。程朱理学的这种道统论，跨越先秦诸子，否定汉唐经学，显然充满了门户之见，不但否定了以往上千年儒学发展的多样化形态和不同价值取向的合理性，把儒学单向化、狭隘化为以道学为中心的道德理想主义的一元论，而且也完全否定了北宋思想文化遗产的多样化价值及其多元化传承路径的合理性。为此，朱熹一直努力维护这种强调精神超越的道德理想主义传统的纯粹性，为这种"道统"划出严格的思想边界，竖立"安检"的门栏，同时清理门户，对各家"杂学"、"异端"进行严厉的清算。朱熹自称："夫道……着不得许多异端邪说，只须一一剔拨出后，方晓然见得个精明纯粹底无对之道。"③ 如朱熹一生都在融摄佛道思想及其方法的同时，极力地拒斥批判释老，在认同王安石的某些理念（如"得君行道"④）的同时也一再地批评王安石变法之所以以北宋灭亡收场，根本原因在于其"心术不正"，并以此作为必须把王安石的"新学"从宋代儒学中"清除"出来的理由。朱熹还通过《杂学辨》对苏轼、苏辙、张九成、吕本中的思想进行清理⑤，把这些北宋以来的学者"学儒之失而流于异端"的言论一一剔出。朱熹还对陆氏兄弟的心学展开辩难，对去世后的好友吕祖谦百般指责，对陈亮、叶适等"浙学"作"专讲功利"、"大不成学问"的彻底否定。朱熹做这一系列工作努力要把王学、苏学、陆学、浙学乃至程学个别支派都"清除"出儒学正统甚至整个学术界，

---

① 朱熹：《大学章句序》，《四书章句集注》，上海古籍出版社、安徽教育出版社，2001，第2页。
② 陈淳：《严陵讲义·师友渊源》。
③ 朱熹：《答吕伯恭》，《晦庵先生朱文公文集》卷三十三，《朱子全书》，第21册，上海古籍出版社、安徽教育出版社，2002，第1426页。
④ 余英时在《朱熹的历史世界——宋代士大夫政治文化的研究》一书中一再地证明，以朱熹为代表的"后王安石时代"，"他们并未脱离宋代儒家政治文化的主流"，"无论如何，朱熹'得君行道'的精神和王安石遥遥相接则是毫无可疑的"。（余英时：《朱熹的历史世界——宋代士大夫政治文化的研究》，第422、427页）
⑤ 朱熹：《杂学辨》，《晦庵先生朱文公文集》卷七十二，《朱子全书》，第24册。

既为了维护其道统的纯粹性，更为了凸显自己作为道统的"正统"传承者的地位。就像田浩指出的："这里，他把道统集中或终结于他自己，由此他含蓄地表达了把他同时代的竞争者排除在传承之外的狭隘立场。"① 这种狭隘和独断的立场，在程朱理学的后学那里被引向了更偏激和自以为是的境地，在当时就受到了有识之士的批评。陈亮批判程朱理学的"道学"观念是"世之为高者，得其机而乘之，以圣人之道为尽在我，以天下之事无所不能，能麾其后生以自为高而本无有者，使惟己之向，而后欲尽天下之说一取而教之，顽然以人师自命"②。叶适则将其形容为："举天下之学皆不足以致其道，独我能致之。"③ 可见，南宋浙学学者们已敏锐地发现了朱熹所努力从整个儒学传统中剥离出来的"道学"会产生怎样严重的流弊。至少它还远非如道学家们所自称的肩负普遍性价值并已得到普遍性认同的"正统"文化，而是刻意屏蔽了多样化的儒学传统和文化生态的"一个更狭隘的传统"④。余英时曾批评当代哲学史研究者在研究宋代儒学史时犯的一个错误，就是将"道学从儒学中抽离了出来"⑤，但是从前述情况来看，余先生的这一判断有待作出修正，正像有学者已认识到的，"最早把'道学'从儒学抽离出来的不是朱熹、黄干以后的道统论者，而是在朱熹那里就已经着手进行这一努力"⑥。也就是说，朱熹对道统的建构，实际上标志着已将道学自身从整个儒学传统中"抽离"了出来，引发了宋代儒学思想传统的最大分化和变异。

朱熹等道学学者们所着力构建的道统论，无论在历史事实和理论逻辑两方面都是经不起推敲和检验的，因而在当时就遭到了陈亮、叶适等学者们的驳斥。的确，"从现代的史学观点看，这个上古'道统'系谱，自然彻头彻

---

① 田浩：《儒学研究的一个新指向——新儒学与道学之间差异的检讨》，田浩主编《宋代思想史论》，社会科学文献出版社，2003，第87页。
② 陈亮：《送王仲德序》，《陈亮集》（增订版），河北教育出版社，2003，第215页。
③ 叶适：《答吴明辅书》，《水心文集》卷二十七，《叶适集》，中华书局，1983，第554页。
④ 包弼德：《斯文：唐宋思想的转型》，刘宁译，江苏人民出版社，2001，第353页。
⑤ 余英时：《朱熹的历史世界——宋代士大夫政治文化的研究》，第8页。
⑥ 王宇：《道行天地：南宋浙东学派论》，中国社会科学出版社，2012，第42页。

尾是一种虚构，只能归于所谓‘托古改制’一类"①。虽然"言必称尧舜"
是儒家的老传统，宋代道学家的"道统论"只是更系统地发展了这一传统，
但是他们自己未必真会相信这一编造出来的道统谱系，而只不过把它当作整
个思想体系的理论预设或终极信仰。那么，一个更重要的问题是：他们为什
么要编造出这么一个"道统"谱系来？原因固然有前述自我标榜"正统"、
打击排斥"异端"的自私自利的需要，但实际上还有一个更崇高些的目的，
即出于一种策略上的考虑，希望通过无限地抬高道统的权威，企图借此达到
以道抗势、以"道统"制衡"政统"的目的。刘泽华指出："从政治思维的
角度看，道统论的理论意义主要有二：一是论说了历史上和现实中的道与权
的合与离，二是为'道高于君'张本。"② 其实这两点是贯通为一点的。宋
儒相信，"古者势与道合，后世势与道离"，"势与道合则是治世，势与道离
则是乱世"③。他们认为，三代之时，圣人辈出，道统相传，道势合一，道
权一体，故为治、道一统的光明盛世；三代以后，圣王分离，道权对立，故
为治、道相分的黑暗衰世。这样，在他们看来，三代以后应是"道高于
君"，任何君王所能努力达成的理想社会状态就是回到"治道合一"的"三
代"，而这必须通过君王借助于"道学"的引导而不断地体"道"、悟
"道"去落实。孔子作为开眼见道的第一个人，虽不是道统的开创者，却是
"道学"的创始人，上承古圣王道统、下启后世百代道学，成为后世一切帝
王学习治道的先师。朱熹说："夫尧、舜、禹，天下之大圣也。……自是以
来，圣圣相承，若成汤、文、武之为君，皋陶、伊、傅、周、召之为臣，既
皆以此而接夫道统之传。若吾夫子，则虽不得其位，而所以继往圣、开来
学，其功反有贤于尧舜者。"④ 正因此，"道高于君"的理论被确立后，就可
以逻辑地展开一种"以道导君"甚至"以道抗势"的理想架构。也就是说，
他们凸显一个无限超越的"道统"，实际上就是为了在强大无常的君权面前
建构起一个神圣化的制高点，争得一个超越政治和权力的批评与监督的正当

---

① 余英时：《朱熹的历史世界——宋代士大夫政治文化的研究》，第28页。
② 刘泽华主编《中国政治思想史》（隋唐宋元明清卷），第366页。
③ 《陆九渊集·语录上》，钟哲点校，中华书局，1980，第412页。
④ 朱熹《中庸章句序》，《四书章句集注》，第17~18页。

性理由。"毕竟在那个时代，士绅并没有以'不传之绝学'垄断政治权力的可能，相反，他只是可能用手中仅有的知识权力对政治权力进行批评……特别是始终处在政治权力边缘的理学家们，大约特别会有这种以'道统'制约'政统'、以超越性真理限制现实性权力的心情与想法"。①

　　然而，在现实政治中，这种"粹然以醇儒之道自律"的士人能否真正保持自己的独立立场、以这种高调的道德理想主义姿态在政治策略之外拥有批评的权力是十分可疑的，这更像是"与虎谋皮"的一厢情愿的空想。尤其是在经历了北宋君臣"遇合""共治天下"的蜜月期后，国家权力重新逐渐回到了社会生活舞台的中心，"从 11 世纪到 12 世纪，同专制权力相比，士大夫们对权力的分享程度却在日渐下降。……皇帝除了他的代理人之外，几乎不和任何官员分享权力"。② 至高无上的专制权力构筑起了一道道坚硬的外壳，窒息了一切可能危害其生存的新生力量。到了明清以后，已明确出现"君师合一"的极权专制，使道统论中以"道统"制约"政统"的理想主义策略实际上彻底破产了！

　　二是这种高调的道德理想主义在南宋进一步发生了"内向化"的转向。

　　中国哲学中历来有注重内在的道德心性修养、追求以道德人格的自我完善和自我强化为主的内在超越的传统，③ 这种关于自我道德的内在超越的思想也可称为"内圣之学"。而所谓"内在化"就是指这种偏重于内在道德心性的修养、以追求道德人格的内在超越为主的道德取向。当然，传统儒学本来就重视人的内在的道德心性的修养，注重"为己之学"，这对于挺立人的道德主体性、培养人的道德自觉和道德责任意识，都是有其积极意义的。但是儒学又不可以简单地化约为"内圣之学"，因为传统儒学还讲成己成物，追求内圣外王的统一之道。只是从南宋儒学开始了"内在化"的转向，而南宋儒学开始的这种"内在化"取向此后经过不断的发展又一步一步演化为整个中国社会文化的基本品格和特性，深刻地影响了中国社会文化的

---

① 葛兆光：《七世纪至十九世纪中国的知识、思想与信仰》，《中国思想史》第二卷，第 345 页。

② 刘子健：《中国转向内在——两宋之际的文化转向》，赵冬梅译，江苏人民出版社，2012，第 152 页。

③ 参见朱晓鹏《论中国传统哲学的内在化进路》，《孔子研究》2015 年第 1 期。

发展。

余英时曾认为当代宋代儒学研究中存在着"二度抽离"的研究偏差，其中他说的"第二度抽离"即将"道体"从"道学"中抽离出来的现象，①其所指应该是把关于内在道德心性修养的"内圣之学"从宋代儒学特别是"道学"中抽离了出来，把宋代儒学特别是"道学"看作仅仅是一种关于内在道德心性修养的"内圣之学"。在我看来，余先生的批评虽然一反传统观念，而且不够准确，但是其实他无意中说破了一个事实，即宋代儒学特别是"道学"本身的确已经演变为仅仅是一种关于内在道德心性修养的"内圣之学"。如前所述，传统儒学本来就重视人的内在的道德心性的修养，注重能够挺立人的道德主体性的"为己之学"、"内圣之学"。然而，后世儒者往往把这一成己成物的合内外之道相剥离，偏执于一端，尤其喜欢倡导高调的道德理想主义，总是把社会、政治、人生等一切生活的合理性及其意义放在泛道德化的立场上去拷问，力图将以生活为中心的现实世界置于以道德为中心的精神世界的绝对宰制之下。

不过，即使到了北宋儒学那里，周程之学作为高调的道德理想主义，在实际生活层面上还多少保有内圣外王统一的理想。学者们不仅关注内在的心性修养，也对治国平天下的外王事业有着强烈的向往。如他们几乎都在熙宁变法的初期对变法抱有热情的期许和积极的参与态度，正如朱熹所说："新法之行，诸公实共谋之，虽明道先生不以为不是。"② 为此，二程也曾强调学者为学应以经世致用为旨归："学而无所用，学将何为也？"③ "始于致知，智之事也，行所知而其至，圣之事也。"④ "穷经，将以致用也。……今世之号为穷经者，果能达于政事专对之间乎？"⑤ 也正因为如此，余英时在其专著《朱熹的历史世界——宋代士大夫政治文化的研究》中一再地强调从二程到朱熹的宋代道学家们不但主张同时也积极参与了政治实践，而这也成为

---

① 参见余英时《朱熹的历史世界——宋代士大夫政治文化的研究》，三联书店，2004，第8页。
② 黎靖德：《朱子语类》卷一三〇，中华书局，1986，第3097页。
③ 《河南程氏粹言》卷一，《二程集》，中华书局，1981，第1189页。
④ 《河南程氏粹言》卷一，《二程集》，第1188页。
⑤ 《河南程氏遗书》卷四，《二程集》，第71页。

他反对当代宋代儒学研究中存在着的"第二度抽离"即将"道体"从"道学"中抽离出来的现象的主要原因。

然而，我们应该同样充分注意到的是，内圣外王的统一是中国传统思想世界的一个共同理想，宋代思想界的"新学"、"浙学"等其他思潮也强烈地追求"内圣外王的统一"。实际上，它们之间的分歧并不是要不要"内圣外王的统一"的问题，而是如何统一的问题。就宋代道学来说，"内圣"是根本，"内圣外王的统一"归根结底是要由"内圣"统一"外王"。因此道学家们积极参与政治实践的"外王"与宋代思想界的"新学"、"浙学"等其他思潮所主张和参与的"外王"是不同的，它实际上是一种以道德为中心的德治主义。从二程到朱熹，宋代道学的发展不断强化了这种"着眼于君德与道德动机的德治主义的儒家传统"[1]，它不仅强调了道德原则的至上性、优先性，而且还把道德与事功、义与利当作对立的两极，相信只要坚持致力于以道德人格修养为中心的"内圣"，自然而然会有其"外王"事功上的实现。这样这种只讲道义、内圣，不讲事功、外王的道德理想主义最终被化约为唯道德主义、彻底的"内圣之学"。

当然，在北宋程学中已经基本成型的这种高调的道德理想主义，还没有完全内在化。只是到了南宋，特别是经过朱熹等人的努力，才发生了彻底的"内在化"转向。所以宋代儒学所具有的"内在化"倾向，其真正的开始是在南宋。正如美籍华裔学者刘子健在比较从北宋到南宋的思想文化变化后指出的："11 世纪是文化在精英中传播的时代，它开辟新的方向，开启新的、充满希望的道路，乐观而生机勃发。与之相比，在 12 世纪，精英文化将注意力转向巩固自身地位和在整个社会中扩展其影响。它变得前所未有地容易怀旧和内省，态度温和，语气审慎，有时甚至是悲观。一句话，北宋的特征是外向的，而南宋却在本质上趋向于内敛……简言之，精英文化在发展，但其发展限定在固有的范围之内，其创造力遭到了抑制。正是在此意义上，本书认为，从 12 世纪起，中国文化在整体上转向了内向化。"[2] 严格来说，南

---

① 韦政通：《中国思想史》下册，水牛出版社，1980，第 1221 页。
② 刘子健：《中国转向内在——两宋之际的文化转向》，赵冬梅译，江苏人民出版社，2012，第 10 页。

宋所开启的这种"内在化"文化的趋向，主要体现在以儒学为中心的精英文化上，而在当时其他多种不同的文化类型中，就不一定如此。但是，随着南宋儒学特别是道学在南宋中后期逐渐取得越来越重要的乃至最后是主要的、正统的地位和影响，其所具有的这种"内在化"取向也逐步影响了此后整个中国社会文化的基本品格和特性。

那么，为什么恰恰是在南宋儒学中会发生这种"内在化"的转向呢？这可以从内外因两方面去考察。

从外在因素来看，首先是女真入侵和北宋悲剧性的灭亡引发了人们内心前所未有的震撼感和屈辱感，也使道学家们深感"内在化"道德重建的重要性和急迫性。北宋亡国后有极大一批士大夫投降变节、屈辱求生。甚至南宋政府本身为了自保，也成为一个藏污纳垢的场所，对许多官员、将军的背叛行为睁一眼闭一眼，或者接收、沿用了大批品行可疑的官员、士大夫。各种官员、士大夫在乱世中抛弃了一切道德顾忌的种种无耻行径，使人强烈地怀疑传统儒家原有的道德教育和操守的有效性。在这种局面下，南宋的道学家们不仅感到巨大的道德愤慨，而且他们相信，要拯救一个国家，仅有军事上的行动是不够的，更重要的是要坚守道德原则。"在他们看来，唯一的出路便是道德重建"。[①] 这样，"内在化"的道德重建不单事关个人的自我完善和提升，更关涉整个国家的恢复大业和"秩序重建"。这样解决问题的思路最终还是回到了儒学所一贯重视和擅长的方法中，即着重从人的内在心理上来建构个体和社会生活的正当性依据。但是实际上，要在社会历史的巨大动荡中真正有效地为防范人们的价值迷失和行为失范提供正当性依据，绝不是仅靠"低头拱手以谈性命"[②] 所能成就的。

另外，南宋政治已发生重大转变。南宋政治发生的重大转变中，最大的转变是北宋开启的政治改革和开放的大门逐渐关闭了。随着北宋整个改革运动的失败和北宋亡国，重新建立起来的南宋政权虽然号称承续北宋大统，但在国家的政治生活上发生了巨大的变化，其中最突出的一点就是皇权的不断

---

① 刘子健：《中国转向内在——两宋之际的文化转向》，第 59 页。

② 陈亮：《上孝宗皇帝第一书》，《陈亮集》（增订本），邓广铭点校，河北教育出版社，2003，第 7 页。

强化以至独裁，使北宋曾形成的皇帝与士大夫"共定国是"的局面难以再现。北宋亡国被普遍地归咎于熙宁变法运动及其余波的作用，因此，"变法"改革逐渐成为南宋政治中的一个"禁忌"，"对改革措施的批评和毁弃增强了公众的保守主义倾向，也造成了对任何改革的偏见的泛滥。……改革的大门关闭了"。① 上至高宗皇帝，下至保守派士大夫都一致地抨击"变法"，终于关闭了一切改革的大门。

政治改革大门的关闭所引起的一个最显著而重要的后果就是南宋政治在很大程度上已阻断了从北宋已开启的"得君行道"、君主与士大夫"共定国是"的政治"近世化"进程。这实际上也等于阻断了士大夫特别是怀抱"得君行道"的理想主义者们参与现实政治、追求"外王"治道的理想途径，他们被迫转向并专注于内在的自我道德修养。刘子健在《中国转向内在——两宋之际的文化转向》一书中以大量的实例证明了从北宋到南宋整个国家的政治生活已发生质变，而这种变化的核心就是专制权力的扩张，总的来说是皇权变得越来越专制以至独裁。这种政治上的决定性变化深刻地影响了此后的中国。② 至少北宋时期通过皇帝与士大夫"共治天下"所建立起来的士大夫的政治主体地位已被日益强化的专制皇权一步步摧毁，"得君行道"的理想被碾压成粉末。在这个意义上看，从北宋到南宋的政治文化的断裂性要大于连续性。尽管朱熹等人如余英时考证的仍抱持有与北宋士人同样的"得君行道"的外王期待，但南宋政治权力结构的运行机制已难以提供这种期待的落地机会，使其终究只是个理想。如朱熹就对于南宋以来高宗刻意提高君权一事，尤其抱着很深的忧虑。此意特见于他和门人讨论"君臣悬绝"的问题。他说：

这也只自渡江后，君臣之势方一向悬绝、无相亲之意，故如此。古之君臣所以事事做得成，缘是亲爱一体。因说虏人（按：指金人）初起时，其酋长与部落都无分别，同坐同饮，相为戏舞，所以做得事。③

① 刘子健：《中国转向内在——两宋之际的文化转向》，第63页。
② 参见刘子健《中国转向内在——两宋之际的文化转向》第二部分及第17页，第78页等。
③ 《朱子语类》卷八十九《礼六·冠昏丧》，第2284页。

从古人、金人的君臣一体，联想到如今的君臣"悬绝"，朱熹显然充满了无奈甚至绝望。而对这种君权独揽、君臣悬绝所造成的"得君行道"的困境，从朱熹本人及其同代人张栻、吕祖谦、陆九渊等一再地希望凭借向皇帝上书、"登对"、"轮对"等机会能再次实现"得君行道"而始终未能成功"遇合"的实例中可以得到体现。

这样，在儒者们看来，既然"得君行道"的"遇合"难以再现，"外王"的治道事功自然难以展开，他们只好知难而退，从"王安石时代""内圣"与"外王"并重的状态返回到以"内圣"为主的状态中去，"总的来说，新儒家哲学倾向于强调儒家道德理想中内向的一面，强调内省的训练，强调深植于个体人心当中的内在化的道德观念，而非社会模式的政治秩序架构当中的道德观念"。① 南宋儒学的这种"内在化"的道德取向，尽管具有通过个体生命的切身体验实现道德自觉而努力高扬道德的主体性，有助于发现人的具有"近世化"特征的主体性地位和价值，但是它如果仅仅停留在个体道德修养的层面上，而对如何从"内圣"返回"外王"的切实路径、社会治理秩序的整体重建等无法提供任何具体可操作性策略，他们还是走不出内在心性修养的封闭性的内循环系统。

从内部因素来看，首先一个强烈刺激南宋儒学的道德理想主义"内在化"的内部因素是南渡以后对王安石变法失败的经验教训的消极总结。南宋初期，不论是否出于公心，许多知识分子都将北宋的衰亡归咎于熙宁变法，而那些当权者和本来就反对变法的保守派更是趁机把王安石及其变法运动当作替罪羊，指责其为北宋亡国的主因。在他们看来，王安石的最大问题恰恰就是道德上的问题。他们说，"安石心术不正，为害最大，盖已坏了天下人心术"，"安石顺其利欲之心，使人迷其常性，久而不自知"②。也就是说，他们认为王石变法及其新学的最大弊病就在于舍本逐末，未能懂得天下国家的根本在于人心，因而其变法的结果是忽视人的内在心性修养，只去追求外在的利欲，从而坏了人心，导致了社会政治领域的种种祸患乃至亡国。

---

① 刘子健：《中国转向内在——两宋之际的文化转向》，第150页。
② 李心传：《建炎以来系年要录》卷七十九，绍兴四年八月戊寅朔条，文渊阁《四库全书》第326册，上海古籍出版社（影印本），1987，第101页。

正因为如此，道学家们从中总结出所谓的经验教训就是要拨乱反正，将重建社会秩序的重心从社会政治活动转向内在的心性修养。他们提出通过尽心知性知天的理路，不仅可以完成人格的修养和人性的实现，更可以达成理想的社会秩序的建构。朱熹说："治道必本于正心、修身，实见得恁地，然后从这里做出。"① "明德为本，新民为末。……本始所先，末终所后。"② 他们不仅把内在的德性修养看作外在经世济民功业的基础，离开了这种内在的德性修养，外在的功业就无从谈起，而且进一步强化这一思路并将其推向绝对化，认为有"内圣"必有"外王"，外王事功只是内在心性修养的自然结果，以一种逻辑关系上的先后性直接取消了实然状态下的存在性。朱熹说："成己方能成物，成物在成己之中，须是如此推出，方能合义理。"③ 朱熹还严辨"为己之学"与"为人之学"，强调"学者须是为己。圣人教人，只在《大学》第一句'明明德'上"。④ 将"为己"作为最根本的立足点，并将其与"为人"直接对立起来，他引用二程的话说："君子儒为己，小人儒为人。"⑤ 朱熹还一再把这种通过完全否定"为人之学"建构起来的"为己之学"称为自己所终生追求的根本学问：他说他早年就"以先君子为余诲，颇知有意于为己之学"⑥，"熹自少鄙拙，凡事不能及人，独闻古人为己之学而心窃好之，又以为是乃人之所当为而力所可勉，遂委己从事焉，庶几粗以塞其受中以生之责，初不敢为异以求名也。"⑦ 这些也表明了朱熹已把为己之学作为儒学的本质内涵，"为己"成为整个儒学思想的基本出发点和重心，以至于不可避免具有了"空谈心性"之弊，陷入"内圣外王"之道的内循环之中。也就是说，由于朱熹等道学家过度注重"为己"的内圣之学，以至于整个"内圣外王"之道的宏大叙事，自始至终都只是在讲个体内在

① 黎靖德：《朱子语类》卷一〇八，第 2686 页。
② 朱熹：《四书章句集注·大学章句》，上海古籍出版社、安徽教育出版社，2001，第 4 页。
③ 黎靖德：《朱子语类》卷八，第 132 页。
④ 黎靖德：《朱子语类》卷十四，第 261 页。
⑤ 朱熹：《四书章句集注·论语集注》，第 101 页。
⑥ 朱熹：《答江元适》第一书，《晦庵先生朱文公文集》卷三十八，《朱子全书》第 21 册，上海古籍出版社、安徽教育出版社，2002，第 1700 页。
⑦ 朱熹：《与留丞相书》，《晦庵先生朱文公文集》卷二十九，《朱子全书》第 21 册，第 1280页。

的道德修养以及这种道德的榜样与感化作用而已，所谓"治国平天下"的"外王"事功并不关注用何种手段具体地如何治理国家社会，而只把它看作在至高的道德力量感召下会自然而然产生的反应。最终"合内外之道"的理想只落实为纯内向性的自我道德循环，完全不足以支撑起现实世界的良性运行和秩序重建。

其次是儒学自身的内在化思维惯性会逐渐成为一种"路径依赖"。对于儒家学者来说，以"内圣"为主的取向并非完全来自外在因素的迫使，因为他们本来就坚信"内圣"是"外王"必须具备的精神基础。强调"外王"应以"内圣"作为精神基础当然不错，尤其是南宋儒学的这种"内在化"的道德取向，具有通过个体生命的切身体验实现道德自觉，从而努力高扬道德的主体性的道德理想主义性质。它很大程度上是唐宋社会文化转型的一种体现，即具有初步发现了人的主体性地位和作用的"近世化"特征。只是它还仅仅停留在伦理道德层面上，故而其限于道德"内在化"的个体主体性还是很容易重新沦为扼杀人自身的现实存在的工具。所以，尽管他们对如何达成"内圣"的方法有多种深刻的探讨，但是他们在面对如何从"内圣"转向"外王"这一新的课题时，却对如何从"内圣"返回"外王"的切实路径、"外王"的具体可操作性策略等缺乏足够的深入了解和研究，自然不可能提供任何实质性的有效方案。这样他们也就始终只能在内在心性的修养上下功夫、打转转，形成了一个难以突破的封闭性内循环的坚硬外壳。所以，从二程到朱熹，"宋代新儒家在本质内省的学说当中浸润的时间越长，对形而上学和宇宙论课题的思量越深刻，就越发难以转向平淡而客观的社会现实，难以将其哲学理论与同样'近'的实际联系起来去求验证"。①宋代儒学的这种内在化取向会逐渐成为"路径依赖"，即习惯性地着重在这种道德心性修养上用功，而难以产生对现实事物的真正关切。更可怕的是，宋代儒学家们不仅没有能够对自身的根本缺陷有所认识和反省，反而往往浸润陶醉于其中自鸣得意、难以自拔："为士者耻言文章、行义，而曰'尽心知性'；居官者耻言政事、书判，而曰'学道爱人'。相蒙相欺以尽废天下

---

① 刘子健：《中国转向内在——两宋之际的文化转向》，第150页。

之实，则亦终于百事不理而已。"① 甚至于"因吾眼之偶开便以为得不传之绝学。三三两两，附耳而语，有同告密；画界而立，一似结坛，尽绝一世之人于门外"。② 这种所谓的"尽心知性"的内向化修养，不仅于外"终于百事不理"，于内也不可能成为"醇儒"，反而完全是腐儒，连成为正常人都难。

从这个意义上看，前述余英时所认为的宋代儒学研究中存在的"第二度抽离"即将"道体"从道学中抽离出来的现象，③ 确实是不够准确的。因为据我们在上文中的考察，朱熹等道学家本身早已明确地将"道体"从道学中抽离出来，也就是让"内圣"不但优先，而且进一步独立成为整个思想世界里的唯一重心，从而完成了历史上真实发生过的"第二度抽离"。因此我们对于这个"第二度抽离"问题应该这样来认识：首先是朱熹等道学家将"道德性命"作为道学的全部内容，半自觉半被迫地割裂了"内圣"与"外王"的连续性，把整个儒学化约为道德性命之学。而后来的研究者们也大多步其后尘，进行了这种研究上的"第二度抽离"。所以，尽管南宋儒学包括道学心学都把"秩序重建"当作自己追求的终极目标，承认"道学与政术是一体的两面"，也留下了很多对于"经世"、"成物"等外王与内圣贯通的言论，但是这些"应然"的认识并不影响其在如何达成这种终极目标的路径上选择以"内在化"的道德自我修养作为唯一真实的基础。南宋儒学各派包括道学和心学等都纷纷选择了通过心性道德的修养、个体生命的自我完善最终走向"天下有道"的秩序重建之路，显然不是偶然的。当然，其中所包含的弊端和歧途，也远非在其自身的理论逻辑中能够消除和避免的，而需要寻求能打破其内循环的突破途径。

由于南宋后期程朱道学影响逐步扩大，尤其是随着南宋政权为了与北方的金国政权争夺文化上的"正统"，南宋道学进而被授予了"正统"地位，从而也就使其"内在化"的转变也带动、扩展为整个社会文化的转化，正如刘子健所描述的："在错综复杂的整个转变过程中，思想文化的多元性几

---

① 陈亮：《送吴允成运干序》，《陈亮集》（增订本），第216页。
② 陈亮：《又乙巳秋书（与朱熹）》，《陈亮集》（增订本），第279页。
③ 参见余英时《朱熹的历史世界——宋代士大夫政治文化的研究》，第8页。

乎从未得到生存和发展的机会。生命力在消退，首先是从政治领域，然后是从思想文化领域，接下来，这种受压抑之后的谨小慎微的情绪向精英文化的其他领域弥散开去。知识分子首先发生变化，其他士大夫先是观望，而后跟进。整个统治阶级也随着精英的转向而转向，其影响逐渐波及整个社会。中国传统文化的模式由此发生了永久性的转变。"① 人们普遍认为宋代文化在很大程度上影响了中国此后数百年文化的基本面貌，这其中应该也有这种过度"内在化"所带来的种种消极影响。

# 四 作为第三条道路的事功主义

北宋思想文化遗产在南宋的继承路径，除了上述两条之外，还有第三条道路，即南宋浙学的事功主义及其"制度新学"。北宋思想文化遗产在南宋的传承除了有其连续性的一面之外，还有其断裂性及变异性的一面，这个典型就是南宋浙学。与前两条道路相比，南宋浙学作为"第三条道路"是非常独特的。南宋浙学的这种独特性可以在与上述政治实用主义路径和道德理想主义路径的比较中得到具体体现，实际上也可以说它正是在与前二者的比较、冲突和较量的激荡中实现了超越性发展。

1. 有别于"新学"

如前所述，北宋的思想文化主题是"秩序重建"。而这种较侧重于现实需求和有效策略的社会思想文化秩序重建所需要的，就是各种政治实用主义倾向。正是这种政治实用主义倾向，推动着从范仲淹到王安石的政治、社会文化的改革一浪高过一浪地前进。从表面上看，以陈亮、叶适、吕祖谦等人为代表的南宋浙学，在经学思想上强调经世致用，在治学上讲求务实有用，在政治上主张积极改革时政，应该与北宋的范仲淹、王安石的变法及功利思想很相似，但实际上，陈亮、叶适等人对王安石变法及其思想却持基本否定的态度。那么，这是为什么呢？南宋浙学与新学之间到底是一种什么关系？

从南宋浙学的发展过程来看，早在北宋永嘉"元丰九先生"那里，就

---

① 刘子健：《中国转向内在——两宋之际的文化转向》，第18页。

已因倾向于洛学而与"新学"拉开了一些距离。叶适在谈到九先生就读太学时说：

> 永嘉徒以僻远下州，见闻最晚，而九人者，乃能违志开道，蔚为之前，岂非俊豪先觉之士也哉！①

值得注意的是，叶适称赞他们为"俊豪先觉之士"的理由是，他们能够"违志开道"。根据留元刚的说法，"违志"指的是永嘉九先生在太学读书期间，"时右新学，违而之他，甘心摒黜"②。换言之，九先生从荆公新学转而求二程洛学，即所谓"违志"而"之他"。叶适在另一篇《温州新修学记》中也提到：

> 昔周恭叔首闻程、吕氏微言，始放新经，黜旧疏，挈其俦伦，退而自求，视千载之已绝，俨然如醉忽醒，梦方觉也。③

这样，很明显，"违志"是指九先生舍弃新学转求洛学，而这在当时的环境下也就意味着要违背最初进入太学以求仕进的志向。"开道"即首开永嘉之闻伊洛之道。这实际上是肯定了这九人作为永嘉最先学习和传播洛学的学者群体的先锋作用。

不过，对于为什么永嘉学人纷纷弃新学而就洛学的具体原因，史料上未见明确的说明。周行己于元祐三年末或四年（1088年或1089年）作《上祭酒书》，自述求学及在太学经过，还未见丝毫相关动向。④ 但在此前，王安石虽已被迫退居金陵多年，其"新学"在思想界却仍然具有主导性的影响。因此二程发现"新学"乃是自己最大的敌人，发愤"要先整顿介甫之学"：

---

① 叶适：《题二刘文集后》，《水心文集》卷二十九，《叶适集》，第598页。
② 留元刚：《二刘文集序》，《周行己集》附录三，上海社会科学院出版社，2002，第258页。
③ 《水心文集》卷十《温州新修学记》，《叶适集》，第178页。
④ 周行己：《上祭酒书》，《周行己集》，上海社会科学院出版社，2002，第91～93页。

"大患者却是介甫之学。……如今日，却要先整顿介甫之学，坏了后生学者"。① 所以在元祐二年，宰相吕公著请准朝廷改变原本太学都以王安石的《三经新义》等作科举教材的状况，规定"举子不得以申、韩、佛书为学，经义参用古今诸儒说，毋得专取王（安石）氏"②。于此可推测，王安石变法失败已多年，且洛学逐渐发出自己的强势话语，又进一步在太学及举业中开始限制"新学"，大概是使这一时期陆续入太学的永嘉学人们不再"专趋王氏"的重要原因。而实际上，无论在太学还是此后问学程门，周行己等永嘉学人还是受过"新学"的影响的。此前太学教学一直以"新学"为主，周氏等人皆"学行修明……以为矜式"③，是学生的楷模，自然要对"新学"深入学习。即使后来他从程氏游学后，还曾从王安石的学生龚原受学，并称赞其为"名世宗师"。④ 同时，他也"兼传关学"，如在太学从太学博士吕大临学甚用功，吕为张载门人，虽曾从游程门，但程颐称吕氏守张载关学甚固。⑤ 周行己对吕大临十分崇敬，元祐七年吕大临去世，周行己作诗赞他为"真儒"："朝廷依制起三王，叹惜真儒半已亡。犹有伊川旧夫子，飘然鹤发照沧浪。"⑥ 正因此，全祖望说："世知永嘉诸子之传洛学，不知其兼传关学。考所谓九先生者，其六人及程门，其三则私淑也。而周浮止（行己）、沈彬老（躬行）又尝从蓝田吕氏（大临）游，非横渠（张载）之再传乎？"⑦ 周梦江在《周行己年谱》中认为："实际上，周行己于元丰六年（1091年）入太学读书，当时太学以王安石《三经新义》、《字说》教授学生，所以，周氏是接受过王安石新学的。当然，周行己服膺洛学，他所传授的主要是洛学，但有关学、新学影响。"⑧ 所以四库馆臣也指出："行己之学，虽出程氏，而与曾巩、黄庭坚、晁说之、秦观、李之仪、左誉诸人，皆

---

① 《河南程氏遗书》卷二上，《二程集》，第38页。
② 《宋史》卷三三六《吕公著传》。
③ 周行己：《赵彦昭墓志铭》，《周行己集》，第136页。
④ 周行己：《沈子正墓志铭》，《周行己集》，第144页。
⑤ 周梦江：《周行己年谱》，《周行己集》，第271页。
⑥ 周行己：《哭吕与叔四首》，《周行己集》，第210页。
⑦ 《宋元学案》卷三十二《周许诸儒学案》，《黄宗羲全集》第四册，第405页。
⑧ 周梦江：《周行己年谱》，《周行己集》附录四，第282页。

相倡和。集中《寄鲁直学士》一诗称：'当今文伯眉阳苏，新词的烁垂明珠'。于苏轼亦极倾倒，绝不立洛蜀门户之见。"①。由此看来，周氏等人在新学、洛学之间，也未必有门户之见，更多的是时势所趋、应时而动的结果，也是其无门户之见的体现。周行己曾上书皇帝要求解除朋党，认为"朋党之论，诚非国家之利也"②。这也反映出其所持观念多元开放。

永嘉学术中对荆公新学的排斥，应该说还是在被周行己等士人高调褒奖过的乡贤林石等人身上首先体现出来。林石专研《春秋》，但"是时《三经新义》行，天下学者非王氏不道，《春秋》且废弗讲"，③ 而且王安石有意"黜《春秋》之书，不使列于学官，至戏目为'断烂朝报'。"④ 因此林石专治《春秋》显然表明了自己"不为新学"的学术取向，并被周行己赞为与程、吕等并列的"皆传古道"的"名世宗师"。⑤ 而周行己对林石的这种高度肯定，正从一个重要角度彰显了"不专趋王氏"在很大程度是永嘉学术的一个共同取向。正如陈傅良指出的："永嘉之学不专趋王氏。其后《春秋》既为世禁，先生（按：林石）竟不复仕。而周公恭叔，刘公元承、元礼兄弟，许公少伊相继起，益务古学，名声益盛，而先生居然为丈人行。"⑥

总的来看，早期的永嘉学人尽管对"新学"有所疏离甚至否定，但并没有盲目追随在洛学之后大肆批判和彻底否定"新学"。如洛学者们常斥王安石"新学"为异端邪说，从"于学不正"变为"心术不正"，最终导致误国亡国。但在永嘉学者那里，却从未见类似批评，相反，他们更多地转向了"益务古学"、"皆传古道"的学术进路，⑦ 转向了对《春秋》、王通等"治道"的重视，这也就意味着致力于从古代的经典、制度等的深入探究中寻求对现实社会、政治秩序的合理措置已不自觉地成为永嘉学术的内在追

---

① 《四库全书总目》卷一五五《集部·别集类》八，《浮沚集提要》。
② 周行己：《上皇帝书（二）》，《周行己集》，第5页。
③ 陈傅良：《新归墓表》，《陈傅良先生文集》卷48，周梦江点校，浙江大学出版社，1999，第609页。
④ 《宋史》卷327《王安石传》。
⑤ 周行己：《沈子正墓志铭》，《周行己集》，第144页。
⑥ 陈傅良：《新归墓表》，《陈傅良先生文集》卷48，第609页。
⑦ 分别见陈傅良《新归墓表》，《陈傅良先生文集》卷四八，第609页；周行己《沈子正墓志铭》，《周行己集》，第144页。

求，对现实"治道"的关注已凸显在整个永嘉学者们思想和行动的深层背景中。无论是"力行于太学"、"益务古学"的周行己诸人，还是"以其所学发为政事"、"表见于朝廷"的刘氏兄弟诸人，① 他们无不表现了已初步具有在以后的学术史叙述中被称为"事功主义"思想的共性。像周行己对当时重要的社会政治、经济、财政、军事、民生等现实问题都极为关注，并做了切实研究。如盐茶之法、力役、转输、济贫、货币等问题，尤其"周行己的货币思想，可说是对北宋一代货币思想的总结，其涉及的问题的广度及理论认识的深度，在北宋时期都是首屈一指的"②。"是世界货币思想史上的光辉成就，其科学性接近于西方近代的货币理论"。③ 对于这样"一些划时代新成就"④ 的价值和意义，已绝不仅仅是在"新学"或"道德性命之学"的范围里所能评价的了。

不过进一步来看，尽管北宋时期的永嘉学术已具有自己一些不同于"新学"、洛学的学术取向和初步思想，但由于作为浙学的独特思想内涵和思想品格还未真正形成，因而与新学、洛学相比，它的面目还是有些模糊的，还不足以清晰地呈现自己的思想性格，这是有待于南宋浙学来完成的思想课题。

到了南宋浙学那里，叶适、陈亮等人随着当时士大夫群体对北宋亡国和熙宁变法等的集体性反思的深入和他们自身思想的成熟，对王安石改革及其新学提出了明确的批评。这种批评首先与道学家们的批评很不同。道学家们着重批判王安石的学术，"攻击的火力主要集中在他的儒家理论，而不是他的变法措施"⑤，他们中最激烈的批判，甚至从认定王安石为"心术不正"的"奸佞小人"到完全否认王安石是儒家或要把他"驱逐出教"，以致连高宗皇帝也声称"帝国的乱亡其实从王安石就开始了"⑥。与道学家们这种主要从内在的道德等"内圣"层面对王安石的批评不同，叶适、陈亮等南宋

---

① 张九成：《与永嘉何舍人》，《横浦集》卷十八，影印文渊阁四库全书本。
② 赵靖主编《中国经济思想通史》第 3 卷，北京大学出版社，1997，第 1376 页。
③ 叶坦：《富国富民论——立足于宋代的考察》，北京出版社，1991，第 201 页。
④ 叶坦：《富国富民论——立足于宋代的考察》，1991，第 200 页。
⑤ 刘子健：《中国转向内在——两宋之际的文化转向》，第 60 页。
⑥ 刘子健：《中国转向内在——两宋之际的文化转向》，第 60 页。

浙学学者们对王安石的批评主要集中在变法措施、治理制度等"外王"层面上。① 这说明叶、陈与王等人都认同"秩序重建"这一宋代社会政治文化的基本主题，并侧重于对这一"秩序重建"的政道治术的探究，其要求变革的精神是一致的，而他们的主要分歧在于"秩序重建"中的具体"治道"的不同取向。如改革的不同路径设计、不同的利益导向、不同的具体制度安排等。

陈亮首先批评王安石变法具有强化宋朝专制主义中央集权统治的倾向。陈亮认为王安石虽处于变革的时代，却没有把握准宋朝立国的基本大势，没有认清宋的弊政所在正是中央集权过度。而王安石变法不仅没能改革当时的这一弊政，反而使这一弊政更趋严重了，在全力强化中央集权的同时，剥夺地方及私人利益，打击富民，正是与改革精神背道而驰！陈亮在《上孝宗皇帝第一书》中说：

> 王安石以正法度之说，首合圣意，而其实则欲籍天下之兵尽归于朝廷，别行教阅以为强也；括郡县之利尽入于朝廷，别行封桩以为富也。青苗之政，惟恐富民之不困也；均输之法，惟恐商贾之不折也。罪无大小，动辄兴狱，而士大夫缄口畏事矣；西北两边，至使内臣经画，而豪杰耻于为役矣。徒使神宗皇帝见兵财之数既多，锐然南征北伐，卒乖圣意，而天下之势实未尝振也。彼盖不知朝廷立国之势，正患文为之太密，事权之太分，郡县太轻于下而委琐不足恃，兵财太关于上而重迟不易举。祖宗惟用前四者以助其势，而安石竭之不遗余力。不知立国之本末者，真不足以谋国也。②

显然，陈亮认为王安石变法没能改革宋初以来"文为之太密，事权之太分，郡县太轻于下而委琐不足恃，兵财太关于上而重迟不易举"的中央集权专制弊端，反而是在错误的道路上走得更远。他在著名的《中兴论》

---

① 参见李华瑞《南宋浙东学派对王安石变法的批判》，《史学月刊》2001年第2期。
② 陈亮：《上孝宗皇帝第一书》，《陈亮集》（增订本），第5页。

中提出了对应的改革主张：首先是"分权"，"清中书之务以立大计，重六卿之权以总大纲"，使地方之"利自兴"，边郡之"守自固"，民众之"财自阜"，做到"简法"、"立制"、"节浮费"、"斥虚文"、"核名实"、"明赏罚"的理想状态。① 无论实际可行性如何，陈亮还是非常认真地提出了一些重要的制度改革设想，体现了浙江等江南地区经济社会发展的特点，尤其是他的许多主张是反映了南宋社会政治经济生活"近世化"发展的要求的。

同样，叶适也对宋代中央集权专制的强化趋势提出了严厉的批评："天下之弱势，历数古人之为国，无甚于本朝者"。② "汉以后有国者，不论地大小，皆为置相，王侯未尝自专，相与守何异哉？……（然至今）长吏削弱，代易促遽，天下之贵聚于一人，德不能化，力不能给，而吏胥制其命，其间藏无限弊事，民何尝受实惠！"③ 正是基于此种认识，他断言南宋现实政治中存在四种急待解决的危机："财以多为累而至于竭"，"兵以多为累而至于弱"，"法度以密为累而治道不举"，"纪纲以专为患而至于国威不立"。④ 而叶适提出的救治的方法从根本上看就是分权、简政，实行类似于现代有限政府的管理模式，他提出：

> 财以多为累，则莫若少之。故四总领为户部之害，经总制，折帛钱为诸州之害；板帐、月桩为诸县之害，则不可以不更也；兵以多为累，则莫若少之。故四屯驻大军耗总领之财计，厢禁、土兵耗诸州县之财计，则不可以不更也；法度以密为累，则莫若疏之。故兵、财、民政分任（之）［而］不一者，不可以不更也；纪纲以专为累，则莫若分之。故四边无所付，外无郭郭则内无堂室，故处不可以守，出不可以取者，不可以不更也。⑤

---

① 陈亮：《中兴论》，《陈亮集》（增订本），第 18 页。
② 叶适：《水心别集》卷十四《纪纲二》，《叶适集》，第 814 页。
③ 叶适：《习学记言序目》卷四十《唐书三》，中华书局，1977，第 592 页。
④ 叶适：《水心别集》卷十《实谋》，《叶适集》，第 767～768 页。
⑤ 叶适：《水心别集》卷十《实谋》，《叶适集》，第 768 页。

由此可见，无论陈亮还是叶适，面对宋代中央集权专制愈演愈烈的趋势，都是反对的，希望进行分权、简政、立制等改革，已经具有初步的现代有限政府的某些理念。当然，即使在宋代皇帝与士大夫"共定国是"的有限"共治"状态下，皇权作为最高的权源还是不可忽视的。因此陈亮、叶适他们的分权、简政等改革措施自然还是在承认皇权的最高权源前提下进行的，有点类似于近代西方君主立宪制下的改良主义。

在经济制度及其改革措施方面，陈亮、叶适对王安石给予了更多的批评。首先在理财问题上，他们对王安石的理财动机予以否定。陈亮认为，"荆公以霸者功利之说，……（使）天下已纷然趋于功利而不可禁"[①]。叶适则区分了"理财"与"聚敛"的不同，认为王安石所谓"理财"，只是"聚敛"而已："理财与聚敛异，今言理财者，聚敛而已。……故君子避其名，而小人执理财之权。自古圣贤无不理财。"[②] 叶适反对王安石强化经营生产和贸易方式方面的国家垄断和国家强制干预以增加经济收入的方式，认为这是国家的聚敛行为，主张国家应对百姓开放更多的经济自由空间和利益空间，反映了江浙地区工商业经济发展所带来的新的利益关系的变迁。

总之，陈亮、叶适主张义利统一，虽然讲求事功、重视理财，但反对王安石的急功近利，认为那样会同于管仲、商鞅、桑弘羊之流，堕落于刑名功利之学，所以他们一再地非议霸道、杂霸，强调道应显见诸功利，功利也应符合道义。

不过，从思想史来看，陈亮、叶适等浙学学者们基本上继承了北宋思想文化遗产的主要精神，即"他们共同继承了北宋从范仲淹到王安石宋学主流中的重实际、讲实用、务实效的思想观点"[③]。从这个意义上也可以说，南宋浙学与新学之间的共性恐怕大于其差异性，都属于注重事功的思想学说，具有政治实用主义倾向。萧公权认为：

　　宋代政治思想之重心，不在理学，而在与理学相反抗之功利思想，

---

①　陈亮：《书欧阳文粹后》，《陈亮集》（增订本），第 157 页。
②　叶适：《水心别集》卷二《财计上》，《叶适集》，第 657 ~ 658 页。
③　漆侠：《宋学的发展与演变》，《漆侠全集》第六卷，河北大学出版社，2009，第 33 页。

此派之特点在斥心性之空谈，究富强之实务，其代表多出江西浙江，北宋有欧阳修、李觏、王安石，南宋有薛季宣、吕祖谦、陈傅良、陈亮、叶适等。而安石主持新法开'维新'之创局，尤为其中之巨擘。……至两宋诸子乃公然大阐功利之说，以与仁义相抗衡、相表里，一反孟子、董生之教。此亦儒家思想之巨变。①

的确，与传统儒学重内圣轻外王，只喜欢"心性之空谈"，主张种种高调的道德理想主义，以泛道德化的伦理关怀代替人伦世用的"富强之实务"，"而对于当时实际政治问题则缺乏创新之贡献"② 相比，不但新学、浙学之间显然有更多的共性而与之形成了较大差别，而且这确实表现了一种"思想之巨变"，"同为儒学之革命运动"③。因为他们不仅颠覆了数千年中国传统政治思想及社会价值观上忌重功利的风气，要求理直气壮地把谋求功利、富强作为国家及圣贤志士政治活动的基本目标，还进一步注重采用政治实用主义的方法为这种功利、富强的实现进行了全力以赴的理论和实践的探索，积累了前所未有的种种制度、策略上的经世致用的经验和思想创新成果，对于中国传统政治的"近世化"转型具有重要意义。

2. 不满于道学

南宋浙学与道学的关系要比与"新学"的关系复杂得多。而要说清楚两种思想学说之间的复杂关系，首先需要有一种合适的方法作为依托。我认为，一种思想学说总是包含有多样化部分的整体，但作为多样性的统一体中的各部分之间并不是平行的，而是具有一种"核心—边缘"的内在结构及与此相应的由高到低、由大到小的价值序列。所谓"核心"就是该思想学说区别于其他思想学说的创新性内容或者最主要的学术场域，从而构成其核心价值和理论内核。除此以外的部分，可以说是这一思想学说的边缘部分，它们往往是创新性较弱、与别的思想学说交集、重合较多的部分，不过它们这种边缘性部分与别的思想学说的交集、重合一般并不会改变其思想学说整

---

① 萧公权：《中国政治思想史》，新星出版社，2005，第296页。
② 萧公权：《中国政治思想史》，第297页。
③ 萧公权：《中国政治思想史》，第296页。

体性核心价值和理论内核，因而不妨碍它们各自的独立性存在。

南宋浙学作为没有严格意义上的传承师从的学脉关系和门户形式的独特学派，却始终追求"自为门庭"的学术独立性，最终它也的确得以成为一个深具特色的学派。如前述《宋元学案》在论述南宋的学术思想状况时认为："乾、淳诸老既殁，学术之会，总为朱、陆二派，而水心断断其间，遂称鼎足。"又说："学派分而为三：朱学也，吕学也，陆学也，三家同时皆不甚合。"这些论述都充分肯定了朱学、浙学（永嘉之学、吕学）、陆学在南宋思想界鼎足而三的重要地位。可见，整个南宋思想界是一个以吕祖谦、叶适为代表的浙学，以朱熹为代表的道学和以陆九渊为代表的心学等多种学说并立的多元化格局。

然而，尽管如此，如何看待它们之间的相互关系及其思想性质，在思想史上始终仍然是一个颇有分歧的难题。如全祖望认为："朱学以格物致知，陆学以明心，吕学则兼取其长，而复以中原文献之统润色之。门庭径路虽别，要其归宿于圣人则一也。"这里，全祖望体现了一种典型的以儒学为中心的学术史观的影响，把它们都看作儒学内部的不同派别。这是比较有代表性的普遍看法。还有些看法认为朱学、陆学、吕学三者最后殊途同归，最终还是合"归于理学"，甚至进一步把浙学当作道学学派的一个分支，浙学是以道学为思想渊源发展演变而来的，等等。那么，事实到底如何？它们究竟是一种什么样的关系？本书认为，尽管道学曾经构成南宋浙学形成和发展的重要思想资源，但这并不能够证明南宋浙学与道学就可以归属于同一个思想派别，更不能说明它是道学的一个分支学派。相反，它们之间存在着许多根本的差别，甚至构成了相互批判的思想对立和竞争。而南宋浙学恰恰是在对宋代道学展开直接或间接的批判中实现了自己的发展演变和超越的。它们之间这种复杂的关系也反映了转型期的唐宋社会变革的许多基本特征，具有重要的思想意义。

从早期永嘉学术的形成、演变来看，其伊洛渊源是被强调得最多的一个因素。然而，永嘉之学的伊洛渊源固然是真实存在过的历史事实，但由于这种相关的历史记叙大部分来自洛学已在整个学术界逐渐取得强势的话语权和在道学取得官方正统意识形态地位后的学术史叙述中，伊洛渊源在永嘉学术的形成和发展中真实的历史作用被有意无意地夸大化了。全祖望讲："永嘉以经制言事功，皆推原以为得统于程氏。"① 黄百家也认为："永嘉之学，薛、郑俱出自程子。"② 但是，这里面包含了许多似是而非的认识，有待于进行必要的重新梳理。一个人或一个学派在其成长期往往会受到多种思想因素的影响，或向多种思想学说学习，但他或它未必就会成为那些思想学说的一部分或者其传人。只是在讲究学术师承、学脉的中国学术传统中，这些通常就成为学术师承的依据了。实际上，永嘉之学虽然在其创辟和发展过程中与儒学特别是洛学有过不少交集，但是它从一开始就有自己的思想学术特色，并且借此最终走出了一条自己独特的思想学术道路。

如永嘉学派的早期创立者周行己，是曾赴洛阳亲炙程颐学问的"元丰九先生"之一，在洛学向浙南传播的思想图谱中占有重要地位。但是周行己身上实际上具有多种学术思想影响的痕迹，他先从新学，继而转从太学博士、关学传人吕大临问学，后又从程颐学习。此外，他还对苏轼、黄庭坚的诗文、故乡林石（字介夫）的《春秋》学等深加赞誉，他说："洛阳程颐正叔、京兆吕大临与叔、括苍龚原深之，与吾乡先生介夫，皆传古道，名世宗师。"③ 正因此，周行己既不是一个坚定纯粹的洛学传人，也并未将洛学当作其唯一的思想来源，正如全祖望认为的，周行己等人也可称之为"横渠之再传"，并说"世知永嘉诸子之传洛学，不知其兼传关学"④。有研究者也指出："周行己对新知识的热情与渴望不但阻隔了他成为一个坚定的洛学者，而且遇到正统洛学者的讥讽。因为周行己在实际的知识与思想的追求中更近似于折衷主义者，他关注着那个时代各种不同的思潮与知识体系，在洛学之外的其他学派中都发现了某种吸引他的东西。"⑤ 周行己这种不守洛学门户，而持开放多元的学术思想取向的态度自然也招来了洛学学者们此起彼伏的质疑和责难，指责他"不得洛学之宗"，要把他清理出洛学门户，如谢良佐说他"立不住，便放"⑥，朱

① 《宋元学案》卷五十六《龙川学案》，《黄宗羲全集》第五册，第214页。
② 《宋元学案》卷五十六《龙川学案》，《黄宗羲全集》第五册，第216页。
③ 周行己：《浮沚集》卷七《沈子正墓志铭》，《周行己集》，第144页。
④ 《宋元学案》卷三十二《周许诸儒学案》，《黄宗羲全集》第四册，第405页。
⑤ 陆敏珍：《宋代永嘉学派的建构》，浙江大学出版社，2013，第114页。
⑥ 《上蔡先生语录》卷一。

熹说:"周恭叔学问,自是靠不得"。① 这些陷于洛学的框架中对周行己所作的评判,恰恰可以从反面证明周行己并未真正接续洛学,而是一个不守一师之承、不立门户之见,具有开放多元、兼收并蓄的思想风格的学者。对此,四库馆臣作了更为旷达中肯的评价,他们说:"行己之学,虽出程氏,而与曾巩、黄庭坚、晁说之、秦观、李之仪、左誉诸人皆相倡和。集中《寄鲁直学士》一诗称:当今文伯眉阳苏,新词的烁垂明珠,于苏轼亦极倾倒,绝不立洛、蜀门户之见,故耳濡目染,诗文亦皆娴雅有法,尤讲学家所难能矣。"②

正如前所述,周行己等永嘉学者既不"专趋王氏",也未专守程门,"绝不立洛蜀门户之见",而是具有了后来浙学中日益突出的博综经史、兼采百家的思想学术风格,并因这种不纯粹性几被清除出程门。显然,正如朱熹所说,周行己对洛学的传承是"靠不得"的。而周行己的思想行为,虽然具有某些洛学印记,却也的确常跳脱于洛学的框架之外,其多元开放、关注现实治道的思想学说成为他所集中发力的学术场域,可以说,正是它们构成了其思想学说的核心价值和理论内核,从而使之与一般儒学、道学迥然有别。而他那些与一般儒学、道学有所交集、重合的部分,往往是其思想学说的边缘部分,并不会影响其自身的独立性。这样,我们在评价周行己与洛学的关系时,就必须重视它们这种理论内核的不同所造成的差别,而不能无视这种理论内核的不同,仅仅从一些边缘性的思想内容的交叉重合就断定周行己的思想在总体上仍然是持守了洛学的宗旨。从这个意义上说,叶适在《温州新修学记》中所总结的永嘉学术史两大阶段中的第一阶段为"永嘉之学,必兢省以御物欲者,周作于前而郑承之后也"③ 的说法,也不免有沿袭成说之嫌。④ 因为它不够准确,只从洛学所推重的心性修养这一个维度上去解读永嘉之学的渊源和演变,凸显了永嘉学统中的洛学的主导性色彩。实际上,

① 《朱子语类》卷一0一《程子门人·总论》,第2560页。
② 《四库全书总目》卷一五五《集部·别集类八》,第1341页。
③ 叶适:《温州新修学记》,《叶适集》,第178页。
④ 《温州新修学记》在形式上是叶适为温州知州留元刚在新修州学后对学生的训话所做的笔录,现在已不能确知是留本人自撰为主还是叶适代笔为主。留本人也是极富才学的文人,不排除此文确为留作训话叶只作笔录。若如此,其中关于永嘉学派渊源及演变的总结就更多地出自留的观察,而不完全是叶的看法。

正如前面一再表明的，早期永嘉学者们已开始追求内圣外王的统一，注重在合乎道义前提下对现实社会、政治秩序的合理措置的探索，使之成为永嘉学者们思想和行动的深层背景。这也正是浙学之所以成为浙学的一个重要特点。

浙学的这一特点还在永嘉学派承上启下的代表人物薛季宣那里得到突出体现。薛季宣在一般的学术史叙述中更多地呈现一个"事功"类型的人物特征。陈傅良称他"自六经之外，历代史、天官地理、兵刑、农末，至于隐小说，靡不搜研采获，不以百氏故废，尤邃于古封建、井田、乡遂、司马之制，务通于今"①。楼钥说薛季宣的学问"自井田、《王制》、《司马法》、《八阵图》，该通委曲，真可施之实用。凡今名士，得其说者，小之则擅场屋之名，大可以行于临民治军之际"②。薛季宣在经世致用、寻求治道方面的确成就卓著，但如果仅仅看到薛季宣"事功"的这一面还太简单，不够全面。实际上，薛季宣的"事功"追求还是努力奠基于其对内圣之学的持守之上的。薛季宣认为：道器合一，有体有用；道不远物，"常存乎形器之内"③。因而薛季宣强调："明德本也，应物莫也。故学道贵知本，知本则知缓急后先之序，而无过举之患矣。"④ 辨明本末体用之序，正是为了避免将两者歧而为二、各执一端之弊："君子道无精粗、无大小，是故致广大者必尽精微，极高明者必道中庸，滞于一方，要为徒法徒善。"⑤

薛季宣的如上认识，体现了其与一般儒学及道学相通的一面。就此而言，尽管他所曾自述的师从程门弟子袁溉的洛学渊源颇为模糊可疑⑥，但这至少表明他"平生所推尊濂溪、伊洛数先生而已"⑦，对伊洛之学保持了应有的尊敬和认同。不过，对伊洛之学的这种尊敬和认同并不意味着薛季宣愿意接受并混同于当时的道学群体。相反，他对程门后学中及一般儒者中喜谈

① 陈傅良：《宋右奉议郎新改差常州借紫薛公行状》，《薛季宣集》，上海社会科学出版社，2003，第 615 页。
② 楼钥：《攻媿集》卷五十九《宝谟阁待制赠通议大夫陈公神道碑》。
③ 薛季宣：《答陈同父亮书》，《薛季宣集》，第 298 页。
④ 薛季宣：《〈大学〉解》，《薛季宣集》，第 401 页。
⑤ 薛季宣：《又与朱编修书》，《薛季宣集》，第 295 页。
⑥ 参见陆敏珍《宋代永嘉学派的建构》，第 222～227 页。
⑦ 陈傅良：《宋右奉议郎新改差常州借紫薛公行状》，《薛季宣集》，第 615 页。

义理却又"语道不及物"的空无之风颇为厌弃。他说：

> 灭学以来，言行判为两途旧矣。其矫情之过者，语道乃不及事，论
> 以天何言哉之意，其为不知等尔。某虽不敏于此，窃有所好，而清谈脱
> 俗之论，诚未能无恶焉。①

> 今之异端，言道而不及物，躬行君子，又多昧于一贯不行之叹，圣
> 人既知之矣。可与学者未可适道，所以旷百世而莫之明也。②

道物分裂、言行两判，已不仅是"昧于一贯"的俗儒，薛季宣还直斥之为
"异端"。面对这种状况薛季宣深以为弊，十分不满。他不仅反复批评，而
且力图将这种歧而为二的道学再合而为一。薛季宣说：

> 自《大学》之不明，其道散在天下，得其小者往往自名一家。高
> 者沦入虚无，下者凝滞于物，狂狷异俗，要非中庸，先王大经遂皆指为
> 无用，滔滔皆是，未易夺也……后世昧于诚明、明诚之分，遂谓有不学
> 而能者。彼天之道，何与于人之道，致曲未尽，何以能有诚哉！③

消除"高者沦入虚无，下者凝滞于物"的两隔，改变"语道不及事"却会
妄言"不学而能"的局面，成为薛季宣的重要目标，也成为他奋起担当的
主要学术使命，郑伯英在给薛季宣所做的祭文中说：

> 圣贤不作，道丧文弊。问学事功，歧而为二。事功维何？惟材与
> 力。问学维何？书痴传癖。学不适用，用者无学。为己为人，在在乖
> 错。公之探讨，专用律身。推而放之，于以及人。④

---

① 薛季宣：《抵杨敬仲简》，《薛季宣集》，第331页。
② 薛季宣：《抵沈叔晦》，《薛季宣集》，第332页。
③ 薛季宣：《沈应先有开书》，《薛季宣集》，第303~304页。
④ 《文林郎新平海军节度推官郑伯英祭文》，《薛季宣集》附录一，第595页。

郑伯英认为，薛季宣已发现"问学""事功""歧而为二"，以致造成了"学不适用，用者无学"的普遍弊病。为此薛季宣提出了"无为空言、无戾于行"①，"合归于一，是为得之"② 的主张，力挽道学陋儒之偏，重倡贯通内外之道。薛季宣的侄孙薛师旦评论说：

> 夫学之为道，循本至末，由粗入精，必正心诚意而后可以治国平天下。虽洒扫应对而道存焉，未尝可离为二也。儒者不作，眩高者骛于空无，故言道而不及物；循实者囿于名数，故言物而不及道。二者歧分，则学不足以应世用，而反为儒者累。嗟夫！古今常有之理，孔孟非有二说，顾在人宏而用之何如耳。叔祖常州好学夙成，高明缜密，于书无不读，必略短而取长；于事无不悟，必通今而据古。每以口耳之习为学者之戒，凡有得于残编断简，必参验订审，不至于理融不已也。③

薛季宣的批判对象直指整个现实中"儒者不作"的道学群体："眩高者骛于空无，故言道而不及物；循实者囿于名数，故言物而不及道。"这种道物二分的现象，反映的就是郑伯英所概括的"为学"与"事功"的分离，以及进一步而言是内修的"正心诚意"的道德性命之学与外化为"治国平天下"的事功的分离。这种分离，最终表现为"不足以应世用"，成为真正的"儒者之累"。这样，贯通内外之道、使学以"应世用"，正是薛季宣努力追求的宗旨。由此可见，薛季宣这种"有体有用"、"能通世用"甚至"不重义理"的学术倾向，不仅显示了薛季宣自身的学术特点，也在很大程度上影响了南宋浙学此后的学术路径。叶适说：

> 薛士龙奋发昭旷，独究体统，兴王远大之制，叔末寡陋之术，不随毁誉，必摭故实，如有用我，疗复之方安在？！至陈君举尤号精密……铢称镒数，各到根穴，而后知古人之治可措于今人之治矣，故永嘉之

---

① 薛季宣：《答象先侄书》，《薛季宣集》，第 329 页。
② 陈傅良：《宋右奉议郎新改差常州借紫薛公行状》，《薛季宣集》，第 615 页。
③ 《浪语集》跋，《薛季宣集》附录二，第 625 页。

学，必弥纶以通世变者，薛经其始而陈纬其终也。①

在叶适所描绘的永嘉学派的学术谱系中，薛季宣远能"根植六经"、"独究体统"，近能"通于世变"、"必撷故实"，是推动永嘉之学从宗性理之学转向尚事功之学的承上启下者，在整个永嘉学派的学术传承脉络里扮演了重要的角色。甚至可以进一步说，他也为南宋浙学的学派定位打上了属于自己特有的主色调。全祖望曾总结说：

> 永嘉之学统远矣。其以程门袁氏之传为别派者，自艮斋薛文宪公（按：薛季宣）始。艮斋之父，学于武夷，而艮斋又自成一家，亦入门之盛也。其学主礼乐制度，以求见之事功，然观艮斋以参前倚衡言持敬，则大本未尝不整然。②

这段话应是对薛季宣的学术传承与学术宗旨较全面的概述。薛季宣学术"学主礼乐制度，以求见之事功"，这样既避免了单纯内倾化所导致的"高者沦入虚无"的弊端，又有别于王安石一类"下者凝滞于物"的功利刑名之学，成为"自成一家"的学术典范。

薛季宣所宣示的南宋浙学的独特学术路径，差不多同时或稍后在吕祖谦、陈傅良、陈亮、叶适等浙学学者身上也得到了体现。

吕祖谦以其深厚的家学传统和"中原文献之传"为基础，对北宋的整个思想文化精神"遗产"做了全面的继承，被公认为北宋思想文化的正宗传人。在吕祖谦所继承的北宋思想文化遗产中，当然也包括伊洛之学的思想资源，但其"不名一师"、"不主一说"、博综诸家、贯通经史的治学风格使其思想学术呈现多元、开放的特点。用吕祖谦自己的话说就是"嵩洛关辅诸儒之源流靡不讲，庆历元祐群叟之本末靡不咨"③。而这也使他虽然已是当时学界公认的学术领袖，却无意于像朱熹那样着力维护道学的纯粹性，更

---

① 叶适：《温州新修学记》，《叶适集》，第178页。
② 《宋元学案》卷五十二《艮斋学案》，《黄宗羲全集》第五册，第50页。
③ 《吕东莱太史文集》卷八，《吕祖谦全集》第一册，浙江古籍出版社，2008，第133页。

无意于去争正统。相反，受家学传统及"中原文献之传"的引导，吕祖谦从一开始就走上了不同于程朱等人的治学及思想路径，"以广大为心，以践履为实"①，融通经史以求在典章制度和历史事变的规导和递变中寻绎出当前社会政治制度及思想秩序重建的有益导向。正因如此，吕学也塑造了自己的特有内涵和学术品格。只是在其早期，吕祖谦对自己这种思想路径的选择还不是很明显和自觉，加上他的多元开放、博综兼总的学术风格，以致许多人包括朱熹、陆九渊、张栻等著名理学家都把他当作同道，尊为道学领袖。正如田浩所说："吕祖谦将吕氏家学传统和道学其他流派结合，发展出12世纪道学的一支主要流派。……（全祖望）认为吕祖谦是12世纪后半叶道学的一位主要领袖，见解十分正确。"② 但是，随着吕祖谦自身思想的深化成熟及与其他思想的交流比较，特别是与其他浙学学者密切交往沟通的增多，其特有的思想路径日益凸显。有些学者将此过程看作吕祖谦思想从性理之学向事功之学的转向。我认为，这与其说是一种思想路径的"转向"，不如说是吕祖谦自己对此也逐渐有了清醒的自觉。而这种自觉可以从吕祖谦后期所作的《薛季宣墓志铭》中有集中的体现。

乾道九年（1173 年）七月，薛季宣病故，在陈傅良、陈亮等人的请促下，吕祖谦于年底写出了《薛季宣墓志铭》。在这篇墓志铭的最后部分，吕祖谦对薛季宣的思想学术做了精彩的总结和评价。而其中所体现的主要观点未尝不可以看作吕祖谦的"夫子自道"，正反映了吕祖谦自己的思想倾向。吕祖谦说：

> 自周季绝学，古先制作之原，晦而不章，若董仲舒名田，诸葛亮治军，王通河汾之讲论，虽有牾有逢，有支有别，千有余年，端倪盖时一见也。国朝周敦颐氏、程颢氏、程颐氏、张载氏相与发挥之，于是本原精粗，统纪大备。门人高弟既尽，晚出者或骛于空无，不足以涉事耦变，识者忧之。公之学既有所授，博揽精思几二十年，百氏群籍，山经地志，断章缺简，研索不遗。过故墟废垅，环步移

① 《宋元学案》卷三十六《紫微学案》，《黄宗羲全集》第四册，第 529 页。
② 田浩：《朱熹的思维世界》，陕西师范大学出版社，2002，第 92 页。

日以验其迹。参绎融洽，左右逢原。凡疆里、卒乘、封国、行河，久远难分明者，听其讲画，枝叶扶疏，缕贯脉连，于经无不合，于事无不可行。[①]

中国传统思想文化的基本观念之一就是崇尚内圣外王的统一，此观念不独属于儒家，道家也主张，"内圣外王"概念还是庄子先提出的，中国一般的传统知识分子大多有此信仰。宋代的道学和浙学也毫无例外地把内圣外王的统一当作前提性的观念背景。所以他们的分歧不是要不要内圣外王的问题，而是如何看待内圣外王的关系、何者为主为先的问题。吕祖谦认为，周、张、二程能继先圣绝学，于"本原精粗，统纪大备"，即能"内外兼备"。但到了其"门人高弟既尽"后的"晚出者"那里，这些道学的再传群体往往已"骛于空无，不足以涉事耦变"，令有识之士们担忧。显然，这些有识之士中，既有薛季宣，也有吕祖谦自己及陈亮、叶适等浙学学者们。薛季宣本人一再地批评儒者们"高者沦入虚无"、"学不足以应世用"，就是出于这种"识者之忧"。在薛季宣、吕祖谦看来，内圣问题毫无疑义是重要的，但关键是不能止于内圣，而必须考虑如何从"内圣"转到"外王"领域。也就是说，"正心诚意"的内在心性修养应该能够转化为应对现实社会的政治、经济、军事危机的挑战的实际能力和措施，而不是成为缺乏处置实际事务能力、"不足以涉事耦变"、"乃徒诵诂训，迂缓拘挛，自取厌薄，不知内省"的"章句陋生"[②]。故而吕祖谦曾向皇帝呼吁："夫不为俗学所汩者，必能求实学；不为腐儒之所眩者，必能用真儒。"[③] 显然，吕祖谦这里所斥责的"俗学"、"腐儒"已不仅仅囿于内圣之学的问题，而是真无所学、"骛于空无"，徒具为学的外表。

与此相对照的是，吕祖谦借薛季宣向世人展示了一个"真儒"、"实学"的榜样，他称赞薛季宣"博揽精思几二十年，百氏群籍，山经地志，断章缺简，研索不遗"，致力于经世致用的"实学"。可以说，薛季宣实现了从

---

[①] 吕祖谦：《宋右奉议郎新改差常州借紫薛公志铭》，《薛季宣集》附录一，第622页。
[②] 《东莱吕太史文集》卷三《乾道六年轮对札子》，《吕祖谦全集》第一册，第54页。
[③] 《东莱吕太史文集》卷三《乾道六年轮对札子》，《吕祖谦全集》第一册，第54页。

内圣之学向外王之域的转向，终于达到了"于经无不合，于事无不可行"的境界，证明了"人苟可用，无间文武，事有可谡，无间吏儒，混才德、贯义利"，重德性涵养而不沦入空无，求实事治道而不滞于功利，是一位成功地打通了内圣外王之道的典范。

这样一种人格与事功"内外兼备"的理想境界，显然也是吕祖谦自己所追求的。他说："某窃谓若实有意为学者，自应本末并举，若有体而无用，则所谓体者必参差卤莽无疑也。"① 正因此，吕祖谦在同一时期对陈亮写的《三先生论事录》提出批评②，认为陈亮专门编辑一本二程、张载三先生论述有关经世致用的集子，以表明他们"有体有用"、"内外兼备"，试图以此消除人们的误解，"以为有补于先生之学"③，虽然意图甚好，却未必能达到好的效果。因为"三先生"之学本来就是本末并举、有体有用的，"昔尝读明道行状及门人叙述，至末后邢和叔一段，方始缕缕说边事军法"④，现在陈亮"特地拈出，却似有不足则夸之病"⑤。

据实而论，上述本末并举、有体有用的合内外之道，更多地反映了吕祖谦、陈亮自身的思想与行动的理想原则，而未必是关洛之学的真实状况。尽管如吕祖谦、陈亮所看到的二程等人不乏边事军法的议论，经世致用本是二程之学的题中应有之义；余英时也一再地证明道学开创者们也富有"得君行道"的集体意识，"道学的终极目标是变'天下无道'为'天下有道'"，⑥ 但是这些都不足以改变道学的一个根本立场，即内在心性道德的修持、体认始终是首要的，高于外在的经世治道。道学的这一立场到了朱熹那里也没有改变，反而进一步强化成为一种内在化的思想传统，余英时指出："'尊德性'是'新儒学'中基本的中心的设定，为每一个道学家所共有，

---

① 吕祖谦：《与陈同甫》，《东莱吕太史别集》卷十，《吕祖谦全集》第一册，第 466 页。
② 吕祖谦在给陈亮谈此事的同一封信中又提及"遣人吊士龙（薛季宣）"，可知二事发生在同一时期。见《与陈同甫》，《东莱吕太史别集》卷十，《吕祖谦全集》第一册，第 468 页。
③ 陈亮：《三先生论事录序》，《陈亮集》（增补本），邓广铭点校，河北教育出版社，2003，第 203 页。
④ 吕祖谦：《与陈同甫》，《东莱吕太史别集》卷十，《吕祖谦全集》第一册，第 468 页。
⑤ 吕祖谦：《与陈同甫》，《东莱吕太史别集》卷十，《吕祖谦全集》第一册，第 466 页。
⑥ 余英时：《宋明理学与政治文化》，吉林出版集团有限责任公司，2008，第 115 页。

而不论他们在其他问题上有什么不同，朱熹自然也不例外。像陆象山一样，他也将'尊德性'作为首要的根本的目标，所有的'问学'都必须指向于此。道德不仅仅是居先的，而且赋予知识以意义。"① 对于朱熹来说，内在性的道德是一切的基础和中心，"致知"只是为道德提供知识的基础、"力行"只是展示和检验道德的合理性，道德是一切的起点，也是一切的终点："就他而言，求知只能因其与道德生命的相关才具有合理性，因此他很自然地在知识与道德之间将重点最终放在后者"②。简言之，在朱熹那里，没有道德核心的知识和没有道德意义的行为都是应予以否定的。这样，以道德为起点和终点的儒家内圣之学最终形成了一个封闭性的内循环系统。在这样一个内循环系统中，内圣之学始终高于"外王"，"外王"只是前者的派生物甚至只是可有可无的附带品，而只有道学才是唯一的至圣至道之学。正因此，尽管吕祖谦等浙学学者们对程门后学中发生的流于内倾、转向内在化的危险趋势一再表示担忧、提出批评，并提出内外并重的解决方案，但朱熹并不予以认同，他说：

> 今世学者，语高则沦于空寂，卑则滞于形器，中间正当紧要亲切合理会处，却无人留意。此道之所以不明不行，而邪说暴行所以肆行而莫之禁也，不知伯恭后来见得此事如何？③

表面上看，朱熹也和薛季宣、吕祖谦一样都批评"高者"与"卑者"这两种倾向，但朱熹显然不赞成薛、吕所主张的"内外兼备"、"本末并举"，而是提出了一条"中间"路线，即着力于"中间正当紧要亲切合理会处"。至于这个"中间"路线具体是什么虽然没有明说，大概也不出以道德的主体能动性去融会贯通二者的路数，还是囿于个体功夫的范围。因此，在朱熹看

---

① 余英时：《朱熹哲学体系中的道德与知识》，田浩编《宋代思想史论》，社会科学文献出版社，2003，第258页。
② 余英时：《朱熹哲学体系中的道德与知识》，田浩编《宋代思想史论》，第261页。
③ 朱熹：《答刘子澄》，《晦庵先生朱文公文集》卷三十五，《朱子全书》，上海古籍出版社，2002，第1534页。

来，"克服程学在发展中出现的'沦于空寂'的倾向不是像吕祖谦、薛季宣主张的经世致用，或者发展以《通典》为代表的制度之学（'卑则滞于形器'）"。① 为此，朱熹直接批评了浙学群体的思想路向：

> （吕祖谦）其学合陈君举、陈同父二人之学问而一之。永嘉之学理会制度，偏考究其小小者。惟君举为有所长，若正则则涣无统纪。同父则谈论古今，说王说霸。伯恭则兼君举、同父之所长。②

浙学学者们正是从对程学不能"应变浃洽"、"涉事耦变"、"讲明法度"的担忧中引申出了自己的问题意识，即他们意识到个体化的内在心性修养固然重要，却不会自然地派生出社会改造、秩序重建的"外王"事功，因此，个体不能满足于自我德性的修养和知识的充盈，而应该将其内圣之学"措而行之天下"，转化、贯穿于对社会现实问题、真实治道的探求和应用之中去。浙学所谓"说王说霸"、"谈论古今"、"理会制度"，都是这种由"内圣之学"展开而与社会改造、秩序重建相贯穿的表现，从而也构成了浙学与道学的一个基本区别。正如《宋元学案》所评论的：南宋薛季宣、郑伯熊、陈亮等人"其为学，俱以读书经济为事，嗤黜空疏随人牙后谈性命者，以为灰埃。亦遂为世所忌，以为此近于功利，俱目之为浙学"③。他们"教人就事上理会，步步着实，言之必可使行，足以开物成务。"④

陈亮在吕祖谦之后对道学群体中这种耽于内倾、沦入空无之弊展开了更猛烈的批判。如果说在编辑《三先生论事录》时的陈亮对洛学的经世致用功夫还抱有不切实际的幻想，并把不通世用之病归于其后学的话，他作《论事录》就不免与王阳明曾作《朱子晚年定论》一样有"拉大旗作虎皮"之嫌。不过在此十来年后，随着陈亮自身思想认识的不断深化，尤其是经过

---

① 王宇：《"二度抽离"与南宋浙东学派崛起的问题意识——以乾淳之际吕祖谦的思想动向为个案》，《浙江社会科学》2012年第7期。
② 《宋元学案》卷五十一《东莱学案》附录，《黄宗羲全集》第五册，第33页。
③ 《宋元学案》卷五十六《龙川学案》，《黄宗羲全集》第五册，第216页。
④ 《宋元学案》卷五十二《艮良学案》，《黄宗羲全集》第五册，第56页。

与朱熹进行著名的王霸义利等的辩论，他对自己的学术思想路径及其与道学的区别就有了更清醒的自觉。他曾对整个宋代学术思潮的演变脉络做过这样的梳理：

> 昔祖宗盛时，天下之士各以其所能自效，而不暇及乎其他。自后世观之，而往往以为朴陋，而不知此盛之极也。其后文华日滋，道德日茂，议论日高，政事日新，而天下之士已不安于平素矣。众贤角立，互相是非，家家各称孔孟，人人自为稷契，立党相攻以求说之胜。最后章、蔡诸人以王氏之说一之，而天下靡然，一望如黄茅白苇之连错矣。至渡江以来，天下之士始各出其所能，虽更秦氏之尚同，能同其讳而不能同其说也。二十年之间，道德性命之说一兴，迭相唱和，不知其所从来。后生小子读书未成句读，执笔未免手颤者，已能拾其遗说，高自誉道，非议前辈以为不足学矣。世之为高者，得其机而乘之，以圣人之道为尽在我，以天下之事无所不能，能麾其后生以为高而本无有者，使惟己之向，而后欲尽天下之说一取而教之，顽然以人师自命。①

同样是总结从北宋到南宋学术思潮的演变过程，陈亮在该文中表达了不同于前述吕祖谦及自己约十年前的看法。吕祖谦在《薛季宣墓志铭》和陈亮在《三先生论事录序》中，对二程之学还是高度肯定的，把不通世用之病归于其门人弟子没有继承师说，"向上诸公曾无一辞及之"②。但陈亮在这篇《送王仲德序》中，除了对"祖宗盛时"即宋初学术"各以其所能自效"的"朴陋"状况颇为肯定（赞为"盛之极"）和留恋外，对"其后文华日滋，道德日茂"的宋代"新儒学"运动持全面否定的批判态度。在他看来，从庆历、熙宁时代"众贤角立、互相是非"的新党、洛党、朔党等的"立党相攻"到王学独尊；从"渡江以来""各出其所能"到"道德性

---

① 陈亮：《送王仲德序》，《陈亮集》（增订本），第215页。此文大约写于淳熙六年以后，因其文集中在该文之前的另一文注明写于淳熙六年冬。按常理该文时间应在其后。另，陈亮与朱熹的大辩论主要进行于淳熙十年至十三年间。

② 吕祖谦：《与陈同甫》，《东莱吕太史别集》卷十，《吕祖谦全集》第一册，第468页。

命之说一兴"的道学一统，新儒学运动不仅无异于一场如鲁迅笔下的"九斤老太"口中"一代不如一代"的倒退闹剧，而且更是从开放的多元繁荣退缩为内向化的一元独尊的重大转向过程。这正如刘子健所说的"在新儒家学者的头脑中，最重要的就是修身和内心的思想。他们倾向于转向内在"。① 而对于这样重大的风气转向，陈亮自己就有非常痛切的感受。他说：

> 往三十年时，亮初有识知，犹记为士者必以文章行义自名，居官者必以政事书判自显，各务其实而极其所至，人各有能有不能，卒亦不敢强也。自道德性命之说一兴，而寻常烂熟无所能解之人自托于其间，以端悫静深为体，以徐行缓语为用，务为不可穷测以盖其所无，一艺一能皆以为不足自通于圣人之道也。于是天下之士始丧其所有，而不知适从矣。为士者耻言文章、行义，而曰"尽心知性"；居官者耻言政事、书判，而曰"学道爱人"。相蒙相欺以尽废天下之实，则亦终于百事不理而已。②

道学高倡道德性命之说，使人们难免只重视从内在化的自我修养上用功夫，而轻视外在的践履功夫。更可怕的是其对一般世人的误导，使他们以为仅靠讲"尽心知性"就能"学做圣人"，却完全无视"措之于百姓日用"、"开物成务"的践履世用，以致"终于百事不理"。陈亮在与朱熹辩论时也说，道学只知一味追求天理之醇、德性之高，"使世人争骛高远以求之，东扶西倒而卒不着实而适用，则诸儒之所以引之者亦过矣"③。更有甚者，"气不足以充其所知，才不足以发其所能，守规矩准绳而不敢有一毫走作"④，"因吾眼之偶开便以为得不传之绝学。三三两两，附耳而语，有同告密；画界而立，一似结坛，尽绝一世之人于门外"⑤。如此学道养性，不仅不是"醇

---

① 刘子健：《中国转向内在——两宋之际的文化转向》，第 151 页。
② 陈亮：《送吴允成运干序》，《陈亮集》（增订本），第 216 页。
③ 陈亮：《又乙巳春书之一（与朱熹）》，《陈亮集》（增订本），第 275 页。
④ 陈亮：《又甲辰秋书（与朱熹）》，《陈亮集》（增订本），第 270 页。
⑤ 陈亮：《又乙巳秋书（与朱熹）》，《陈亮集》（增订本），第 279 页。

儒"，反而完全是腐儒、不正常之人。难怪陈亮愤然疾呼："学者，所以学为人也，而岂必其儒哉！"① 陈亮明确地要求把人从腐儒之学、从各种道德教条的束缚中解放出来以"学为成人"。与传统儒家提倡的"学为圣人"相比，这无疑是具有可贵的启蒙精神的时代最强音！

的确，陈亮作为南宋浙学学者对以道学为代表的宋代儒学的批判深深击中了他们的要害。人活着不是为了做圣人、"醇儒"，"人生只是要做个人"②。而要做一个真正的人，就必须是一个堂堂正正的人、有血有肉的人、心灵与肉体统一的人、有自由和尊严的人，而不是一个人格分裂的人、内重外轻的人、言行脱节的人、深受各种道德教条或权力枷锁束缚的人。对此，陈亮因其自身的曲折遭遇，有过最痛切的感受。所以他声明："亮之不肖，于今世儒者无能为役，其不足论甚矣，然亦自要做个人。"③ 而他要做的人，就是虽然面对"风雨云雷交发并至、龙蛇虎豹变见出没"的险恶环境，却要以"堂堂之阵、正正之旗"，能"推倒一世之智勇，开拓万古之心胸"④。相反，那些"若只欲安坐而感动之"⑤ 的儒者，不惟内圣之功"已失之偏"，而且于外在事功尤"百事不理"、"不通世用"，则有何益！事实上，当这种以自修和内省为主的道德理想主义被作为唯一尊崇的儒学正统凌驾于全社会并施行长达几个世纪时，它更是弊远大于利，可以说是一种"得不偿失的胜利"⑥。因为它既没有达到儒家"内圣之学"的最大目的——得君王以化德，从此培养出一批优秀的君王、造就出"得君行道"的太平盛世，反而恰恰是在现实中开启了更黑暗专制的时代。在那里，"专制政体顽强地存在着，有时膨胀加强，有时堕落成为绝对专制主义的暴力统治。新儒家思想已经渗透到政权当中，并在二者的共生关系中发挥作用"⑦，经常自觉不自觉地充当了专制主义的可耻帮凶。

---

① 陈亮：《又乙巳春书之一（与朱熹）》，《陈亮集》（增订本），第 275 页。
② 陈亮：《又乙巳春书之一（与朱熹）》，《陈亮集》（增订本），第 274 页。
③ 陈亮：《又乙巳春书之一（与朱熹）》，《陈亮集》（增订本），第 275 页。
④ 陈亮：《又甲辰秋书（与朱熹）》，《陈亮集》（增订本），第 269 页。
⑤ 陈亮：《壬寅答朱元晦秘书》，《陈亮集》（增订本），第 264 页。
⑥ 刘子健：《中国转向内在——两宋之际的文化转向》，第 148 页。
⑦ 刘子健：《中国转向内在——两宋之际的文化转向》，第 149 页。

　　另一方面，新儒学自身在达到其思想的巅峰后，却由于其作为官方化的正统意识形态被享有的种种优越感和社会尊重纵容着，习惯于固守其已有的思想秩序，努力压制不同的思想倾向和批评声音，从而渐趋保守和独断，远离了思想文化的创新动力和多元化活力。尽管它对中国传统社会未能走向近代化形态，反而深陷长期的停滞、僵化和极权专制统治不能独任其咎，但无疑具有不可推卸的责任，值得我们后人反思。至少它作为最主要的文化主体已失去可贵的活力和创新动力，并连带地影响了它所主导的思想文化世界也失去了应有的活力和创新动力。这样，此后的中国传统社会就犹如一棵枝繁叶茂的老树，虽然它长得比以前更大更高，但一次次从社会政治到思想秩序的狂风暴雨从根本上损毁了其机体内部的功能，使其残存的生命力只够转变为仅有的自我保护功能，以支撑其顽强地活下去，却丧失了继续发展的更多动力。

# 五　南宋浙学的基本特点

　　南宋浙学不仅是一种有自己独特思想内涵的学说，而且是一个非常独特的学派。南宋浙学作为一个学派的独特性除了可以在与上述政治实用主义路径和道德理想主义路径的不同比较中得到具体体现之外，还可以在其自身所具有的两个主要特点中得到突出体现。

　　第一个特点是它既没有严格意义上的传承师从的学脉关系，也没有组织严密、自觉认同的学派形式，相反，它在内外关系和思想内容上倒是各自都具有相当大的独立性。吕祖谦作为当时公认的学界领袖，其思想学术来自深厚的家学传统和"独得中原文献之传"，具有博采众长、兼收并蓄而"不名一师""不私一说"的特点，可以说他的思想渊源是整个宋代思想文化的基本精神（此论点在后面有专章论述）。陈亮作为南宋浙学中最典型的永康学派的创始人，是真正来自底层草根的民间思想家，完全靠自学成才，没有任何师承。《宋元学案》一再地称"永康则专言事功而无所承"，"是时陈同甫亮又崛起于永康，无所承接"[1]。

---

① 《宋元学案》卷五十六《龙川学案》，《黄宗羲全集》第五册，第214、216页。

　　南宋浙学的另一典型永嘉学派被人们公认具有伊洛学统，并进而把它归于理学的一个分支学派。如古今大多数学者都在描述永嘉学派的形成发展过程中郑伯熊私淑周行己进而上承伊川的学脉承续谱系，并强调了薛季宣的伊洛学统等。如全祖望讲的"永嘉以经制言事功，皆推原以为得统于程氏。"[①]黄百家也认为："永嘉之学，薛、郑俱出自程子。"[②] 但是，这里面包含了许多似是而非的认识，有待于进行必要的重新梳理和认识。实际上，永嘉之学虽然在其创辟和发展过程中与儒学特别是洛学有过不少交集，许多永嘉学者曾经从学程门，但是他们从一开始就有自己的思想学术特色，并最终走上了一条不同于一般儒学特别是洛学的独特思想学术道路。如曾经亲炙洛学的"元丰九先生"之一的永嘉学派的早期创立者周行己，他先从新学，继而转从关学传人吕大临问学，也可称之为"横渠之再传"，后才从程颐学习。此外，他还对苏轼、黄庭坚的诗文、故乡林石（字介夫）的《春秋》学等也深加赞誉。所以实际上他的思想中是具有多种学术思想影响的痕迹的，他既不能被看作一个坚定纯粹的洛学传人，也并未将洛学当作其唯一的思想来源。周行己这种不守洛学门户，而持开放多元的学术思想取向的态度自然也招来了洛学者们纷纷指责他"不得洛学之宗"，要求把他清理出洛学门户。这些实际上都是局限于洛学的视野中对周行己所作的批评，恰恰从反面证明了周行己并未真正接续洛学，而是一个不守一师之承、不立门户之见，具有开放多元、兼收并蓄的思想风格的学者。

　　从更大更长远的时空范围来看，周行己这种不守一师之承、不立门户之见，具有开放多元、兼收并蓄的思想学术风格并不能简单地被看作中立调和的"折中主义"甚至投机主义，而正是它开启了永嘉学派乃至整个南宋浙学的一个优秀思想学术传统，并因此成为区别于其他思想学派的一个重要标志。这样，我们可以看到这种思想学术风格在永嘉学派的其他后来者陈傅良、叶适等身上都表现得同样突出，真正成为永嘉学派自己的一种思想学术传统。如陈傅良在学术上同时师事郑伯熊与薛季宣，又得益于张栻、吕祖谦颇多。

---

① 《宋元学案》卷五十六《龙川学案》，《黄宗羲全集》第五册，第214页。
② 《宋元学案》卷五十六《龙川学案》，《黄宗羲全集》第五册，第216页。

另外他自己常年钻研旧史经籍等，表现了学无常师、以自得为师的特点。叶适说：

> 公（傅良）之从郑（伯熊）、薛（季宣）也，以克己就畏为主；敬德集义，于张公（杕）尽心焉。至古人经制，三代治法，又与薛公反复论之。而吕公（祖谦）为言本朝文献相承，所以垂世立国者；然后学之内外本末备矣。公犹不已，年经月纬，昼验夜索，询世旧，繙吏牍，搜断简，采异闻，一事一物，必稽于极而后止。千载之上，珠贯而丝组之，若目见而身折旋其间，吕公以为其长不独在文字也。①

至于叶适自己，更是学无常师，甚至对各种权威、学统都进行了批判否定，如他对道学家所鼓吹的"道统论"进行了批判否定，对历史上及当时的大多数思想学说都有不满的评析，"自孔子之外，古今百家随其浅深，咸有遗论，无得免者"。② 如他激烈批评二程"作文害道"的说法，说"程氏兄弟发明道学，从者十八九，文字遂复沦坏"。③ 即使对当时影响已渐隆的朱陆之学，叶适也未看上眼，"不满于陆而不及朱"。④ 人们评论他"讲学析理，多异先儒"⑤，"不假梯级"⑥，"务为新奇，无所蹈袭"⑦。叶适的这种思想学术风格显然与讲究师承、注重门派的儒学传统格格不入，而典型地彰显了浙学学者中追求学术独立性、"自为门庭"的思想传统。相比之下，他们倒是更多地接受了浙学学者们自己内部的相互影响。全祖望就敏锐地看到了这一点，他指出，"叶（适）、蔡（幼学）宗止斋以绍薛、郑之学……左祖非朱，

① 叶适：《宝谟阁待制中书舍人陈公墓志铭》，《叶适集》第二册，第299页。
② 陈振孙：《直斋书录解题》卷十《杂家类》，徐小蛮、顾美华点校，上海古籍出版社，1987，第313页。
③ 叶适：《习学记言序目》卷四十七《皇朝文鉴一》，第696页。
④ 黄震：《黄氏日钞》卷六十八《读水心文集》，影印文渊阁四库全书本。
⑤ 刘克庄：《后村先生大全集》卷二十四《赵虚斋注庄子内篇序》，四库丛刊初编本。
⑥ 《宋元学案》卷五十四《水心学案》，《黄宗羲全集》第五册，第172页。
⑦ 陈振孙：《直斋书录解题》卷十《杂家类》，徐小蛮、顾美华点校，第313页。

右祖非陆，而自为门庭者"，"永嘉诸子，皆在艮斋师友之间，其学从之出，而又各有不同"①。正因为叶适"讥评古今无全人"的态度，② 所以后人无法把他归入任何一个学术传承体系中去，只好慨叹"水心岂欲集诸儒之大成者乎？"③ 其实，毋宁说，叶适是在追求"自为门庭"的学术独立性！

第二个特点是它所从事的思想学术的研究路径和具体内容具有全新的性质，显示了其在传统思想学术的话语体系之外开创出了新的思想学术范式，体现了南宋浙学所具有的难能可贵的巨大创新性。北宋前期的王开祖对永嘉之学有开源之功，其时周、程还均未以理学为唱。王开祖辞官归家，"尽焚旧作，纵观经史百家之书，考别差殊，与学者共讲之，席下常数百人"④。王开祖曾声言自己的学术追求是："由孟子以来，道学不明。我欲述尧舜之道，论文武之治，杜淫邪之路，开皇极之门。"⑤ 王开祖虽然"不调而归"，隐居乡里，但他以研读经史百家、探究文武之治为自己的学术追求，正好表明了他并不以自己个体的修身养性及其进退为执念，而仍是以现实世界的合理措置为自己的终极关怀。他自己说："君子之隐，知可止耳，心岂忘于世哉？"一旦天下之民"出诸水火""驱之于涂潦"，君子"忍坐视而不救乎？"⑥ 王开祖虽然隐居不仕，却未"忘世"，反而注重"修己治人"，汲汲于救世之道的探求。这不仅反映了濂洛未起之前浙江学者对当时社会及思想文化秩序的重建所负有的担当精神，而且也表明了以内圣为始基、以外王"治道"为宗旨的浙学精神的逻辑建构早在其创始者那里就已奠基并开显为一种源远流长的可贵传统。

就南宋浙学的思想源头来说，在浙东还有"庆历五先生"——杨适、杜醇、王致、楼郁、王说等对南宋浙学的兴起也有重要贡献，与王开祖等人的思想遥相呼应。全祖望曾称赞："有宋真、仁二宗之际，儒林之草昧也。……而吾乡杨杜五先生者，骈集于百里之间，不可谓极盛欤！"他们

---

① 《宋元学案》卷五十三《止斋学案》，《黄宗羲全集》第五册，第90页、73页。
② 刘壎：《隐居通议》卷十一《半山咏杨雄》，丛书集成初编本，第120页。
③ 黄震：《黄氏日钞》卷六十八《读水心文集》，影印文渊阁四库全书本。
④ 陈谦：《儒志学业传》，《儒志编》卷末附，影印文渊阁四库全书本。
⑤ 王开祖：《儒志编》，影印文渊阁四库全书本。
⑥ 王开祖：《儒志编》，影印文渊阁四库全书本。

"善言治道，究历代治乱之原"。① 杨、杜等五子虽为胡瑗的同调，但在治学过程中更为注重史学，善于从史籍中探究治乱之道，在自己的学术活动中注入了浙东地区强烈的笃实品格，有力地推动了宋代浙学的兴起，并且使注重于外王事功、经世致用之学的探究成为浙学的一个主要传统和重要特色。

即使在接受了洛学影响的永嘉学人中，也大多表现出了与程门主流不同的思想路向，具有不局限于洛学范围的更宽广内容。曾接学程门的"元丰九先生"中的周行己就是如此，他在闻听程、吕之学后，"放新经，黜旧疏，挈其侪伦，退而自求"②，出入于经史诸家，注重不同学术的理论涵融，尤其看重"通经致用，以关心政道治术者为主"③ 的王通之学，表现了不同于程门学者的对国家治理、民生经济等现实事务的思想关切。同样，刘安节、刘安上兄弟也如此。他们最大的特点是重视践履，化知为行。他们正如张九成所说的是与"力行于太学"的周行己等人不同而"表见于朝廷"④ 的士大夫，因此，他们不仅在个人的道德修持中近乎完美地实践了圣人之道，而且努力把内在的道德价值体认转化为外在的社会政治的践履。薛嘉言称：

> 公（按：刘安上）早与兄舍人（按：刘安节）从当世先生长者游，深得《中庸》、《大学》指归，故能以其所学发为政事。⑤

所谓"以其所学发为政事" 就是指二刘兄弟能在具体的政事和治道中践行他们所体认的道德价值原则，如刘安节"秉法度之权，修仁义之教"⑥，刘

---

① 《宋元学案》卷六《士刘诸儒学案》，《黄宗羲全集》第三册，第321页。
② 叶适：《温州新修学记》，《水心文集》卷十，《叶适集》，第178页。
③ 钱穆：《中国学术思想史论丛》卷四《读王通〈中说〉》，安徽教育出版社，2004，第10页。
④ 张九成说："永惟仙里，圣学盛行，元承（按：刘安节）、元礼（按：刘安上）、少伊（按：许景衡）诸公，表见于朝廷；而彦昭（按：赵霄）、恭叔（按：周行己）、元忠（按：元忠疑为元中，即蒋元中）之流力行于太学。渡江以来，此学尤著，精深简妙，深入洙泗堂壶中。其至矣哉！"（张九成：《横浦集》卷18《与永嘉何舍人》，影印文渊阁四库全书本。）
⑤ 刘安上：《给事集》卷5附薛嘉言《行状》，影印文渊阁四库全书本。
⑥ 刘安节：《刘左史集》卷三《君师治之本》，影印文渊阁四库全书本。

安上则要求"德平施于万方，仁不遗于一物"。① 显然，尽管二刘在认识上主张"道物合一"，反对道物相离、内在修持与外在践履各执一偏之弊，但他们无疑更偏重于外在践履一面，与大多数程门后学独重内在修持的内在化路径有着显著的区别。

南宋永嘉学派的奠基者薛季宣学问极为渊博，且着重于各种"有用"之学。薛季宣年轻时虽然曾从袁溉（字道洁）问学，但袁溉作为程颐弟子，却很不同于其他程门弟子，其所学极为赅博，"自六经百氏，下至博弈、小数、方术、兵书，无所不通。诵习其言，略皆上口。于《易》《礼》说尤邃，未尝轻以示人。"② 季宣既得袁溉之学，乃"自六经之外，历代史、天官、地理、兵、刑、农，末至于隐书小说，靡不搜研采获，不以百氏故废。尤邃于古封建、井田、乡遂、司马之制，务通于今。或者疑公之博，盖其所自得，精一矣"③。依照传统儒学的立场来看，薛季宣所探讨的学问显然不仅大大溢出了传统儒学的范围，而且不能被赞许认同，所以他一再地遭到张栻、朱熹等大儒的质疑，指之为病。张栻说："士龙正欲详闻其为人。但所举两说甚偏，恐如此执害事。事功固有所当为，若曰'喜事功'则'喜'字上煞有病。"④ 朱熹也说："闻其学有用。甚恨不得一见之。然似亦有好高之病。至谓义理之学不必深究，如此则几何而不流于异端也耶？"⑤ 然而，如果超出传统儒学的狭隘立场来看，薛季宣又常常被看作"博揽六经诸史"、学问自有过人及创新之处的杰出学者。楼钥就称赞薛季宣的学问"自井田、《王制》、《司马法》、《八阵图》，该通委曲，真可施之实用。凡今名士，得其说者，小之则擅场屋之义，大可以行于临民治军之际"⑥。洪迈也说："士龙于学无所不通，见地尤高明渊粹。"⑦ 后世学者多因袭此类说法，

---

① 刘安上：《给事集》卷三《知舒州谢到任》。
② 薛季宣：《袁先生传》，《薛季宣集》，第 486 页。
③ 陈傅良：《右奉议郎新权发遣常州借紫薛公行状》，《止斋集》卷五十一，钦定四库全书荟要本，吉林出版集团有限责任公司，2005，第 433 页。。
④ 《张南轩先生文集》卷一《寄吕伯恭》，第 10 页。
⑤ 《晦庵先生朱文公文集》卷三三《答吕伯恭》，《朱子全书》第 21 册，第 1437 页。
⑥ 楼钥：《攻媿集》卷五九《宝谟阁待制赠通议大夫陈公神道碑》。
⑦ 洪迈：《夷坚志·丁志》卷一二《薛士龙》，何卓点校，中华书局，2006，第 641 页。

盛赞其涉猎之宽与学问之博。四库馆臣说:"季宣学问,最为淹雅。自六经诸史、天官地理、兵农乐律、乡遂司马之法,以至于隐书、小说、名物、象数之细,靡不搜采研贯。"①

当然大多数学者对薛季宣的赞誉还主要限于其"渊博"、"其学有用"上。而吕祖谦通过对当时学术流变的观察比较,发现了在薛季宣学术中所标示的学术路径的转向,并对此予以高度评价。他说:

> 自周季绝学,古先制作之原,晦而不章……国朝程颢氏、程颐氏、张载氏相与发挥之,于是本原精粗,统纪大备。门人高弟既尽,晚出者或骛于空无,不足以涉事耦变,识者忧之。公之学既有所授,博览精思几二十年,百氏群籍,山经地志,断章阙简,研索不遗。过故墟废垅,环步移日,以验其迹。参绎融液,左右逢源。凡疆里、卒乘、封国、行河,久远难分明者,一经公讲画,枝叶扶疏,缕贯脉连,于经无不合,于事无不可。②

吕祖谦从比较的视野,将薛季宣与周敦颐、二程、张载的第三代传人相比,指出后者"骛于空无,不足以涉事耦变",而薛季宣的学问"于经无不合,于事无不可",一洗令"识者忧之"的习气。而薛季宣所宣示的这种学术取向"正体现了他关于学术之目的指向的根本理念,这一指向即在于拒斥道德性命之玄理的空谈,强调道德实践必须切实展布于生活的经验领域,并求获得其知识之价值的现实效验"③。它与传统学术,特别是传统儒学、洛学相比,不仅仅是学问上更渊博甚至知识创新,而且是标志着完全不同的学术思想路径的转向和研究范式的创新。因此,薛季宣以不务虚玄的"确实有用"之学推动了永嘉学术从宗二程的性理之学转向了重经制的事功

---

① 《四库全书总目》卷一六〇《集部·别集类十三》,第 1379 页。
② 《东莱吕太史文集》卷十,《薛常州墓志铭》,《吕祖谦全集》第一册,浙江古籍出版社,2008,第 165~166 页。
③ 沈善洪主编《浙江文化史》(上册),浙江大学出版社,2009,第 114 页。

之学，"教人就事上理会，步步着实，言之必使可行，足以开物成务"①，成为永嘉学派的根本特色，从而在南宋学术界占有重要地位，其学术思想的路径取向也为陈傅良、叶适所发扬光大而成为整个南宋浙学的基本学术传统。

　　如陈傅良长期师从薛季宣，曾追随其至常州，筑室于滆湖之上，"茅茨一间，聚书千余卷，日考古咨今其中"②。对此，叶适学生吴子良说："（止斋）从薛常州讲经制之学，其后学文学日进。"③ 楼钥所撰《陈公神道碑》也说道："中兴以来，言理性之学者宗永嘉。惟薛氏后出，加以考订千载，自井田、王制、司马法、八阵图之属，该通委曲，真可施之实用。……公游之最久，造诣最深，以之研精经史，贯穿百氏，以斯文为己任，综理当世之务，考核旧闻，于治道可以兴滞补敝，复古至道，条画本末粲如也。"④ 从此，他继承薛季宣的经制之学，考订经史百家，探研古今制度，潜心于涉及国计民生的适用之学。

　　叶适作为永嘉学派的集大成者，其学问更是广博，且务求经世致用之学。这方面可以其代表作《习学记言序目》为典型。《习学记言序目》五十卷，其中经十四卷、诸子七卷、史二十五卷、宋文鉴四卷。《习学记言序目》记述了叶适对经史子书的评论和研究心得，堪称一部综合性的史论和学术思想批评史的巨著，同时书中通过评论各种儒家经典和历史典籍，表达了他丰富新颖的政治经济主张和伦理思想。四库馆臣对此书有这样的评语："所论喜为新奇，不屑摭拾陈语，故陈振孙《书录解题》谓其文刻峭精工，而义理未得为纯明正大。刘克庄为赵虚斋作《注庄子序》，亦称其讲学析理，多异先儒。今观其书……皆能确有所见，足与其雄辩之才相副。至于论唐史诸条，往往为宋事而发，于治乱通变之原，言之最悉，其识尤未易及。"⑤ 叶适学术思想的广博性和创新性，于此可见一斑。

---

①　黄宗羲语，引自《宋元学案》卷五二《艮斋学案》，《黄宗羲全集》第五册，第56页。

②　《右奉议郎新权发遣常州借紫薛公行状》，《止斋集》卷五十一，钦定四库全书荟要本，第434页。

③　吴子良：《林下偶谈》卷四《陈止斋》，丛书集成本。

④　楼钥：《攻媿集》卷八十六《宝谟阁待制赠通议大夫陈公神道碑》。

⑤　永瑢等：《四库全书总目》卷一一七《子部·杂家类一·习学记言》（影印本），中华书局，1992。

　　在永嘉学派之外，南宋浙学的其他著名学者吕祖谦、陈亮等人也是治学博洽古今、思想富于创新的典范。如吕祖谦出生于官宦世家，又有深厚家学，吕氏一门登《宋元学案》的就有二十来人。同时，吕祖谦得"中原文献之传"，"不名一师"、"不主一说"，博综诸家，不仅对各种古代经典有精深研究，还尤重历代典章制度的考察，先后写下了《古周易》《周易音训》《少仪外传》《东莱书说》《吕氏家塾读诗记》《春秋集解》《左氏博议》《左氏传说》《两汉精华》《大事记》《历代制度详说》《皇朝文鉴》等著作。体现了其"经史并重"的为学特点。在吕祖谦那里，治经与治史并重，实际上意味着内在德性的涵养与现实事功的开辟并重。无论治经还是治史，其目的既在于多识前言往行以蕴蓄自己的德性，更在于可以通过了解古今事势之变以达于当前之治体探研。正因此，那些说吕祖谦"博杂""不守约""看史打架"的批评，恰恰是站在狭隘的思想立场上看不到吕祖谦思想学术的广博性、创新性的结果。吕祖谦兼综博会、融通经史百家、参贯古今制度，正是为了熔铸新义、致用于今，是其思想学术创新的重要途径。正如朱熹曾评价其学说："兼总众说，巨细不遗，挈领持纲，首尾该贯，既足以息夫同异之争，而其述作之体，则虽融会通彻，浑然若出于一家之言。"[1] 其实，既能"不主一说"，而又能"浑然若出于一家之言"，这正是吕学的主要特色。不仅如此，由于吕祖谦的思想体系是在综合古今各家学术思想的基础上构筑起来的，故而少有门户之见。其开放宽容、多元互补的学术风格使吕学在思想界独树一帜，与朱熹的闽学、陆九渊的金溪之学形成三足鼎立之势。同时，吕学也成为南宋浙学精神的突出代表。

---

　　① 朱熹：《〈吕氏家塾读诗记〉序》，《吕祖谦全集》第四册，第1页。

# 第四章　吕祖谦思想及其意义

　　吕祖谦（1137～1181 年），字伯恭，南宋婺州（今浙江金华）人。因祖籍东莱（今属山东），[1] 世称东莱先生，与朱熹、张栻齐名，同被尊为"东南三贤"，"鼎立为世师"。作为南宋时期著名的思想大家，吕祖谦所创立的"婺学"是当时颇具影响的浙学学派之一。全祖望在《宋元学案》中说："宋乾、淳以后，学派分而为三：朱学也，吕学也，陆学也。三家同时，皆不甚合。朱学以格物致知，陆学以明心，吕学则兼取其长，而复以中原文献之统润色之。门庭径路虽别，要其归宿于圣人则一也。"[2] 全祖望此处所作的学术史总结，前一半说得对，后一半却不准确。吕祖谦的学术思想相当丰富，他博学多识，好学深思，不但在儒学、史学、哲学、文学、文献学、制度学等方面都取得了较高成就，而且其学"得中原文献之传"，其思想观念颇有特色，独树一帜，是南宋浙学的重要开创者，在南宋思想学术界产生了重要影响，足以与朱学、陆学相鼎立。元人彭飞说："祖谦以中原文献之旧，岿然为渡江后大宗。"[3] 从吕学居南宋当时学术界三分之一天下的角度说，全祖望所说是对的。但是，吕学自有渊源，一方面其家学深厚，又得中原文献之传；另一方面，其学能博采众长，兼收并蓄，不名一师，不私一说，却又不是简单的综合拼凑众说，而是自成一说，卓然成家，实难以将

---

① 《宋元学案·荥阳学案》王梓林案："吕氏世为东莱人"。见《黄宗羲全集》第四册，浙江古籍出版社，2005，第 144 页。

② 《宋元学案》卷五十一《东莱学案》，《黄宗羲全集》第五册，浙江古籍出版社，2005，第 7 页。

③ 彭飞：《历代制度详说·原序》，《历代制度详说》文渊阁四库全书本。

其与朱学、陆学一样同"归宿于圣人",而是以自己独特的思想路径和深广的思维向度,成为南宋浙学基本精神的典型代表。而以全祖望为代表的后来的学术史家未能深刻地认识到这一点,却过多地强调了吕祖谦在思想学术上兼收并蓄的特点,不仅误以为吕学只是简单地兼容朱陆甚至只是兼取其长,拾人牙慧,并没有自己的思想主见和创意;而且,在南宋浙学内部,吕学似乎也只是受永嘉、永康学派的影响而与之同调,而看不到吕学实可视为南宋浙学的一个主要开创者和集大成者,在很大程度上体现了南宋浙学内在的真精神。

# 一　吕氏家学

《宋史》说:"祖谦之学本之家庭。"《宋元学案》说:"先生文学术业本于天资,习于家庭。"① 这些权威的记载都明确强调吕祖谦的思想学问深受家庭影响,本于家学。既然如此,那么,吕氏家学又是怎么样的呢?

吕祖谦出身于一个十分显赫的豪门巨族。其先祖自后唐起就在各朝为高官,不少成员位极人臣,权重倾朝,可谓十世官宦之家,一门豪族显贵。吕氏家族与赵宋王朝更是有着休戚与共的关系,从北宋开国起,吕氏一族就是代代显宦。即使宋室南渡,吕氏家族迁居婺州后,家道虽远不如北宋时期兴旺,但仍累世为官,居于上流社会,可以说吕氏家族一直沐浴着赵宋政权的浩荡皇恩。这一点决定了吕氏家族乃至吕祖谦个人在政治上对赵宋政权矢志不渝、恪守臣道的忠诚态度。

但吕氏家族与其他豪门巨族有一个很大的不同在于,吕氏富而好礼,诗书传家,几乎每一代人都既是达官显宦,又是饱学硕儒。古人云:"君子之泽五世而斩。"但吕氏家族非常重视读书和治学,不少成员学识宏富、学力深厚,吕氏一门中登《宋元学案》的学者就多达二十多人,全祖望在《宋元学案·范吕诸儒学案》编后说:"吕正献公家,登学案者七世十七人。"王梓材补充考证道:"考正献子希哲、希纯为安定(胡瑗)门人,而希哲自

---

① 《宋元学案》卷五十一《东莱学案》,《黄宗羲全集》第五册,第7页。

为《荥阳学案》。荥阳子切问，亦见学案。又和问、广问及从子稽中、坚中、弸中别见《和靖（尹焞）学案》。荥阳孙本中及从子大器、大伦、大猷、大同为《紫微学案》。紫微之从孙祖谦、祖俭、祖泰、又别见《东莱学案》，共十七人，凡七世。"① 吕公著（谥正献）本人被载于《范吕诸儒学案》，而与北宋著名的文学家范仲淹并列。准确地说：全祖望这一统计，尚不完全。因从吕公著到吕祖谦只有六世，且以吕好问的学术造诣，完全可以名列学案，所以已有学者统计吕氏一门登学案者应为二十二人。② 这么深厚的家学传统，大概是能维持吕氏一族长盛不衰的重要原因。

正如假设没有以深厚的家学渊源为基础，吕氏家族一门之中有这么多人同登《宋元学案》几乎是无法想象的一样，吕氏家学的代代传承使得吕氏家族作为一个学术群体成为宋元时期的一大文化景观，也产生了深远的思想学术上的影响。全祖望等说："明招学者，自成公下世，忠公继之，由是递传不替。其与岳麓之泽，并称克世……历元至明未绝，四百年文献之所寄也。"王梓材说："东莱学派二支最盛，一自徐文清，再传而至黄文献、王忠文，一自王文宪，再传而至柳文肃、宋文宪……为有明开一代学绪之盛。"③ 从思想学术史上看，南宋至整个清代的学术其实无不在吕氏家族特别是吕祖谦的影响之下，全祖望的学术评价便是一个很好的诠释。

吕氏家学不仅渊源深厚，影响广大，而且形成了自己一脉相承的思想学术风格和特点。这种思想学术风格和特点，概括起来主要有两个方面。

一是广大博识，开放持中。吕氏家族书香门第、诗礼传家十多世而不绝，这与其家学传统中始终具有广大博识、开放持中的特点是有着密切关系的。吕氏家学的一些主要代表人物吕公著（1018～1089）、吕希哲（1039～1116）、吕好问（1064～1131）、吕本中（1084～1145）等吕祖谦的先祖们，就都热衷于治学，并逐渐形成了广大博识、开放持中的家学特点。吕公著是吕祖谦六世祖，官至相辅，为人"简重清静"，心胸广大，与政界、学界各

---

① 《宋元学案》卷十九《范吕诸儒学案》，《黄宗羲全集》第四册，第11页。
② 见罗莹《宋代东莱吕氏家族研究》，人民出版社，2011，第9页。
③ 《宋元学案》卷七十三《丽泽诸儒学案》，《黄宗羲全集》第五册，第916页。

派人物都能遍交善处，为学讲究择善而从，"博取众善以为善"，① 吕公著与新学领袖王安石、旧党代表司马光都能深交共事，对邵雍、二程兄弟都十分器重，相互亲善友厚。他还素喜释氏之学，遍交天下学人，表现了非常广博、开放的治学态度。而"吕公著能够周旋于不同学派的代表人物之中，且与他们和睦相处，固然与他所处的政治地位及资历有一定关系，但更主要的是由吕公著的学识宽厚杂博和包容所致。吕公著这一学风对吕氏家学的风格最终形成实具导向之功，尤对吕祖谦产生了重要影响"。②

吕氏家学广博、开放的特点在吕公著之子吕希哲身上表现得更为典型。吕希哲，学者称"荥阳先生"，《宋史》列传称其"乐易简俭"③。吕希哲广从天下学者游，遍访各家学问，曾学于邵雍、王安石、程颐等，晚年又转而学佛。《宋元学案》为立《荥阳学案》称：

> 荥阳少年不名一师，初学于焦千之，庐陵（欧阳修）之再传也。已而学于安定、学于泰山（孙复）、学于康节（邵雍），亦尝学于王介甫（王安石），而归宿于程氏。集益之功，至广且大。然晚年又学佛，则申公家学未醇之害也。④

吕希哲"不名一师"、"至广且大"。晚年"尽究"佛学后，认为对儒佛二家应"斟酌浅深而融通之"，从而不同于一般的理学家。所谓"家学未醇之害"正是站在一般理学家立场上的批评，也恰恰反映了吕希哲之学术广博、包容的特点。

伯祖吕本中治学之风格完全继承了吕氏家学的传统。他不名一师，不主一说，遍交当世名宿，博采众家之说。史称："大东莱先生为荥阳冢嫡，其不名一师，亦家风也，自元祐（1086～1094年）后，诸名宿如元城（刘安世）、龟山（杨时）、鹰山（游酢）、了翁（陈瓘）、和靖（尹焞）以及王信

---

① 《宋史》列传第九十五《吕公著》，中华书局，1985，第 10776～10777 页。
② 潘富恩、徐余庆：《吕祖谦评传》，南京大学出版社，1992，第 10 页。
③ 《宋史》列传第九十五《吕公著》，中华书局，1985，第 10779 页。
④ 《宋元学案》卷二十三《荥阳学案》，《黄宗羲全集》第四册，第 144 页。

伯（王蘋）之徒，皆尝从游。……而溺于禅，则又家门之流弊乎"。① 吕本中既受过系统的理学熏陶，"以穷理尽性为本"，但是他又和一般理学家视儒学之外的学说为异端邪说的态度有所不同，他公开倡言："德无常师，主善为师，此论最要。""既自作主张，则诸子百家长处，皆为吾用。"② 显示了不主一说、兼容并包的学术气度。此外，"与不主一说治学态度相一致，他亦不名一师。除了从游酢、杨时、尹焞这些道学中人之外，他又造当世名宿如刘安世、陈瓘、王蘋等人之门，虚心求教，以广视听。"③

吕氏家学中这种"不名一师"，往往广从天下学者游；治学上"泛观广接"，学术思想上"不主一说"，博取众善而从的广博、开放的态度，最终要达到"择善而守"的持中不偏，实际上并不是一般人所批评的简单调和、杂拼，而表现了以难得的理性客观的精神追求一种不偏不倚的公正性。这些影响到吕祖谦，必然使其深受熏染，吕学不但具有家学传统中这种广博、开放的特点，而且尤具有持中不偏的公正性。陆九渊在《祭吕伯恭文》中评价吕祖谦"约偏持平"，④ 正反映了吕祖谦之所以能深受各种不同思想观念的学者的共同尊重，被引为知己，也正是由于其公正持中的学术品格的吸引力吧。故全谢山说："小东莱之学，平心易气，不欲逞口舌以与诸公角，大约在陶铸同类，以渐化其偏，宰相之量也。"⑤

二是文献名家、学有家传。吕氏家族历十多世而居书香门第，不但培养出了一代代读书仕宦的人才，而且积累下了丰富的典籍文献，形成了深厚的家学渊源。吕氏家族十分重视对传统经史典籍的学习、研讨，这成为吕氏家学的又一明显特征。

吕祖谦七世祖吕夷简，博通经史，善于诗文，著有《文集》二十卷传世。六世祖吕公著，虽长期从政，但一生不仅与学者交游深广，而且自己"幼嗜学，至忘寝食"，及长不废讲学，门生众多，著有《正献公集》二十

---

① 《宋元学案》卷三十六《紫微学案》案语，《黄宗羲全集》第四册，第516页。
② 《宋元学案》卷三十六《紫微学案》，《黄宗羲全集》第四册，第526～527页。
③ 潘富恩、徐余庆：《吕祖谦评传》，第13页。
④ 《陆九渊集》卷二十六，中华书局，1980，第305页。
⑤ 《宋元学案》卷五十一《东莱学案》，《黄宗羲全集》第五册，第5页。

卷，成为吕氏家学的重要开创者。高祖吕希哲，与弟希绩、希纯，少时皆遍历名师，学问广博，著有《吕氏杂记》二卷，率多名言。曾祖吕好问，"平生经籍之外，无他嗜。居阳翟，年六十余矣，犹自课诵《五经》，日终一帙。"① 与弟切问、从弟和问都是兼通诸家之说，以穷经讲学为业，"日与硕师鸿生讲道穷巷中"，"誉望日尊，贤临一时"，② 与杨时齐名，时人遂有"北有吕舜徒，南有杨中立"之誉。伯祖吕本中"平时学问，以穷理尽性为本"。③ 他提倡"学问当以《孝经》、《论语》、《中庸》、《大学》、《孟子》为本，熟味详究，然后通求之《诗》、《书》、《易》、《春秋》，必有得也。"④《宋史》本传称其"有诗二十卷得黄庭坚陈师道句法，《春秋解》一十卷，《童蒙训》三卷、《师友渊源录》五卷，行于世"。⑤ 他一生讲学，门人众多，并从中涌现了一批杰出学者，在当时学术界产生了巨大影响。祖父吕弸中、父吕大器等也都是饱学之士，不仅游学于各种名师，自己亦讲学传道，深守家学，在经史典籍的研读讲习中富有自己的真知灼见，具有较高的学术造诣。因此，全祖望在评论吕本中之学时总结说：

> 愚以为先生之家学，在多识前言往行以畜其德。盖自正献以来，所传如此，原明再传而为先生，虽历登杨、游、尹之门，而所守者世传也。先生再传而为伯恭，其所守者亦世传也。故中原文献之传，独⑥归吕氏，其余大儒弗及也。⑦

在全祖望看来，吕氏家学一方面注重"多识前言往行"，即重视读书、

---

① 吕祖谦：《东莱公家传》，《吕祖谦全集》第一册，浙江古籍出版社，2008，第222页。
② 吕祖谦：《东莱公家传》，《吕祖谦全集》第一册，第211页。
③ 《宋元学案》卷三十六《紫微学案》，《黄宗羲全集》第四册，第518页。
④ 《宋元学案》卷三十六《紫微学案》，《黄宗羲全集》第四册，第518页。
⑤ 《宋史》列传第一百三十五《吕本中》，中华书局，1985，第11637页。
⑥ 此处原文为"犹"字，但在《宋元学案》的诸多版本中，均为"独"字，如《宋元学案·紫微学案》（北京：中华书局，1982，第1234页），以及《宋元学案》光绪五年刻本、上海文瑞楼石印本、中华书局1986年版本等。所以此处正确的文字应为"独"字。故后面引文均改为"独"字。
⑦ 《宋元学案》卷三十六《紫微学案》，《黄宗羲全集》第四册，第518页。

研习以往典籍和历史，愿意向各方学者广泛学习，不拘一师，不限一说，对以往一切知识、学问都能以开放的态度"择善而从"；另一方面，吕氏家族世代为学，富有成效，不乏名家硕儒，其丰厚的家学本身就自成一统，成为代代相守的世传之学，因此，其吕氏家学无疑也构成为"中原文献"之传的重要一部分，所以全祖望才会说："故中原文献之传，独归吕氏，其余大儒弗及也。"从这个意义上看，就像吕本中"虽历登杨、游、尹之门，而所守者世传也"，吕氏一门虽然"泛观广接"、开放包容，最终都是为了自身积其学、"畜其德"、守其传，他们一代代也一直坚守了自身的"世传"之家学。

吕氏家学正由于成为富有自己的独特内涵和特色的一家之学，才在两宋的思想学术领域拥有自己的独特地位和重要影响，使吕氏一门不仅自己世代为学，而且广泛交游，授徒讲学，影响深远。吕祖谦世祖们的交游、著述、讲学已如前述，吕祖谦本人也全面继承了吕氏家学的传统，其交游、著述、讲学更胜于前人。《宋元学案》称："诸讲学子孙，惟吕氏未坠。"[1] 可见吕氏家学不仅源远流长，而且确实是有自己的独特内涵和特色的一家之学，否则不可能流传如此广且久。全祖望说："明招学者，自成公下世，忠公继之，由是递传不替，……历元至明未绝，四百年文献之所寄也。"[2] 正因为如此，吕学才能不仅在当时极盛一时，还能不断传承，"为有明开一代学绪之盛。"[3] 吕祖谦本人能够成为南宋乾淳之际思想界"最重要的领袖"，[4] 这在很大程度上是深受其家学影响的结果。

## 二　"中原文献之传"

吕祖谦作为南宋时期与朱熹、张栻齐名而同被尊为"东南三贤"的著名思想家，其学术思想相当丰富，不但在哲学、史学、文学、文献学等方面

---

① 《宋元学案》卷五十一《东莱学案》，《黄宗羲全集》第五册，第45页。
② 《宋元学案》卷七十三《丽泽诸儒学案》，《黄宗羲全集》第五册，第916页。
③ 《宋元学案》卷七十三《丽泽诸儒学案》，《黄宗羲全集》第五册，第916页。
④ 田浩：《朱熹的思维世界》，第91页。

都取得了较高成就，而且其创立的吕学颇有特色，独树一帜，是南宋浙学的一个重要学派，在南宋思想学术界产生了重要影响，被史家称为与朱学、陆学鼎足而立。① 而对于吕祖谦能够取得如此巨大的思想学术成就的原因，时人和后来学者大多正确地指出了吕学深受其家学的影响，可谓本于其家学又极大地发展弘扬了家学。然而，我们注意到，在说明吕学所受家学的影响时，几乎所有史料都同时强调了吕氏家学及吕学得"中原文献之传"。如《宋史》本传说："祖谦之学本之家庭，有中原文献之传。"《宋元学案》说："先生文学术业本于天资，习于家庭，稽诸中原文献之所传，博诸四方诸友之所讲，融洽无所偏滞。"② 把吕学及其家学与"中原文献之传"联系起来讲，显然表明后者与吕学及其家学的具体内涵和思想倾向有重要关联。但是学术界对于这些问题恰恰又存在许多不同认识。而实际上，它涉及对吕学的思想渊源、性质问题的认识，不能不给予应有的重视。

那么，究竟应怎么理解和看待这个吕学的"中原文献之传"问题呢？

搜集学界现有对吕学所得"中原文献之传"问题的理解，竟各不相同，颇有分歧，主要有以下三种观点。

一是认为此意指吕氏家学及吕学保存了大批独特的来自中原的图书典籍。这是最多最主要的理解。如在内地较早开展吕祖谦研究的潘富恩、徐余庆两位先生就在《吕祖谦评传》中把吕氏所得之中原文献理解为图书资料，"值得说明的是吕氏家族一贯提倡读书，注意对历史的研究，随着岁月的流逝，而积累了许多鲜为人知的历史资料，而有'中原文献之传'的美称"。并解释吕氏能积累这些历史资料的原因是："金兵灭宋之际，使得中原地区不少著名的诗礼之家、书香门第家破人亡，这些被毁灭的家族所藏的典籍也随之散佚殆尽。而吕氏家族则不然，由于吕好问先生在金兵卵翼下的张邦昌政权中任职，而保全了吕氏一门的身家性命。后吕好问携家南下时，宋高宗已经即位，南方趋向安定，所以吕门所有的历史文献得到了很好的保存。"③ 主编《吕祖谦全集》的黄灵庚、主研南宋思想史的美国汉学家田浩等均大

---

① 《宋元学案》卷五十一《东莱学案》，《黄宗羲全集》第五册，第7页。
② 《宋元学案》卷五十一《东莱学案》，《黄宗羲全集》第五册，第7页。
③ 潘富恩、徐余庆：《吕祖谦评传》，南京大学出版社，1992，第16~17页。

体认同此说。

二是认为此意指吕氏家学及吕学继承了中原文化的精神。如编著有《吕祖谦年谱》的杜海军就反对把"中原文献之传"理解为图书资料的积累，他根据《祭林宗丞文》和《宋元学案·紫微学案》中吕本中对林之奇"教之以广大为心，以践履为实"的说法，把吕氏的中原文献之传理解为"以广大为心"和"以践履为实"，实际上是说吕氏所得"中原文献之传"乃是传承了来自中原文化的某种精神气质和价值取向，而不是简单的图书典籍。① 同时，他还进一步认为："这是吕本中、林之奇的学术渊源，也是吕祖谦的学术根底。考吕祖谦学术，无不符者。"②

三是以为此意指吕氏家学及吕学继承了中原学术中的"口传议论"。蒋伟胜不赞同以上的各种对吕学得"中原文献之传"的理解，他根据古人把"文献"分别释读为"文"与"献"之义，赞同宋元之交学者马端临在其《文献通考》中对"文、献"的界定，认为应"以经史、百家传记、历代会要等书本记载为文，以奏议、评论、燕谈、记录等口传议论为献"。据此他认为应把吕氏"中原文献之传"理解为对中原学术思想的"口传议论"。③ 蒋伟胜进一步论证说："古人为学之所以重视口传议论，是因为对典籍文字资料的理解，需要通过口耳相传的方式实现。"所以古人在解释"文献"一词时，"都只解释'献'而不及'文'，表明古人在使用文献一词时更注重口传议论。宋明时期习惯于为学者编辑整理语录，后学通过语录去理解把握先贤思想，就是他们所理解的'文献'的一个注脚。把'中原文献'还原到当时人们使用这一概念的语境中去，则更可以确定其含义为口传议论"。④

我认为，上述对吕氏"中原文献之传"的各种理解都有一定道理，各有合理性，但都不够全面，反而有以偏概全之弊，并进一步导致对吕氏家学及吕学的误解。因此，完整准确地搞清楚这一问题的真相，既是对吕学的正本清源，也是对吕学研究的深化。所以，我们下面将对此做进一步的考察

① 杜海军：《吕祖谦年谱》，中华书局，2007，第2～3页。
② 杜海军：《吕祖谦年谱》，第3页。
③ 蒋伟胜：《合内外之道——吕祖谦哲学研究》，浙江工商大学出版社，2012，第15页。
④ 蒋伟胜：《合内外之道——吕祖谦哲学研究》，第15页。

讨论。

"献",《说文》:宗庙犬名羹献,犬肥者以献之。《尔雅·释诂》:享献也。《疏》:致物于尊者曰献。由于进"献"的东西都是较好的,"献"又可以进一步引申指那些有价值的物品、典籍乃至人物(圣贤之人)。故《尔雅·释言》又言:献,圣也。《传》:献,贤也。《论语·八佾》:"文献不足故也。"《论语》郑注:"献犹贤也。献得训贤者。"朱熹《四书章句集注》也认为此句中"文献"义为:"文,典籍也;献,贤也。"《虞夏书·益稷》也有相关的引证说明"文献"一词的原意是指典籍与宿贤。

"文献"作为一个名词应用主要始于宋朝,主要指有关典章制度的文字资料和多闻熟悉掌故的人,专指比较有历史价值或参考价值的图书资料。宋代陆游《谢徐君厚汪叔潜携酒见访》诗:"衣冠方南奔,文献往往在。"宋代马端临《文献通考》是一部记载中国古代从上古到宋朝宁宗时期的典章制度的通史。《文献通考》中将文与献,作为叙事与论事的依据:"文"指经、史、历代会要及百家传记之书;"献"指臣僚奏疏、诸儒之评论、名流之燕谈、稗官之记录。元代杨维桢《送僧归日本》诗:"我欲东夷访文献,归来中土校全经。"清代王士禛《香祖笔记》卷九:"余邑先辈,文献无征,每以为恨,故于群书中遇邑人逸事逸文,辄掌录之。"这些地方的"文"皆指典籍文章,"献"皆指用某种载体把古代先贤的见闻、言论以及他们所熟悉的各种掌故和自己的经历予以记录的文字性的东西。这样可以说,人们对于"文、献"的理解,一般只限于文字记载,不能表达为文字记载的东西,则不能称之为文献。所以今天我们所说的文献,也主要是指有历史意义的比较重要的图书、文物等书面材料,广义的文献定义就成了记录具有价值的知识信息的一切载体。

具体到吕氏"中原文献之传"问题,我认为它实际上包含了两个层面的意思。

一方面,它是指以文化经典为主体的较有价值的图书典籍。"文献"之"文"本身就是指"典籍"之意,"文,典籍也"。在古代社会图书典籍都普遍欠缺且没有公共图书馆之类的情况下,对于一般读书人而言,想获得一些重要的典籍颇为不易,如据传为吕祖谦早期师从的刘勉之,他由于醉心洛学，年轻时在太学，蔡京等人搞元祐书制之禁，"先生心知其非，阴访伊洛程氏之书，藏于箧底，深夜下帷燃膏，潜抄而默诵之"。① 而一个家族能拥有较丰富的图书文献就具有十分重要和多方面价值，至少能成为其深厚家学的重要基础。尤其在历经战乱和长期逃亡之后的南宋初期，上至皇家下至学者大多仓皇出逃远迁，图书典籍的散佚匮乏更是严重。据《续资治通鉴》记载：靖康二年（1127）金兵进入汴京后，大肆劫掠，特别是使"太清楼、秘阁、三馆"图书和"府库蓄积"为之一空。直至绍兴三年（1133）南宋建都临安后，才开始搜集残余文献。是年十月"朱胜非等上《吏部七司敕令格式》一百八十卷。自渡江以来，官司文籍散文，无所籍考。议者以为铨法最为急务。会广东转运司以所录元丰、元祐吏部法来上，洪拟等乃以省记旧法及续降指挥详定，至是成书"。绍兴四年（1134）三月"龙图阁直学士、知湖州汪藻上所编《元符庚辰以来诏旨》二百卷，诏送史馆"；五月"国子监丞王普上明堂典礼未正者十二事"。连铨官、诏旨、典礼等与朝廷大事息息相关的文献，也得靠残简断篇和官员记忆来重新编集，其余图书散失的严重情况可以想见。绍兴五年（1135）起至绍兴十六年（1146），朝廷曾屡屡下诏，征集经、史、子、集四部之书，才聊以充数。因此这也就如前述潘富恩、黄灵庚等学者所认为的，吕氏家族世世为官、代代重学，不但积累下十分丰富的图书典籍，特别是经过靖康之乱和远迁到南方后，还能有条件将珍藏的图书典籍从容转移江南，保存大批来自中原的图书典籍，这是较为难得的。正如台湾学者刘昭仁所说的："盖宋室南渡，中原文献散佚至多，时吕好问受高宗封为'尚书右丞'，为高宗陈奏致乱之源，必讲求典故，以图恢复，因知吕氏中原文献之传，始终未绝也。"②

吕祖谦成长的时期正是宋室南渡不久，可以想象，在大多数读书人及世家大族都缺乏来自原文化中心中原地区的较有价值的图书典籍的状况下，那些少数拥有这些丰富藏书且自身又是学问大家的家族，无疑是会受到人们特别的重视和称许的，有如现代敦煌古卷和地下帛书竹简的发现一样，拥有这

---

① 《宋元学案》卷四十三《刘胡诸儒学案》，《黄宗羲全集》第四册，第 701 页。
② 刘昭仁：《吕东莱之文学与史学》，台北文史哲出版社，1986，第 78 页。

些珍贵的典籍资料当然是令人看重的，也是从事相关研究的重要资源和基础。正如美国汉学家田浩论及吕祖谦时说："吕氏家族的学术以'中原文献'而知名，他家因金人入侵而带至南方的藏书的重要性众所周知。《宋元学案》证明了这批藏书在1165～1189年间对学术圈分化所起的作用。"① 正因此，明确地把"中原文献之传"作为吕氏家学和吕学的特色和独有优势，也是当时学者们的共识。像朱熹在《祭吕伯恭文》中就有"刻涵濡于先训，绍文献于厥家"的说法，② 长期追随吕祖谦的弟子巩丰的祭文中也有"文献绍家学，刻意稽虞唐"之句。③ 而后世人们在《宋史》本传及《宋元学案·东莱学案》中对吕学与中原文献之间关系的肯定，也应首先是在这一层意义上说的。如《宋元学案·东莱学案》中说到吕祖俭在吕祖谦去世后"以明招山中父兄中原文献之传，其于诸讲院无日不会也"。④ 正因此，全祖望才会说"故中原文献之传，独归吕氏，其余大儒弗及也"⑤。尽管当时拥有"中原文献之传"美称的不止吕氏一家，这是当时人们及后人称许学有渊源者的较普遍用词，如黄榦说朱熹的父亲朱松得"中原文献之传"，⑥ 谢枋得说自己"忝中原文献之传"，全祖望称许忻"得中原之文献，别为一家"，⑦ 赵孟頫说陈元凯"得中原文献之传"等，但是全祖望说中原文献之传"独归吕氏"无疑是对吕氏家学在中原文献南传中独特而重要的地位的高度肯定。这一点从另一个史实中也可以得到进一步的证明，即我们可以发现，各种所谓"中原文献之传"无一例外都是南宋以后才有的说法，而这也可以反证，正是在异族入侵中原，造成了以中原为代表的原有文化典籍等资源大量散失毁灭后，人们对少数保存和延续下来的原有珍贵的中原文化资源的怀念和尊重，至少它们的价值和意义绝不像今天一些学者所以为的是可

---

① 田浩：《功利主义儒家——陈亮对朱熹的挑战》，江苏人民出版社，2012，第55页。
② 《晦庵先生朱文公文集》卷八十七，《朱子全书》第二十四册，上海古籍出版社、安徽教育出版社，2002，第4081页。
③ 《东莱吕太史文集附录》卷三，《吕祖谦全集》第一册，浙江古籍出版社，2008，第811页。
④ 《宋元学案》卷五十一《东莱学案》，《黄宗羲全集》第五册，第39页。
⑤ 《宋元学案·紫微学案》，中华书局，1982，第1234页。
⑥ 黄榦：《朱子行状》，《朱子全书》第二十七册，第559页。
⑦ 《宋元学案》卷四十五《范许诸儒学案》，《黄宗羲全集》第四册，第754页。

有可无、无足称道的。元人彭飞说："祖谦以中原文献之旧，岿然为渡江后大宗。"① 首先正是说明了吕祖谦在学术上能够成为一代宗师，与其学多"得中原文献之传"是有密切联系的。

另一方面，它又是指用某些载体把北宋以来中原学者们对各种经典、典章制度等的理解、诠释及传授和各种先贤的见闻、言论、掌故、公案等予以记录的文字资料，如各种注本、讲义、个人著述、笔记、书信、闻见录等。任何经典都不可能仅仅以自身的纯文本形式存在，而必然与对它的具体解读、研究、诠释及其传播、传授相关联，从而也构成经典的巨大生命力及其意义世界的重要部分，可以说在中国古代注重通过为经典作传注来自我立言的学术史上，正是存在着对经典的不同方法不同角度的解读、诠释等，才导致学者们形成不同的学术旨趣和思想路径，并进一步产生许多不同的学术派别。由于有了学派，经典及相关思想的授受传承便更多地在学派内部进行，学派之外不得与闻。这样学派内部的授受传承就显得尤为重要甚至神秘，如有的甚至会采用"密授"的形式。据《宋元学案》所记载的邵雍之学的传承就颇典型："康节独以《图》《书》象数之学显。考其初，《先天卦图》传自陈抟，抟以授种放，放授穆修，修授李之才，之才以授先生。"② "百源弟子承密授者，曰王豫，曰张岷，皆早死，故不传。" "康节之学，子文之外，所传止天悦，此外无闻焉。盖康节深自秘惜，非人勿传。章惇作商州令时，从先生游，欲传数学，先生语惇须十年不仕宦，乃可学。盖故难之也。而邢恕援引古今，亦欲受业。先生曰：'姑置是，此先天之学，未有许多言语。'谢上蔡曰：'尧夫之数，邢七要学，尧夫不肯，曰：'徒长奸雄。'天悦无所授，以先生之书，殉葬枕中。未百年而吴曦叛，盗发其冢，有《皇极经世体要》一篇，《内、外观物》数十篇，道士杜可大贿得之，以传廖应淮，应淮传彭复，彭复传傅立，皆能前知云。"③ 从此例及上文对"文献"的考证可知，宋代学者的学术传承并不限于口传议论，更重要的是要有文本性的资料作为依据，正是由于有了这些来自学者们特别是学派内部代代相传

① 彭飞：《历代制度详说·原序》，《历代制度详说》文渊阁四库全书本。
② 《宋元学案》卷九《百源学案上》，《黄宗羲全集》第三册，第442页。
③ 《宋元学案》卷三十三《王张诸儒学案》，《黄宗羲全集》第四册，第438～439页。

的各种经典的注本、讲义、个人著述、语录、笔记、书信、闻见录等等，才逐渐构成了一个时代或学派自身独特的学术传统，正如希尔斯所说的，传统作为历经延传而持久存在或一再出现的信仰或行动范型，"至少需要三代人的两次延传"。① 可以说，这些传统就是值得人们世代相传的重要思想资源，在南宋就是所谓"中原文献之传"的重要内容。显然，这些作为重要学术传统的思想资源，包含了一些代代相传的"口传议论"，但如果仅限于这种口耳之学，难免浅薄疏漏，易沦为道听途说的饭后谈资，正如吕祖谦所批评的："今之学者，全在诵说，入耳出口，了无涵蓄，所谓道听途说，德之弃也。"② 因而"中原文献之传"更多的应是通过文本记录、著述的形式作为代代相传的传授、传播的主要载体的。进一步来看，这些重要的思想资源不仅成为各位学者、各个学派乃至各个家学得以研习、讲授、传播、传承的重要"文献"，也是后世学者包括《宋元学案》这样的学术史著作总结、整理宋代学术流变的基本文献资料。

从当时的实际生活来看，应该是上述这些作为重要思想资源的"文献"更为难得，因为虽历经战乱动荡，人们对那些最基本的古代经典还是容易找到的，但对于那些出于"密授"、秘籍、讲学、讨论、书信、笔记、家学、个人著述的各种学术文献，由于其主要是学派及家学内部性的，而且往往是分散的、不系统的、未加整理、未予公开的资料，一般外人、非当事人是难以得见的，因而自然珍贵难得。但是吕氏家族自宋初即为官宦巨族，又是书香世家，不仅一直读书治学，形成了自己独特的家学，而且积极参与学术界活动，与学者们有着广泛深入的交流，无疑是有条件和可能积累大量丰富的有价值的"中原文献"的，这从前述吕氏家学的情况中可得到体现，也可从《宋史》、《宋元学案》及一些当时的著名学者一再地肯定吕氏家学得"中原文献之传"得到充分的证明。吕祖谦晚期奉旨编辑而成的《皇朝文鉴》，就是"尽取秘府所藏，及士大夫所藏本朝诸家文集，旁求传记他书，悉行编类，凡六十一门，为百五十卷"，③ 它不含偏见地选择了大量"北宋

---

① 爱德华·希尔斯：《论传统》，上海人民出版社，2009，第16～17页。
② 《宋元学案》卷五十一《东莱学案》，《黄宗羲全集》第五册，第13页。
③ 李心传：《建炎以来朝野杂记》乙集卷五《文鉴》。

时期的杰出奏议、序跋和札记"，以及苏轼、王安石和欧阳修等的文章，[1]吕祖谦本人拥有丰富的"中原文献"并且熟悉它们应该也是他得以授命的重要原因。所以吕祖谦在同一时期为自己老师林之奇作的《祭林宗丞文》中回顾吕氏"中原文献之传"时说："呜呼！昔我伯祖西垣公躬受中原文献之传，载而之南。裴回顾瞻，未得所付。逾岭入闽，而先生与二李伯仲实来，一见意合，遂定师生之分。于是嵩洛、关辅诸儒之源流靡不讲，庆历、元祐群叟之本末靡不咨。……呜呼！西垣公既不及公道之伸，而二李亦皆以布衣死。独先生入东观，若将有为，而病辄随之。中原诸老之规模，迄不得再白于世。其用舍必有所系矣。"[2] 吕祖谦去世后，其弟吕祖俭在为其作的《圹记》中也说："公之问学术业，本于天资，习于家庭，稽诸中原文献之所传，博诸四方师友之所讲。参贯融洽，无所偏滞。"[3] 这些论说不仅明确地把"中原文献之传"作为吕氏家学及吕祖谦为学的主要特色，而且把"文献所传"与"师友所讲"明确并列对举，显然表示了它们所包含的内容是不同的。况且因为战乱南迁的北宋学者、大儒不在少数，"师友所讲"应该不少，如果"文献所传"仅仅是"口传议论"，他们都可以大讲特传，哪里会有吕氏一族在整个"中原文献之传"中拥有"独归吕氏，其余大儒弗及也"的如此重要的分量和不可替代的作用？

那么，为什么恰恰是南宋时期，吕氏家族及吕学"得中原文献之传"会在思想文化界具有如此重要的分量和作用呢？除了上述宋室南渡后上至皇家下至一般士大夫都大量散失匮乏以中原为代表的原有文化典籍等资源但是吕氏家族独得"其余大儒弗及"的"中原文献之传"这一客观历史原因外，还可以进一步从历史上的唐宋变革角度来看待这一问题。在历史上，唐宋思想文化变革的一个重要内容就是传统的传注疏义之学废而新的义理之学兴，即以宋学取代了汉学，其标志性事件是王安石变法中关于科举改革的"熙宁新制"的实施和作为新官方标准的《三经新义》的颁行，其实质正如马

---

① 田浩：《朱熹的思维世界》，第99页。
② 《东莱吕太史文集》卷八《祭林宗丞文》，《吕祖谦全集》第一册，第133~134页。
③ 《东莱吕太史文集》附录《圹记》，《吕祖谦全集》第一册，第750页。

端临所概括的："变声律为议论，变墨义为大义。"① 注疏之学逐渐让位于追求"大义"的议论，新的学术风气不可阻挡。庆历之后，随着对汉唐注疏之学的废弃，原有的一整套经典解释系统都被废弃了，"世之儒者，以异于注疏为学"，② 不仅如此，实际上连原有一整套经典系统也受到了怀疑，诚如南宋陆游所描述的："唐及国初，学者不敢议孔安国、康成，况圣人乎！自庆历后，诸儒发明经旨，非前人所及，然排《系辞》，毁《周礼》，疑《孟子》，讥《书》之《胤征》、《顾命》，黜《诗》之序，不难以议经，况传注乎！"③ 在这种情形下，《孟子》的"升格运动"，以"四书"取代"五经"的经典体系的重构等也就顺理成章了。原有的以经典注释、解读为中心的解释系统的瓦解及新的经典系统的形成，为以发挥义理为宗旨的各种经典的诠释、解读、发挥、传承及相关的讨论争议、个人著述、学派竞争等都提供了一个十分巨大的空间和需求，而宋代崇文祐士的相对宽松自由的制度环境又为这种空间的存在和需求的满足提供了适当的条件，于是各种讲学蜂起，议论遍生，涌现了一大批杰出的思想家。他们思想解放、勇于创新、广建书院、授徒讲学、著书立说，以致一时间师门林立、学派纷呈，且追求知行合一、经世致用，很快开辟了一代士林新风尚。而且，这种自由讲论之风还不限于思想学术领域，它还进一步扩展到政治及社会生活的方方面面。如在平民化的科举取士制、开放宽容的行台谏不杀大臣等制度作用下，"许以风闻，而无官长"、"言必中当世之过"的自由议政之风勃然而兴。这样，无论议学还是议政，议论风行，与之相关的会讲、政争、讨论等自然多种多样，它们不仅成为宋代社会文化的重要风景线，也是理解和传承宋代思想文化传统的重要途径。更重要的是，随着唐宋思想文化转型大势的推进，一场以儒学重建为中心的传统思想的革新运动就在上述背景中如火如荼地展开，"新学"运动、道学运动就是其中的代表。"新学"与"道学"虽然在政见上相对立，"但在学术创新这一点却并无二致"，④ 即都强调摆脱因循守旧、

---

① 马端临：《文献通考》卷三十一《选举四》，中华书局影印本。
② 李觏：《致周礼致太平论上诸公》，《李觏集》卷二十六，中华书局，1981，第276页。
③ 王应麟：《困学纪闻》卷八《经说》，世界书局1937年圈点本。
④ 徐洪兴：《思想的转型——理学发生过程研究》，上海人民出版社，1996，第222页。

追求创新的"独见"和"自得"。如苏轼在王安石死后奉旨所作的"制辞"就把王安石的学术贡献概括为"网罗六艺之遗文，断以己意；糠秕百家之陈迹，作新斯人"。[①] 这是充分肯定了王安石"新学"的自得和创新精神。因此，在这一思想创新运动中，无疑会积累下大量难得的重要文献，而且世代为学、广结师友的吕氏一族学人们不可能置身事外，而是也积极参与当时的学术思想创新运动，这使吕氏一族广得"中原文献之传"成为可能。像吕祖谦本人就对北宋学者文献的收集整理工作倾注了大量心血（如《程氏易传》、《近思录》、《皇朝文鉴》、《少仪外传》等）并产生了重大影响，故彭飞所说的"祖谦以中原文献之旧，岿然为渡江后大宗"是完全符合实际情况的中肯评价，也是对吕氏家族及吕学"得中原文献之传"在思想文化界具有的重要地位和作用的充分肯定。

# 三　吕学的思想渊源

上述对吕氏家学及吕学与中原文献之传问题的考察，实际上还涉及一个更重要的问题，即更深层次的吕学的思想渊源问题。因为前面的考察虽然也涉及这一问题，但还是一些较外部的问题，而只有从吕氏家学及吕学所传"中原文献"到底是什么内容等较内在性问题入手才能说清楚吕学的更深层次的思想渊源问题。

在这一问题上，历来学者们有不少认识需要进一步斟酌，还有一些错误看法需要予以纠正。如人们较普遍地把吕祖谦所传"中原文献"的具体内容看作以关洛之学为主的道学，从而有意无意地突出了关洛之学在吕祖谦的思想学术渊源中的中心地位。如《宋史·吕祖谦传》明确说："祖谦学以关、洛为宗，而旁稽载籍，不见涯涘。"今有学者则从吕氏家学和师承渊源的追溯、吕氏师友弟子的认同等方面进一步证明"吕祖谦虽然学问广博，乾淳之际的各派学术都可以在他的思想中找到痕迹，……但他学宗关洛却是

---

① 苏轼：《王安石赠太傅制》，《苏东坡全集·外制集》卷上。

没有疑义的"。① 但这种看法并不符合学术思想史的真实状况。因此，我们在这里希望能通过尽可能还原两宋学术思想史的真实场景来更确切地了解吕祖谦的思想学术渊源。

我认为，首先从宏观上来看，可以说是包括吕氏家学和"中原文献之传"在内的整个北宋思想学术及其文化精神构成了吕祖谦的思想学术渊源。换言之，吕祖谦所继承的吕氏家学和"中原文献之传"，其具体内涵并不像不少人认为的是以关洛之学为主的道学，而是更广阔得多地涵盖了整个北宋的思想学术及其文化精神，用吕祖谦自己的话说就是"嵩洛关辅诸儒之源流靡不讲，庆历元祐群叟之本末靡不咨"。② 吕祖谦所说的"嵩洛关辅诸儒"、"庆历元祐群叟"中的"嵩"指嵩山，"洛"指洛水，因两者均近东都洛阳，故常常连用"嵩洛"泛指洛阳。宋张元千《点绛唇》词云："嵩洛云烟，间生真相耆英裔。"《宋史·沈伦传》称："少习三礼于嵩洛间，以讲学自给。"而"关"指关中，"辅"指长安附近的三辅，"关辅"可泛指关中地区。"嵩洛关辅诸儒"相当于指洛学、关学诸儒。"庆历元祐群叟"即指庆历、元祐期间以京都为中心，以改易更革为关注点的一大批从事"学术政事"的思想家和改革家以及反改革家们。具体试作下述。

王国维认为："宋代学术，方面最多，进步亦最著"。"天水一朝人智之活动与文化之多方面，前之汉唐，后之元明皆所不逮也。"③ 宋代统治者以文治国、崇文佑学，加之政治环境较为宽松开放，对当时的思想、学术及一般文化、教育的发展繁荣都产生了极大的推动作用。特别是在重义理的宋学逐渐取代重训诂的汉学成为时代的基本趋势和潮流后，各种思想学说的发展和革新就如决堤的洪水四处奔涌。正因此，宋代在思想学术上日渐兴盛，流派纷呈，各臻其妙，大师迭出，群星璀璨，呈现了一派勃勃生机和前所未有的创新局面，这从《宋元学案》中所描绘的宋代思想家、学派的众多群像中可以得到集中展示。宋代思想学术不但达到了空前的思想文化的高度，实

---

① 蒋伟胜：《合内外之道——吕祖谦哲学研究》，第 17 ~ 18 页等。
② 《东莱吕太史文集》卷第八《祭林宗丞文》，《吕祖谦全集》第一册，第 133 页。
③ 王国维：《静庵文集续编·宋代之金石学》，《王国维遗书》第三册，上海书店出版社，2011，第 708 ~ 709 页。

现了重大的文化转型，而且奠定了中国文化此后的基本风貌。

首先，在首都汴梁，在以文治国、重用文臣的制度保障下，一大批怀抱家国天下的理想情怀的士大夫们积极投身政治生活，为国家权威和思想秩序的重建费尽心力，尤其是那些试图将这种努力融入实用的、速见成效的政治社会改革策略和实践的改革家们，对当时重建思想世界发挥了重要的作用。从以范仲淹、欧阳修等为代表的庆历新政，到以王安石为主的熙宁变法，在思想层面上来看实可视为贯通儒家所倡导的内圣外王的理想的现实化追求。甚至北宋这些改易更革之举的最终失败，也从反面刺激了其他思想家们从中汲取教训，从而引发了宋代道德性命思潮的兴起，因而"在一定意义上'荆公新学'是以重修养、正君心为主旨的理学的渊源之一"。① 实际上，从思想学术史本身来说，以王安石为代表的荆公学派本身在思想学术史上就具有不可轻视的历史地位和作用，其之所以被称为"新学"，正是由于它的确蕴含了一系列较巨大的思想变革，极大地推动了唐宋思想文化的革新运动，在当时及北宋较长一个历史时期占据了主导性的地位，发挥了重要作用。正如著名宋史专家漆侠指出的："在宋学的大发展阶段，荆公学派是四个学派（按指荆公学派、温公学派、苏蜀学派和关洛学派）中占主导地位的一个学派，对社会对学术思想界有着广泛的、深刻的影响。"② 可惜，由于种种因素的影响，研究者们大多贬低了荆公学派在当时的重要作用，"甚至把它安置在二程理学派之下，这尤其是违背历史实际的"。③

其次，北宋在首都汴梁这一政治中心之外，还形成了一个文化中心洛阳。"洛实别都，乃士人之区薮。"④ 宋代的洛阳由于是世家贵族聚居之处，所以也成为高级士大夫最集中的聚集之地，从而成为一个不同于首都的文化中心。在这一文化中心，"聚集着一批一直相当有影响，却暂时没有权力的高级士大夫，他们坚守着一种高调的文化保守立场"。⑤ 这些高级士大夫中

① 刘泽华主编《中国政治思想史》（隋唐宋元明清卷），浙江人民出版社，1996，第292页。
② 漆侠：《宋学的发展和演变》，《漆侠全集》第6卷，第19页。
③ 漆侠：《宋学的发展和演变》，《漆侠全集》第6卷，第3~4页。
④ 程颐：《明道先生行状》，《二程集》，第332页。
⑤ 葛兆光：《七世纪至十九世纪中国的知识、思想与信仰》，《中国思想史》第二卷，第278页。

既有前任的首辅富弼、枢密使文彦博、吕祖谦的六世祖御史中丞吕公著等，又有颇具人望的司马光、宋代理学的主要创始人邵雍、程颢、程颐等著名学者，而且他们都差不多同时居住于洛阳，他们相互交游，互为推重，不仅在思想学术上各有建树，形成了一批著名的学派，而且他们之间在思想观念上颇为接近，因而吸引了大批学者及年轻学人追随、求教于他们，使洛阳逐渐成为当时学术与文化的重心，从而出现了中国历史上难得的政治重心与文化重心较大程度分离的现象，表现了宋代思想文化开始具有"近世化"的趋势。

再次，北宋理学大宗除了二程的洛学之外，还有张载的"关学"。西部关中地区在北宋庆历之际就有申颜、侯可等学者倡明新儒学，至张载而为大宗。张载之后，又有吕大钧兄弟、李复、范育、种师道等传其学。"关学之盛，不下洛学"。① 关学盛时，不仅从学者众多，而且社会影响也较大："横渠之教，以礼为先，先生（指吕大钧）条为乡约，关中风俗为之一变。"② 可惜关学在北宋后期的再传趋于寥落，特别是在南宋洛学逐渐兴盛成为主流学派后，关学也被边缘化以至忽略，如《伊洛渊源录》就略于关学，后代各类学术史也疏于记述，以至《宋元学案》编撰关学传人《吕范诸儒学案》时已只能从《宋史》及各类《文集》的零星史料中搜罗以勉强做些记述。所以全祖望感慨地说："横渠弟子，埒于洛中，而自吕、苏、范以外，寥寥者。吕、苏、范皆以程氏而传，而南渡后，少宗关学者。故洛中弟子，虽下中之才，皆得见于著录，而张氏诸公泯然，可为三叹。"③ 但不管其后学传承如何，无可否认的是，关学不仅是北宋新儒学的重要组成部分，而且也是整个宋代思想文化传统的重要组成部分。

最后，除了以上显学大家之外，北宋思想学术的生态呈现了十分丰富的多样性和生命力，尤其是来自不同学术思想传统的学人和学派的勃兴，极大地促进了北宋思想学术生态的繁荣。如在庆历前后，不同学术思想之间就已形成许多各自不同的"学统"。《宋元学案》谓：

① 《宋元学案》卷三十一《吕范诸儒学案》，《黄宗羲全集》第四册，第 362 页。
② 《宋元学案》卷三十一《吕范诸儒学案》，《黄宗羲全集》第四册，第 364 页。
③ 《宋元学案》卷三十一《吕范诸儒学案》，《黄宗羲全集》第四册，第 387～388 页。

庆历之际，学统四起。齐、鲁则有士建中、刘颜，夹辅泰山而兴。浙东则有明州杨、杜五子，永嘉之儒志、经行二子；浙西则有杭之吴存仁，皆与安定湖学相应。闽中又有章望之、黄晞，亦古灵一辈人也。关中之申、侯二子，实开横渠之先。蜀有宇文止止，实开范正献公之先。筚路蓝缕，用启山林，皆序录者所不当遗。[1]

庆历以后，尚有诸魁儒焉，于学统或未豫，而未尝不于学术有功者：范蜀公、吕申公、韩持国一辈也；吕汲公、王彦霖又一辈也；丰相之、李君行又一辈也。尚论者其敢忽诸？[2]

此外，还有著名的"元祐学术"。元祐时期，因为反对王安石变法而聚集在一起的政治上的保守派们和以章惇为首的王安石传人之间发生了你死我活的残酷斗争，并随着新法被全部废除、保守派全面复辟的形势的确立而逐渐扩大至思想文化一切领域上的清算，演变为充满主观意气和偏见的党争。与此相应，元祐党人内部又进一步分化成了"蜀、洛、朔"三党之争，并形成了"蜀学、洛学、朔学"。所以，"'元祐学术'的重点为司马文正一派，苏、黄一派，程子一派的经学思想"。[3] 当然，从学术史上看，以苏轼为代表的蜀学、以二程为代表的洛学和以司马光为代表的朔学在哲学、经学及儒学上都有各自的重要成就和特点，构成了从北宋到南宋思想文化演进的重要思想资源。不过总体来说，它们在当时的影响还是不能与荆公学派相比。特别是在哲宗亲政后，恢复元丰变法，罢弃元祐党人，并逐步诏禁元祐学术，对元祐学术的影响形成了严重打击。如崇宁元年"焚元祐法""诏：诸邪说诐行，非先圣之书，及元祐学术政事，并勿施用。"[4] 崇宁二年"诏：以元祐学术政事聚徒传授者，委监司举察，必罚无赦。"[5] 这些都极大地打击和限制了元祐学术在北宋末期的影响。而随着南宋初期

---

① 《宋元学案》卷首《宋元儒学案序录》，《黄宗羲全集》第三册，第28页。

② 《宋元学案》卷首《宋元儒学案序录》，《黄宗羲全集》第三册，第30页。

③ 沈松勤：《论"元祐学术"与"元祐叙事"》，《中华文史论丛》2007年第4辑。

④ 《宋史·徽宗纪》。此处大概是"元祐学术"一词在历史上最早出现的地方。

⑤ 《续资治通鉴》卷88，崇宁二年十一月庚辰条。

"元祐政事"的翻转，"元祐学术"特别是其中的"洛学"也随之在批判荆公新学中逐渐扩大了自己的地盘，一步步演变为南宋主流性思潮。这种政治与学术之间复杂纠缠的历史脉络及其是非得失，既构成了朱熹等洛学继承者不无偏颇的"元祐叙事"的基本素材，也成了吕祖谦所传"中原文献"的重要资源。

当然，宋代思想文化领域还有一个重要的现象就是佛道思潮的盛行，并造成了儒佛道三教逐渐达到深度融合的境况。我们通过考察可以发现，宋代思想家们的一个共同特点就是儒佛道三教在他们思想中所具有的普遍影响，即使考察最具有卫道精神的理学家们的思想形成和演化过程，也可以发现几乎绝大多数人都有"出入佛老"的经历。的确，在隋唐以后三教合一的呼声日益高涨的情势下，吸收异端思想特别是老佛之学以构建自己的理论体系已成为宋儒们普遍的"路径依赖"。像被后世公认为"粹然孔孟渊源"的周敦颐，其基本思想中融摄儒道、"合老庄于儒"① 的特征就十分明显。据《宋史·道学传》记载，张载在其思想形成过程中，曾经历"访诸释老，累年穷究其说"的阶段。二程也有与张载类似的钻研佛老的思想经历，如程颢"泛滥于诸家，出入于老释者几十年",② 并承认"佛老其言近理"。③

宋儒们这种出入佛老的动机和出发点，有的固然是由于受佛老的吸引而自觉不自觉地浸淫其间，有的却是出于对佛老的对抗情绪。如钱穆说："北宋儒学崛起，儒术复兴，理学家长处在能入虎穴得虎子，兼采道释有关宇宙人生原则方面，还本儒学，加以吸收或扬弃。"④ 即为了通过吸收其思想资源而对抗当时风行的佛老之学，以维护和重建儒学的权威。不过，即使宋儒们出于捍卫儒学道统的需要，往往在吸取佛老的思想学说和方法的同时，不仅要千方百计地回避和否认这一事实，把自己塑造成纯而又纯的儒学正宗，而且还要辟斥佛老为异端，予以批判攻击。但无论如何，三教合一的趋势是不可改变的事实，也是宋代思想学术演变的一个或明或暗的重要

---

① 《宋元学案》卷十二《濂溪学案》下，《黄宗羲全集》第三册，第627页。
② 程颐：《明道先生行状》，《二程集》上，第638页。
③ 程颢：《亥八月见先生于洛阳所闻》，《二程集》上，第138页。
④ 钱穆：《孔子与论语》，联经出版社，1965，第176页。

背景。

由于其学风"不名一师","不私一说",吕氏家学无疑也受到佛学之影响。从吕希哲开始，吕氏家学中就有爱好佛学的传统。《宋元学案》说："（吕希哲）晚年又学佛"，"更从高僧游，尽究其道"，并且得出了"佛氏之道，与吾圣人相吻合"的结论。此后，他便企图将儒、佛两家学说熔于一炉，"斟酌浅深而融通之"①。大东莱先生吕本中，也是一位"溺于禅"的学者。完全站在儒家学派立场上的全祖望曾就此提出批评，认为吕希哲虽博采众儒之学说，"然晚年又学佛，则申公家学未醇之害也"。② 又说："（吕本中）溺于禅，则家门之流弊乎！"③ 面对家学传统中祖辈学佛的影响，虽然吕祖谦有时对佛、道也有所批评，在无形中却不可能不受到相应的影响。朱熹虽然称赞"东莱博学多识"，但是又一再地批评吕祖谦之学"大杂"，"不能守约"④，这里面不能不包含着对吕氏之学涵融在三教合一大潮中广收博采的批评，而实际上这恰恰表现了吕祖谦在治学方法上的优点和学术思想上的丰富多样性。

总之，以上所述，大致勾画了吕祖谦所说的"嵩洛关辅诸儒"、"庆历元祐群彦"的思想学术面貌，实际上它们也基本代表了北宋思想学术的整体面貌。吕学对"嵩洛关辅诸儒"学问的吸取早已被公认，自不待言。而他对"庆历元祐群彦"思想的关注也十分突出，如他编辑整理的《皇朝文鉴》就是典型，张栻也说："伯恭近来于苏氏父子，亦甚知其非，……但习熟元祐间一等长厚之论，未肯诵言排之。"⑤ 由此可知，吕祖谦所传其家学及"中原文献"，正是整个北宋的思想学术及其文化精神，而这也完全符合吕氏家学及吕祖谦本人"不名一师"、"不主一说"，开放包容、兼收并蓄的学风和思想品格。对此，台湾学者刘昭仁也有一定的认识："吕氏'习典故''多识前言往行'，其范围甚广，大致可分为二，一为关洛之学，一为

---

① 《宋元学案》卷二十三《荥阳学案》，《黄宗羲全集》第四册，第149页。
② 《宋元学案》卷二十三《荥阳学案》，《黄宗羲全集》第四册，第144页。
③ 《宋元学案》卷三十六《紫微学案》，《黄宗羲全集》第四册，第516页。
④ 《金华丛书书目提要》卷7。
⑤ 《宋元学案》卷五十一《东莱学案》附录，《黄宗羲全集》第五册，第32页。

元祐之政。关洛之学为吕氏义理所宗，庆历元祐之政，为其考究国朝治体之本。前者记言，后者着重在制度，而其学问之法，'不私一门''不主一说'，并致意于立身处世之辞受进退，与义理之是非邪正。征诸东莱之著述，则知昔人称其有中原文献之统，其意含此二者无疑也。"① 但刘氏并未把吕祖谦的北宋思想学术渊源问题说全面，反映了人们对此的认识仍有较大欠缺。而全祖望在《宋元学案·紫微学案》中亦称："愚以为先生之家学，在多识前言往行以畜其德。盖自正献以来，所传如此，原明再传而为先生，虽历登杨、游、尹之门，而所守者世传也。先生再传而为伯恭，其所守者亦世传也。故中原文献之传，独归吕氏，其余大儒弗及也。"② 这是对吕祖谦全面继承以"中原文献之传"为中心的整个北宋思想学术及其文化精神的高度肯定，也是吕氏家学传统中"多识前言往行以畜其德"基本特点的生动体现，也完全符合吕氏家学及吕祖谦本人"不名一师"、"不主一说"，开放包容、兼收并蓄的学风和思想品格。同时，这也说明了吕学自有渊源，其学虽然博采众长、兼收并蓄，却又不是简单地综合拼凑众说，而是自成一说、卓然成家，最终以自己独特的思想路径和深广的思维向度，成为南宋浙学基本精神的典型代表。

另外，若从近观上来考察吕祖谦的思想渊源问题，则同样可以说整个南宋早期的思想学术及其文化精神构成了吕学形成和演变的重要思想背景和取益交流的资源，如《宋元学案·东莱学案》中所称的"博诸四方师友之所讲"。不过在这个问题上，受各种因素的影响，无论历史上还是现有学术界对此都存在着诸多不恰当的认识，甚至还存在一些明显的根本性错误，这些错误如杜海军所批评的，较明显的有："一是颠倒了吕祖谦与陆九渊、陈亮、叶适等人的学术传承和地位，二是谬言吕祖谦兼融朱陆说。"③ 可以说，博取众长、兼融诸家是吕祖谦为学的重要特色，但这并不意味着吕学没有自己的独特性内涵和创新性思想，相反，博取众长、兼融诸家既是吕祖谦"不名一师"、"不主一说"的家学传统和思想个性的体现，又是其实现创

---

① 刘昭仁：《吕东莱之文学与史学》，文史哲出版社，1986，第 79 页。
② 《宋元学案·紫微学案》，《黄宗羲全集》第四册，第 518 页。
③ 杜海军：《论吕祖谦研究中的偏见》，《浙江师范大学学报》（社科版）2008 年第 4 期。

新、超越诸家的基本途径，并因此使吕祖谦以其独特性的创新风格和巨大的人格魅力不但成为南宋浙学的重要创始人，也是南宋时期当之无愧的"最重要的学术领袖"。①

从吕祖谦的师承学脉上看，吕祖谦思想学术的形成除了家学渊源外，还直接地受到了当时所师从的学者的影响。本来吕祖谦也与其家学传统一样学无专师，但他先后师从的老师中，的确有给过他重要影响的知名学者，如林之奇、汪应辰、胡宪、张九成等。林之奇（1112～1176），福州侯官人，学者称三山先生。从吕祖谦叔祖吕本中学，"教之以广大为心，以践履为实，称高弟"。② 为绍兴己巳进士。他反对朝廷浮华不实的作风，建议高宗"损思以益德，损用以益本，损华以益实"。③ 其著作有《尚书全解》等。吕祖谦受业其门的详情已不可考，但史称"三山之门，当时极盛，今其弟子多无可考，而吕成公其出蓝者也"。④ 汪应辰（1118～1176），信州玉山人，十八岁成进士，学者称玉山先生，《宋元学案》立有《玉山学案》"于学博综诸家，粹然为醇儒。"⑤ 曾师事吕本中，治学"以至诚为本"，强调"尽其在我"，认为"学问之道止是揆于心而安，稽于古而合，措于事而宜"，反对"放弃典刑，阔略世务"。⑥ 汪应辰去世后，吕祖谦曾作诗回忆自己从学汪应辰的经历："四海膺门峻，亲承二纪中。论交从父祖，受教自儿童。山岳千寻上，江河万折东。微言藏肺腑，欲吐与谁同。"⑦ 汪应辰南渡后，居衢州超化寺，吕祖谦从游最为密切。汪应辰的"博综诸家"的为学特点及对学问之道的看法近似吕本中，对吕祖谦产生较大影响。胡宪（1085～1162），建宁崇安人，为胡安国从子，从胡安国习程氏学，后又学《易》于二程弟子谯定。胡宪学术造诣颇深，声望较著，为人却忠厚笃实，从不疾言厉色。他认为"所谓学者，非克己功夫耶"，教授诸生"训以为己之学"。

---

① 田浩：《朱熹的思维世界》，陕西师范大学出版社，2002，第91页。
② 《宋元学案》卷三十六《紫微学案》，《黄宗羲全集》第四册，第529页。
③ 《宋元学案》卷三十六《紫微学案》，《黄宗羲全集》第四册，第530页。
④ 《宋元学案》卷三十六《紫微学案》，《黄宗羲全集》第四册，第530页。
⑤ 《宋元学案》卷四十六《玉山学案》，《黄宗羲全集》第四册，第772页。
⑥ 《宋元学案》卷四十六《玉山学案》，《黄宗羲全集》第四册，第773、774页。
⑦ 《东莱吕太史文集》卷一《端明汪公挽章二首》二，《吕祖谦全集》第一册，第23页。

《四库全书》本《东莱集》所附《年谱》记绍兴三十年吕祖谦始师事胡宪、汪应辰，"公皆尝从游"。潘富恩先生等认为，胡宪以其宽厚平和的性格感染了吕祖谦，使其在接人待物与学术交往中平心静气、宽宏大量。① 张九成（1092～1159），字子韶，号横浦居士、无垢居士，钱塘人。曾师事杨时，有著作《横浦文集》、《论语解》等。张九成与吕氏家族有很深渊源，而吕祖谦师从其学最久，见知爱最深。陈傅良《跋陈求仁所藏张无垢帖》说："余尝闻吕伯恭父云：'某从无垢学最久，见知爱最深，至今亡矣。念无以报，独时时戒学者无徒诵世所行《论语解》以为无垢之学尽在是也。'始余以伯恭父有为言之也，今见求仁先大夫与往还书说《论语》事甚悉，盖《雍也》以前无垢已恨早出，余所著未尝示人。无垢无多著书，而《论语解》要非成书，学者但尊信之，以此窥见无垢，宜伯恭云尔也。"② 尽管吕祖谦曾师从多位学者，但他自称"从无垢学最久，见知爱最深"，说明张九成对他的影响还是最大的。除了这些名师之外，还有些长辈也成为吕祖谦之师，如伯祖吕本中、外祖父曾几、岳父韩元吉等，他们虽常年为官，却也都是饱学之士，因吕祖谦都曾长期与他们在一起生活、交流而深受影响。如韩元吉多与吕祖谦共读论学并讨论生死之事。③ 吕祖谦虽然未必直接亲炙过伯祖吕本中，④ 但他所师从的林之奇、汪应辰等都是吕本中的得意门生，吕祖谦通过他们至少也间接受到了很多吕本中的影响，而且在吕氏家学传承中，吕祖谦接受吕本中家学传授的确应是最多的，这从全祖望在《宋元学案》中强调吕祖谦为吕本中家学的"再传"者中就得到了反映。总之，虽然吕祖谦很好地继承了吕氏家学中"不名一师"的传统，没有专事一师、固守一门，但也的确从众多师长那里接受了各种学术思想的熏染和训练，为自己的思想创新做了重要的积累。

---

① 潘富恩、徐余庆：《吕祖谦评传》，第20页。

② 陈傅良：《止斋集》卷四十二，钦定四库全书荟要影印本，吉林出版集团有限公司，2005，第355页。

③ 参见杜海军《吕祖谦年谱》，中华书局，2007，第16、43～44页等。

④ 吕祖谦在《酬上饶徐季益学正》一诗中曾说："吾家紫微翁，独守固穷节。……嗟予生苦晚，名在诸孙列。拊头虽逮事，提耳未亲接。"（《吕祖谦全集》第一册，第16页）

# 四　吕学的地位和影响

吕祖谦被人们看作与朱熹、张栻、陆九渊并列的南宋著名学者、思想家，而实际上，他更多地被当作整个学术界公认的领袖。吕学的这种地位和影响可以从吕祖谦与当时思想学术界学友们的交往和比较关系中得到集中体现。

先看吕祖谦与南宋浙学思想家、学者们的关系。吕祖谦与当时著名的浙江学者薛季宣、陈傅良、叶适、陈亮等都有密切的关系，经常往来，并且基本上居于主导性地位，处于师友之间。与朱熹对永嘉学者的经制事功之学颇为不满不同，吕祖谦对薛季宣、陈傅良、叶适的卫护奖掖不遗余力。吕祖谦曾与来访的薛季宣"相聚半月，语连日夜"，[①] 对他赞赏有加，并向朱熹为之辩护。他在给朱熹的信中说："薛士龙（季宣）归途道此，留半月。向来喜事功之意颇锐，今经历一番，却甚知难。虽尚多当讲画处，然胸中坦易无机械，勇于为善，于世务二三条，如田赋、兵制、地形、水利，其曾下工夫，眼前殊少见其比。……义理不必深究之说，亦常叩之，云初无是言也。"[②] 他又称赞："其为人坦平坚决，其所学确实有用。"[③]

陈傅良因少有重名，不免有些自负，虽在太学从游吕祖谦约有两年时间，平时也多有访学，却始终未入门。但是对于陈傅良与吕祖谦之间的师承关系及吕祖谦对陈傅良思想学术的影响，历代学者都曾予以肯定。叶适为陈傅良所作的墓志铭说："（陈傅良）入太学，……吕公为言本朝文献相承所以垂世立国者，然后学之内外本末备矣。"[④] 全祖望《奉临川帖子》说："陈止斋入太学，所得于东莱、南轩为多。"[⑤] 而今人钱基博认为陈傅良《春秋后传》十二卷完全是接受吕祖谦影响的结果，他说："陈傅良……既而入

①　《东莱吕太史别集》卷十《与陈同甫》，《吕祖谦全集》第一册，第470页。
②　《东莱吕太史别集》卷七《与朱侍讲》，《吕祖谦全集》第一册，第412页。
③　《东莱吕太史别集》卷八《与朱侍讲》，《吕祖谦全集》第一册，第416页。
④　叶适：《宝谟阁待制中书舍人陈公墓志铭》，《叶适集》，中华书局，1983，第299页。
⑤　《宋元学案》卷五十三，《止斋学案》，《黄宗羲全集》第五册，第74页。

太学，与吕祖谦交。祖谦为言《春秋》、《左传》经世之旨及本朝文献相承条序，博及群书，而于《春秋左氏》尤究圣人制作之本意，成《春秋后传》十二卷，则祖谦之所膰启也。"① 可见，尽管陈傅良主要是通过师从薛季宣转向了经制事功之学的探究，但他同时从吕祖谦那里所受到的思想影响也会促成和深化这种思想路径的转向。所以，吕祖谦也非常深切地肯定了陈傅良的这种思想转变："……陈君举相聚甚款，最长处是一切放下如初学人，正未易量。"② "吕公以为其长不独在文字也。"③

在永嘉学派学者中，叶适应是受吕祖谦影响最大者。叶适早年在各地游学十年，曾长期向因守制在明招山讲学的吕祖谦问学，这对其成长利益良多。他曾回忆说："大抵以乍出坑谷，忽见天地日月，不觉欢欣惊诧，过于高快。自接报报，益用力其间，乃知天地尽大，日月尽明，缉熙功夫无有穷已，其智愈崇，其礼愈卑，向时平实之语，乃今始知味矣。"④ 此后叶适也仍经常与吕祖谦频繁往来，吕祖谦曾向叶适讲起治学要领："静多于动，践履多于发用，涵养多于讲说，读经多于读史，工夫如此，然后可久可大。"⑤ 而叶适晚年还对吕学做过专门研究，其所著《习学记言序目》中就有四卷详论吕氏的《皇朝文鉴》，并认为"后有欲明吕氏之学者，宜于此求之矣"。⑥《习学记言序目》以对吕氏《皇朝文鉴》的评论结束全书，也说明了叶适对其学说的重视。正因为叶适对吕学有较深入的了解和认同，不少人在吕祖谦去世后劝其作吕学的传人继承衣钵。叶适回忆此事说："吕氏既葬明招山，亮与潘景愈使余嗣其学。余顾从游晚，吕氏俊贤众，辞不敢当。然不幸不死，后四十年，旧人皆尽，吕氏之学未知其孰传也！并追记于此。"⑦

从以上情况看，吕祖谦的确是对永嘉学者有扶持之功的，难怪朱熹要批评他对永嘉学者"委曲将护"，而他答之以"其实夹有患失之病"，即生怕

① 钱基博：《中国文学史》，中华书局，1988，第645页。
② 《宋元学案》卷五十三《止斋学案》，《黄宗羲全集》第五册，第83页。
③ 叶适：《宝谟阁待制中书舍人陈公墓志铭》，《叶适集》，中华书局，1983，第299页。
④ 《冰心文集》卷二十七《与吕丈书》，《叶适集》，中华书局，1983，第548页。
⑤ 吕祖谦：《东莱吕太史外集》卷五，《与叶侍郎》，《吕祖谦全集》第一册，第710页。
⑥ 叶适：《皇朝文鉴总论》，《习学记言序目》卷五十，中华书局，1977，第756页。
⑦ 叶适：《皇朝文鉴总论》，《习学记言序目》卷五十，第756页。

失去人才也，可见他对永嘉学者的护持之心不虚。因此四库馆臣评论说："永嘉之学倡自吕祖谦，和以叶适及傅良，遂于南宋诸儒别为一派。"① 这里不但肯定了吕祖谦是永嘉学人的领路人，而且在很大程度上影响了整个永嘉学派的成立。这里说的可能有点夸大了，但是至少可见吕祖谦对永嘉学派的影响是很大的。

吕祖谦与永康学派的领袖陈亮之间的关系更是非同一般，他们亦师亦友，往来密切。尤其对于狂雄独立的陈亮来说，宽厚平和的吕祖谦不仅能包容理解他，而且能陶铸其偏。陈亮不单能对吕祖谦虚心聆教，认为"四海相知惟伯恭一人"，② 经常相互访问、切磋剧论，把自己的文稿及刻印的书籍，往往先送吕祖谦求正，还能真心推崇吕氏之学："三四年来，伯恭规模宏阔，非复往时之比，钦夫、元晦已朗在下风矣，未可以寻常论也。"③ 陈亮曾致书朱熹说："伯恭晚岁于亮尤好，盖亦无所不尽，箴切诲戒，书尺具存。"④ 而面对被朱熹斥责为"大不成学问"⑤ 的陈亮，吕祖谦却很是赞赏，他称陈亮学问"横飞直上，凌厉千载之表，真可谓大矣"⑥。所以，陈亮是十分感谢吕祖谦对其"诱之掖之"的。⑦

综上所述，吕祖谦与同时代的浙学学者不仅关系密切、融洽友爱，而且对他们确有思想学术上的奖掖引导之功。当代不少研究者对吕祖谦思想中所具有的事功倾向往往归之于永嘉和永康学派的影响，这里面其实包含了两个错误认识：一是在时序上的颠倒。从时间上看，吕祖谦与永嘉、永康学人大多为同时代人，且吕氏在思想学术上成熟成名较早，他们更多是受到了吕氏的影响；二是吕祖谦在思想上本来就具有自己独特的事功倾向，在这方面他与永嘉、永康学人之间至少应为同声相求、互相取益、各扬其长，共同形成

---

① 《四库全书总目》卷135，中华书局，1965，第1148页。
② 陈亮：《与吴益恭安抚》第一书，《陈亮集》（增订本），河北教育出版社，2003，第307页。
③ 陈亮：《与吴益恭安抚》第一书，《陈亮集》（增订本），第307页。
④ 陈亮：《又甲辰秋书》，《陈亮集》（增订本），第268页。
⑤ 黎靖德编《朱子语类》卷122，中华书局，1994，第2957页。
⑥ 吕祖谦：《与陈同甫》，《东莱吕太史别集》卷10，《吕祖谦全集》第一册，第481页。
⑦ 陈亮：《祭吕治先郎中文》，《陈亮集》（增订本），第323页。

了南宋浙学的思想巨流。正如元代学者刘埙所总结的："宋乾（道）淳（熙）间，浙学兴，推东莱吕氏（祖谦）为宗。然前是已有周恭叔（行己）、郑景望（伯熊）、薛士龙（季宣）出矣。继是又有陈止斋（傅良）出，有徐子宜（谊）、叶水心（适）诸公出，龙川陈同甫亮则出于其间也。"①

美国宋学专家田浩在评论吕祖谦创办的丽泽书院时说："当时的丽泽书院可与朱熹的白鹿洞书院（在南康附近）和张栻的岳麓书院（在长沙）媲美，丽泽书院的学者继承吕学的传统，并一直延续到元、明时代，使吕祖谦的史学和经世之学成为后世金华学派的基础。学者几百年来把金华学派归在浙东史学和经世之学的范围里，除婺州金华外，此派的大本营还包括浙南的温州和浙北的明州（今宁波）。把这三处的主要学派统称为'浙东学派'甚为恰当，因为吕祖谦的思想对这三个地区的学者都有影响，而且这些学者在当时已经有共同的归属感。"②

再从吕祖谦与当时思想学术界的主要代表朱熹、陆九渊、张栻的关系来看。吕学、朱学、陆学、张学为当时学术界鼎足并立的四大学派，吕学与它们之间相互关系密切、互有取益，但在总体上仍保持了自己的独特品格，形成了不同于诸学的重要特色。

吕祖谦与朱熹的关系在上述关系中是最密切、最重要的。一方面，朱熹也像吕祖谦曾师从胡宪，故两人有同门之谊。而且，两人意气相投，都对学术事业有高度的投入和对许多学术问题的共同兴趣。仅从两人的通信来看，都比与其他一般的人通信多得多，③ 朱熹不但在自己的许多著作撰成初稿后会先征求吕祖谦意见，而且与吕祖谦共同选编了《近思录》，商讨如何编写《伊洛渊源录》等，吕祖谦成为朱熹反复往来论学的主要对象。④ 所以黄宗羲说："朱子生平相切磋得力者，东莱、象山、南轩数人而已。"⑤ 正是朱、吕之间的密切交往，使得他们的思想学术也互有交融：常常是朱学中有吕

---

① 刘埙：《隐居通议二》。
② 田浩：《朱熹的思维世界》，陕西师范大学出版社，2002，第 92~93 页。
③ 参见陈来《朱子书信编年考证》，第 1167 年段。
④ 何俊：《南宋儒学建构》，上海人民出版社，2004，第 162 页。
⑤ 《宋元学案·南轩学案》，《黄宗羲全集》第四册，第 981 页。

学，吕学中也有朱学，实在难分轩轾，正如《吕祖谦评传》指出的："吕祖谦之学固然得益于朱熹不少，然而朱熹之学，吕祖谦亦有贡献。准确地说，吕学与朱学中的若干部分，是吕中有朱，朱中有吕，难分彼此。"① 这种思想学术上的融合使后人习惯上亦以"朱吕"并称。"明乎此，则金华后学的兼宗朱子，使吕学朱子化、朱学吕学化的学术倾向，便不难理解。"② 当然，我们也不能一看到吕学所具有的理学主张，就以为是吕学仅仅受朱学影响所致，而毋宁说是吕学继承了其家学及整个北宋以来的思想学术传统中所包含的周、张、二程等学术精神的体现，并因此使吕学本身在很大程度上也被人们看作理学的一大派别，如《宋元学案》中就把吕学看作与朱学、陆学同归宿于圣人的三大学派之一。③ 又如《朱熹的思维世界》一书的作者美国汉学家田浩就认为："吕祖谦对朱熹的理论和实践有明显的影响"，"吕祖谦将吕氏家学传统和道学其他流派结合，发展出 12 世纪道学的一支主要流派。……（全祖望）认为吕祖谦是 12 世纪后半叶道学的一位主要领袖，见解十分正确。"④ 他又说："吕祖谦对心、性的看法接近孟子，属于当时道学的主流见解。"⑤ 所以吕祖谦虽然不被《宋史》列入《道学列传》，并且其学术地位也被后人大大低估，"但从 1160 年代末期到 1181 年他去世的十几年里，他其实是道学最重要的领袖。吕祖谦比 12 世纪其他道学领袖在政治上更得意，而学问也广为时人推崇。"⑥ 仅就学生数量来说，1180 年吕祖谦去世前丽泽书院就有近 300 名学生，其一生学生"总数至少上千人"。⑦ 而朱熹同时期只有几十人，一生学生总数不到 500 人。⑧ 可见当时吕祖谦的学术影响要比朱熹大得多。正因为如此，吕祖谦死后，朱熹作文祭之时对于吕祖谦的为人和学识予以很高的评价：

---

① 潘富恩、徐余庆：《吕祖谦评传》，第 48 页。
② 杨太辛：《吕祖谦的博洽文史的中原文献之学》，《江南文化研究》第一辑（吕祖谦与浙东学术研究专辑），学苑出版社，2006，第 56 页。
③ 《宋元学案》卷五十一《东莱学案》，《黄宗羲全集》第五册，第 7 页。
④ 田浩：《朱熹的思维世界》，陕西师范大学出版社，2002，第 145、29 页。
⑤ 田浩：《朱熹的思维世界》，陕西师范大学出版社，2002，第 93 页。
⑥ 田浩：《朱熹的思维世界》，陕西师范大学出版社，2002，第 91 页。
⑦ 田浩：《朱熹的思维世界》，陕西师范大学出版社，2002，第 101 页。
⑧ 陈荣捷：《朱子门人》，台北学生书局，1982，第 1~27 页。

伯恭有蓍龟之智而处之若愚，有河汉之辨而守之若讷，胸中有云梦之富而不以自多，辞章有黼黻之华而不易其出，……孝友绝人而勉励如弗及，恬淡寡欲而持守不少懈，尽言以纳忠而羞为讦，秉义以饬躬而耻为介。……盖其德宇宽弘，识量宏廓。①

朱熹一贯对人严苛，当世之中能得到他如此褒颂的人，除了张栻可以与之相比外，再无他人。由此足见吕祖谦在朱熹心目中及学术界的分量。

但另一方面，吕学与朱学之间，又存在许多重要的区别。首先是在学术规模和气度上，吕祖谦以世家子所继承的深厚家学及其独得的中原文献之传，使他对整个北宋以来的精神文化传统有着极深切的体会，形成了"多识前言往行以蓄德"的家学传统和广大博识、开放持中的包容精神，既有崇理敬本、躬行践实的理学主张，又有博极群书、读书蓄疑，经史诸子、佛老之学无不涉猎讲究的"泛观广接"，恰恰于朱熹自称的"伤急不容耐之病"②及朱门后学的墨守成规、固陋浅隘之弊是一种鲜明的对比和纠偏之方。进一步看来，朱熹一方面要通过自己不懈的学术工作，努力建立一套前所未有的综合性儒学体系，另一方面他又通过学术思想史的整理，重建了一个一以贯之的道统传承体系，努力减低甚至抹杀道学传统的多样特性，追求一种同质化、确定化、单一化的学术遗产。而吕祖谦则是一位"主张多元化、不受教条约束的思想家"，③吕祖谦之所以能成为交好各家、调停朱陆、被各派学者所公认的学术领袖，除了他本性淳厚、宽容平和的性格特征外，更在于他能兼容众说、开放持中的多元化思想。而且这种多样化的思想传统显然更符合已进入近世化进程的宋代社会文化的发展要求。

其次，吕祖谦与朱熹在学术思想的许多基本观点、价值取向等方面都存在重要区别。吕祖谦与朱熹尽管思想交流密切，甚至不乏融合趋同之处，但

---

① 朱熹:《吕祖谦祭文》,《东莱吕太史文集附录》卷二,《吕祖谦全集》第一册, 第 752～753 页。
② 《朱熹集》, 四川教育出版社, 1996, 第 1330 页。
③ 田浩:《朱熹的思维世界》, 第 91 页。

"他们在道器观、体用观、动静观、仁义观等上仍然存在着差异"。① 这从自乾道六年起朱熹就自著的《太极图说解》、《西铭解》、《仁说》等一系列理学的重要著作在征求吕祖谦意见时二者的分歧和辩论中可以清楚地看出。此外，吕祖谦也不赞同朱熹所编织的道统论。朱熹在编出其道统论的代表作《伊洛渊源录》的初稿后征求吕祖谦意见时，最初吕表示要为这本书作序，但后来不但没作序，还对其进行了详细的批评："《渊源录》其间鄙意有欲商榷者，谨以求教。大抵此书其出最不可早，与其速成而阔略，不若少待数年而粗完备也。"② 如前所述，吕祖谦本人无论是对儒学传统还是对整个宋代的思想学术都持十分开放持中的态度，乐意承认多样化的思想生态。更重要的是，与朱熹注重理论的系统构建不同的是，吕祖谦偏重于经史之学，强调道德与事功的结合，以现实的关注和合理措置为道德的实践追求，以历代制度的得失成败为当前社会建设的经验基础，这些无疑又体现了南宋浙学的一些基本精神。正如田浩所说："（吕祖谦）他不像一些道学家花许多时间研究这些哲学问题的细节。他与朱熹、张栻等同道最大的不同处，在于他更注意全国的政治问题，重视历史研究和经世之学，而这正是吕祖谦与其他浙东儒者的共同点，他们对历史的看法也远比一般的宋代儒者（尤其是道学家）活泼。"③

吕祖谦与陆九渊的关系也是非同寻常。吕祖谦对陆九渊有知遇回护之恩。乾道八年（1172），吕主持礼部考试点检试卷时，竟能猜出陆九渊之文，慧眼识拔陆氏进士及第。吕祖谦作为当时久已自立，"有盛名，从之学者以百数"的学术领袖，还在学术界极力荐举回护陆九渊，如为了全力调停朱陆而组织召开的"鹅湖之会"，为了减少陆氏与学界的学术分歧和个人恩怨而经常以书信或面谈劝慰诱导等。陆九渊十分自信，唯对吕氏十分尊敬信任，称自己与吕祖谦"道同志合，惟公不二"。他在《祭吕伯恭文》中说："我坐狂愚，幅尺殊侈。言不知权，或以取戾。虽讼其非，每不自制。

---

① 徐儒宗：《婺学之宗——吕祖谦传》，浙江人民出版社，2005，第 176 页。

② 吕祖谦：《与朱侍讲》，《东莱吕太史别集》卷八，《吕祖谦全集》第一册，第 430 页。

③ 田浩：《朱熹的思维世界》，第 93 页。

公赐良箴，始痛惩艾。"① 同时他还对吕祖谦做了准确的评价："外朴如愚，中敏鲜俪。晦尝致侮，彰或招忌。纤芥不怀，惟以自治。侮者终敬，忌者终愧。远识宏量，英才伟器。……属思纡徐，摛辞绮丽。……约偏持平，弃疵养粹。玩心黄中，处身白贲。停澄衍溢，不见涯涘。"② 如果没有对吕祖谦其人其学的深入了解，是不可能有对其特征如此传神描述的。当然吕祖谦愿意与陆九渊交好的一个原因固然是出于其惜才之心和宽容之性，但另一个原因应是陆氏所说的"道同志合"，心有所戚。陆九渊是心学宗主，而吕祖谦也有心学主张。吕祖谦在反映其心学倾向的代表作《东莱博议》中认为心即道："心外有道非心也，道外有心非道也"。③ "未有一物居心外者也"。④ 这些看法与陆氏的心学思想是颇为一致的。但这并不表明像众多学者以为的吕氏的心学思想是受陆氏影响的结果，因为吕祖谦无论出生还是学术出道，都比陆氏要早，且其《东莱博议》成书于乾道五年，与陆氏尚未谋面，也不了解，谈不上对陆九渊思想的吸收。而吕任考官慧眼识拔陆氏进士及第是在此后的乾道八年。淳熙元年，陆九渊专程前往拜访吕祖谦，两人相处七八日，后吕写信给陈亮称赞陆九渊"笃实淳直，功夫甚有力，朋游间未易多得。"⑤ 所以毋宁说这些情况只是表现了吕祖谦对陆九渊心学思想的欣赏和共鸣。杜海军也认为："吕祖谦所以欣赏陆九渊《易》卷，恰表明了他对心学的已有倾向和在心学方面已经达到的造诣。"⑥ 正因此，吕祖谦对陆九渊之偏失也有清楚的认识并耐心开导。他说："子静亦坚实有力，但欠开阔耳。"⑦ 又说："陆君相聚五六日，淳笃劲直，流辈中少见其比。恐不可不收拾，惟开怀成就之为望。"⑧ 吕祖谦并不像朱熹那样认为陆学是"禅学"、异端邪说，反而一再称赞其"务实"、"笃实"，为陆学辩护，但他也认为陆学

---

① 陆九渊：《陆九渊集》，钟哲点校，中华书局，1980，第306页。
② 陆九渊：《陆九渊集》，钟哲点校，中华书局，1980，第305页。
③ 吕祖谦：《东莱博议·齐桓公辞》，《吕祖谦全集》第六册，第240页。
④ 吕祖谦：《东莱博议·齐桓公辞》，《吕祖谦全集》第六册，第241页。
⑤ 吕祖谦：《与陈同甫书》，《东莱吕太史别集》卷十，《吕祖谦全集》第一册，第480页。
⑥ 杜海军：《论吕祖谦研究中的偏见》，《浙江师范大学学报》（社会科学版）2008年第4期。
⑦ 吕祖谦：《与陈同甫书》，《东莱吕太史别集》卷十，《吕祖谦全集》第一册，第472页。
⑧ 吕祖谦：《与汪端明》，《东莱吕太史别集》卷七，《吕祖谦全集》第一册，第392页。

还欠"收拾"、"开阔",意指其方法论上还存在类似叶适所指出的"考之不详,资之不深"①的毛病:"大抵子静病在看人而不看理……只是功夫未到耳。"② 只注重人的主观性体认,"澄坐内观",就会忽视工夫上的"入细著实",就易流于空疏,这确是陆学广受批评的一个主要弊病,而吕祖谦注重经史、博洽文献的治学路径,正可补陆学之偏,这从继承了陆学、在浙江传播的四明心学所具有的注重文献化研究的特点就可彰显出这种补缺之效。

吕祖谦与之交往密切的另一位著名学者是张栻。张栻与吕、朱一起被当时合称为"东南三贤"。吕张相识比吕朱相识更早,且因张栻出身相门,在学术上要比朱熹先有影响。吕祖谦与张栻在仕途上曾两度共事,有同僚之谊,且因学术旨趣、政治观点相近,两人往来密切,曾与"张丈邻墙,日夕相过讲论"。③ 吕祖谦与张栻之间互有取益、互促反思。吕祖谦赞赏张栻"不自是,不尚同",推崇其教人之法与"居敬"说,也深惜其"不能察人情虚实,其教未必能有益",认为其虽以持养为本,却于省察有疏,合整顿检点处甚多。张栻也赞扬吕祖谦资质固美,于寻常人病痛往往皆无。只是伤于忠厚,流于姑息,果断不足。这些相互的得失之论,发于肺腑,真诚之至,由此可见他们可贵的君子之交。

可以说,吕祖谦在当时的学术界,已具有举足轻重且又无可替代的作用。从全国范围而言,他与闽学的领袖朱子、湖湘学的领袖张南轩并称为"东南三贤";他的吕学又与朱学、陆学共成鼎立之局,并且他调停于朱、陆之间;从浙江范围而言,他所创建的婺学与陈君举、叶水心的永嘉之学,陈龙川的永康之学亦成共生共荣之势,不但建有至为密切的关系,而且形成共同的"浙学"学派,该学派的主张成为学界的重要思潮。因而可以说,吕祖谦及其吕学在当时的整个学术界中,既是联系和协调各学派的枢纽,又是容纳各种学说的交会之区,更是思想学术创新的重要基地和平台,真可谓"乾淳之际,婺学最盛"。④ 而吕祖谦作为婺学的领袖自然也成为乾淳之际思

---

① 《宋元学案》卷五十八《象山学案》附录,《黄宗羲全集》第五册,第 317 页。
② 《宋元学案》卷五十八《象山学案》附录,《黄宗羲全集》第五册,第 317 页。
③ 吕祖谦:《与朱元晦》,《东莱吕太史别集》卷七,《吕祖谦全集》第一册,第 401 页。
④ 《宋元学案》卷六十《说斋学案》,《黄宗羲全集》第五册,第 357 页。

想界"最重要的领袖"。①

　　吕祖谦既是最权威的学术领袖，又是当时著名的教育家。他所创办的丽泽书院和明招堂培养出了众多吕学弟子，"也向来是朱学、陆学、永康学、永嘉学的学者们纷纷前来朝拜的圣地。因受东莱宽宏雅量以及兼容众说态度的影响，各派的弟子一到丽泽，都能和谐相处，学派的营垒和界限并不明显"，②大家一起接受吕祖谦的熏染陶冶。当时吕祖谦讲学，陆九渊形容"伯恭在哀经中，而户外之屦恒满"，实是一个真实的写照。③金华学者时少章在《书王木叔秘监文集后》中对吕祖谦在世时吕学、永康学和永嘉学相互密切往来，接受吕学熏染陶冶，造成了你中有我、我中有你的密切关系有一段很生动精彩的叙述：

　　　　往时东莱先生讲道金华，吾宗人尊老翕然从之，叔祖鍒寿卿、鍒长卿实为之领袖。而寿卿与先生同为癸未进士，先生盖兄视之，而视长卿若弟，伯父澐子云、泾仲渊及吾先人（按：时澜，字子澜），则日在讲下，课试常最诸生。是时四方来学者常千余人。自永嘉者特多，学行又冠诸郡，尤与吾宗人厚善。子云筑室，匾曰"学古"，前植单桂，后倚苍柏，大皆蔽牛。每休日，则永嘉憬集□□。叶公正则始介陈公同甫以来，已而戴公肖望、钱公□□，徐公居厚最后来；而刘公茂实、蒋公行可、陈公颐刚则又往来其间。薛公士隆访先生，留数月，先生挟以游"学古"，从容竟日，欲去，尚回顾不忍舍发。吾宗人是时皆饶于财，凤戒甘氂，候诸公至，争先迎致之。日渐月染，至自忘其乡音，相见类作温语，而日所啖，大半温产也。秘书少监王公，乾道进士……始仕为义乌尉，独识寿卿于先生坐上。先人时尚未第，其后教授临安，乃始识公，一见遂如旧交，日与王元后、张伯广诣直舍索谈，至引日连宵不少倦，视叶、戴、钱、徐又亲矣。先人在宗人中独后死，又尝为天富盐官，所友永嘉之士殆百余人，案上笺牍，永嘉盖十八九，先人亦自言每

---

　　① 田浩：《朱熹的思维世界》，陕西师范大学出版社，2004，第91页。

　　② 徐儒宗：《婺学之宗——吕祖谦传》，浙江人民出版社，2005，第313页。

　　③ 《宋元学案》卷五十一《东莱学案》附录，《黄宗羲全集》第五册，第31页。

闻人作温语，即喜就之，以宿契使然……①

在吕祖谦所搭建的有形无形的巨大学术平台上，各派领袖、各家学子都在其中或学习切磋，或交流融摄，其乐融融，其盛空前。《宋元学案》称："诸讲学子孙，惟吕氏未坠。"② 可见吕氏家学不仅深厚，传之久远，而且确实是有自己的独特内涵和特色的一家之学，否则不可能流传如此广且久。全谢山说："明招学者，自成公下世，忠公继之，由是递传不替，……历元至明未绝，四百年文献之所寄也。"③ 正因为如此，吕学才能不仅在当时极盛一时，还能不断传承，"为有明开一代学绪之盛。"④

总之，由于吕祖谦为人忠厚诚恳、气量宽宏，加上其家学及本人治学的最大特点就是博取众家之长而不主一说，所以吕祖谦不但积极地与活跃在当时学术舞台上的不同学派代表人物陈亮、叶适、朱熹、陆九渊、张栻等都进行密切的学术交往，而且能够不拘囿于学派门户观念，以求同存异、开放多元、宽容异说、奖掖后进的恢宏气度和宽广的学术胸怀平等真诚地对待各家各派，赢得了大多数学者的尊敬和拥护，成为公认的学坛领袖。陈亮指出："三四年来，伯恭规模宏阔，非复往时之比，钦夫、元晦已朗在下风矣，未可以寻常论也。"⑤ 宋末元初学者黄震说："东莱先生以理学与朱、张鼎立为世师，其精辞奥义，岂后学所能窥其万分之一。鹅湖之会集，……先生忠厚之至，一时调娱其间，有功于斯道何如邪？"⑥ 黄震不仅从学术上肯定了东莱与朱、张鼎立为世师的地位，而且在人格上褒扬了东莱的"忠厚之至"及鹅湖之会的调停之功。而对于吕祖谦来说，这种求同存异、开放多元、宽容异说、平等互动的思想学术氛围，恰恰是其十分自觉地追求和努力的。他曾说：

吾侪所以不进者，只缘多喜与同臭味者处，殊欠泛观广接。故于物

---

① 时少章：《敬乡录》卷十一。
② 《宋元学案》卷五十一《东莱学案》，《黄宗羲全集》第五册，第45页。
③ 《宋元学案》卷七十三《丽泽诸儒学案》，《黄宗羲全集》第五册，第916页。
④ 《宋元学案》卷七十三《丽泽诸儒学案》，《黄宗羲全集》第五册，第916页。
⑤ 陈亮：《与吴益恭安抚》第二书，《陈亮集》（增订本），卷二十九，第307页。
⑥ 《宋元学案》卷五十一《东莱学案》附录，《黄宗羲全集》第五册，第36～37页。

情事理，多所不察，而根本渗漏处，往往卤莽不见，要须力去此病，乃可。①

吕祖谦认为，要求得其学问的真进步，就不能固陋于与自己相同观点的"同臭味者"，而应该走出去"泛观广接"，与各种不同的学术观点和学术思想广泛地接触和交流，这样各种不同的学术观点和见解不仅不是排斥、诋毁的对象，反而应是学习、借鉴的对象。因此，他反对学术上的封闭、固陋、因循，以派划界，以邻为壑，一定要"力去此病"，"渐化其偏"。他一再指出："论学之难，高者其病堕于玄虚，平者其末流于章句。二者之失，高者便入于异端，平者浸失其传，犹为悖训。故勤行义，轻重不同，然要皆是偏。"② 再三强调当日学者治学方法褊狭的弊病。对吕祖谦的这一特点，全祖望做了充分肯定："小东莱之学，平心易气，不欲逞口舌以与诸公角，大约在陶铸同类，以渐化其偏，宰相之量也。"③ 正因此，吕祖谦不仅把"泛观广接"、"兼取其长"、"渐化其偏"的理念坚持运用于自己的学术研究、思想体系的建构，而且努力贯彻于学术交流之中，如黄震就对吕祖谦与朱熹、陆九渊二人的学术关系做过这样公正的评价："然尝观之，晦翁与先生（吕祖谦）同心者，先生辨诘之不少恕；象山与晦翁异论者，先生容下之不少忤。"④ 又如吕祖谦对北宋时期欧阳修、王安石、苏东坡等人的学术思想亦持存异求同、吸取其合理因素的态度。他很不赞成朱熹对王安石的敌视、诋毁态度，对朱熹所编次的《三朝名臣言行录》几次提出批评；他肯定苏轼学术思想中有创见的观点，反对朱熹的门户之见；他曾向内弟曾德宽建议说"且看"欧阳修、王安石、苏东坡三集，"以养本根"，足见其对三人思想的重视。可见，吕祖谦有宽广的学术视野、高明的学术见识、公允的学术评价，他所坚持的"委曲拥护"、"兼取其长"、"渐化其偏"等开放宽容的学术思想态度，具有难能可贵的价值。在这里，吕祖谦实际上是在倡导一种

---

① 吕祖谦：《与刘衡州》，《东莱吕太史别集》卷九，《吕祖谦全集》第一册，第453页。
② 《宋元学案》卷五十一《东莱学案》，《黄宗羲全集》第五册，第22页。
③ 《宋元学案》卷五十一《东莱学案》，《黄宗羲全集》第五册，第5页。
④ 《宋元学案》卷五十一《东莱学案》附录，《黄宗羲全集》第五册，第36页。

"学术开放性和思想多元化"的文化生态,也涉及了对学术宽容和学术思想自由之域的自觉追求,具有了"近世化"思想家的色彩。

相反,中国传统学术思想界,历来有严重的门户之见,素喜党同伐异,还美之谓"道不同不相为谋",各家各派还常常表现得十分义正词严,似乎只有自己一家一派才真理尽握,不容他人染指,把他人他派不是看作无知的愚昧之徒就是视为无耻的骗子盗贼,难以建立一种开放、自由、多元、宽容的思想学术环境。尤其以朱熹为代表的宋代理学为了追求所谓道德和道统的纯洁性,不仅自己容不得半点不同的声音,而且对吕祖谦这样开放、宽容的学者大为不满,大肆攻击丑化。朱熹本是吕祖谦的至亲密友,然而,在吕祖谦去世后,朱熹却对吕祖谦竭力指摘诋毁,甚至远远超过了其他人。朱熹说:

> 博杂极害事。伯恭日前只向杂博处用功,却于要约处不曾仔细研究。①
>
> 伯恭爱弊精神于闲文字中,徒自损,何益?②
>
> (吕)其学合陈君举、陈同甫二人之学问而一之,永嘉之学,理会制度,偏考究其小小者,惟君举为有所长。若正则则焕无统纪。同甫则谈论古今,说王说霸。伯恭则兼君举、同甫之所长。③
>
> 伯恭无恙时,爱说史学,身后为后生辈糊涂说出一般恶口小家议论,贱王尊霸,谋利计功,更不可听。④

朱熹对吕祖谦的这些严厉指摘,一方面是对吕祖谦注重史学、经史结合等治学方法论不以为然;另一方面也是对吕祖谦思想学术内容上"博杂"、注重经世致用之学的探究,甚至表现出了与陈亮、陈傅良等永康、永嘉学派相近的注重社会政治、经济、军事、制度等领域的探究,具有事功倾向深为不满。而且,尽管吕祖谦在世时其在学术界的声望地位远远高于朱熹,但是由

---

① 《宋元学案》卷五十一《东莱学案》附录,《黄宗羲全集》第五册,第33页。
② 《宋元学案》卷五十一《东莱学案》附录,《黄宗羲全集》第五册,第32页。
③ 《宋元学案》卷五十一《东莱学案》附录,《黄宗羲全集》第五册,第33页。
④ 《宋元学案》卷五十一《东莱学案》附录,《黄宗羲全集》第五册,第33页。

于朱熹享年远长于吕祖谦，且后来朱学又被官方作为正统的意识形态影响中国学术思想界长达几个世纪，所以朱熹对吕祖谦的批评否定产生了极大的定论性的影响，严重损害了吕祖谦的学术声望和地位。受朱熹影响，其门生及追随者们纷纷公然贬低攻击吕祖谦，批评吕祖谦不够守约、不懂作诗，甚至只是朱熹的三传等等。① 而这些明显有背南宋思想史实的说法，完全是出于门户私见特别是囿于道学传统的学术视野而贬抑异己、抬高自己的目的。因此，这些做法自然也遭到了有识之士的批评，如前述黄震的批评："先生（吕祖谦）以理学与朱、张鼎立为世师，其精辞奥义，岂后学所能窥其万分一！"四库馆臣也批评朱熹对吕祖谦是"抵隙攻瑕不遗余力"。全祖望也指责陈淳："朱、张、吕三贤，同德同业，未易轩轾……而北溪辈必欲谓张由朱而一变，吕则更由张以达朱，而尚不逮张，何尊其师说之过邪！……弟子各尊其师，皆非善尊其师者也。"② 当代学者也指出："在门户之争日盛的情况下，心平气和、不立崖异、不欲呈口舌以与诸公争校是非的吕学，乾、淳间光彩后日渐被遮去。时至今天，人们还依然站在朱熹、陆九渊后学旧有的立场批评吕祖谦，如责难吕学'博杂'等。甚至研究浙东学术时也将吕祖谦忽略，实际上就等于忽略了南宋学术的三分之一，最终造成了吕祖谦研究的根本滞后。"③ 显然，这些错误、狭隘的观念和做法，不但造成了对吕祖谦及整个南宋浙学的思想学术地位和作用的真实面貌的误解和遮蔽，歪曲了南宋的学术思想的真实历史，而且是造成宋以后中国思想学术缺乏创新、长期停滞的一个重要原因。

---

① 参见黎靖德《朱子语类》卷一二二，第 2949、2954 页；陈淳：《严陵学徒张吕合五贤祠说》，《北溪大全集》卷 12，文渊阁四库全书本。

② 《宋元学案》卷五十一《东莱学案》附录，《黄宗羲全集》第五册，第 36 页。

③ 杜海军：《论吕祖谦研究中的偏见》，《浙江师范大学学报》（社科版）2008 年第 4 期。

# 第五章　陈傅良与永嘉学派的发展

在我国南宋前期思想史上，崛起于浙江东南滨海地区的永嘉事功学派，是与当时的理学（"道学"）、"心学"鼎立的全国三大学派之一。永嘉事功学派创始人为薛季宣（1134～1173），集大成者是叶适（1150～1223）。而陈傅良正是其中间人物。他是薛季宣的大弟子，又对叶适有很深的影响。叶适撰《陈公（傅良）墓志铭》说："余亦陪公游四十年，教余勤矣。"[①] 其后，又在《温州新修学记》中说："薛士隆（薛季宣）愤发昭旷，独究体统，兴王远大之制，叔末寡陋之术，不随毁誉，必摭故实，……至陈君举尤号精密，民病某政，国厌某法，铢称镒数，各到根穴，……故永嘉之学，必弥纶以通世变者，薛经其始而陈纬其终也。"[②] 由此可见陈傅良在永嘉事功学派里是占有承先启后的重要地位的。的确，陈傅良的思想闪烁着永嘉学派的思想特质。由薛季宣创始，而陈傅良继之，到水心集其大成而一脉相承的永嘉学派真正与朱、陆二派鼎足而三的学术史地位受到了那些能较客观地看待那段思想历史的人们的公认。正是那些不同于宋明理学的东西所体现出的具有新的独特思想内涵和学术旨趣的路径选择，使包括永嘉学派在内的南宋浙学的兴起具有了充分的必要性和革命性。因此南宋浙学与明清实学思潮的兴起在一定程度上是一致的，它们都反映了中国文化、思想自身在努力实现从传统到现代的范式转型。而了解陈傅良的思想特质对于我们重新认识永嘉

---

① 叶适：《水心文集》卷十六《陈公（傅良）墓志铭》，《叶适集》，中华书局，1983，第300～301页。

② 叶适：《水心文集》卷十《温州新修学记》，《叶适集》，第178页。

学派的思想史地位和学派归属问题是有着不可忽视的作用的，进而对永嘉学派中那些不同于（实际上是超过了）宋明理学的东西所体现出的具有新的独特思想内涵和学术旨趣的路径选择，对包括永嘉学派在内的南宋浙学的兴起所具有的充分的必要性和革命性可以产生全新的理解。而这一切恰恰又能够进一步对造成永嘉学派及南宋浙学在学术思想史上长期被遮蔽和遗忘的重要原因做出深入的研究。

# 一　陈傅良的思想特征

陈傅良（1137~1203），字君举，世称止斋先生，温州瑞安县人，为南宋颇负盛名的学者，《宋史》列其入《儒林传》。陈傅良作为薛季宣的大弟子，不但继承了薛季宣的事功学说，而且对永嘉学派的发展起到了承先启后的重要作用。

薛季宣的事功学派又被称为"经制之学"，即注重从历代典籍中研究历代制度之学。然而，薛季宣研究"经制之学"，其目的还是施于现实的治世。他主张"求经学之正，讲明时务本末利害，……无有空言，无戾于行"。① 所以"其学主礼乐制度，以求见事功"。陈傅良在《薛公行状》中对他的事功之学的具体内容曾有论述："自六经之外，历代史、天官、地理、兵刑、农末，至于隐书小说，靡不搜研采获，不以百氏故废。尤邃于古封建、井田、乡遂、司马之制，务通于今。"② 确实，正如吕祖谦所说，他对"田赋、兵制、地形、水利，甚曾下功夫，眼前殊少见其比。"所以，其"所学确实有用"③。正因为如此，薛季宣开创了永嘉学派重事功而通世变，主张学术与事功统一，强调实事实功、经世致用的学术思想传统。黄宗羲在《宋元学案·艮斋学案》中，就曾指出："永嘉之学，教人就事上理会，步

---

① 薛季宣：《答象先任书》，《薛季宣集》，第329页。
② 陈傅良：《止斋集》卷五十一《薛公行状》，钦定四库全书荟要本，吉林出版集团有限责任公司，2005，第433页。
③ 吕祖谦：《吕太史东莱别集》卷七、卷八《与朱晦庵书》，《吕祖谦全集》第一册，第412、416页。

步着实，言之必使可行，足以开物成务。"① 此论极为中肯恰当。

陈傅良早年较贫寒，故勤学苦读，很早就在家乡一带授徒教学，以谋求衣食之资。由于教学有方，尤精于举业应试之学，所以陈氏早年就名动一时，"岁从游者常数百人"，②"由是其文擅于当世"。③ 但陈傅良并不以此自满，除向同郡郑伯熊问学外，南宋孝宗隆兴二年（1164），永嘉薛季宣自湖北归里待缺，陈以师礼事薛。乾道五年（1169）冬，又追随薛季宣寄寓常州读书，"茅茨一间，聚书千余卷，日考古咨今其中"。④ 叶适的学生吴子良说："（止斋）从薛常州（季宣官至常州知州）讲经制之学，其后文学日进。"⑤ 从此继承和发扬了薛季宣的事功学说，并致力于有关国计民生实用之学的探讨。而从历史上看，薛季宣的事功之学，也的确主要是由陈傅良传承和阐发的。全祖望说："止斋最称醇恪，观其所得，似较艮斋（薛季宣）更平实，占得地步也。"⑥

陈傅良对薛季宣学术思想做了很好的继承和发展，并进一步凝聚为永嘉学派的思想特质。主要体现在以下几个方面。

一是"道在器内"的唯物论。

"道"与"器"作为中国哲学史上一对重要的范畴，历来受到学者们的重视。道，指本体性的存在，也指无形的法则或规律；器，指具体的存在，也指各种有形的事物或名物制度。薛季宣主张道器统一、道不离器。薛季宣认为，"上形下形，曰道曰器，道无形埒，舍器将安适哉？"⑦

陈傅良坚持了这种唯物主义的思想主张。他反对朱熹等道家学"理（道）在气先"或"未有是器，却有是理（道）"的说法。他说："形而上者谓之道，形而下者谓之器，器便有道，不是两样。"⑧ 显然，陈傅良这种

---

① 黄宗羲：《宋元学案》卷五十二《艮斋学案》，《黄宗羲全集》第五册，第56页。
② 陈傅良：《止斋集》卷五十二附录蔡幼学《陈傅良行状》，钦定四库全书荟要本，第452页。
③ 叶适：《水心文集》卷十六《陈公墓志铭》，《叶适集》，第298页。
④ 陈傅良：《止斋集》卷五十一《薛公行状》，钦定四库全书荟要本，第434页。
⑤ 吴子良：《林下偶谈》卷四《陈止斋》、《止斋得谤》。
⑥ 黄宗羲：《宋元学案》卷五十三《止斋学案》，《黄宗羲全集》第五册，第73页。
⑦ 薛季宣：《答陈同父书》，《薛季宣集》，第298页。
⑧ 见《朱子语类》卷一二〇（曹叔远向朱熹所述），第2896页。

认为"器便有道"，物之所在，就是道之所在的道器统一观，是坚持了薛季宣的道不离器说的。

陈傅良的这种朴素唯物主义思想，也是他经世致用学术思想的形上学基础，对其事功学说的理论建构，具有重要的思想导向作用。

二是为学务实的学术追求。薛季宣重视实践，强调以躬行达用为本。他告诫门生"毋为徒诵语录"，"义理之学不必深穷"，而要"就事上理会，步步着实"①。薛季宣责斥理学空谈误国，认为"清谈脱俗之论"，"语道不及事"，是空无之学，"迄无所有用"②。陈傅良深得其传，并予阐发，比薛氏"更平实"。陈傅良也主张论道要密切联系实际事物，认为"达官贵人而空谈不适用"，"是纸上语"③。他对当时的科举制度很不满意，认为是"以文词取士，而病其不以实学应科"，希望科举考试能"以时务发策，以求实学"。④ 他自己研究作文，"集中多切于实用之文"。因此，他反对空谈理性，主张务实。他在教授学生时就把读经与历史实际考察结合起来，"令事事理会"，以求将历史的经验教训"行于今世"。如他认为，《周礼》"其意要与时务合，不为空言"⑤，故而精研《周礼》，"解剥于周官左史，变通当世之治"⑥。他"自三代、秦汉以下靡不研究，一事一物必稽于极而后已。而于太祖开创本原，尤为潜心"，以求古为今用，以史为鉴，探索治乱兴衰的良策。

三是倡导学与行均要见之事功。薛季宣注重事功，所学"无不可措之用"，⑦ 主张"讲明事务本末利害，必周知之，无为空言，无戾于行"。⑧ 以至朱熹大为反感，"目之为功利之学"。⑨ 陈傅良也主张"所学见之事功"，对社会现实问题的分析，"尤号精密"。他说："所贵于儒者，谓其能通世

---

① 黄宗羲：《宋元学案》卷五十二《艮斋学案》，《黄宗羲全集》第五册，第 56 页。
② 薛季宣：《沈应先书》，《薛季宣集》，第 304 页。
③ 陈傅良：《止斋集》卷三十九《云章阁记》，钦定四库全书荟要本，第 331 页。
④ 陈傅良：《止斋集》卷四十三《策问十四首》，钦定四库全书荟要本，第 359 页。
⑤ 黄宗羲：《宋元学案》卷五十三《止斋学案》，《黄宗羲全集》第五册，第 82 页。
⑥ 黄宗羲：《宋元学案》卷五十三《止斋学案》，《黄宗羲全集》第五册，第 74 页。
⑦ 黄宗羲：《宋元学案》卷五十二《艮斋学案》，《黄宗羲全集》第五册，第 51 页。
⑧ 薛季宣：《答象先侄书》，《薛季宣集》，第 329 页。
⑨ 黄宗羲：《宋元学案》卷五十二《艮斋学案》，《黄宗羲全集》第五册，第 51 页。

务，以其所学见之事功。"① 楼钥所撰的《陈公神道碑》中称："中兴以来，空理性之学者宗永嘉。惟薛（季宣）氏后出。加以考订千载，自井田、王制、司马法、八阵图之属，该通委曲，真可施之实用。……公（指陈傅良）游从最久，造诣最深，以之研精经史，贯穿百氏，以斯文为己任，综理当世之务，考核旧闻，于治道可以兴滞补敝，复古至道，条画本末粲如也。"②

永嘉学派十分重视对古代经典的研究，但其研究，不重其义理，而特重其经制，即历代制度，因而永嘉学派又被称为"经制之学"。如薛季宣研究六经，"尤邃于古封建、井田、乡遂、司马之制，务通于今。"③ 陈傅良研究六经，同样在于探明"时务本末利害"，"变通当世之治"，在于"兢业"。陈傅良说："六经之义，兢业为本"④，"六艺之学，兢业为本"⑤。他把《周官》等六经，《左传》、《史记》等史籍的要旨均归之为"兢业"，即视为可以作实事实功建功立业的真学问，认为从这些典籍中可以领悟富民强国之术，开基立国之道，以古人之治措于今人之治。《四库全书提要》称："傅良之学终以通知成败谙练掌故为长，不专于坐谈心性，故本传又称傅良为学自三代秦汉以下靡不研究，一事一物，必稽于实而后已。"

四是对现实民生和政治改革的关注。永嘉学派的思想家们的一个突出特点是几乎都十分关注现实民生问题，并将这种关注付诸理论的探讨和行动的实践。薛季宣在谈到义利关系时主张治国务为民利，反对与民争利，强调义、利统一。为此，知识分子为学寻求大义，就必须讲求有关国计民生的有用之学。他自己为官身体力行，做了许多有益民生、改革弊政的举措。清四库馆臣评论其《浪语集》时称赞他说："历官所至，调辑兵民，兴利除弊，皆灼有成绩。在讲学之家，可称有体有用者矣。"⑥ 陈傅良继承和光大了薛季宣的这种思想倾向，将其经世致用的思想追求真正落实到了对现实民生的关切上。陈傅良一生长期为官，不仅十分清廉，颇有政绩，而且关心民瘼，

---

① 陈傅良：《止斋集》卷十四《外制》，钦定四库全书荟要本，第118页。
② 楼钥：《攻媿集》卷九十五。
③ 陈傅良：《止斋集》卷五一《薛公行状》，钦定四库全书荟要本，第433页。
④ 陈傅良：《止斋集》卷三十七《与吕子约》，钦定四库全书荟要本，第311页。
⑤ 陈傅良：《止斋集》卷三十八《答刘公度之二》，钦定四库全书荟要本，第318页。
⑥ 《四库全书总目》卷一六〇《集部》一三。

无论担任地方官员还是朝廷大臣都对老百姓的生存生计问题十分关切。他把自己的经制事功思想应用于为官施政的实践中，对实际"民生"问题多有思索，并提出了一系列主张，被称作"最为知今"的学者。① 他认为，"民生""民心"是国家政治的核心问题，攸关王朝的安危存亡。他说："得民心受天命"，② "人主之所以得天下者以得人心也，所以失天下者以失人心也。"③ 为此，他提出一个王朝"天命之永不永在民力之宽不宽"④，他撰写的《民论》、《收民心策》以及向皇帝的多次上书，专论民穷民困之现状，民心向背的力量及重视民生的极端重要性。因而他呼吁作为最高统治者的皇帝应以"救民穷为己任"⑤。

陈傅良目睹老百姓的生存现状，认为"至于今而民力之困极矣"。⑥ 他通过考察总结北宋以来财政税收的历史演变，深刻揭露了造成民力之困的种种弊政。他认为，造成民生问题的根源在于朝廷对人民取之无度，征税过多过滥，使普通民众难以应付。尤其是地方上向朝廷上供额一再剧增后，地方常税十之八九不在州县，州县无以上供，便豪夺于民，无所不至，而民困极。所以他主张通过免税减税，减轻人民的负担，改善人民的生存状态，他自己曾一再地奏请减免百姓各种税赋。同时，他主张革除导致百姓困穷、民生凋敝的种种弊政；惩治贪官污吏的扰民自肥行为，建立公平公正的法律制度和有效的监督机制来保证"宽民力"、"保民利"、"救民穷"。显然，这种倾力关注现实"民生"的政治思想是陈傅良思想中最突出的一个特质，也是其学术极为重要的组成部分，其中闪耀着人民性、民主性的光辉，不愧为一位平民思想家和政治家。而陈傅良的这种平民性，既与他本人出身于平

---

① 李心传：《建炎以来朝野杂记》乙集卷二十。
② 陈傅良：《止斋集》卷二十《吏部员外郎初对札子第二》，钦定四库全书荟要本，第181页。
③ 陈傅良：《止斋集》卷二十五《奏事札子》，钦定四库全书荟要本，第227页。
④ 陈傅良：《止斋集》卷二十《吏部员外郎初对札子第二》，钦定四库全书荟要本，第181~182页。
⑤ 陈傅良：《止斋集》卷二十《吏部员外郎初对札子第二》，钦定四库全书荟要本，第182页。
⑥ 陈傅良：《止斋集》卷二十《吏部员外郎初对札子第二》，钦定四库全书荟要本，第181页。

民有关，更与他一生多与乡村平民及平民知识分子为伍，深切了解平民生活有很大关系，也与故乡永嘉一带社会经济生活环境对他的影响有很大关系。

陈傅良的思想对永嘉学派形成和发展起了重要的传承作用。叶适和他游从四十多年，叶适之所以能成为永嘉学派的集大成者，不能不与其深受陈傅良的影响有关。此外，陈傅良还培养了蔡幼学、曹叔远等一大批永嘉学派的知名学者，形成了一个具有相当规模的门人集团，他们通过讲学、游学、论辩等学术活动，极大地推进了永嘉学派的发展和思想的传播。

## 二　永嘉学派的思想史地位

永嘉学派的形成有一个过程，它是从永嘉之学基础上发展而来的。从学术史上看，"永嘉之学"与"永嘉学派"是两个既相关联又有不同的概念。"永嘉之学"的起源较早，范围较宽泛。永嘉之学发端于北宋。北宋庆历年间的王开祖、丁昌期，开永嘉之学先河。周行己、许景衡等元丰永嘉九先生，则使永嘉之学得以长足发展。① 但是，永嘉之学这时仍未完全摆脱程颐洛学和张载关学及一般儒学的思想影响，尚未形成自己独立的思想体系和学派。真正"自为门庭"的永嘉学派形成于南宋。通常所说的永嘉学派，是指以薛季宣、陈傅良、叶适为代表的事功之学。可见，永嘉之学泛指北宋永嘉地区的具有地域特色的思想学说，而永嘉学派则是其中在继承了北宋以来永嘉之学的思想学术传统基础上进一步发展出来的"自为门庭"的独立学派。永嘉学派经陈傅良、叶适等人的发扬光大，已经成大气候，也足以屹立于当时的学术界，稳占了一席重要之地。

全祖望认为永嘉学派是与朱子理学、陆九渊心学鼎足而立的南宋三大学术派别之一，确实真实反映了永嘉学派在中国学术史上的地位和价值。全祖

---

① 关于永嘉之学的起源问题，无论历史上还是现代学术界，都有一些完全不同的看法，其中占主导地位的是认为永嘉学派由宋中期周行己、许景衡所传伊洛之学演化而成，如黄宗羲、全祖望的《宋元学案》、清季邓实的《永嘉学派述》、近人何炳松的《浙东学派溯源》等均持此观点。而南宋永嘉学者陈谦的《儒志先生学业传》、今人周梦江的《叶适与永嘉学派》等则认为宋中期王开祖应为永嘉之学的开创者。本书赞同后者观点。可参见周梦江著《叶适与永嘉学派》第三、四章，杭州，浙江古籍出版社，2005。

望在评论永嘉学派的陈傅良至叶适的发展时说：

> 水心较止斋又稍晚出，其学始同而终异。……乾、淳诸老既没，学术之会，总为朱、陆二派，而水心断断其间，遂称鼎足。①

事实上，这一由薛季宣创始，而陈傅良继之，到水心（确切地说，应在水心晚年）集其大成而一脉相承的永嘉学派真正与朱、陆二派鼎足而三的学术史地位是受到了那些能较客观地看待那段思想历史的人们的公认的。如《四库全书提要》在介绍《浪语集》时，就较公正地评价了薛季宣、陈傅良的事功之学："朱子（熹）喜谈心性，而季宣则兼重事功，所见微异，其后陈傅良、叶适递相祖述，永嘉之学遂别一派"，"讲学之家，可称有体有用者"，所论"不必依傍儒先馀绪，而立说精确，卓然自成一家"。此处除说薛季宣之学与朱熹理学"所见微异"不很妥当外，所说薛、陈"立说精确"，"卓然自成一家"之言，正是指事功之学所具有的学术思想史地位。

然而，宋末社会历史及思想文化环境的变化，特别是宋元易代、理学独尊局面的出现，使永嘉学派的发展传承受到了严重阻碍，其影响逐渐萎缩。至明清时代，人们已遗忘了原本如此重要的一个学术派别的存在和影响。正因此，晚明致力于恢复永嘉学派的孙锵鸣说："当是时，朱学盛于闽，吕学盛于婺，而吾乡二郑，陈、薛诸儒自为永嘉之学，讨论古今经制治法，纲领条目，兼综毕贯，务使坐而言者，可以起而行，与朱子、东莱鼎足而立。今吾乡人士于孔孟之遗书及程朱之说列于学官，固已幼而习之矣！独于永嘉之所以为学，殆未人人能言之！而岂知能为永嘉之学即可以为程朱，即可以为孔孟，乾淳之际可以独盛？元明以来何以独熄？"② 孙氏此言既充分肯定了永嘉学派在南宋社会曾取得的巨大成功，又深深惋惜于此后它的衰落和失传。

其实，不论是永嘉学派还是整个永嘉之学的兴盛或衰落，都与其所具有

---

① 黄宗羲：《宋元学案》卷五十四《水心学案上》，《黄宗羲全集》第五册，第106页。
② 孙锵鸣：《孙锵鸣集》卷七《瑞安重建先师庙碑记》，上海社会科学院出版社，2006，第110页。

的不同于正统理学的独特品质有着极内在的根本关联，可谓成于斯亦"败"于斯。这种不同于正统理学的独特品质，从一开始就注入了永嘉之学的内部并不断强化和彰显，贯穿于其始终，成为其一个最富有特色且最富有生命力的精神内涵。

这种不同于正统理学的独特品质不仅在前述陈傅良的思想特质中得到典型反映，而且也在永嘉之学的最早开创者王开祖那里就已显露出来。王开祖为宋中期永嘉人，字景山，皇祐五年（1053）进士，后因应制科不取，"不调而归"，隐居讲学，英年早逝，学者称"儒志先生"。虽然由于与其有关的资料流传下来有限，现在我们已无法了解其确切的生平和思想，但其一些主要的思想倾向还是可以把握的。如王开祖在论自己的学术志向时说：

> 由孟子以来道学不明，我欲述尧舜之道，论文武之治，杜淫邪之路，辟皇极之门，吾畏诸天者也，吾何敢已哉？①

从王开祖的自述可以看出，"述道"以杜邪路，"论治"以达皇极之门的外王之道，是其追求的主要理想，并且由此确立了永嘉学术以对现实"治道"的关注为中心的思想取向。这一特点在略晚于王开祖、也被视为永嘉之学重要源头的"元丰九先生"那些永嘉学人那里也得到了体现，他们大多在自己的学术思想活动中注重通过探究古代的典章、制度等以寻求对现实社会、政治秩序的合理重建。这与朱熹描述北宋前期学术的特征为"说经"以"推明治道"是一致的。② 余英时也强调宋代知识界的思想主题就是"重建秩序"。③ 而北宋永嘉之学初起的学者们对这一"秩序重建"的工作积极关注，反映出了他们也与北宋主流学者们一样仍然接续着唐代韩愈等人"排斥佛老，匡救政俗之弊害"④ 的学术追求，以重建合乎尧舜之道的政治、社会、文化秩序作为自己的思想宗旨。

---

① 王开祖：《儒志编》。
② 朱熹：《朱子语类》卷八十三《春秋·经》，第2174页。
③ 余英时：《朱熹的历史世界——宋代士大夫政治文化的研究》，第118页。
④ 陈寅恪：《论韩愈》，《金明馆丛稿初编》，三联书店，2001，第323页。

正因此，南宋永嘉学者陈谦在论述王开祖科场不利后说："景山幡然不调而归，尽焚旧作，纵观经史百家之书，考别差殊，与学者共讲之，席下常数百人。"① 正如陆敏珍认为的，王氏"不调而归"、"尽焚旧作"固然可能只是科场失意后的愤世之举，但随后，其"纵观经史百家之书，考别差殊，与学者共讲之"的人生旨趣若放置于其当时的历史语境中进行分析，却可以看作一种别有意味的表达形式。② 我以为，这种"别有的意味"所表达的正是其不同于正统理学的思想宗旨。因为"尽焚旧作""纵观经史百家之书，考别差殊"正意味着其不再以科举之学和传统儒学为思想框架，而是表现了其已转向对治人之学、外王之道的追求。他自己说："君子之隐，知可止耳，心岂忘于世哉？……天下之民方出诸水火而又驱之于涂潦，忍坐视而不救乎？"③ 也就是说，王开祖虽然退而隐居，却未忘教世济民，仍坚持以对现实社会的合理教治的探讨为自己的终极关怀。可以肯定，王氏之学注重的是外王之道，而"无所谓理气心性之微妙也"，④ 这构成了与后起的程朱理学的一个最大区别。而王氏这一学术旨趣又深深地影响了永嘉之学的思想路向，使其在追求经世致用、实学事功上越走越远。而这一点也正好说明了，永嘉之学不仅在时间上早于伊洛之学的兴起，而且自有渊源，在其最初的起源上就与正统理学具有不同的思想特质，而不是像通常人们认为的由周行己、许景衡等人源自伊洛之学的单一传承。对此，南宋永嘉学者陈谦就已在《儒志先生学业传》中指出，在濂洛未起的儒林草昧时期，永嘉就已有王开祖在周行己、徐景衡之前从事讲学活动，成为永嘉之学的开创者。他说："当庆历、皇祐间（1041～1053），宋兴未百年，经术道微，伊洛先生未作，景山独能研精覃思，发明经蕴，倡鸣道学二字，著之话言，此永嘉理学开山祖也。"⑤ 并接着指出，过了三四十年，"伊洛儒宗始出，从游诸公（按指周行己等人）还乡，转相授受，理学益行，而滥觞亦有自焉"。⑥ 此

---

① 王开祖：《儒志编》附陈谦：《儒志先生学业传》。
② 陆敏珍：《宋代永嘉学派的建构》，浙江大学出版社，2013，第50页。
③ 王开祖：《儒志编》。
④ 纪昀：《四库全书总目提要·子部·儒家类》案语。
⑤ 王开祖：《儒志编》附录。
⑥ 王开祖：《儒志编》附录。

外，与其同时代的永嘉许及之亦认为："永嘉之学，言宗师者，首推王贤良（王开祖）焉。"① 全祖望说："庆历之际，学统四起"，② "是时（按指王开祖在永嘉讲学之时），伊洛（二程）未出，安定（胡瑗）、泰山（孙复）、徂徕（石介）、古灵（陈襄）诸公甫起。而先生（指王开祖）之言，遥与相应。永嘉后来问学之盛，盖始基之，惜其得年仅三十有二，未见其止，为可惜也。"③ 这些评价，都一致地肯定了王开祖不仅是永嘉之学的宗师，而且还有在濂洛未起的儒林草昧时期"倡鸣道学"的创辟之功。正如全祖望所说的"筚路蓝缕，用启山林，皆序录者所不当遗。"④

然而，不幸的是，作为在濂洛未起的儒林草昧时期具有"筚路蓝缕，用启山林"、"倡鸣道学"的创辟之功的学者，王开祖不仅未能够在学术思想史上占有应有的地位，而且其作为永嘉之学的开山祖地位也长期以来被淹没不显。那么，是什么原因造成了这样一种结果呢？我们可以从四库馆臣评价王开祖的一段话中得到多方面的启发。他们说：

> （王开祖）以上诸儒，皆在濂洛未出以前，其学在于修己治人，无所谓理气心性之微妙也。其说不过诵法圣人，未尝别尊一先生号召天下也。⑤

这短短一段话将王开祖等学者未能引人注意的原因做了较准确的概括。按照四库馆臣的说法，一方面，由于王开祖等人"其学"仍局限在传统的"修己治人"上，亦即还没有超出儒学一以贯之的"内圣外王"传统，因此自然还没有关注到后来道学家们所最重视的"所谓理气心性之微妙"问题。换言之，由于宋代正统理学所注重的是理、气、心、性的修己之学，"内圣之学"，包括王开祖在内的濂洛未起前的儒林草昧时期的学者们难以被纳入

---

① 王开祖：《儒志编》序。
② 《宋元学案》卷六《士刘诸儒学案》，《黄宗羲全集》第三册，第316页。
③ 《宋元学案》卷六《士刘诸儒学案》，《黄宗羲全集》第三册，第318页。
④ 《宋元学案》卷六《士刘诸儒学案》，《黄宗羲全集》第三册，第316页。
⑤ 纪昀：《四库全书总目提要·子部·儒家类》案语。

宋儒后来所确认的道统谱系之中，特别是重于治人之学的王开祖以上诸儒的历史形象及其具有异质性的思想就被摒弃在学术史关注的视野之外。另一方面，由于王开祖英年早逝，死时才 32 岁，加之永嘉之学作为一种包含了新质的思想学说，远未能形成自己的独立思想体系乃至理论的自觉，因此"其说"还无法完全摆脱"诵法圣人"的状态，自然尚难以"别尊一先生号召天下"，还没有产生自己的能够"号召天下"的思想领袖，这样也就还不可能形成像后来的新学、道学这些旗帜鲜明、影响较大的学派一样的学术派别。正是出于以上原因，"倡鸣道学"却具有异质性思想倾向的王开祖的历史形象及其思想影响就被有意无意地从宋学初兴时代的语境中抽离了出来，在后来以宋代儒学特别是道学为中心的思想史视野中逐渐被淡化甚至遗忘了。

王开祖所开辟的永嘉之学的这种异质性思想路径，在王开祖之后永嘉"元丰九先生"那里也有了初步的体现。周行己等永嘉"九先生"虽然曾经问学程门，其学有伊洛渊源，但是他们在自己的学术思想活动中却也更多地转向了"益务古学""皆传古道"的学术进路，[①] 转向了对《春秋》、王通等"治道"的重视，无论是"立行于太学""益务古学"的周行己诸人还是"以其所学发为政事""表见于朝廷"的刘氏兄弟诸人，他们无不表现了已初步具有以后的学术史叙述中被称之为"事功主义"思想的共性。这也就意味着致力于从古代的经典、制度等的深入探究中寻求对现实社会、政治秩序的合理措置已不自觉地成为永嘉学人的内在追求，对现实"治道"的关注已凸显在整个永嘉学者们思想和行动的深层背景中。

永嘉之学的这种异质性思想特征，在永嘉学派那里得到了更为鲜明、自觉的反映。如前所述，从薛季宣到陈傅良、叶适，永嘉学派重事功而通世变，主张学术与事功统一，强调实事实功、经世致用。他们虽然也与理学家们有一些共同的论题和学术关怀，如他们都十分重视对五经的研究，但永嘉诸子研究经制（五经中记述的制度）更重于研究经义（五经的义理），而且

---

① 分别见陈傅良：《新归墓表》，《陈傅良先生文集》卷四八，第 609 页；周行己：《沈子正墓志铭》，《周行己集》，第 144 页。

认为研究经制的目的在于治事（治理国家政事）。同样，他们也注意了理、欲、义、利问题的探究，但他们摒弃理学的空谈玄说，反对理学家的"存天理，灭人欲"之论，把理与欲、义与利、道德与事功结合起来，达到了空前的一致。所以，正如黄宗羲曾经极中肯地指出的："永嘉之学，教人就事上理会，步步着实，言之必使可行，足以开物成务。"①

正是在这种理欲统一、"以利和义"（叶适语）的事功理念和批判求实的基础上，永嘉学派把思想学术的主要兴趣转向了传统所谓外王之道的探讨研究，对历史和现实中的各种政治、经济、军事等制度问题，历史价值观问题，具体的财政、税收等民生问题都展开了深入系统的研究，提出了经济、政治、军事等方面一系列的主张和见解。最具有意义的是他们敏锐地发现了制度因素在社会变革中的重要作用，因而十分重视对历代各种制度的研究；同时他们还否定了几千年来的重农轻商、"厚本抑末"的传统思想和政策，认为这种思想政策是"非正论"；他们还建议"以国家之力扶植商贾，流通货币"②，发展工商业，认为当时的重税盘剥打击了工商业的正常发展，应该予以改变。永嘉学派这经济、政治、军事等方面一系列的主张和见解，不仅极大地拓展了思想学术研究的领域，而且在观点上往往是发前人所未发的独特大胆之见、新颖有益之论。元末明初的婺州学者王祎对此深表赞赏，他说："自薛氏一再传为陈君举氏、叶正则氏、戴少望氏，而陈氏尤精密，讨论经史，贯穿百氏，年经月纬，昼验夜索，呈事一物咸稽于极，上下千载，珠贯而丝组之，综理当世之务，于治道可以兴滞而补弊，复古而至道，条画本末粲如也。此所以永嘉经制之学，要在弥纶以通世变，操术精而致用远，博大宏密，封植深固，足以自名其家也。"③ 正因如此，他对永嘉经制之学，尤其做了高度肯定，他在给元代永嘉学者郑僖的弟子王熙阳《迂论》作序中说：

秦汉以来，儒者之学，或泥于训诂，或沦于辞章，或淫于清虚，或

---

① 黄宗羲：《宋元学案》卷五十二《艮斋学案》，《黄宗羲全集》第五册，第56页。
② 叶适：《习学记言序目》卷十九《史记一》，第273页。
③ 王祎：《王忠文公集》卷六《送顾仲明序》。

滞于功利，其于圣贤致用之道能通焉者鲜矣！至于宋而有永嘉经制之学焉，盖自郑景望氏、薛士龙氏，以及陈君举氏、叶正则氏，先后迭起。其于井牧、卒乘、郊丘、庙社、章服、职官、刑法之类靡不博考，而精讨本末源流，粲然明白，条分缕析可举而行。当其时，吾金华唐与正氏帝王经世之术，永康陈同父氏古今事功之说，与之并出，新安朱子皆所推叹然。于永嘉诸君子之学，独深许之，岂不以经制之讲，固圣贤之所以为道者欤？①

王祎此论，不仅清晰地描述了永嘉学派乃至整个南宋浙学的学术思想传承路径，而且充分肯定了它们在整个思想学术史上的独特作用和重要意义，实是那个时代难得的慧眼。

# 三 永嘉学派的学派归属

永嘉学派所着力关注和探讨的这些问题，正是传统儒学和正统理学所轻视和薄弱的领域，因此可以说自然构成了与他们在学理上的对立。例如作为永嘉之学的开山之祖的王开祖，他的学术思想是在整个北宋以来的新的思想潮流中产生的，强调"修己治人"的实践层面与"经世致用"的思想主张，这与永嘉的士风民俗是相得益彰的。尽管如此，"其学"还是被四库馆臣认为"无所谓理气心性之微妙"。其实，类似批评很具有普遍性，朱熹在追溯宋代理学的演进时就认为："国初人便已崇礼义，尊经术，……但说未透在。直至二程出，此理始说得透。"② 也就是说，在朱熹看来，只是自二程之后才开始有"内圣之学"，并以二程作为整个宋代儒学的转向标。这显然是一种以程朱理学为正统、为中心的思想史观。四库馆臣受这样一种思想史观的影响，据此来观察与判断注重外王之道的王开祖等人的思想，他们自然要被摒弃于宋儒后来所确认的道统谱系所框定的宋学初兴的正统儒学运动之

① 王祎：《王忠文公集》卷七《王氏迁论序》。
② 朱熹：《朱子语类》卷一二九《本朝三》，第 3085 页。

外。不过，这恰恰表明王开祖为学的重点不同于后来程朱理学的修己之学，而在于治人之学，从而与以程朱理学为代表的正统儒学形成了基本的区别。同样处于"儒林之草昧"时期的浙东"庆历五先生"——杨适、杜醇、王致、楼郁、王说等人，他们"善言治道，究历代治乱之原"，① 在治学过程中虽然注重儒学经典，但是更注重史学，善于从史籍中探究治乱之道，体现了经世致用之学的思想特点，不仅与永嘉王开祖等人的思想遥相呼应，一起成为宋代浙学的一个思想源头，而且也有力地推动了注重于外王事功成为浙学的一个主要传统和重要特色。当代著名思想史家韦政通先生指出：

> 我们研究思想史，特别注意的是，不论是南宋或清初，重视事功的思想家，在一定程度上都与理学家对立，水心甚至与整个的孔子传统为敌。这绝不能以为只是由于时代环境的刺激，而出于意气之言，这种现象实反映着儒学传统中的一个大问题，这个问题的核心，是要求如何解决外王的问题？理学家们，不管对心对性的了解有何不同，他们对外王问题比较忽视，是一无可争辩的事实。先秦儒家当然是重视外王的，孔、孟、荀都是行动又兼思想型的人物，对社会政治问题都是高度热情，但在理论上所表现出来的，是内圣与外王一贯的思想，外王必须以内圣为基础，因此，所谓外王，就是圣德的功化，这是道德的理想主义的看法，不但在现实政治中无法落实，孔、孟、荀在这方面的努力也是失败的。②

如此看来，永嘉学派正是看到了传统儒学及正统理学在思想理论上的严重缺陷，才自觉地转向了外王之道、经世致用之学的探究，从而表现了与正统理学及传统儒学完全不同的思想关怀和学术旨趣。从学术上说，他们不唯书不唯上，具有独立思考的可贵学风，不盲从"道统"，远离学究腐儒，超凡脱俗，面向社会和民众，敢于打破常规陋见，进入思想学术的荒野进行深

---

① 《宋元学案》卷六《士刘诸儒学案》，《黄宗羲全集》第三册，第321页。
② 韦政通：《中国思想史》（下册），水牛出版社，1980，第1210～1211页。

层次的探索，提出一系列富有创见的新观念，终成以经世致用为特征的独立学派，可称作发轫于北宋、形成于南宋而兴盛于明清的传统浙学发展的一个关键环节，不仅为浙学发展做出了杰出贡献，也值得后世中国思想学术界永远尊敬。

具有这种独特思想内涵和学术旨趣的永嘉学派，必然无法与当时的理学家们相苟同。事实上，永嘉诸子大多直接或间接地批评了理学乃至整个儒学。例如叶适就对理学及传统儒家进行了深入的批判，正如牟宗三所说："叶水心不满曾子、子思、孟子、《中庸》、《易传》以及北宋诸儒所弘扬之'性理'，而另开讲学之大旨，以期有合于二帝三王之'本统'。"他是一个"真正轻忽孔子而与孔子传统为敌者"。① 不过，叶适对理学及传统儒学的批判，具有自己的鲜明特色，即他的这种批判，恰恰主要是立足于自己对外王、事功的深入思考。韦政通认为：叶适的基本思想"与儒家传统着眼于君德与道德动机的德治主义不同，这在政治问题的思考上是一大转进。他所表现的客观心态，与理学家是对立的，他在外王问题上的思考，有重大的历史意义。"②

另外，正统理学对包含有鲜明独特的异质思想内涵和学术风格的永嘉之学乃至整个浙学都是采取排斥、否定态度的，甚至进一步视为"异端"，予以打压。《四库全书总目提要》就曾描述这种情况："盖理宗以后，天下趋朝廷风旨，道学日兴，谈心性者谓之真儒，讲事功者谓之杂霸，人情所竞，在彼不在此。"③ 理学运动兴起后，不仅大树自己所虚构的"道统"为"正统"，而且大力口诛笔伐各种所谓"异端邪说"，以"谈心性者谓之真儒，讲事功者谓之杂霸"。他们以自我为真理的唯一标准，凡是有悖于朱子学说的，都视为"异端邪说"，不遗余力地加以排斥和批判，容不得半点争鸣。而包括永嘉学派在内的浙学，自然是其讨伐的重点。王祎在论及永嘉学派的遭遇时说："论者顾谓其说不皆本于性命，以故近时学者一切党同伐异，唯徇世取宠之为务，其学遂废而不讲，而不知穿凿性命，穷高极远，徒骛于空

---

① 牟宗三：《心体与性体》第一册，中正出版社，1968，第 225 页。
② 韦政通：《中国思想史》（下册），第 1221 页。
③ 《四库全书总目提要·宗忠简集》。

言，其将何以涉事耦变以适世用哉。"① 如朱熹虽和陆象山之间有些鼠牙雀角的异同之争，而对永嘉、永康两派浙学，则独多不满。如他说：

> 江西之学只是禅，浙学却专是功利。禅学，后来学者摸索一上，无可摸索，自会转去；若功利，则学者习之，便可见效，此意甚可忧！②

世人一般只知朱陆相争，却不知朱熹真正所忧虑、视为大患敌手的却是"浙学"！所以朱熹又曾说：

> 陆氏之学虽是偏，尚是要去做个人；若永嘉、永康之说，大不成学问！不知何故如此？③

史称"晦翁（朱熹）生平不喜浙学"。④ 但这里不仅仅是不喜欢，简直是彻底否定它的任何价值了！难怪侯外庐指出：

> 朱熹这寥寥三十二字，提出了思想史上一大公案：他对于陆象山的心学一派，还是有所肯定；而对于"永嘉、永康之说"，则是全盘抹煞。所谓"大不成学问！不知何故如此？"云云，已经把道学家的偏见和对唯物主义的敌视态度活跃在纸上。⑤

实际上，朱熹与浙学之间的这一思想史大公案最值得探究的地方就在于：它们实质上是两种完全不同的学术思想范式的冲突和对立。前者固然已达到了儒学乃至整个传统学术思想的最高峰，但它终究只是一种传统的学术思想范式的典型；而后者虽然还不够系统成熟，却已经代表着传统学术思想

---

① 王袆：《王忠文公集》卷六《送顾仲明序》。
② 朱熹：《朱子语类》卷一二三，第2967页。
③ 朱熹：《朱子语类》卷一二二，第2957页。
④ 黄宗羲：《宋元学案》卷八十六《东发学案》，《黄宗羲全集》第六册，第394页。
⑤ 侯外庐主编《中国思想通史》第四卷（下），人民出版社，1960，第749页。

向近代学术思想转换的范式，已具备近现代学科化、专业化学术思想的初步形态，因而已标志着重大的历史转折，即标志着他们已充分地认识到传统的以内圣为基点的外王之道已发生"肠梗死"，而必须完全另谋他途。

李泽厚认为，从传统儒学到现代新儒学都强调道德主义，但从内圣到外王的路径，实际上已走不通了，需要彻底地改变基地："这种道德至上的伦理主义如不改弦更张，只在原地踏步，看来是已到穷途了。"①

但从宋明理学到现代新儒家只固守于儒学传统之中，拼命批评那些讲求功利、"外王"之人，如牟宗三在《心体与性体》中就以大量篇幅痛责了"与孔子传统为敌"的叶适。但李泽厚认为，这是错误的。尽管那些讲求功利、"外王"的哲学在理论上并没有达到像讲"内圣"之学的宋明理学那种深妙入微的理论高度和鼓舞力量，但从荀子、易传、柳宗元、叶适以至康有为等人在反映表达和反作用于中华民族的生存发展上，都具有不可磨灭的重要意义，比宋明理学毋宁有过之而无不及者。正因此，其中必然还会有可以提炼发挥的东西值得今人去挖掘继承。② 从这一意义上说，正是那些超过宋明理学的东西，体现出了包括永嘉学派在内的南宋浙学兴起的必要性和革命性所在！显然，浙学及明清实学思潮的兴起是一致的，它们都反映了中国文化、思想自身在努力实现从传统到现代的范式转型。而这样一种学术思想史的崭新意义，显然是以传统儒学及正统理学为中心的学术史观所无法理解的，也是一定要极力将其边缘化、扭曲化或理学化和儒学化的。而这恰恰又正是造成永嘉学派及南宋浙学在学术思想史上长期被遮蔽和遗忘的一个重要原因。

---

① 李泽厚：《探寻语碎》，上海文艺出版社，2000，第317~318页。
② 李泽厚：《探寻语碎》，第318页。

# 第六章　陈亮思想的特质

迄今为止，在中国哲学和思想史研究中，对陈亮思想的特质及其意义的认识仍然很不够。按照以往的中国哲学史和思想史的框架和视野，人们对陈亮及其事功之学的评价大多持一种比较轻忽的态度，对其在思想史上的重要性和特殊意义认识不够，具体体现：一是认为其只是一种非主流的、边缘化的思想学说，仅仅具有地区性的意义，其地位和重要性难以与同时期的朱陆诸学相提并论；二是虽然大多数人都承认陈亮之学与以朱熹为代表的理学的分歧乃至对立，却又大多认为其没有超出儒学的范围，把陈亮之学简单地归入传统的儒学系统中去，从而看不到陈亮思想所具有的独特性质和意义。显然，这些观点所体现出的处理思想史的方法实有简单化和非历史主义之嫌，即没有充分地考虑到陈亮之学在思想史上作为一个独特个案所具有的复杂性，没有把它放在一个具体的历史性的情景和过程中去加以把握，因而无法解读出其所具有的丰富蕴涵和思想特质，更难以理解其对浙学传统和当代浙江精神的形塑和发展所具有的重要意义。然而，事实上，陈亮是中国哲学史上一个十分重要的思想家，其事功之学早已成为整个中国文化传统中的一个重要组成部分。我们通过对陈亮思想几个基本特征——包括"道存于物"的世界观、"理欲统一"的道德观、"义利合一"的价值观、"学为成人"的人生观、富民强国的治道观等的阐述分析，可以发现陈亮作为浙学史上的著名思想家，其事功之学不只具有地区性的意义，也不能简单地归入传统的儒学系统中去，而是超越了传统儒学泛道德主义的化约论立场，在宋儒注重道德心性修养的价值关怀之外，构建了一种新的思想范式。另外，由于陈亮及其事功之学毕竟又是与浙江这一特定的地域及其相关的人文背景密切相关的，因而不能不带有自身的独特气质和面貌。可以说，陈亮思想既是浙江的思想文化精神传统及其独特的性格气质在其身上的典型体现，又以其特有的丰富的思想内涵和精神气质，极大地丰富了浙江固有的历史文化精神，形塑了浙学的优秀传统，对此后浙学及浙江的历史文化、社会经济的发展演进都具有重要的影响。正因此，这里拟从具体的历史视角出发，深入探讨一下陈亮思想的特质及其意义。

# 一 "道存于物"的世界观

陈亮思想的特质，首先表现为：在其基本的哲学观念上已形成自己的独特思想，并以此作为其整个思想学说的基础和依据。

陈亮不是一个纯粹的哲学家，因而他不喜欢做过多的形上学的沉思，更不喜欢空谈性理。但他不可能不思考一些最基本的形上学问题并作出自己的回答。如陈亮强调"道"与"事"、"物"是统一的，"道存于物"，"道在事中"。在陈亮看来，形而上之道作为世间一切存在的最高本体，并不是脱离于具体事物的存在，而是就存在于具体的万事万物之中。陈亮说："夫道，非出于形气之表，而常行于事物之间者也"，"天下固无道外之事也"。[1]又说："夫盈宇宙者无非物，日用之间无非事"，[2]"道之在天下，平施于日用之间。"[3] 在陈亮那里，"道"是客观存在的，并非一种精神性的本体，而是和万事万物、民生日用等实事实物不可分离的。这样，"欲明此道在天地间，如明星皎月，闭眼之人，开眼即是"。[4] 道的客观普遍的存在是任何明眼人都可以随处体认的。显然，陈亮这种把"道"理解为不离事物、就在事物之中的观点，是与理学家们离开具体事物言"道"说"理"的思想观

---

① 陈亮：《勉强行道大有功》，《陈亮集》（增订本），邓广铭点校，河北教育出版社，2003，第79页。
② 陈亮：《六经发题·书》，《陈亮集》（增订本），第82页。
③ 陈亮：《六经发题·诗》，《陈亮集》（增订本），第82页。
④ 陈亮：《与陈君举书》，《陈亮集》（增订本），第309页。

念完全不同的，因为理学家讲的道或理，是个玄虚的"天理"，并不直接落实于具体的事物或实事之中。所以他对理学家空谈性理不重实事的倾向持明确的批评态度，他说："世之学者，玩心于无形之表，以为卓然而有见"，其实，他们"所谓文理密察之道"，"不过如枯木死灰而止耳"，"岂不可哀也哉！"①

陈亮强调"道"与"事"、"物"不可分，在哲学认识论上也有着十分重要的意义。陈亮认为，既然"道在事中"、"道存于物"，"舍天地则无以为道"，那么人们只要从各种具体的实事实物、民生日用中就可以认识和掌握"道"："夫道岂有他物哉？喜怒哀乐爱恶得其正而已；行道岂有他事哉？审喜怒哀乐爱恶之端而已"。② 因此，他肯定了事物的可认知性："天人之际，可昭昭而察知"。从实事实物出发，从客观的实际情况出发，依循事物的固有规律，是可以得到正确的认识的。陈亮说：

> 故亮尝以为得不传之绝学者，皆耳目不洪，见闻不惯之辞也。人只是这个人，气只是这个气，才只是这个才。譬之金银铜铁，只是金银铜铁，炼有多少则器有精粗，岂其于本质之外换出一般，以为绝世之美器哉？③

陈亮在这里指出应按照事物本身固有的性质去认识事物，而不能在事物之上或之外去杜撰脱离于具体的金银铜铁的锤炼过程之"美器"。陈亮据此反对理学家"玩心于无形之表"、自得于神秘主义化的天理的所谓"不传之绝学"，强调"用而见其能否"、"用而见其虚实"的实践标准和致用取向。

## 二　"理欲统一"的道德观

显然，陈亮的"道存于物"的世界观，为其走向事功主义伦理学提供

---

① 陈亮：《与应仲实》，《陈亮集》（增订本），第253页。
② 陈亮：《勉强行道大有功》，《陈亮集》（增订本），第80页。
③ 陈亮：《又乙巳春书之一》，《陈亮集》（增订本），第275页。

了重要的理论前提，陈亮正是根据上述的哲学基本观念，进一步把他的哲学思考引向了对伦理道德观的探讨，并由此提出了他的独特的"理欲统一"的道德观。

理与欲的关系是传统儒学特别是程朱理学所着重讨论的一个话题。他们的基本倾向是把两者对立起来，肯定前者而否定后者。尤其是程朱理学强调的"存天理、灭人欲"，则把人的基本生活欲求也当作了罪恶。而陈亮却针锋相对地提出了完全相反的思想主张。

首先，陈亮通过对物欲的不同看法，从人性论的角度论证了人的物欲的合理性，提出了自己的自然人性论。陈亮说："人生何为？为其有欲。欲也必争，惟曰不足"。① "耳之于声也，目之于色也，鼻之于臭也，口之于味也，四肢之于安佚也，性也，有命焉。出于性，则人之所同欲也。"② 陈亮认为，人人生而有各种欲求，声色臭味是人之所欲，富贵尊荣是人之所愿，这是人们的天性，具有不违抗性，因之也可以说是"天命"。满足了人们的天性，也是顺遂了人们的天命，从而也就实现了最大的天理。显然，陈亮是把人的各种基本的物质欲求等同于人性的，而既然"欲"是人的自然本性，那么在逻辑上就不仅不应该把追求物质利益看成违背人性的罪恶，反而应肯定满足人的这种基本欲求的合理性。

这样，陈亮根据其"人生不能无欲"的观点进一步驳斥了某些理学家将"物欲"等同于罪恶的说法，认为"去人欲"、"灭人欲"之类的主张是不符合人的天性的，会造成"人道有缺"，因而恰恰是违背天理的。陈亮说："万物皆备于我，而一人之身，百工之所为具。天下岂有身外之事，而性外之物哉！百骸九窍具而为人，然而不可以赤立也。必有衣焉以衣之，则衣非外物也；必有食焉以食之，而食非外物也。……有一不具，则人道为有缺，是举吾身而弃之也。"③ 这里，陈亮用最朴素的方式雄辩地证明了人是不能自"外于物"的，人是无法离开基本的物质生活条件的，否则，"有一不具，则人道为有缺"，这真是陈亮用自然主义的观点对"人道"概念的极

---

① 陈亮：《刘和卿墓志铭》，《陈亮集》（增订本），第385页。
② 陈亮：《问答下》，《陈亮集》（增订本），第32页。
③ 陈亮：《问答下》，《陈亮集》（增订本），第34页。

好诠释！它表明了陈亮在伦理观上已具有一个与理学家们截然不同的深刻思想，即认识到了人们的各种基本的物欲及其满足不仅是人生活的基本条件，也是人的道德的基础，只有这样，道德才是符合"人道"的道德。不然，"人心所无，虽孟子亦不能以顺而诱之也"。① 也就是说，如果人们心里没有那些欲望，再好的道德家也无法顺着它诱导人们去遵循道德规范。陈亮的这种思想被明代李贽所继承和发展，即所谓"穿衣吃饭便是人伦物理"。这种自然主义人性论和伦理观，对于肯定人欲的自然性、必然性和合理性，破除对人的欲望的神秘性、消极性和否定性的理解，进而在理学盛行的宋明时代以此为基础确立起自己独树一帜的新伦理观，是具有十分重要的意义和价值的。

其次，陈亮结合历史事实说明了天理人欲本不可分，肯定了"人欲"的普遍性，表达了一种普遍的人性论。朱熹在与陈亮的辩论中，明确主张："至若论其本然之妙，则惟有天理而无人欲，是以圣人之教，必欲其尽去人欲，而复全天理也"。② 朱熹根据这种天理人欲两相对立的基本观念，把人类划分为圣凡两品，把历史割裂为三代以上与三代以下两截，认为尧舜禹等都是无私无欲的圣人，他们所在的三代也是唯一实现了天理克服人欲的理想状态的世界。而社会历史中的一般人只是充满私欲的凡人，三代以下也只是私欲横行的"黑漆漆世界"。但陈亮坚决不同意这种观点，他反驳说："秘书（朱熹）以为三代以前，都无利欲，都无要富贵底人。……亮以为才有人心便有许多不净洁。革道止于革面，亦有不尽概圣人之心者。……秘书亦何忍见二千年间世界涂涑、而光明宝藏独数儒家自得之，更待其'有时'而若合符节乎"？③

陈亮认为，三代帝王并不纯是"天理"的圣人，而是也有着利欲的追求和满足、有许多"不净洁"之处的"人"；而汉唐的君主也并非满脑子全是人欲，他们也有救民之心，也有讲究义理之时。因而圣凡之间、三代与汉唐之间，只是人事努力上的量的区别，并不会先验地成为不同的两种人、两

---

① 陈亮：《勉强行道大有功》，《陈亮集》（增订本），第80页。
② 朱熹：《答陈同甫书之八》，《陈亮集》（增订本），第289页。
③ 陈亮：《又乙巳秋书》，《陈亮集》（增订本），第279~280页。

个世界。所以陈亮提出了"心无常泯，法无常废"的命题，肯定了社会历史应是一个具有连续性的发展过程，在其中的人也应具有一些普遍一致的人心、人性，不可能截然地断裂为"心不泯"、"法不废"的时代和"心常泯"、"法常废"的时代。显然，陈亮的这种人性论和道德观是立足于基本的历史主义态度的，他不愿意脱离具体的社会历史过程来看待历史，也不承认在历史和现实的事物之外应附加任何主观虚构的道德观念。这与朱熹等理学家在客观世界之上和历史过程之外虚构出一个绝对的道德本体，对一切历史的现实的道德判断都必须在这个先验的绝对本体中寻求根据的做法是完全不同的。

再者，陈亮虽然肯定人欲是符合人的自然本性的，但也主张"适欲"，并不赞成对人的物欲不加限制地任其发展。陈亮已经认识到，人毕竟不是动物式的个体存在，并不能仅仅满足于物欲的需求，更不应该一味地追求更多的物欲的满足。如果"不度其力，无财而欲以为悦，不得而欲以悦，使天下冒冒焉惟美好之是趋，惟争夺之是务，以至于丧身而不悔"①。因此人的物质欲望，如人的情感，都应有道德的准则予以限制，"夫道岂有他物哉？喜怒哀乐恶得其正而已"。②"得其正"即以社会的道德原则来规范人们的行为。因此，他明确地反对统治者纵情于声色货利，甚至劝孝宗皇帝"不御正殿，减膳撤乐"，以戒"群臣玩故养安"③。

既然人人生而有欲，而且满足这种欲求是符合人的自然本性的，那么，究竟怎么才能有效地限制人们的欲求，使之适可而止呢？为此，陈亮提出了两个主要的措施。

一个是实现"同欲"的主张。陈亮说：

> "好色，人心之所同，达之于民无怨旷，则强勉行道以达其同心，而好色必不至于溺，而非道之害也；好货，人心之所同，而达之于民无

---

① 陈亮：《问答下》，《陈亮集》（增订本），第34页。
② 陈亮：《勉强行道大有功》，《陈亮集》（增订本），第80页。
③ 陈亮：《中兴论·论励臣之道》，《陈亮集》（增订本），第23页。

冻馁，则强勉行道以达其同心，而好货必不至于陷，而非道之害也。"①

婚嫁、财物是人心都有的"同欲"，如果对这种共同的要求加以引导，纳入正轨，使人们能够正常婚嫁、生活，达到无旷夫怨女、无冻饿之人，那么人们的好色、好货就不会沉陷于无节制的地步，因而不会成为道德的祸患。所以陈亮主张通过满足人们的最普遍的基本欲求，实现"同欲"，而达到对过分欲求的抑制。

另一个措施是"公私合一"。中国传统哲学大多对"私"持完全的否定态度，把"公"和"私"对立起来，同时把公和义、私和利联系起来，进一步形成公义与私利的对立，从而把私和利主要限制在私人利益的范围内来看待。但陈亮力图消解公私之间的对立，以肯定的态度把"私"的概念提升到了规范性的话语空间中进行认真的讨论。可以说，特别注意"公"与"私"的问题，是陈亮对中国思想的一个贡献。② 陈亮自己说："平生所学，所谓公与私两字者。"③ 陈亮的公私观，最大的特点在于它不仅肯定了适度的"私"（私欲、个人利益）的合理性，而且引进了"法"的概念，认为"私"通过"法"的调节而可以达到与"公"的统一。陈亮说："人心之多私，而以法为公，此天下之大势所以日趋于法而不可御也。……法者公理也"。④"天运之公，人心之私，苟有相值，公私合一"。⑤ 通过法的调和而达到公私合一，实际上就是以法律引导民众趋向公共利益，使私欲成为"同欲"，私利合乎公益，从而最终沟通横亘于公私、义利之间的道德鸿沟。

# 三　"义利合一"的价值观

陈亮的伦理道德观并不止步于在理论层面上革新理欲关系，而且进一步

---

①　陈亮：《勉强行道大有功》，《陈亮集》（增订本），第80页。
②　参见田浩（Hoyt Cleveland Tillman）：《对陈亮思想重要性的若干反思》，"陈亮国际学术研讨会"论文，杭州，2004年11月。
③　陈亮：《与石应之》，《陈亮集》（增订本），第314页。
④　陈亮：《策·人法》，《陈亮集》（增订本），第98~99页。
⑤　陈亮：《祭王道甫母太宜人文》，《陈亮集》（增订本），第349页。

延伸到传统伦理道德中的一个基础问题，即义利关系问题。其标举的义利统一的价值观不仅在当时具有振聋发聩之功，而且在历史上一直产生着深远的影响。

　　义利问题是传统哲学特别是儒学的一个重要议题。朱熹说："义利之说，乃儒者第一义。"[①] 传统的义利观，重于义利之分，实际上是主张义利对立、重义轻利。但陈亮在义利关系问题上，坚决反对把仁义道德和实事功利对立起来，反对重义轻利或舍利求义。所以，陈亮不仅不讳言功利，而且公开标举功利主义的旗帜，认为道德和功利是统一的，这是陈亮与正统理学的主要分歧之一。陈亮认为："禹无功，何以成六府？乾无利，何以具四德？"[②] "利之所在，何往而不可为哉！"[③] 他在《上孝宗皇帝第一书》中说："人才以用而见其能否，安坐而能者，不足恃也；兵食以用而见其盈虚，安坐而盈者，不足恃也。"具体来说，他认为实现仁义道德离不开搞好国计民生、关心民间疾苦，道德修养不能徒事空谈而要通过实事实功来体现，仁义道德并不在事功之外，而正是在事功之中。因为在陈亮看来，"道"和"事"本身就是统一的，脱离了实事实功，"道"也就不复存在。他说："道之在天下，平施于日用之间，得其性情之正者。"[④] 肯定"道在事中"，道的存在和作用通过具体的实事来体现。将这种原理应用于义利关系的理解，"道"就是仁义道德，"事"就是"日用之间"的国计民生，道在事中，也就是义在利中，道不离事，也就是义利不分，利既是义之和，也是义之本，义利在本质上是统一的。因为，舍利则义失其本，舍义则利失其正，只有义利合一，才能实现义利双赢。陈亮这种义利合一思想，正像陈傅良所指出的"功到成处便是有德，事到济处便是有理，此同甫（陈亮）之说也"。[⑤] 朱熹曾把陈亮的思想概括为"义利双行，王霸并用"，而骨子里是认定陈亮只讲功利，不计其余。后人及现代人也不乏把陈亮看作纯粹的功利主义者，甚

---

① 《朱文公文集》卷二十四《与延平李先生书》，《朱子全书》第 21 册，第 1082 页。
② 《宋元学案》卷五十六《龙川学案》，《黄宗羲全集》第五册，第 237 页。
③ 陈亮：《四弊》，《陈亮集》（增订本），第 111 页。
④ 陈亮：《六经发题·诗》，《陈亮集》（增订本），第 82 页。
⑤ 《宋元学案》卷五十六《龙川学案》，《黄宗羲全集》第五册，第 225 页。

至是自私自利之徒。其实，这些都是对陈亮思想及其个人的严重误解。早在朱熹作出上述论断时，陈亮本人就予以明确的反驳，表示不同意朱熹对自己思想所作的"义利双行、王霸并用"的概括："来教乃有义利双行、王霸并用之说，则前后布列区区，宜其皆未见悉也"，"诸儒自处者曰义曰王，汉唐做得成者曰利曰霸，一头自如此说，一头自如彼做，说得虽甚好，做得亦不恶。如此却是义利双行，王霸并用。如亮之说，却是直上直下，只有一个头颅做得成耳。"① 在陈亮看来，道德作为个人的内在修养，如果不通过外在的行为表现出来，就既不能给予判定，也无法发挥其效用，所以陈亮反对将道德与事功割裂开来看待，力主将道德事功统一起来，看作一件事情。从这个意义上去理解陈亮的义利思想，我们可以发现若把陈亮看作纯粹的功利主义者的确是片面的，因为陈亮对事功、功利的重视，主要是强调应以事功作为衡量道德的标准，强调内在的道德修养必须转化为外在的功利，而并非单纯地只要事功，不计其余，更不是主张完全不讲道德的自私自利主义者。②

陈亮注重事功的思想，从理论上说表明他已接触到了儒家道德传统中的一个大问题，即如何把道德从个体的主观状态中解放出来，使它产生客观的有效性，这也就涉及了儒家所谓的"内圣外王之道"问题，儒家的由"内圣"达至"外王"的设想固然美妙，但儒家历来的重心是在"内圣"上，对"外王"则既在理论上少有深究，在实践上又罕有成效。而陈亮注重事功的思想，分明是抓住了儒学的这一缺陷，力图予以理论上的创新和实践上的救弊。正如韦政通先生说的：

> 不论是南宋或清初，重视事功的思想家，在一定程度上都与理学家对立，水心甚至与整个的孔子传统为敌。这绝不能以为只是由于时代环

---

① 陈亮：《又甲辰秋书》，《陈亮集》（增订本），第269~270页。
② 历来人们除了对陈亮的事功思想有很多误解之外，大概与此相关的，还有很多对他的个人品行的误解甚至污蔑，如在一些传说及野史小说中把他描绘成了一个卑劣小人。好在近些年学术界对陈亮生平及思想的研究已基本上否定了这些错误的传闻，还了陈亮一个较真实的历史形象。

境的刺激，而出于意气之言，这种现象实反映着儒学传统中的一个大问题，这个问题的核心，是要求如何解决外王的问题。理学家们，不管对心对性的了解有何不同，他们对外王问题比较忽视，是一无可争辩的事实。先秦儒家当然是重视外王的，孔、孟、荀都是行动又兼思想型的人物，对社会政治问题都有高度的热情，但在理论上所表现出来的，是内圣与外王一贯的思想，外王必须以内圣为基础，因此，所谓外王，就是圣德的功化，这是道德的理想主义的看法，不但在现实政治中无法落实，孔、孟、荀在这方面的努力也是失败的。[1]

正是由于陈亮对儒学这种内圣外王无法贯通、长于内圣拙于外王的弊端有着深切的感受，所以他常常正面对此展开批判。《宋元学案》载："当乾道、淳熙间，朱（熹）张（栻）吕（祖谦）陆（九渊）四君子皆谈性命而辟功利。学者各守其师说，截然不可犯。陈同甫崛起其旁，独以为不然。"[2]陈亮自己说："为士者耻言文章行义，而曰尽心知性；居官者耻言政事书判，而曰学道爱人。相蒙相欺，以尽废天下之实，则亦终于百事不理而已。"[3] 对陈亮的这些批评，朱熹是十分不满的，愤愤然批评陈亮"才高气粗"、"血气粗豪"，在理论上"大不成学问"。朱熹尤其怕陈亮的功利之学的影响所及会损害他的"道统"，他说："陈同甫学已行到江西，浙人信响已多，家家谈王霸……可畏，可畏！"又说："江西之学（按：陆之心学）只是禅，浙学却专是功利。禅学，后来学者摸索，一旦无可摸索，自会转去。若功利，学者习之便可见效，此意甚可忧。"[4] 可见，朱熹是深知陈亮事功之学与传统儒学的区别和对立的。这也从另一方面表明了陈亮思想是具有自己的鲜明特质的。

陈亮不仅在理论上力辨义利关系，而且还利用他所擅长的历史研究，寻找历史的依据，来论证"事功"符合"道"（德）的准则。他认为古代圣

① 韦政通：《中国思想史》（下册），第1210~1211页。
② 《宋元学案》卷五十六《龙川学案》，《黄宗羲全集》第五册，第237页。
③ 陈亮：《送吴允成序》，《陈亮集》（增订本），第216页。
④ 《朱子语类》卷一二三，第2967页。

贤在历史上凡有所作为的总是离不开事功，提出"禹无功，何以成六府"的观点。陈亮"以为古今异宜，圣贤之事不可尽以为法，但有救时之志，除乱之功。因其所为虽不尽合义理，亦不自始为一世英雄。"[1] 历史上立功建业的汉高祖、唐太宗就不逊色于"三代"圣王；反之，如秦桧虽"专权二十余年"，但因其"倡邪说（投降言论）"、施逆行，成为"违天下之心"的"国家亡贼"。总之，"功利"应"合于义理"，凡有"救时"、"除乱"之功者，其本身就体现了"道"德；凡为国家社稷之安危而"卓然奋发"、"功盖一切"的英雄人物都足以令人敬慕，具有道德上的一定价值。当然，陈亮的事功思想，在伦理学上近乎实用主义或效果论，因为他以实用或实效的观念作为衡量事物的标准，但是，他所倡导的事功、实效，是全社会的事功、实效，绝非自己的个人功利。我们可以批评陈亮的某些思考不够精细系统，却无法指责其思想动机。

## 四　"学为成人"的人生观

陈亮的义利合一、注重事功的伦理思想，落实在个体的道德实践和人生理想上，就是主张"学为成人"，即学会做一个堂堂正正、有情有义、敢作敢为、鲜活生动的"人"，并以此反对成为一个究心穷理、废实离事的"醇儒"。这是陈亮在人格理想上不同于朱熹等理学家的鲜明特质。

道德修养、心性历练的目的是什么？传统儒学明确地归之于"学为圣人"，因为道德的修养过程，被看作人向性善本体的终级还原、充分体认自我德性的扩展过程，所以它同时也是个体在其修养过程中不断祛除非道德欲念，最终不断纯化道德、"存天理，去人欲"、"学为圣人"的过程。正因此，朱熹写信劝陈亮"绌去义利双行、王霸并用之说，而从事于惩忿窒欲、迁善改过之事，粹然以醇儒之道自律，则岂独免于人道之祸，而其所以培壅本根，澄源正本，为异时发挥事业之地者，益光大则高明矣"。[2] 也就是说，

---

①　参见朱熹《寄陈同甫书之八》，《陈亮集》（增订本），第 288 页。

②　朱熹：《寄陈同甫书之四》，《陈亮集》（增订本），第 284~285 页。

朱熹教人"以醇儒自律",终身以研究义理为职志,但陈亮主张学者应过问国家大事,做一个"才德双行,智勇、仁义交出而并见"的人。他批评朱熹,说一个人如果只有"德"与"仁义"而没有"才"和"智勇",便只是一个"守规矩准绳而不敢有一毫走作"之"儒",而"成人之道亦未尽于此"。"亮以为学者学为成人,而儒者亦一门户中之大者耳。秘书不教以成人之道,而教以醇儒自律……亮犹有遗恨也"。① 他又说:"人生只是要做个人……学者,所以学为人也,而岂非儒哉?"② 他坚决反对为学者只是为了学做圣贤、醇儒,认为"儒者亦一门户中之大者耳",没必要人人都做儒者,以圣贤为唯一的最高的理想人格。况且他认为即使先圣如孔子也主张学问之道在于做人,只闭眼俯首读书是不行的,只有立志建立事功的学者才合乎先圣做人的标准。正是由此出发,他盛赞历史上建功立业的英雄人物,而对当时空谈义理的腐儒们则进行毫不留情的谴责。陈亮公然这样讽刺理学家:"举一世而安于君父之仇,而方低头拱手以谈性命,不知何者谓之性命乎?""始悟今日之儒士,自以为得正心诚意之学者,为皆风痹不知痛痒之人也。"③ 朱熹强调独思冥索,"寂然"以求天理,陈亮又讽刺说:"风不动则不入,蛇不动则不行,龙不动则不能变化,今之君子欲以安坐感动者,真腐儒之谈也。"④

陈亮反对成为"醇儒"、主张"学为成人"的一个最主要原因是纯粹的儒者无法真正贯通"内圣外王"之道,实现道德与事功的统一,即无法解决儒家道德传统中如何把道德从个体的主观状态解放出来,使它产生客观的有效性这一个大问题。而在陈亮看来,个体的道德修养若不能转化为治国平天下的事功,显然是无的放矢。陈亮说:

> 天下,大物也,须是自家气力可以干得动,挟得转,则天下之智无吾之智力。形同趋而势同利,虽异类可使不约而从也。若只欲安坐而感

---

① 陈亮:《又甲辰秋书》,《陈亮集》(增订本),第 270 页。
② 陈亮:《又乙巳春书之一》,《陈亮集》(增订本),第 275 页。
③ 陈亮:《上孝宗皇帝第一书》,《陈亮集》(增订本),第 7 页。
④ 陈亮:《又癸卯秋书》,《陈亮集》(增订本),第 266 页。

动之，向来诸君子固已失之偏矣。①

这是说，天下大事是要靠自家气力去干出来的，若只是安坐在那里念经养性，是办不成事的。陈亮批评理学大兴浮夸之风，培养了一批不学无术、空谈欺世之徒。他说：

> 自道德性命之说一兴，而寻常烂熟无所能解之人自托于其间，以端悫静深为体，以徐行缓语为用，务为不可穷测以盖其所无，一艺一能皆以为不足自通于圣人之道也。于是天下之士始丧其所有，而不知适从矣。如士者耻言文章行义而曰"尽心知性"，居官者耻言政事书判而曰"学道爱人"，相蒙相欺以尽废天下之实，则亦终于百事不理而已。②

这些人"顽然以人师自命"，其实他们"读书未成句读，执笔未免手颤"③，连起码的知识都未具备，这些人，自以为得了"不传之绝学"，拉帮结派，"三三两两，附耳而语，有同告密；画界而立，一似结坛"。④ 陈亮在这里所刻画的"道学先生"们的面貌不仅是喜好浮夸空谈的，而且是善于伪装欺世的。这种假道学显然已丧失了起码的道德价值。

与此相反，陈亮的理想的人格形态具有两个突出的特色：一是其鲜明的人道主义色彩。因为陈亮所期望的人生目标，首先是成为一个"人"。陈亮说："天地人为三才，人生只是要做个人"，所以他明确地宣布："学者，所以学为人也，而岂必其儒哉！……管仲尽合有商量处，其见笑于儒家亦多，毕竟总其大体，却是个人，当得世界轻重有无，故孔子曰：'人也'。亮之不肖，于今世儒者无能为役，其不足论甚矣，然亦自要做个人，非专徇管萧以下规模也，正欲揽金银铜铁熔作一器，要以适用为主耳。"⑤ 陈亮在这里

---

① 陈亮：《壬寅答朱元晦秘书》，《陈亮集》（增订本），第264页。
② 陈亮：《送吴允成运干序》，《陈亮集》（增订本），第216页。
③ 陈亮：《送王仲德序》，《陈亮集》（增订本），第215页。
④ 陈亮：《又乙巳秋书》，《陈亮集》（增订本），第279页。
⑤ 陈亮：《又乙巳春书之一》，《陈亮集》（增订本），第274、275页。

鲜明地提出要"做个人"而不是任何儒者或其他，这在长期实行专制集权统治下的中国，尤其是在专讲"天理"、灭"人欲"的宋代理学盛行的社会环境下，是具有突破传统、打开禁锢的巨大的思想解放作用的，它肯定了人之作为人的本体意义，把个人的存在及其价值实现而不是抽象的道德目标当作终极价值，为中国式的人道主义伦理学的创立奠定了一个坚实的基础，无疑开了明清启蒙思潮的先河。

二是其英雄豪杰精神。陈亮所期望的"成人"不仅仅是做一个能满足口腹之欲、不受道德教条束缚的活生生的"个人"，更是一个有着强烈的社会责任感和道德使命感，能将人的内在价值与外在价值、个体价值与社会价值、道德价值与事功价值统一起来的人。这样的"人"，实际上是一种既有"救世之志"，又有"除乱之功"的英雄豪杰。英雄以气胜，不以德胜，故向为儒者所贬，但在陈亮看来，此正是儒者门户之见，亦足以显示以醇儒自律者有所不足。人若不以气胜，试问："担当开扩不去，则亦何有于仁义哉"？所以，陈亮通过与"醇儒"作比较，对这种英雄豪杰式的理想人格做了生动的描述：

> 研究义理之精微，辨析古今之同异，原心于秒忽，较礼于分寸，以积累为功，以涵养为正，晬面盎背，则亮与诸儒诚有愧焉。至于堂堂之阵，正正之旗，风雨云雷交发而并至，龙蛇虎豹变见而出没，推倒一世之智勇，开拓万古之心胸，如世俗所谓粗块大脔，饱有余而文不足者，自谓差有一日之长。[1]

由此可见，在陈亮看来，所谓"醇儒"，乃是指那些专讲"义理"、"涵养"，"闭眉合眼，矇瞳精神"[2]，不知天下大事为何物的可怜虫。而陈亮所推崇的"成人"，则是"做人"，即应有"堂堂之阵，正正之旗"，具备"推倒一世之智勇，开拓万古之心胸"的英雄豪杰，这样的英雄豪杰并不满

---

① 陈亮：《又甲辰秋书》，《陈亮集》（增订本），第269页。
② 陈亮：《又甲辰秋书》，《陈亮集》（增订本），第268页。

足于穷究义理、空谈心性，而是仁德与智勇兼备，能"因时而变，顺势而行"，以敢作敢为、勇于探索的气概，建立起扭转乾坤、恩泽天下的丰功伟业。陈亮所倡导的这种奋发有为、崇尚豪杰的人生哲学，正是其事功主义精神的生动写照。而陈亮自身在一生中的所作所为，也正是如此实践和追求的，从而赢得了后人"真英雄、真豪杰、真义士"的赞叹。[1]

# 五　富民强国的治道观

陈亮思想被概括为一种事功之学，而这种事功之学本质上乃是一种实践哲学，因为在陈亮那里，知识的目的不仅仅是道德的或认知的，它更主要的目的在于要通过实践功夫在经验世界里转换出切于现实功利的实际效用——唯有实现这种知识价值的实际转换，才是陈亮所孜孜以求的一生事业。所以，对陈亮事功之学的思想特质的了解，还须深入他有关在经验世界里如何实现知识价值的转化、实现现实的功利效用的一系列思想。至于他在这些方面的实际作为，由于他一生未被朝廷所用（最后在五十来岁得中状元后又不幸很快去世），所以实在是没有适当的实践机会。好在陈亮虽然一生经历坎坷、命途多舛，然其可贵在于始终气魄豪迈、不堕高远之志。

陈亮有关实际事功的思想有很多内容，我们仅以其最主要的有关社会经济、政治的治道观作为典型予以考察说明。

陈亮的治道观，首先是以他对社会政治的独特看法为出发点的。陈亮以传统的民本思想为依据，强调社会历史及政治权力的属民性质，初步触摸到了民权思想的边缘，显示了从传统民本思想向近代民权思想的转进趋向。在陈亮看来，天下是天下人之天下，而非少数君王的天下，因而社会的主体应是百姓而非其他："天下之事，孰有大于人心与民命者？"[2] 至于君王等统治者，只是"天下之人推而出之"的民意代表："方天地设位之初，类聚群分，以戴其尤能者为之长君，奉其能者为之辅相。彼所谓后王君公，皆天下

---

① 姬肇燕：《康熙刻本龙川文集序》，《陈亮集》（增订本），第458页。
② 陈亮：《廷对》，《陈亮集》（增订本），第92页。

之人推而出之，而非其自相尊异，以据乎人民之上也。"① 这就是说，陈亮认为统治者的政治权力并不是神授的，并非不可更易；统治者是由人民的意志推定的，并以满足人民的普遍欲求为职责：因为陈亮相信"追求幸福是一切人的天然愿望，人的天性是相同的，所以检查政治好坏的尺度就要看它对于人的普遍幸福所产生的效果。凡是能满足最大多数人的最大幸福的，就是好的政治，此外没有任何其他的政治准则。"② 正因此，陈亮提出了"安邦首在安民"、"富民方能强国"的新的政治理念，强调政治乃至读书修养的最终目的在于探究国计民生，积极为国家和百姓"建实功"、"求实利"，否定了理学家们把政治视为圣人心传的道统论和把天下视为君王的私有财产的正统论，以极富有进步色彩的自然权利论对千百年来被人们视为神圣不可侵犯的君主专制集权进行了猛烈的抨击，提出了限制君权、简政放权、宽养于民等大胆主张。陈亮认为，宋朝统治者不断强化君权，造成了"圣断裁制中外，而大臣充位，胥吏坐行条令，而百司逃责，人才日以阘茸"③ 的局面。只有限制君权，一切政事均"付之公议"，并扩大中央各部门和地方的权力，特别是消除朝廷对于天下之财的过分垄断，充实地方财政，减轻人民的赋税负担，才能使民自富、兵自强、利自兴、政化行、人心同，从而达到安民强国天下治的理想状态。陈亮这种限制君权、改革政治的思想尤其是将政治上极端的中央集权与财政上极度的朝廷垄断结合起来进行批判，显然已超出传统上一般民本思想的水平，具有了初步的民权思想，为明清之际以黄宗羲为代表的具有鲜明反专制集权特点的启蒙思潮的兴起做了铺垫。

前面已说过，陈亮的事功之学所讲求的事功，主要是国家、百姓的实事实利，这样陈亮在社会政治方面的治道观自然主要是围绕国计民生、为国家百姓如何"建实功"、"求实利"而展开的思考。不过，由于陈亮主张富民与富国是一致的，百姓的富足是国家持久繁荣的前提和基础，政府的基本职能应是富民，政府理财是为了利民，而不应与民争利。因而陈亮注重事功的重心其实还是在百姓方面。陈亮经济思想认为，无论是从历史还是现实来

---

① 陈亮：《问答上》，《陈亮集》（增订本），第30页。
② 侯外庐主编《中国思想通史》第四卷（下），人民出版社，1960，第738～739页。
③ 陈亮：《上孝宗皇帝第一书》，《陈亮集》（增订本），第5页。

看，民都为国之本，兴国之道在于施宽民之政、行惠民之策，厚民生、重民力，做到"天下之财日以裕，郡县之用日以足"，① 由富民而达到强国，"实利及民而惠足以为政"。② 反之，统治当局如果试图通过加强对百姓的征敛以求得国用宽裕，这种刻剥百姓的做法无异于竭泽而渔，结果只会是百姓日穷、国势日困、政治经济危机日深，其教训和后果不能不引以为鉴③。

在具体的富民强国的措施上，陈亮提出的一些思想主张尤为新颖独特，具有重要的进步意义。由于中国传统社会是一个以小农经济为主的社会，小农经济构成了中国典型的东方专制集权统治的牢固基础，所以，重农抑商是历代统治者所奉行的基本国策。但陈亮受其所生活的浙江东南沿海地区工商业较发达、市民社会初露端倪的现实环境的熏染影响，从其事功主义思想出发，明确地提出了农商并重的口号："商籍农而立，农赖商而行，求以相补，而非求以相病。"强调"官民一家也，农商一事也，上下相恤，有无相通"。④ 陈亮不仅没有认同"以农为本"的传统观念，没有盲从一般人歧视、否定工商业、商人的偏见，而是大胆地肯定"农商一事"、农商皆本，认为农商之间不仅不是对立的，而且还是互相促进的，农业的发展是商业繁荣的物质基础和必要前提，而商业的繁荣又能反过来促成农业的发展。只有农商并举，使它们之间"有无相通"、"求以相补"，才能推动经济的正常发展和社会的繁荣："官民农商，各安其所而乐其生，夫是以为至治之极"。⑤ 正因为如此，陈亮主张实行较为自由、宽松的自由经济政策，承认人们逐利求富欲望和行为的合理性，要求专制统治者放手让老百姓通过各种正当途径追求财富、走向富足生活。为此，陈亮认为政府应特别注意保护商人，肯定商人也是一种人才，因为成功的商人，其才能不会逊色于科举之士，尤其是那些品行端正、合法获利的富商巨贾，其对社会国家有巨大贡献，理应取得合理的社会地位。同样，应肯定经商也是一种合法的谋生和安身立命的途径，与

---

① 陈亮：《四弊》，《陈亮集》（增订本），第112页。
② 陈亮：《问农田水利》，《陈亮集》（增订本），第122页。
③ 参见陈亮《汉论·文帝朝》，《陈亮集》（增订本），第153页。
④ 陈亮：《四弊》，《陈亮集》（增订本），第111页。
⑤ 陈亮：《四弊》，《陈亮集》（增订本），第111页。

利用各种不正当手段发财有本质区别，不可混为一谈。因此，陈亮对"困商贾之说"提出了批判："阡陌既开，而豪民武断乡曲，以财力相君，富商大贾操其奇赢，动辄距万，甚者以货自厕于士大夫之后。此言治者之通患，而抑兼并、困商贾之说，举世言之而莫得其要也。"① 主张让商人放手经营，发展商业贸易。而国家则不能通过阻抑兼并、限制富商大贾的方式来解决社会的贫富分化问题，而是要一方面切实保护商人的财产不受侵犯，另一方面对"贫富不齐"现象，采取"听其自尔"的态度②，因为社会财富的分配不应该也不可能是平均的："高卑小大，则各有分也；可否难易，则各有力也。"③ 如果人为地抑制富人、追求平均则会使有才者受到压制，从而打消创造财富的积极性，同时使平庸者坐享其成，社会失去了发展的动力。显然，陈亮提出这些观点，虽然是从维护富人利益的角度出发的，但它对中国历史上源远流长、影响普遍的平均主义思想的否定与批判，还是很富有历史进步意义的。特别是自孟子提出"为富不仁"的观念后，后世人多把道德和财富对立起来，以致在传统社会中普遍形成了"仇富"、"抑富"的心态。而陈亮则认为，财富和仁义并不是对立的，"仁者天下之公理，而财者天下之大命"，④ 强调人为地将义与利、仁与富割裂和对立起来乃主观之迁见。陈亮从人欲的自然性、生产分工、社会多元化等角度对追求财富的合理性的辩护，颇不同于时人之论，是符合社会现实发展要求的新观念。总之，陈亮反对重农抑商和平均主义，主张保护私有财产和追求财富等经济思想，超越了传统小农经济社会的农民意识和统治观念，颇具有现代意识，蕴含了不少创新思想，可以为后世的社会发展提供丰富的可资借鉴的思想资源。

## 六　陈亮思想的历史定位及其意义

以上各节的论述力图结合陈亮思想的具体的复杂性，说明陈亮思想所特

---

① 陈亮：《问汉豪民商贾之积蓄》，《陈亮集》（增订本），第 120 ~ 121 页。
② 陈亮：《问汉豪民商贾之积蓄》，《陈亮集》（增订本），第 121 页。
③ 陈亮：《问答下》，《陈亮集》（增订本），第 34 页。
④ 陈亮：《问古今财用出入之变》，《陈亮集》（增订本），第 127 页。

有的内涵和性质。在此基础上，这里拟对陈亮思想的历史定位及其意义略作探讨。

首先，陈亮事功之学超越了传统儒家泛道德主义的化约论立场，在宋儒注重道德心性修养的价值关怀之外，开创了构建新的思想范式的途径。我们知道，在陈亮所生活的南宋思想文化环境中，由于受宋代以来长期偃武修文、崇理尚德思潮的影响，注重道德教化的性理之学成为在社会现实中占主流地位的学术话语。南宋理学虽然有朱陆之别，但那主要是理学内部的区别，它们的总体特征还是一致的，即都严分理欲、崇尚修养，"皆谈性命而辟功利"（黄宗羲语），强调性命义理之学的优先地位，以修身内圣作为重建社会人心秩序的根本。而陈亮、叶适等事功之学强调经世致用、力辟空谈，反对将理欲、公私、义利切割为绝对对立的"两截"，主张以实事实利、治世事功作为评判伦理德性价值和挽救社会现实危机，重建政治、社会秩序的根本依据，从而在儒家思想的主流话语之外，开创了把知识分子的知识关怀与现实事功紧密地贯通起来的新的思想范式。这种新的思想范式，从思想特征来说，是属于事功主义的，与宋儒的道德主义相对立；从学派属性上说，是属于"浙学"，与朱陆的"闽学"、"江西之学"相对应。从思想史上看，大家都承认，陈亮之学"无所承接"，并没有直接师承于某一学派，是一个较为独立的思想体系，这表明陈亮之学确有独特之处。正像黄宗羲指出过的："当乾道、淳熙间，朱、张、吕、陆四君子皆谈性命而辟功利。学者各守其师说，截然不可犯。陈同甫崛起其旁，独以为不然。"[1] 不仅如此，陈亮的事功之学还为南宋浙学的形成奠定了重要的基础，并使"浙学"突破了地方性知识的意义，不但在当时产生了重要的影响，而且逐渐成为一种在中国思想史上被人们所公认的可以与朱学、陆学鼎足而立的重要思想学说。全祖望认为："乾、淳诸老既殁，学术之会，总为朱、陆二派，而水心断断其间，遂称鼎足。"[2] 其实，正如黄百家指出的，叶适、陈亮两派的思想最为接近，"俱以读书经济为事，嗤黜空疏、随人牙后谈性命

① 《宋元学案》卷五十六《龙川学案》，《黄宗羲全集》第五册，第 237 页。
② 《宋元学案》卷五十四《水心学案上》，《黄宗羲全集》第五册，第 106 页。

者，以为灰埃"，故同被称为"浙学"。① 这样看来，全祖望评论叶适的上述文字，也同样适合于陈亮，可以认为以陈亮、叶适为代表的"浙学"作为一种新的思想范式确实在南宋学术界与朱、陆之学构成了鼎足而立的格局，其重要性和影响并不亚于朱陆诸学。至于"浙学"此后在学术思想史上长期作为仅具有地区性、短时性意义的思想学说，处于被轻视、被边缘化的状态，则是与宋明以来以理学为主导的儒学长期占据正统意识形态地位，人们在学术思想史的解读上不可避免地采取以朱陆等儒学为中心的学术史观有莫大的关系。

其次，由以上分析可见，学术界长期以来把陈亮之学的思想属性归入传统的儒学系统中去，从而在实际上有意无意地抹杀了陈亮思想所具有的独特性质和意义，这是有简单化和非历史主义嫌疑的处理思想史的方法。事实上，我们可以发现，由于受上述的以儒学为中心的学术史观的影响，人们在处理陈亮之学的思想归属时常常表现出两种相矛盾的奇怪态度：一方面以轻视的态度贬低陈亮之学，如朱熹就一再讥评永康永嘉之学"大不成学问"、"没头没尾"，认为"浙学"专讲功利，应予以全盘否定。② 正是在朱熹及其门徒们的诋毁、排斥下，浙学几乎被"废而不讲"（王祎语），在南宋以后的学术界逐渐被边缘化甚至被遗忘，始终处于民间的、非主流的地位。而另一方面，无论是历史上还是现在的学者，他们大多极力地把陈亮之学仍然拉回传统的儒学系统中予以解读，或说明陈亮之学"以程氏为本"，源出于程门道学，把程氏视为陈亮事功之学及整个南宋浙学的开山宗主；或强调陈亮思想并未超出传统儒学范围，虽与理学对立却并非"反儒学"，等等。其实，这种矛盾态度的出现在很大程度上是由陈亮之学的独特性造成的：它作为一种新的思想范式及思想观念由于其独特性，而不能被当时学术思想界的主流话语系统所接纳、认可，因而必然被排斥、被贬低；也由于其独特性，毕竟在学术思想史上难以被完全抹杀掩盖，因而只好被有意无意地拉回传统的儒学系统甚至理学框架中来解读，以达到抹平其独特性、掩盖其锋芒的目

---

① 《宋元学案》卷五十六《龙川学案》，《黄宗羲全集》第五册，第 216 页。
② 《朱子语类》卷一二三，第 2961 页。

的。而这也正是以儒学为中心的传统学术史观的局限性的典型体现。实际上，只要不受偏见和固有框架的影响实事求是地去看，陈亮思想的独特性是显而易见的，以至就连其论敌朱熹也一再地表示陈亮的思想"新论奇伟不常，真所创见"，"纵横奇伟，神怪百出，不可正视，虽使孟子复生，亦无所容其喙"。① 其同道叶适也评论说："……（陈亮）其说皆今人所未讲，朱公元晦意有不与而不能夺也。"② 陈亮的学术虽然长期不为世人所理解，世道对之确实不公，但正像全祖望所说："自陈同甫有义利双行、王霸杂用之论，世之为建安之徒者，无不大声排之。吾以为是尚未足以贬同甫，盖如同甫所云：'是其学有未醇，而尚不失为汉以后人物'。"③ 对此，陈亮自己还是很有了解的，他自述："我独从横，无所统纪：如彼扁舟，乱流而济，观者耸然，我行如砥。"④

　　陈亮思想的独特性不仅表现在他能以其超凡脱俗的见识向朱熹等理学家挑战，重建社会秩序和道德秩序的准则，确立新的事功主义的思想范式，而且表现在他在理论上能以非凡的勇气敢于独立、勇于创新，同时能把求真务实的可贵精神努力贯彻到底。对此，我们可称之为"陈亮现象"。这种"陈亮现象"实际上已成为可以对浙学传统和当代浙江精神的形塑和发展产生重要影响的基本思想资源之一。的确，在浙江历史上，这类"陈亮现象"已成为一种普遍的社会文化现象。浙学中的许多杰出人物往往都无所师承、不傍门户、异军突起、自致通达。他们不怕孤立，敢于突破传统、批判权威，虽处非主流、非正统，甚至被视为"异端"、怪物，也仍然能以"推倒一世之智勇，开拓万古之心胸"的豪杰气概和"狂者气象"，坚持创新，特立独行，提出一系列新知卓识，从而形成一种可贵的浙学传统。而当代浙江的经济社会的较成功发展所展示出来的独立自主、勇于创新、讲求实效等浙江精神，不能不说正是这种浙学传统的一种继承和体现。

　　由此也可见，陈亮思想的特有意蕴和价值并没有随着时间的流逝而消

---

① 朱熹：《寄陈同甫书之二、之八》，《陈亮集》（增订本），第283、288页。
② 叶适：《龙川文集序》，《陈亮集》（增订本），第417页。
③ 《宋元学案》卷五十六《龙川学案》附录，《黄宗羲全集》第五册，第226页。
④ 陈亮：《又祭吕东莱文》，《陈亮集》（增订本），第338页。

失，而是早已经积淀为我们的思想文化传统和精神气质的一部分，始终发挥着其应有的影响。此乃真不朽也。还是陈亮自己的一首《水调歌头》说得好：

> 我自醉眠其上，任是水流其下，湍激若为收？世事如斯去，不去为谁留？……但有君才具，何用问时流？[①]

---

① 陈亮：《和吴允成游灵洞韵》，《陈亮集》（增订本），第403页。

# 第七章　叶适的事功思想

　　叶适，字正则，祖籍处州龙泉，宋高宗绍兴二十年（1150 年）出生于永嘉。淳熙五年（1178 年）进士第二，授平江节度推官。叶适历仕三朝，担任过文林郎、镇江察推、武昌军节推、太学博士、显谟阁学士、建康知府、沿江制置使等职，官至从二品。政治上，他主要参与了"绍熙内禅"的策划、遭受了"庆元党禁"的打击以及"开禧北伐"的建功立业。从嘉定元年（1208 年）退居水心村直至逝世（1223 年）的十六年，他全力治学、授徒、创作诗文，并"以经制言事功"，总结一生学术，撰成《习学记言序目》五十卷，终集"永嘉事功学"之大成。叶适作为永嘉学派集大成者，是南宋浙学的最主要代表之一，对南宋浙学的形成发展起到了重要的作用，在南宋思想学术史的发展历程中也占有极其重要的地位。这主要是因为叶适在南宋交错复杂的思想激荡中独辟蹊径，通过长期的实践和思考，批判了当时的主要社会思潮，发展出独立的事功思想体系，使浙学终于能够与理学、心学"鼎足而三"。

　　叶适"事功"思想始终以当时社会问题的解决为出发点，"务实而不务虚"、反对道学"高谈远述性命，而以功业为可略"的价值取向，于哲学、经济、政治等各个方面均有论述。他提出的"道不离器"的唯物观点和"学思并进"的认识方法为事功思想奠定了基础；而"以利和义，不以义抑利"的"义利观"又将事功思想做了推进。落实到经世的层面，叶适力求革故鼎新，改弱就强。为此，他不仅在理论上提出了自己的政治经济构想，而且还提出了具体实施这些理论的改革措施。其中涉及了"固外宜坚，安内宜柔"、"分权疏法"、"理财非聚敛"、"许民自理财" 等制度层面的改革问题。叶适事功思想的务实和批判精神使其在总结永嘉学术、批判南宋理学以及下启明清浙东实学上具有重要的价值。同时，叶适事功思想与温州精神具有文化上的同源性，即同样渊源于海洋文化、农商文化和移民文化，其事功思想的精髓在今天已经转化成一种以实利主义为特征的实践型文化，从而构成了当代温州人及浙江人的文化心理和"文化基因"。

# 一 叶适事功思想的社会文化背景

### 1. 社会历史背景

叶适生于宋高宗绍兴二十年（1150 年），经历了南宋高宗、孝宗、光宗、宁宗四朝，而其政治和学术活动主要集中在孝宗到宁宗三朝。此时，南宋与金的对峙局面已经形成，民族矛盾依然是主要矛盾，对金的战、和、守问题是南宋政治生活的中心问题。

叶适出生前，有屈辱的"绍兴和议"：高宗、秦桧为了求和，放弃了已经收复的淮河以北的土地，向金称臣，每年向金纳绢二十五万匹、银二十五万两。在叶适生活的时期，则有孝宗北伐和"隆兴和议"以及叶适直接参与的宁宗开禧北伐和"嘉定和议"。

绍兴三十二年（1162 年）孝宗即位，起用主战派大臣张浚，主持北伐。但次年，即以符离兵溃、金兵渡淮而告败，秦桧余党汤思退复相，宋、金又开始议和。隆兴二年（1164 年），宋、金《隆兴和议》正式签订，宋、金二帝以叔侄相称，改"岁贡"为"岁币"，绢、银各减五万，宋割四郡地，地界恢复绍兴和议原状。此事标志着宋、金双方暂时都已无力在军事上压倒对方，宋、金关系从而进入了一个相对稳定的时期。

直至宁宗开禧二年（1206 年），主战的韩侂胄听言金已衰弱且为蒙古所困，仓促组建四路大军北伐。就在北伐诏书发布不久，宋军就在战场上转入了不利的态势。在东路、中路进军屡遭败北的同时，西线吴曦叛变。十月，金兵分九路南下，长驱直入，建康吃紧。开禧三年（1207 年）初，金主帅仆散揆病死，宋军又杀吴曦平叛，双方进入相持。然而，朝廷中形势又发生了变化：主战的韩侂胄失势，以吏部侍郎史弥远为首的投降派杀害韩侂胄，罢兵与金议和。嘉定元年（1208 年），《嘉定和议》正式签订，宋帝和金帝改称侄伯，宋增岁币绢、银各三十万，犒军钱三百万贯，双方地界如旧。南宋王朝开始由"中兴"走向衰落，"王师"再也无力"北定中原"。

也正是从隆兴初年到淳熙初年，叶适在相对稳定的时局中经过了十四五年的求学和磨炼，逐渐积累了学问，初步确定了他的人生方向。从淳熙五年（1179 年）高中榜眼至嘉定元年（1208 年）落职回乡，叶适在从政生涯经历的帝王更替和时局动荡中，主要参与了"绍熙内禅"的策划、遭受了"庆元党禁"的打击和"开禧北伐"的建功立业。嘉定元年（1208 年）九月《嘉定和议》正式签订，南宋王朝开始彻底走向衰落。叶适也于此时被夺职退居水心村，全力开启其晚期治学、授徒、研究创新的新生命，直至1223 年逝世。

而事实上，不只是南宋，有宋以来的王朝一直处在危机当中。宋太祖尚知道"卧榻之侧，岂容他人酣睡"，而到了南宋，"那张卧榻更从八尺方床收缩而为行军帆布床"。① 面对周边的压迫，宋王朝一方面失去了汉唐那种睥睨四方的心理，必须想方设法抵抗异族的侵略；另一方面也失去了盛唐开放的文化心态，必须想方设法凸显自身国家的合法性。北宋王朝始终未能坚决扫除外患，而是在内忧外患的矛盾中伸缩进退。到了南宋，尽管屈辱和议让社会处于相对的稳定中，但"临安"带来的毕竟是一种强烈的受压抑感。

无论是外虏的威胁还是内部的分裂，都构成了国家与秩序的合法性危机。所以同过去的专制王朝相比，两宋在政治上的突出特点是实行高度集权的中央专制。北宋时，通过设立通判强化中央对地方的监控，对宰相"废座撤茶"，使得士人出身的大臣再不能与君主"坐而论道"，并且这种强化国家权威和秩序的努力一直没有停止过。② 演变到南宋，不仅中央严格操控地方权力，官僚机构重叠、互相牵制，以致人浮于事、政治日绌，并且出现了更加明显的集团化政治和文官政治特征。

---

① 钱钟书：《宋诗选注》，三联书店，2007，第 1 页。
② 葛兆光：《七世纪至十九世纪中国的知识、思想与信仰》（《中国思想史》第二卷），复旦大学出版社，2001，第 173 页。

南宋社会由于没有具备绝对的军事实力来直接消除外患，所以就长期存在着主战派和主和派两个政治集团。主战派要求通过改革激活南宋内部的资源和能量来解除外患，收复失地。而主和派强调的是南宋的弱势，逃避由于战争所可能带来的风险，保证政权的相对稳定。主战派和主和派之间不断斗争、打压、消耗，"党与既植，同门者互相借誉，异己者力肆排摈"①。在南宋初期，就有宋高宗、秦桧集团的"绍兴和议"。后来叶适所参与的有赵汝愚集团和韩侂胄集团之间斗争所演变的"绍熙内禅"和"庆元党禁"。还有"开禧北伐"中，以韩侂胄为首的主战派和以吏部侍郎史弥远为首的投降派之间的斗争。

宋代为防止晚唐、五代军人骄横跋扈、篡逆相继的历史重演，强调以文官治国，采取了偃武修文的姿态。宋太祖曾制定优待文人的政策，宋太宗也有意扩大取士的范围，这一重文的取向，很快就造就了一个庞大的知识阶层。从中央到地方的一切要职，全由科举出身的文官担任。职业军人不仅不能干预行政、司法等大事，甚至在军队中也需听命于文官。然而，文官政治只是宋政府巩固政权、加强中央集权的一种手段，是其强化内部控制的用人手段。事实上，国家对科举出身的士大夫的钳制也是相当严厉的，"庆元党禁"就是明证。国家给予谏官弹劾各级官员的权力，任何官员一经谏官弹劾，便有可能被调职甚至罢免。这样，文人政客们的政治理想在"架漏过时"的状态和统治集团内部的争权夺势中往往难以真正得到实现。

南宋立国之初，整个社会处于崩塌的边缘，所以北宋以来的奢靡之风有所收敛。但宋金对峙局面的形成，加之江南的大好风光，使得士大夫们乐不思蜀，北宋流行的种种华靡、奢侈的风习，苟且偷安的心态又重新开始在南宋蔓延。孝宗乾道三年（1167年）就曾下诏"戒士大夫因循苟且、诞谩奔竞之弊"②，可见当时上层奢靡之风的严重程度。而对金的贡奉和上层社会奢靡生活的巨大支出无疑都转嫁到下层人民的身上。所以南宋的赋税十分繁重，除正税以外，其他苛捐杂税名目繁多。如经总制钱、月椿钱、折帛钱等

---

① 《建炎以来系年要录》卷五十八，绍兴二年九月戊午年条，中华书局，1956。
② 《宋史全文·宋孝宗二》。

等，到孝宗时，杂税已达正税的九倍之多。所谓"古者刻剥之法，本朝皆备"。

从宋代始，土地商品化的趋势大大加强，国家的土地被称为"官田"，除边界地区还采用士兵屯田、募兵屯田外，其余的官田则模仿私田租给民间经营。政府甚至大量出售官田，也不再强烈干涉土地买卖，从而承认了土地买卖的自由和大地主占有土地的合法性。土地的自由买卖加剧了土地兼并，使大量农民破产，沉重的赋税负担就落到了自耕农和佃户的身上。又宽又滥的科举制度开放了做官的门路，既繁且复的行政机构增添了做官的名额，北宋的"冗官冗费"已经不可纪极。而且，这些国内阶级矛盾和人民内部的矛盾因严峻的外患问题而经常变得愈加尖锐。

南宋社会就是在强烈的军事冲击和压迫下，在错综复杂的政治纷争和军事灾难下形成的偏安一隅的社会形态。所以对于仅保有半壁江山、时刻面临危亡的南宋，保证边疆的稳固是统治者的首要目标。而军事问题的解决又依赖于社会经济的发展和国力的增强，所以如何对国力贫弱的南宋实施改革是一个急需解决的实际问题。在这一系列问题面前，提倡实效实功显然首先是时代提出的变革要求。叶适分析当时的政治形势认为："立国之势，有未当论治乱安危而当先论存亡者⋯至如今日事势，亦只当先论存亡。今日存亡之势，在外而不在内；而今日提防之策，乃在内而不在外。一朝陵突，举国拱手，提防者尽坏而相随以亡，哀哉！"[1] 叶适深刻地认识到，当时南宋政府对外妥协而形成的矛盾是关乎国家存亡的根本问题。而具体的应对政策却要先从南宋内部入手，所谓"在内而不在外"。所以，叶适研究了有宋一代政治、经济、军事等各个方面的积弊，并由此提出了一系列改革的措施。他志存恢复、提倡事功、反对空谈义理，主张走一条以改革求恢复的路线，以摆脱以往"不出于用兵则出于通和"的不断循环。

正是在这样的背景下，南宋社会出现了以叶适等浙江学者们为代表的讲求实事实功的事功主义思潮。叶适希望在事功之中体现德性，在德性之中注入事功，实现内圣外王的统一。然而这种合内外之道的实践在皇权高度集中

---

① 叶适：《习学记言序目》卷四十三《唐书六》，中华书局，1977，第630页。

的专制统治下是无法实现的。所以他转而批判君权和专制政治，批判道统和心性之学，从而高扬治势、民事以及财计等制度本身的价值。从"治道"到"倡道永嘉，以斯文为己任"，叶适当然无心于"穷理尽性"，而始终留意的是"经世致用"。

2. 思想文化背景

相对于政治危局，南宋社会在思想文化方面却出现了异常繁荣的景象。以屈辱和议为代价取得的社会相对稳定，使知识分子普遍存在着强烈的压抑感。而这种压抑感也促使他们去深入思考社会问题和人生问题，这就使得南宋学术表现出了"重建设"的倾向。

如果从发展的角度看，南宋的学术繁荣延续于北宋的思想重建，并与政治改革思潮的相为表里。王安石等主张采取激烈的实用主义策略，试图在皇权的支持下进行变革。而大多数士大夫则更倾向于采取一种温和的文化保守主义与高调的道德理想主义，试图通过文化传统的重建确立符合理想的社会秩序。南宋社会的特殊性和儒学本身的特性和功用决定了南宋学者不可能从现实的政治和社会中完全退隐。尽管北宋王安石新学在现实政治中最终失败了，但实际上南宋诸儒无不秉承了王安石的精神，致力于将学术应用到现实政治的"治道"。更重要的是，他们不限于政治上的期待，还致力于思想学术在社会文化层面上的推广。只是在如何选择治道的具体路径问题上又出现了不同的思想主张和价值取向。

另外，由于印刷术的普遍使用，文化传播日益迅速，书院与州县学的设立使知识传播渐渐及于民众。整个知识阶层处在较为自由和宽松的言论环境中，故而学术上各种理论创建层出不穷，造就了南宋社会中期学派林立、学术论争频繁、书院盛行的学术繁荣。在经历了惨烈的亡国之痛之后，关注救亡图存的知识分子特别是进入政治中心的士大夫们的反省最容易激活政治的实用主义思潮。与理学相对立的陈亮、叶适等的事功学说就是这种思潮的反映，也可视为对北宋新型功利主义学说的回归和进一步发展。

朱熹（1130～1200年）比叶适早出，他汲取了周敦颐、邵雍、张载、二程等各家学说，从而构造了一个更为严密的理学体系。他认为，形而上的"理"是天地万物的主宰，也是世界的本原。"心固是主宰底意，然所谓主宰者，即是理也"。① 并且"天下之理万殊，然其归则一而已矣，不容有二三也"。② "理一分殊"如"月映万川"，"与其说是在讲有关宇宙自然的共相具相，不如说是在为了证实伦理道德的普遍立法"。③ 在重建宇宙观念的同时，朱熹特别把"道"或"理"提升到超越社会与自然的位置，使本来仅仅针对人的伦理原则得到宇宙论上的支持。他认为，人性不过是天理的赋予："性即理也，天以阴阳五行化生万物，气以成形，而理亦赋焉，犹命令也。"④ "性即理"解决了人性与天道的关系问题，但不能解释现实中的人性差别。朱熹进而发挥了张载"气质之性"的概念论述道："性只是理，然无那天气地质，则此理没安顿处。但得气之清明，则不蔽锢此理，顺发出来。蔽锢少者，发出来的天理胜。蔽锢多者，则私欲胜。"⑤ 按照朱熹的理论，天地之性是人性的本然状态，但禀于气质，则又现实存在着有善有恶的人性。"气质之性"是堕在气质之中的"天地之性"。

与此相关，朱熹又有"道心"、"人心"之说。"只是这一个心，知觉从耳目之欲上去，便是人心；知觉从义理上去，便是道心"。⑥ 以耳目之欲为内容的知觉活动是"人心"，以道德义理为内容的知觉活动是"道心"，"道心者天理也。"⑦ 可见，朱熹所谓的"道心"是"天地之性"的显现，是纯粹至上的。他之所以提出"道心"和"人心"是为了让人能够以"道心"控制"人心"："必使道心常为一身之主，而人心每听命焉，则危者安，微者著。"⑧ 即以道德理性来制约个人的自然欲求。

朱熹论天理流行，进而阐述理一分殊，目的是由他的以理为本的本体论，有效地解释现象世界，并从天理过渡到现象世界，为实践提供有效的指导。无论是形而上的本体，还是形而下的现象，甚至是极其细微的一心之感

① 《朱子语类》卷一《理气上》，第4页。
② 《朱文公文集》卷六十三《答余正甫》，《朱子全书》第23册，第3070页。
③ 李泽厚：《中国思想史论》（上），安徽文艺出版社，1999，第239页。
④ 《中庸章句（一）》，《朱子全书》第6册，第32页。
⑤ 《朱子语类》卷四《性理一》，第66页。
⑥ 《朱子语类》卷七十八《尚书一·大禹谟》，第2009页。
⑦ 《朱子语类》卷七十八《尚书一·大禹谟》，第2018页。
⑧ 《朱文公文集》卷十一《戊申封事》，《朱子全书》第20册，第591页。

念，朱熹都在理论上强调了价值本体的优先性存在，并由此存在构成从本体到万物的一切行动的方向。他对儒家精神的确认是将其诉诸道德主体的践履，并由此推进到社会人生，最终引导政治秩序的重建。他内心的期望是在现实政治之上确立一个"三纲五常之正道"，在每个士人心中确立一种"粹然以醇儒之道自律"的精神，在这种高调的道德理想主义立场上，保持独立的士人立场，在政治策略之外拥有批评的权力。所以朱熹论政治问题，也只是将其视为道德问题的延长。他在讲《大学》时，强调以"诚意、正心、修身"等工夫来达到"治国平天下"的效果；在对待全部政治问题时，便将其重点落在道德教育上。例如朱熹认为对人君而言，最重要的是要使人君成为有德之君；而对人民而言，就是要使人人能行仁义。

理学家对儒家精神的确认和践履虽各持己见，但都将其诉诸道德主体的践履，并由此推进到社会层面，最终影响到政治。他们凸显的都是"道"与"理"，"心"与"性"等超越具体国家和个人的概念。在国家日益陷入危机、士人逐渐感到压迫的时候，他们强调的并不是可以"富国"、"强兵"的"道"、"理"，而是以道德为中心的精神拯救。他们看重的是国家社会生活日渐失去道德同一性的一面，所以提出的拯救办法主要就是"心"与"性"的自觉。他们坚持这种高调的理想主义，并把它作为重新清理国家政治生活的唯一途径。诚如李泽厚所说："如果说，在原始儒学，道德实质乃是政治，那么在宋明理学，政治实质从属道德。从而心性论谈高于治平方略，圣贤位置胜过世俗功勋。"① 在时移势变的时代强调义理心性的主导性作用，等于把理学的门户限得太狭，使它永远无法深入世俗世界，"画界而立，一似结坛，尽绝一世之人于门外"②。

随着南宋政权的渐趋稳定，一方面，科举取士范围的扩大提出了究竟应该用什么样的价值来引导士子的问题；另一方面，要求图强、恢复中原的呼声渐涨。朱熹对儒家精神在道德价值层面上的确认与践履，使得持后一种要求的学者很不满意，这就产生了以陈亮与叶适为代表的功利哲学。③ 朱熹曾

---

① 李泽厚：《中国思想史论》（上），安徽文艺出版社，1999，第276页。
② 陈亮：《又乙巳秋书》，《陈亮集》（增订本），河北教育出版社，2003，第279页。
③ 何俊：《南宋儒学建构》，上海人民出版社，2004，第180页。

对弟子说："叶正则说话，只是杜撰，看他进卷，可见大略。"① 他还指责叶适 "依违笼罩而自处甚高，不自知其浅陋"②，认为其病根乃在于未能首先理会身心，便去就事上理会。他甚至认为永嘉之学 "大不成学问"，简直是诱人为恶："陆氏之学虽是偏，尚是要去做个人。若永嘉、永康之说，大不成学问。"③ 对于朱熹的批判否定，虽然叶适并未像陈亮一样有正面回应朱熹的机会，但其后期对事功思想的深刻总结性研究，在某种程度上可以认为是对朱熹理学思想的正式回应。

功利与实用在任何时代都有它的天然合理性，尤其是在国家与社会处于危机重重的时代，人们会普遍要求知识、思想与信仰给予他们实际可见的效果，而不太认同那些纯粹属于精神领域的理想主义。④ 如果说叶适在南宋将事功学说发挥到了极致，那就不能忽视北宋李觏为事功所作的准备以及王安石付诸实践的努力。李觏的功利思想以《周礼》作为依据，兼采诸子富国强兵、重农抑商的思想，结合北宋社会现实，提出了自己系统的思想学说。他以 "民惟邦本" 作为理论出发点，认为 "先王以民惟邦本，造次颠沛无或忘之"⑤，强调以民为本，安民为先，注重民生。他已模糊地认识到经济是政治的基础，无论是政治、军事还是道德，都要受经济的制约："然则民不富，仓廪不实，衣食不足，而欲教之以礼节，使之趋荣而避辱，学者皆知其难也。"⑥ 历代儒家都强调重义轻利，却无补于实际政治，李觏就曾批判孟子 "性善" 学说把仁义当作可以速售的东西一样，把思想的真理凌驾于政治的权力之上。他还反对当时一些士人 "贵义而贱利，其言非道德教化则不出诸口" 的倾向，旗帜鲜明地提出 "焉有仁义而不利乎"⑦ 的命题。

王安石为改变积贫积弱的社会状况，坚决反对因循守旧，力主改革。他

---

① 《朱子语类》卷一二三《陈君举》，第 2967 页。
② 《朱文公文集》卷六十三《答项平父》，《朱子全书》第 23 册，第 2544 页。
③ 《朱子语类》卷一二二《吕伯恭》，第 2957 页。
④ 葛兆光：《七世纪至十九世纪中国的知识、思想与信仰》，《中国思想史》第二卷，第 242 页。
⑤ 《李觏集》卷十二《官人（五）》，中华书局，1981，第 107 页。
⑥ 《李觏集》卷八，《国用（十六）》，第 89 页。
⑦ 《李觏集》卷二十九，《原文》，第 326 页。

认为："因循苟且而逸豫无为，可以侥幸一时，而不可以旷日持久"[1]，因而他主张在政治领域实施改革。他的思想仍以儒家为主，兼采法家，取法先王，既讲经术、义理，又讲经世。他也曾批评程颢"公之学如壁上行"，认为他所提倡的是难以实行的空谈。从经世致用的角度，叶适的务实和革新主张与王安石确有相似之处。

李觏、王安石倡言功利，希望将儒家原则落实于追求民富强国的具体实践中，即以"义"来规范"利"的方向，以"利"来体现"义"的价值。正是顺着这种思路，南宋浙东事功学者进一步力图将儒家伦理纲常和积极倡导事功有机地结合起来。叶适的事功理论则要求直接诉诸政治及实际社会民生上的作为来体现、贯彻并实现儒家的外王精神。这便可以说是叶适事功学说的一大特点和在同一时代背景下所体现出的特殊价值。的确，在社会历史的进展中，制度的变迁和兴革、人类苦难的解除等，在每一个不同阶段中往往都要呈现为一组现实中的最大难题，它的解决必须依赖"因势而实现理"的原则，而并非单纯依靠内在觉悟就能求得真正的出路。所以，在南宋内忧外患的形势下，朱陆学说实不能对"势"有所掌握，因此亦对历史难题的解决不能真正发挥强有力的力量。叶适正是处在稍晚于朱熹的理学思潮环境中，对他们确立道统、垄断真理的做法颇为不满。在叶适看来，思想与文化的意义在这个特殊时期并不那么重要，而关于道德的理想也在这种时候显得离现实太远。虽然叶适最终还是没有完全脱离传统儒家"内圣外王"的基本设计，但他显然已经觉察出宋儒话语对现实的无力，做出了在道学之外另辟蹊径以实现"治道"的事功努力。

3. 地域背景

叶适出生于南宋经济最为发达的两浙东路。有关两浙路的地理资源和风土人情，《宋史·地理志》做了概括描述："两浙路，盖《禹贡》扬州之域，当南斗、须女之分。东南际海，西控震泽，北又滨于海。有鱼盐、布帛、秔稻之产。人性柔慧，尚浮屠之教。俗奢靡而无积聚，厚于滋味。善进取，急

---

[1] 《临川文集》卷三十九，《上时政疏》，《四库全书》第1105册，第297页。

图利，而奇技之巧出焉。余杭、四明，通蕃互市，珠贝外国之物，颇充于中藏云。"[①] 而北宋中期的温州，就已经是一个商业比较发达的城市，时人以"小杭州"称之。如宋哲宗绍圣二年（1091年），时任温州知州的诗人杨蟠就曾描写当时永嘉县治的繁华："一片繁华海上头，从来唤作小杭州。水如棋局分街陌，山似屏帷绕画楼。是处有花对我笑，何时无月逐人游。西湖宴赏争标日，多少珠帘不下钩。"

据《宋会要辑稿·食货》卷十六记载：北宋熙宁十年（1077年），温州所属四县（永嘉、瑞安、平阳、乐清）场务的全年商税，共为四万一千八百九十八贯。其中永嘉县场务商税全年是二万五千三百九十一贯六文，瑞安县场务商税全年是六千二百八十七贯，而全国各县全年场务商税平均为三千五百八十一贯。永嘉县场务商税超过当时的明州鄞县（今浙江宁波市），是全国各县场务商税的七倍。瑞安县的场务商税则相当于全国各县场务商税的两倍。[②] 到了南宋，温州仍是一个商业发达的城市，南宋高宗绍兴六年（1131年），中书舍人程俱在他所撰的《席益差知温州制》的诏书中，就讲到当时温州"其货纤靡，其人多贾"。温州蠲纸、漆器驰名全国，蠲纸被认为"东南出纸最多，此当为第一焉"。漆器远销国内和海外，开封、杭州都有卖温州漆器的铺子。并且温州沿海，海上交通便利，航运业发达。早在绍兴年间，温州就设有市舶务，专门管理海上贸易，并建有"来远驿"、"待贤驿"接待往来商人。叶适的出生地瑞安是宋代温州七镇之一，濒临飞云江，可直接入海，水路运输极为便利。

随着经济的繁荣和贸易的增长，特别是城镇工商阶层力量的逐渐壮大，工商阶层对社会制度和政治管理的功利性要求，势必会通过学术思想体现出来。像叶适得以出仕，一个重要的背景就是自宋代始温州文化地位的变迁。温州历来是一个解额寡少、远离京师的区域，但元丰太学法改革给温州文化带来了突破性的转折，南宋定都临安更是让温州打破了原来在距离上偏居一隅的局面。自北宋始的太学改革，其总的趋势就是"增广生员，益置太

---

① 《宋史》卷88《地理志四》。
② 周梦江：《叶适与永嘉学派》，浙江古籍出版社，2005，第9页。

学"。从皇祐三年初定太学员额 300 名到元丰二年的改革把太学员额猛增到 2400 名，使得太学从国子监的附庸而一跃成为官学主力。这就意味着温州士子可以通过太学争取到远多于乡贡解额的参加省试的机会。元丰太学法改革后，到了崇宁元年蔡京当政期间，又推出了州县学三舍法改革，进一步拓宽了温州士子的仕进之路。因为此次改革不但使贡士得官的概率较省举人大大增加，而且实现了取士权的重心下移。

但取士权的扩大和重心的下移仍然是个外部的原因，真正驱动温州地域文化发展并造成"甲于东南"的鼎盛有其内部文化积累的因素。从唐、五代到两宋，温州未有战祸，因此吸引了多种类型的移民。叶适一家"先居处州龙泉，徙居温州"，与永嘉学派有关的许多人物大多出身移民后裔家族，可以想见永嘉事功学的兴起过程中，移民所带来的各地先进文化的传入和交流起着至关重要的作用。当以开封、洛阳为基地的北方文化中心遭到破坏时，北宋后期的温州游学志士迎头赶上，使温州缩小了与文化发达地区的文化差距。王十朋在《何提刑墓志铭》中总结："永嘉自元祐以来，士风浸盛，渊源自得之学，胸臆不蹈袭之文，儒先数公著述具存，不怪不迁，词醇味长，向令及门孔氏，未必后游、夏徒也。涵养停蓄，波澜日肆，建炎、绍兴间，异才辈出，往往甲于东南。"[1]

宋代编户制度分官户和民户，官户享有优俸、免差役和劳役以及入国子学、免解试等许多特权。民户不仅没有这些特权，反而要承担官户所豁免的钱役。这也客观上促使富裕民户迫切要求子弟读书仕进，转为官户。在富裕民户要求子弟求学的推动下，书塾讲学大为盛行。如王开祖开设的东山书院，周行己被劾后"筑浮沚书院以激讲学"，薛季宣设稚新学塾，毛甹主持永嘉城南茶院寺学塾等等。书塾中颇多一流学者，讲学内容既精深又合时，"得其说者，小之则擅场屋之名，大可以临民治军之际"。叶适自身成长、求学、最终出仕并在仕途及以后治学中发展其事功学说都与这些背景密切相关。叶适家境贫寒："叶氏自处州龙泉徙于瑞安，贫匮三世矣。当此时，夫人归叶氏也。夫人既归而岁大水，飘没数百里，室庐什器皆尽。自是连困

① 王十朋：《何提刑墓志铭》，《王十朋全集》卷二五，上海古籍出版社，1998，第 1009 页。

厄，无常居，随徙辄迁，凡居二十一所。"① 这里需要指出的是，当天下争言性命之学的时候，叶适却挺然接受了永嘉功利之说，这一表现，同他的家庭出身也不无关系。从小生活在这样的家庭和接受这样的教育使他比较容易把握、重视事功的务实精神。

永嘉"自元祐以来士风浸盛"，为求学的叶适提供了一个较为有利的大环境。约在绍兴三十年（1160 年）叶适初识陈傅良于林元章家中。除有机会受教于陈傅良外，叶适开始广泛问学乡贤：刘愈、郑伯熊、刘夙、刘朔兄弟、陈烨、戴溪、王楠等。虽然未能专门从师求学，但大批永嘉学人开始进入了叶适的视野，也开始为他逐步建立起求学致仕的社会支持体系。乾道四年春夏间，叶适开始了在婺州的游学生涯。对于叶适来说，游学期间的最大收获莫过于结识了薛季宣、陈亮、吕祖谦等人。作为婺学中坚，吕祖谦秉承家学渊源，其学兼收并蓄、平正调和，叶适求教后受益匪浅、豁然开朗："去冬之书，辄自陈道。大抵以乍出坑谷，忽见天地日月，不觉欣跃惊诧，过于高快。"②

有感于病重母亲的期望和师友乡邻的陆续登第（乾道八年，陈傅良、蔡幼学、徐谊、薛叔似、陈谦等多人进士及第），叶适于淳熙元年（1174 年）向签书枢密院事叶衡上书论事言志，这便是《水心文集》中叶适第一篇重要论著《上西府书》，叶适自称专治"师旅刑赋"、"道德法制"之学，可见永嘉事功之学的精髓早已在叶适心中扎根。淳熙四年（1177 年），叶适得以以周必大门客的身份参加当年的漕试，取得漕试发解资格的叶适在淳熙五年（1178 年）的省试和殿试中脱颖而出，以进士第二名及第，授文林郎、镇江府观察推官。③

虽然，浙东地区的经济文化水平在宋时迅速提升并融入整个文化大潮。但是，相对于一直占主导地位的中原农业文化，浙东地域文化仍属于一种边缘性的、农商并举的杂糅文化。相对的，这种非主流性的杂糅文化也就带有

---

① 叶适：《水心文集》卷二十五《墓志铭·母杜氏墓志》，《叶适集》，中华书局，1961，第509 页。
② 叶适：《水心文集》卷二七《与吕丈书》，《叶适集》，第 548 页。
③ 周梦江：《叶适年谱》，浙江古籍出版社，2006，第 45～46 页。

它较强的"移植创新"的意识。而这就可以在一定程度上说明，尽管温州文化在质量上已接近主流文化，但是为何叶适却没有承接主流文化的话语而从一开始就倾心于永嘉事功学说，敢破陈说、极具批判的精神。

综上所述，叶适事功思想的形成首先离不开南宋社会内忧外患的大背景。其次是针对南宋程朱理学空谈心性义理无补于世事的现实。最后永嘉地域经济与文化的发展也给他提供了契机并注入了更为直接的功利内容。

叶适从承接永嘉学统，到形成与理学、心学相对立的思想体系，经历了相当长的一段时间，大致可分为两个阶段。前一阶段是从淳熙五年（1179年）高中榜眼至嘉定元年（1208年）落职回乡。在这期间，他主要从事实际的政治活动。不仅在主战的立场上同主和派的妥协投降做了斗争，而且为南宋"改弱就强"提出了一整套改革的方案。他在这期间几起几落，在学术上做了许多研究及辑录资料的工作，也初步形成了自己的事功思想。后一阶段是从金陵回到永嘉城外的水心村之后的十六年。他退居治学，"根柢六经，折衷诸子，剖析秦汉，迄于五季"[1]，著成《习学记言序目》，正式对程朱理学做出了回应和挑战。全书通过对六经、诸子、史籍等文献的全面剖析，"致道成德之要"、"指治摘乱之几"、"推迹世道之升降"、"品目人材之短长"，探索"古今伦贯，物变始终"[2] 的"学之本统"，从而对自己所确认的社会治道的制度设计及其根本精神进行了论证，比较系统地提出了自己的事功学说。而其事功学说的精华则在于"对政治形势的分析和历史经验的概括、弊制谬论的批判和改革现状的方案，有政策也有纲领，是事功也是义理，提出了规划也拟定了措施，并且也设计了庶族地主的封建乌托邦。"[3]

叶适坚持"欲申大义"，"图大事"就必须"务实而不务虚"，他坚决反对脱离"事功"而空谈"义理"，也不赞成"进利害而退是非"的单纯功利，而是主张把事功和义理结合起来。叶适的事功学说虽不以思辨为主，但对当时人们着重讨论的道与物、道与器、理与物、极与物等一系列范畴也

---

① 叶适：《习学记言序目》，附录《孙之弘序》，第759页。
② 叶适：《宋厥父墓志铭》，《水心文集》卷二五，《叶适集》，第490页。
③ 侯外庐：《中国思想通史》第四卷，人民出版社，1980，第753页。

都做了探讨。他发展了永嘉学者"道则长存于形器之内"（薛季宣），"器便有道，不是两样"（陈傅良）的观点，明确指出："物之所在，道则在焉。"① 他以这种"道不离器"的唯物思想和"内外交相成"的认识理论为基础展开他的事功理论。叶适的一系列事功思想，具体表现在"以利和义，不以义抑利"道德与事功相结合的伦理观、"理财非聚敛"重商与富民相结合的经济思想、"善为国者，务实而不务虚"实政与实德双修的政治主张等。

## 二　叶适事功主义基本思想

1. "物之所在，道则在焉"

（1）道不离器

朱熹把理置于气中，把性置于心中，然后通过"格物致知"的方法在形下的层面上达天理，实现对理和性的把握。叶适也论"道"，但他直接把"道"作确定性的落实，将"道"与礼仪度数、典章器物等联系起来。

叶适说："按古诗作者，无不以一物立义，物之所在，道则在焉，物有止，道无止也，非知道者不能该物，非知物者不能至道；道虽广大，理备事足，而终归之于物，不使散流，此圣贤经世之业，非习为文词者所能知也。"② 叶适此处论道由批判四言诗"文词巨伯辄不能工"引出，但"物在"才有"道在"，道、理"终归之于物"才不致"散流"的观点甚为明确。

"物之所在，道则在焉"，叶适认为没有独立存在的纯粹抽象意义上的道，道的存在总是与具体的"物"联系在一起。有形之物与无迹之事都属于叶适说的"物之所在，道则在焉"之"物"。在道与物的关系上，具体的物是有限的，所谓"物有止"，但道是无限的，所谓"道无止"。在对道和物关系的认识上，一方面，对于有限的物的认识要从无限的道的高度来观

---

① 叶适：《习学记言序目》卷四七《皇朝文鉴一》，第702页。
② 叶适：《习学记言序目》卷四七《皇朝文鉴一》，第702页。

照，所谓"非知道者不能该物"，另一方面，对无限的道的把握要从具体有限的物出发才能实现，所谓"非知物者不能至道"。但无论是对道还是对物的认识，都是基于一个前提，那就是"道虽广大，理备事足，而终归之于物"，道存在于具体的物之中。

牟宗三批评叶适理解的道时说："徒自外面看圣人之德业文章或王者之制度功业以为道耳。此种道只是客观事业之秩序与天理，客观生活之轨道，社会关系，业务之制度。叶水心所知之道只是此种道。此是外在化客观化之实然平铺之道。"① 这一批评也从反面论证了叶适所说的"道"确实是落实在物中的。但叶适在阐述他所理解的"道"时，并没有完全架空理、义理、极、仁等概念，其意是认为这些抽象问题的讨论必须与具体的"物"结合在一起。叶适所谓的"理"指的是物的统一性和多样性结合而不致混乱的内在规律。"夫形于天地之间者，物也；皆一而有不同者，物之情也；因其不同而听之，不失其所以一者，物之理也；坚凝纷错，逃遁谲伏，无不释然而解，油然而遇者，由其理之不可乱也。是故古之圣贤，养天下以中，发人心以和，使各由其正以自通于物。"② 这是叶适在其《进卷》中的诗论，物作为天地间的普遍存在，"皆一而有不同"，此乃"物之情"；"不失其一"，此乃"物之理"，且"理不可乱"。

宋代道学家以"天理"代替"天命"，否定了天的有意志的人格神的性质，代之以"天理"超然于天地万物。叶适则认为"圣人敬天而不责，畏天而不求，天自有天道，人自有人道，历象璇玑，顺天行以授人，使不异而已。若不尽人道，而求备于天以齐之，必如'影之象形，响之应声'，求天甚详，责天愈急，而人道尽废矣"。③ 这里的"天"是自然之天，"天道"是自然运行的规律，人可以认识"天道"，却要"顺天行以授人"，而不能把"人道"和"天道"等同，看成"影"和"形"、"响"和"声"的关系。叶适这是站在"人道"的立场上，批评"人道尽废"的消极行为，强调尽"人道"的意义。

---

① 牟宗三：《心体与性体》上册，上海古籍出版社，1999，第234页。
② 叶适：《水心别集》卷五，《进卷·诗》，《叶适集》，第699页。
③ 叶适：《习学记言序目》卷二十二《汉书（二）》，第312页。

叶适说："出必由户，既知户矣；行不由道，未知道也。道者，所当行之路也，虽乡人，苟知路，未有须臾离者。不然，虽君子，左右顾而迷矣。然则中庸所谓不可须臾离者，真未可以名道，而可离者亦未可以名非道也。"①《说文》曰："道，所行道也。"道的本意就是人所走的路，引申而为人的生活方式。叶适从孔子的"谁能出不由户，何莫由斯道也?"体认道之本义。从这一思路出发，在叶适的思想体系中，"夫上有治，下有教，而道行于天地万物之中，使无以异于唐、虞三代之世，然后可以无憾"。②凡是与道处于同等程度的概念，如德、理、仁等，都是与具体可感的形式紧密相连的。

叶适论德："今考尧舜禹汤文武旧事，皆以德为本而以礼义行之。"③"古人之德，未尝不兼物而言，舍物举德，《春秋》之论也。"④

叶适论理："'古也有志：克己复礼，仁也。'今世说此，游词甚多，而无克复之实，盖理本不虚立尔。"⑤

叶适论义理："纯于义理，与事相丽，意顺辞正。"⑥

叶适说："以万章所问舜、象、禹、益、伊尹、百里奚事考之，知昔人固多泥于所闻而不订之理义。岂惟昔人，而后人亦莫不然。然后人之谬妄，则不如昔人之甚者，以后之史详而昔之史略也。然订之理义，亦必以史而后不为空言。若孟子之论理义至矣，以其无史而空言，或有史不及见而遽言，故其论虽至，而亦人之所未安也。如孔子事，耳目最近，然苟非载籍，则壤地不殊而见闻各异者多矣。然为卫卿为有命，疑非孔子语；辨主痈疽、瘠环之无义无命，疑此语孟子亦未当发也。"⑦叶适认为，理、义理等内容都必须与具体的事或史相结合，方有其存在的意义，不应过多地谈论抽象的义理，"无史而空言"。

---

① 叶适：《习学记言序目》卷十三《论语》，第182页。
② 叶适：《水心别集》卷七《进卷·总述》，《叶适集》，第727页。
③ 叶适：《习学记言序目》卷十一《左传二》，第158页。
④ 叶适：《习学记言序目》卷十《左传一》，第145页。
⑤ 叶适：《习学记言序目》卷十一《左传二》，第155~156页。
⑥ 叶适：《习学记言序目》卷十《左传一》，第134页。
⑦ 叶适：《习学记言序目》卷十四《孟子》，第205页。

（2）建极则有物

叶适也论"极"："极之于天下，无不有也。耳目聪明，血气和平，饮食嗜好，能壮能老，一身之极也；孝慈友弟，不相疾怨，养老字孤，不饥不寒，一家之极也；刑罚衰止，盗贼不作，时和岁丰，财用不匮，一国之极也；越不瘠秦，夷不谋夏，兵革寝伏，大教不爽，天下之极也；此其大凡也。至于士农工贾，族姓殊异，亦各自以为极而不能相通，其间爱恶相攻，偏党相害，而失其所以为极；是故圣人作焉，执大道以冒之，使之有以为异而无以害异，是谓之皇极。天地之内，六合之外，何不在焉？"① 叶适所谓的"极"，是指事物的完整性，或是事物构成的规定性，是包括各种条件在内的一个"可居"、"可用"的完整的实体，有一事之极，一物之极，一家之极，国家、天下之极，因而他强调"建极"必须"有物"。

"故皇极无不有也，而其难在于建；建极非难也，而其难在于识其所以建。天畀之，禹受之，武王虚己以访之，其子斋戒而言之，皆非极也，皆建极也。故曰其难在于建。虽然，后世之建极而能尽合乎箕子之言者，何其少也！故曰其难在于识其所以建。夫极非有物，而所以建是极者则有物也。君子必将即其所以建者而言之，自有适无，而后皇极乃可得而论也。"② 在叶适看来，"极非有物"，极是一个抽象的概念，"所以建是极者则有物也"，体现"极"这一抽象概念的具体的政治制度才是有形有象的可感的物。叶适避免抽象地谈论"极"的问题，而是把重点放在如何建极的问题上。

叶适说："室人之为室也，栋宇几筵，旁障周设，然后以庙以寝，以库以厩，而游居寝饭于其下，泰然无外事之忧。车人之为车也，轮盖舆轸，辐毂辀辕，然后以载以驾，以式以顾，而南首梁、楚，北历燕、晋，肆焉无重跰之劳。夫其所以为是车与室也，无不备也。有一不备，是不极也，不极则不居矣。是故圣人顺天之五行，敬身之五事，纪以协于天，政以齐于人，蓍龟吉凶以占其心，雨旸燠寒以证其外，而又刚柔正直以平其施，五福六极以

---

① 叶适：《水心别集》卷七《进卷·皇极》，《叶适集》，第 728 页。
② 叶适：《水心别集》卷七，《进卷·皇极》，《叶适集》，第 728 页。

示其报。"① 根据叶适"皇极无不有也"的理解，房屋、车子等器物都存在着自身的极，但房屋之极的实现有待于"栋宇几筵，旁障周设"，车之极的实现有待于"轮盖舆轸，辐毂辀辕"，所以皇极的实现，也就是在人类社会中实现普遍和最高的和谐同样有待于"纪以协于天，政以齐于人"等物质性的手段。叶适坚持"以有适无"，要求通过具体的制度器物的建设去实现普遍的社会和谐，反对"以无适无"，在抽象化的道德心性问题的讨论中建立同样抽象的皇极理想，而无法措用于现实的事功实效。

　　总之，叶适并没有取消"道"的存在，而是提出"不以辞名道"，即反对只是在形上学的意义上讨论道，而要求把道放在现实的角度来理解。因为一旦把道落实到言辞中，就不可避免地只在形上学的意义上予以论证，这与他所主张的在"物"中讨论道的哲学主张显然是相违背的。叶适主张"不以辞名道"的更深层次的原因则是，他要把道落实到现实的典章礼乐的世界当中，说明道存在于人们的日常生活和存在过的历史现实当中，不会因政治失序或社会动荡而遗落，为他的历史人事、政治制度、民事财计等的事功学说的探索铺设道路。何俊亦认为："孔子以后，以制度建设为重心的儒家开物成务的外王道统，因曾子的诠释，转而成为以身心整治为重心的儒家修身诚意的内圣道统，致使儒道之本统千载晦暗难见，故叶适不得不做此一番推倒与诠释的工作，来标示出儒道之本统，申明自己的讲学宗旨。"② 其实，叶适所做的此番推倒与诠释的工作，并不是要来争自己对于"儒道之本统"的理解甚至地位，而是力图开辟出自己一条新的将具体的制度器物的建设施于现实事功、实现普遍合理的社会生活的事功主义路径。

　　2. "内外交相成之道"

　　（1）以物用不以己用

　　朱熹认为《大学》是"为学纲目"，"修身治人底规模"，他亦为《大学》补写了"格物致知"一章。而叶适对"格物致知"也提出了自己在认识论上的主张。他说："若穷尽物理，矩矱不逾，天下国家之道已自无复遗

————————

① 叶适：《水心别集》卷七，《进卷·皇极》，《叶适集》，第 728～729 页。
② 何俊：《南宋儒学建构》，第 282 页。

蕴，安得意未诚、心未正、知未知者而先能之？……若以为未能穷理而求穷理，则未正之心，未诚之意，未致之知，安能求之？又非也。然所以若是者，正谓为《大学》之书者自不能明，故疑误后学尔；以此知趋诣简捷之地未能求而徒易惑也。"① 叶适认为，格物只能达到致知，而不能直接达到穷理，穷理须要经过致知、正心、诚意等阶段方能达到，没有捷径。朱熹在《四书集注·大学章句》里说："至于用力之久，而一旦豁然贯通焉，则众物之表里精粗无不到，而吾心之全体大用无不明矣。"对此，叶适针锋相对地指出："然仁必有方，道必有等，未有一造而尽获也。一造而尽获，庄、佛氏之妄也。"②

叶适说："人之所甚患者，以其自为物而远于物。夫物之于我，几若是之相去也。是故古之君子，以物用而不以己用；喜为物喜，怒为物怒，哀为物哀，乐为物乐。其未发为中，其既发为和。一息而物不至，则喜怒哀乐几若是而不自用也。自用则伤物，伤物则己病矣，夫是谓之格物。"③ 格物是人对于物的客观反映，是人通过感官与物接触从而铺设一条由物到心的认识之路。"是故君子不以须臾离物。夫其若是，则知之至者，皆格物之验也。有一不知，是吾不与物皆至也；物之至我，其缓急不相应者，吾格之不诚也。"④ 只有通过格物才能获得对物的认识，只有格物以诚，才能物我相应，才能致知。

朱陆二人都非常强调主体的道德修养，朱熹强调"格物致知"，陆九渊提倡"简易工夫"。叶适则依据"克己复礼"提出"克己以尽物"。叶适说："按孔子告颜子'一日克己复礼，天下归仁焉'；盖己不必是，人不必非，克己以尽物可也。若动容貌而远暴慢，正颜色而近信，出辞气而远鄙倍，则专以己为是，以人为非，而克与未克，归与未归，皆不可知，但以己形物而已。"⑤ 叶适此处批判了"以己为是，以人为非"的主观态度，始终

---

① 叶适：《习学记言序目》卷八《礼记·大学》，第113~114页。
② 叶适：《水心文集》卷十七《墓志铭·陈叔向墓志铭》，《叶适集》，第326页。
③ 叶适：《水心别集》卷七，《进卷·大学》，《叶适集》，第731页。
④ 叶适：《水心别集》卷七，《进卷·大学》，《叶适集》，第731页。
⑤ 叶适：《习学记言序目》卷十三，《论语·泰伯》，第188页。

将"己"与"物"相结合，认为要克服自以为是的自用态度，使主观去符合客观。

（2）学思并进

叶适言道，从不离开具体事物。他所提倡的"内外交相成之道"就是"耳目与心官并用"，将向外的把握事物的客观性和向内的人的思维能力结合起来，使认识过程成为内外交相成的整体。他说："'耳目之官，不思而蔽于物，物交物则引之而已矣；心之官则思，思则得之，不思则不得也。此天之所以与我者，先立乎其大者则小者弗能夺也，此为大人而已矣。'按《洪范》，耳目之官不思而为聪明，自外入以成其内也；思曰睿，自内出以成其外也。故聪入作哲，明入作谋，睿出作圣，貌言亦自内出而成于外。"① 耳目之官虽不能思，却是人感觉外物的器官，是主体反映客观外物的通道，所以称为聪明，是自外入内的；心官之思，是人心对自外入内的事物的思考，出于内而表现于外，这就是理性认识与感性认识相结合的内外交相成之道。叶适认为内外交相成之道乃"古人入德之条目"，因而"古人未有不内外交相成而至于圣贤，故尧舜皆备诸德，而以聪明为首"，这是致道成德的唯一可行的道路。叶适认为，如果像荀子、杨雄那样，只承认由外入内，那么"此则彼背，外得则内失，……终不能使人知学是何物"②，忽视思的作用，不是为学之道。另外，他重点指出，如果像近世学者那样，只看到思的作用，"谓独自内出，不由外入，往往以为一念之功，圣贤可招揖而致，不知此身之良莠，未可以嘉禾自名也。"③ 以为一念之功即可成圣，殊不知为野草，却自命为嘉禾。就人的认识而言，他认为要先由外入内，再出于内而成于外，这一点与他以现实为基础的出发点是一致的。

正因此，叶适认为，就人的认识过程而言，闻见之知才是认识的基础，"夫观古人之所以为国，非必遽效之也。观众器者为良匠，观众病者为良医，尽观而后自为之，故无泥古之失而有合道之功。"④ 古人的治国之策，

① 叶适：《习学记言序目》卷十四《孟子》，第206~207页。
② 叶适：《习学记言序目》卷四十四《荀子·劝学》，第645页。
③ 叶适：《习学记言序目》卷四十四《荀子·劝学》，第645页。
④ 叶适：《水心别集》卷十二《法度总论（一）》，《叶适集》，第787页。

不是拿来就可以用的，必须像良匠观器、良医观病那样，观察大量的事实，才能不至于泥古而得到功效。叶适以"古人畜德"的道理对理学的空谈心性给予了驳斥，"古人多识前言往行，谓之畜德。近世以心通性达为学，则见闻几废，为其不能畜德也。"① 耳目、心官在认识的形成上缺一不可，"舍四从一"，专以心性为主的近世之学，使尧舜以来的内外交相成之道尽废。叶适说："孔子告颜渊'非礼勿视，非礼勿听'，学者事也，然亦不言思；故曰'学而不思则罔，思而不学则殆'；又曰'吾尝终日不食，终夜不寝以思，无益，不如学也'；季文子三思而后行，子闻之曰：'再思可矣。'又，物之是非邪正终非有定。《诗》云：'有物有则'，子思称'不诚无物'，而孟子亦自言'万物皆备于我矣'。夫古人之耳目，安得不官而蔽于物？而思有是非邪正，心有人道危微，后人安能常官而得之？舍四从一，是谓不知天之所与，而非天之与此而禁彼也。盖以心为官，出孔子之后，以性为善，自孟子始；然后学者尽废古人入德之条目，而专以心性为宗主，致虚意多，实力少，测知广，凝聚狭，而尧舜以来内外交相成之道废矣。"②

关于思和学的学习方法，叶适说："《洪范》言九畴天所赐，而作圣实本于思，其他哲、谋、肃、乂，随时类而应，则思之所通，诚一身之主宰，非他德可并而云也。然傅说谓'惟学逊志'，'道积于厥躬'；孔子称'学而不思则罔，思而不学则殆'；是思学兼进者为圣。又称'初筮告，再三渎，渎则不告，渎蒙也，蒙以养正，圣功也'；是则学者圣之所出，未学者，圣之所存，而孔子教人以求圣者，其门固在是矣。"③ "思学兼进者为圣"，致道成圣的途径在于学与思两者不可偏废。

对于废学或废思的结果，叶适发挥道："'学而不思'，'思而不学'，孔子之时，其言必有所指。由后世言之，其祖习训故，浅陋相承者，不思之类也；其穿穴性命，空虚自喜者，不学之类也；士不越此二涂也。"④ "学而不思"之蔽是"祖习训故，浅陋相承"的汉学，"思而不学"之蔽是"穿穴

① 叶适：《水心文集》卷二十九《题周子实所录》，《叶适集》，第603页。
② 叶适：《习学记言序目》卷十四《孟子》，第206~207页。
③ 叶适：《习学记言序目》卷十三《论语》，第185~186页。
④ 叶适：《习学记言序目》卷十三《论语》，第176页。

性命，空虚自喜"的宋学，此二途皆非致道成圣的正途，要成圣就必须通过"内外交相成之道"。

在认识论上，叶适运用耳目和心官并用的方法证明了他的事功之学的理论正确性，并提出了"学思并进"的"内外交相成之道"，批判理学强调主体内在修养的心性之学。其以见闻之知为基础，也就是立足于现实，以现实为出发点，再到达思维之知，最后仍是回到具体的实践中检验思考的正确与否。所以说，较之朱陆假设先验的道德本体予以内在化追求的成德路径，叶适所揭示的成德路线并没有简单地转向外向性的求索，而是追求"内外交相成之道"，无疑是较具有合理性和现实有效性的。

3. "以利和义，不以义抑利"

（1）欲于物者势也

如前所述，性、命等概念范畴在朱陆等理学家那里具有道德本体论的意义，但在叶适的解释下，所谓命是人与万物生于天地之间所共有的东西，也就是人与动植物等有生之属的自然生命。他说："按《书》称'惟皇上帝降衷于下民'，即'天命之谓性'也，然可以言降衷，而不可以言天命。盖万物与人生于天地之间，同谓之命；若降衷则人固独得之矣。降命而人独受则遗物，与物同受命，则物何以不能率而人能率之哉？盖人之所受者衷，而非止于命。"① 至于把人与自然万物区别开来的内容，不是道学所说的"能推"或"不能推"，而是人独受于天而有其他有生之物所不具有的"衷"，"盖已受其衷矣，故能得其当然者"。人之所以能够对这些内容加以把握，原因在于人之有"衷"，如果我们再联系叶适指示的"内外交相成之道"的成圣道路，他之所谓"衷"应该就是人所具有自觉的意识和思考的能力。

叶适既已肯定了人性是天赋的，认为人体和外物都是自然事物，因此欲和情也都是自然的。"夫内有肺腑肝胆，外有耳目手足，此独非物耶？"② 叶适认为，物欲也是一种客观的必然。叶适说："凡人心实而腹虚，骨弱而志强，其有欲于物者势也，能使反之，则其无欲于物者亦势也。圣人知天下之

---

① 叶适：《习学记言序目》卷八《礼记》，第107页。
② 叶适：《水心别集》卷七《进卷·大学》，《叶适集》，第731页。

所欲，而顺道节文之使至于治，而老氏以为抑遏泯绝之，使不至于乱，此有为无为之别也。"① 有欲无欲都是势，圣人顺其有欲之势使至于治，是有为，老子抑遏泯绝之使不至于乱，是无为。二者之间自有区别，但物欲是人的自然本性，是客观存在的，不能逃避的。叶适在此肯定了物欲存在的合理性，为他的义利双行做了铺陈。叶适肯定了"就利远害"是人心之所向。叶适说："人心，众人之同心也，所以就利远害，能成养生送死之事也。是心也，可以成而不可以安；能使之安者，道心也，利害生死不胶于中者也。"② 这就是说，利害之心是人心所固有的，能成养生送死之事，处于人之本能，是人的自然本性；而"道心"调节着"人心"的利害生死关系。叶适认为，"昔之圣人，未尝吝天下之利。"③ 而"天下所以听命于上而上所以能制其命者，以利之所在，非我则无以得焉耳。是故其图可通而不可塞，塞则沮天下之望；可广而不可狭，狭则来天下之争。"④ 圣人并不压抑天下人获利的欲望，而是使获利之门路广开，从而使天下之人"程其功能"，"各得其所"。

（2）崇义养利

叶适说："义理之是非在目前者常又不能守，而每以利害为去就，盖自古而然；而又有庸人执以为义理之所在非圣人不能择者，亦自古而然；二端，学者不可不谨察也。"⑤ 叶适认为，利、义各执一端的做法都不能把义和利统一起来。他所关注的是对义利关系的调和，他说："古人之称曰：'利，义之和'；其次曰：'义，利之本'；其后曰：'何必曰利？'然则虽和义犹不害其为纯义也；虽废利犹不害其为专利也，此古今之分也。"⑥ "故古人以利和义，不以义抑利。"⑦ 叶适认为，古人明白义利的真正关系是二者的统一，利是义之和，义是利之本。"义"和"利"虽属不同的概念，两者

---

① 叶适：《习学记言序目》卷十五《老子》，第211页。
② 叶适：《习学记言序目》卷五《尚书》，第52页。
③ 叶适：《水心别集》卷三《官法下》，《叶适集》，第672页。
④ 叶适：《水心别集》卷三《官法下》，《叶适集》，第671页。
⑤ 叶适：《习学记言序目》卷十三《论语·述而》，第184页。
⑥ 叶适：《习学记言序目》卷十一《左传（二）》，第155页。
⑦ 叶适：《习学记言序目》二十七《三国志·魏志》，第386页。

存在冲突，却仍然以"义"去规范和调节"利"。到后世，人们才把义和利分割开来，这种错误认识导致他们虽然口头上只讲义而绝口不谈利，但在现实中遇到私利问题时，却不行义而专谋利。这种夸大"义"和"利"的不可调和性做法反而不能达成经世济民的儒家之志。叶适说："陋儒不晓，反以不言利自锢，而言利者遂因缘以病民矣。"①

就儒家的外王理想而言，经世致用、博施济众以解决天下民生之疾苦不容虚语。他据此批判了董仲舒，指出："'仁人正谊不谋利，明道不计功'，此语初看极好，细看全疏阔。古人以利与人而不自居其功，故道义光明。后世儒者行仲舒之论，既无功利，则道义者乃无用之虚语尔；然举者不能胜，行者不能至，而反以为诟于天下矣。"②叶适认为董仲舒辨明义利之别，且勉人做正义明道的仁人，意思颇好。然而，董仲舒语义欠周详，而有疏阔处，后世儒者在解读"不谋利"和"不计功"时流于片面的理解。在以偏概全的差异下，道义与功利分而对立，"道义"成为无法促进国强民富的虚语。

叶适的义利观有鉴于南宋积弱不振、民生疾苦，意欲解决政治、经济上的现实难题。因此，它肯定崇义养利，隆礼致力。他说："以《诗》、《书》考之，知其崇义以养利，隆礼以致力，其君臣上下皆有润大迁远之意，而非一人之所能自能者。"③他还强调："《诗》、《书》所谓稽古先民者，皆恭俭敬畏，力行不息，去民之疾，成其利，致其义"④，在义与利之间并无偏废。对叶适而言，儒家的君子不能只局限于正义，还应维护天下人之福利。同时，仁人君子也不能但求明道，还必须讲究如何富国利民的功效，这便是他的事功之学的真正发端处。

从叶适反对"以义抑利"及主张"崇义以养利"，回归《易》书"利，义之和"观之，叶适仍基本遵循了其内外交相成之道的方法论原则，虽然他与孔子所说的"义然后取，人不厌取"、"见利思义"的道德原则有其接

---

① 叶适：《习学记言序目》卷二十二《汉书（二）》，第311页。
② 叶适：《习学记言序目》卷二十三《汉书（三）》，第324页。
③ 叶适：《水心别集》卷三，《进卷·士学上》，《叶适集》，第674页。
④ 叶适：《习学记言序目》卷二十三《汉书三》，第322页。

近之处，然而孔子的义利观强调以义规范利，肯定义对于利的优先性，而叶适的义利观在义与利之间并无偏废，在实践的层面上更强调以利见义。所以，叶适的这种义利观能够成为其进一步推进事功学说的理论基础，较之前人的义利观具有更充实、更具体的出发点和内容。

4. 叶适事功主义的政治主张

(1) 存亡之势在外，堤防之策在内

无论是对"物"与"理"关系的把握，还是"义"与"利"的关系的调和，叶适的思想始终是面对现实的，他把道尽量作外向化的推展，使之与典章礼仪、名物器度联系在一起。可以说，叶适继承了儒家社会政治思想中长期隐而不显却绵延不绝的功利主义传统并予以超越，真正从道德与事功统一的理念出发，针对当时社会的种种沉病积弊，提出了自己颇具特色的解决方案。

叶适早就有"深思直道佐明君，蛰雷震空天下闻"①的政治抱负。并且这一清楚而强烈的济世意识贯穿了他整个思想学说，也贯穿了他的一生。在叶适最早的政论文章《上西府书》中，他回顾了北宋立国以来朝廷对北方强敌"一切从计，以求苟安"的过程，指出当前面临的严峻局势是"以江、淮之弱而兼西北之强，鼓思退之卒而战自奋之兵，轻腹心之忠而乐简策之谀"。朝廷庸人当道，百姓消极沮丧，群臣胸无大志，所以他提出："收召废弃有名之士，斥去大言无验之臣，辟和同之论，息朋党之说；……多制科之选，无必其记问；…四分上流之地以命羊、陆之帅，厚集荆、楚之郊以求宛、洛之绩；…稍宽闽、浙之患，无旷江南之野；重台谏而任刺史，崇馆阁以亲讲读；遴储佐之材，分幕府之寄。"②这些措施涉及了国计民生的各个方面，虽还不够具体深入，但文中分析的形势、指出的病患都已切中要害。

在《廷对》中，叶适立足"讲明治道"时要"即虚文而求实用"，围绕"执常道以正治经"、"存至仁以厚民望"、"立礼乐以定出治之本"三点，③从儒学的学理上阐明了自己治国平天下的根本原则。而在对待南宋国

---

① 叶适：《水心文集》卷七《送卢简夫》，《叶适集》，第85页。
② 叶适：《水心文集》卷二十七《上西府书》，《叶适集》，第541～544页。
③ 叶适：《水心别集》卷九《廷对》，《叶适集》，第749～750页。

家政治危机这个不可回避的政治问题上，他认为国家的危机在于外患。他说：“复仇，天下之大义也；还故境土，天下之尊名也。”但解决外患问题却要从内部着手，下决心革除积弊。叶适认为孝宗十七年来“精实求治”而未见明显成效的原因，在于朝廷主要职官的失职和移位，所以他要求：“使宰相得其道，谏官得其职，近臣与大计，儒者守常度，至于宏大规模于文法之外，振起人才于名义之中，减兵费，宽民力，治官之冗滥，去吏之弊害，凡急政要务十数条者，陛下一朝改定以幸天下，使民志定而人心悦，则圣志之所向，始有可得而言者矣。”①

叶适由改革而恢复故土的逻辑，是建立在对当时政治形势的客观分析之上的。叶适说：“立国之势，有未当论治乱安危而当先论存亡者，至如今日事势，亦只当先论存亡。今日存亡之势，在外而不在内；而今日堤防之策，乃在内而不在外；一朝陵突，举国拱手，堤防者尽坏而相随以亡，哀哉！”②叶适首先肯定了当时政治形势的首要问题是存亡问题，但挽救国家危亡之策却“在内而不在外”。他回顾历史上的亡国，往往起于夷狄或盗贼，而亡于官吏：“盖一经兵乱，不肖之人，妄相促迫，草芥其民，贼犹未足以为病，而官吏相与亡国矣！”③只有通过改革国内之弊政来缓和已存于内的矛盾，才能避免不肖之官吏利用弊政来草芥其民，以致亡国。

叶适说：“臣以为陛下诚欲大有为也，则必先有大慰天下之望。故夫能捐横赋而后可以复版图，俟版图之复而后捐之者，无是道也；能裕民力而后可以议进取，待进取之定而后裕之者，无是道也。陛下徒因今之法而少宽之，此不足以裕民；果裕民也，更为之法可也。”④在这里，叶适从先后次序而论及本末，由“能捐横赋而后可以复版图”到“能裕民力而后可以议进取”再到“裕民必更法”，从而抓住了恢复大业的根本——“更法”。

（2）分权疏法

叶适在提出自己的政治改革主张和鲜明政治观点的同时，对南宋政治有

①　叶适：《水心别集》卷九《廷对》，《叶适集》，第751页。
②　叶适：《习学记言序目》卷四十三《唐书六·列传》，第634页。
③　叶适：《习学记言序目》卷四十三《唐书五·列传》，第617页。
④　叶适：《水心别集》卷九《廷对》，《叶适集》，第755页。

着客观的评价。他认为，宋朝的弊病在于权能专而不能分，法能密而不能疏，对于"利"只知控制而不知舍弃。叶适认为军权在古代远没有到达后世这样的程度："尽收威柄，一总事权，视天下之大如一家之细，孰有如本朝之密者欤？"①

叶适说："国家因唐、五季之极弊，收敛藩镇，权归于上，一兵之籍，一财之源，一地之守，皆人主自为之也。欲专大利而无受其大害，遂废人而用法，废官而用吏，禁防纤悉，特与古异，而威柄最为不可分。"② 他认识到这种高度集权的政治体制，是由于宋初君主为矫正唐末、五代藩镇割据、战乱连年的局面而兴，但随着唐末、五代藩镇割据势力的消除，又生出另外一个弊端来，那就是法度过密，权力过于集中。叶适说："今内外上下，一事之小，一罪之微，皆先有法以待之。"③ "本朝人才所以衰弱，不逮古人者，直以文法繁密，每事必守程度，按故例，一出意，则为妄作矣。"④

因此，叶适把南宋建国以来的国贫势弱，不能"报二陵之仇"、"复故疆之半"的根本原因，归之于高度集权的专制体制，即"纪纲之专"。叶适说："无所分画则无所寄任，天下泛泛焉而已矣；百年之忧，一朝之患，皆上所独当，而群臣不与也。夫万里之远，皆上所制命，则上诚利矣；百年之忧，一朝之患，皆上所独当，而其害如之何！此夷狄所以凭陵而莫御，仇耻所以最甚而莫报也。故纪纲以专为患至于国威不立。"⑤ 君王专权，可以安内，而一遇强敌，则不堪一击，以至于国耻不能报，两相比较，实在是弊大于利。对这种"纪纲法度"，如果不进行改革，是根本无益于统治的。为此，叶适认真考察历代的为政之道，研究其为政之道的得失，试图找出其间可以因循的规律，他把这种规律称之为常道，也就是他孜孜以求的"治道"。他说："为天下之纪纲，则有常道。譬如一家，藩篱垣墉，所以为固也；堂奥寝处，所以为安也。固外者宜坚，安内者宜柔，使外亦如内之柔，

---

① 叶适：《水心别集》卷十五《应诏条奏六事》，《叶适集》，第 842 页。
② 叶适：《水心别集》卷十《始议（二）》，《叶适集》，第 759 页。
③ 叶适：《水心别集》卷十《外稿·实谋》，《叶适集》，第 767 页。
④ 叶适：《水心别集》卷十一《财总论（二）》，《叶适集》，第 773 页。
⑤ 叶适：《水心别集》卷十《外稿·实谋》，《叶适集》，第 768 页。

不可为也。唐失其道，化内地为藩镇，内外皆坚，而人民至不能自安；本朝反其弊，使内外皆柔，虽能自安，而有大不可安者。"① 这就是说，为天下纪纲之"常道"是"固外宜坚，安内宜柔"，而南宋君主高度集权，导致内外皆柔。由于这种"以人主之一力守之"的专制体制，有失偏颇，不合"常道"，因此必须进行改革，实施分权。

对于分权，叶适有更为具体的说明："分两淮、江南、荆湖、四川为四镇，以今四驻扎之兵，各以委之。所谓四镇者，非尽举此百余郡之地以植立之也。于中各割属数州，使兵、民、财赋皆得自用，而朝廷不加问焉，余则名属之而已。而又专择其人以各自治其一州，所谓兵、民、财赋，皆得自用，则朝廷平日所以置四总领其军粮者，二年之后，皆可无复与彼，以数州之财足以养之矣。如此，则彼之任专，而吾之费轻矣。虽然，以兵与人，以地与人，此今日异常之大事也。然其为之也，不惊世，不动众，陛下一日命之则成炙。成则久，久则安之以为常然。若此者，内以期月之内，盖去民之所患苦；外以二年之外，兵勇士厉可用之于死，而大功可举矣。"② 在这里，叶适建议君主把包括兵、民、财赋等在内的一定的权利，分给地方守臣和军队将领，使他们有一定的自主权，做到"兵、民、财赋皆得自用"。这样，既可以减轻朝廷沉重的财政负担，又可以改变朝廷纪纲之专、法度之密的弊端，使"朝廷所谓烦密不可变之法度者尽变之，以共由于疏通明达之途"，从而最终达到外坚内柔，外可拒强敌于门之外，内可免百姓内战之苦的目的。以"正其纪纲，明其内外，分画委任而责成功"，从而彻底解决纪纲法度的弊端。

总之，不管是功利的思想还是义理的思想，在叶适看来，就是要以纪纲之"常道"，纠法度之弊端，改弱就强，最终实现恢复故土的目标。但是，叶适的这种分权疏法、改革体制的设想，已努力超越仅仅希望君主宽厚仁慈的传统儒家的立场，设想通过制度的合理构建使君主在治理天下时，不能过于专权，法度不能太密，要给臣子和百姓一定的自主性，要给地方一定的管

---

① 叶适：《水心别集》卷十四《纪纲（二）》，《叶适集》，第 813 页。
② 叶适：《水心别集》卷十五《终论一》，《叶适集》，第 819 页。

理军政事务的权利，只有这样才能使南宋王朝由弱变强，民有人治、兵有人用、地有人守，最终图恢复之大业。

叶适的政治思想，显著地反映了积贫积弱的南宋社会中下层人民的政治态度，比如他对君权的批判，反映的是宋代以来皇权不断加强的现状，也是士大夫在外王层面上的普遍心态。他既反对前世帝王的严酷和残暴，也反对当世统治者的智谋和巧诈。相对于烦琐和细密的法度，他更希望帝王以治道和仁爱来治理天下。叶适的这些政治思想虽然有点类似于儒家思想传统中接近现实的一面，但是其"内外交相成之道"却渗透了更浓厚的务实而不务虚、注重事功实利的色彩，而且尤其注重通过制度的革新设计和合理构建来保证一个具有基本的自由、开放的社会的到来。显然，这些主张不仅比儒家传统思想更激进，也完全超出了以往一般思想研究所关注的学术领域和研究范式。它必然会被囿于传统思想范围和研究范式的朱熹等理学家所不理解、不喜欢甚至不屑一顾，斥之为"没头没尾"、"大不成学问"，自然也就不足为奇了。然而，从现代的学术视野来考察，叶适的这些政治思想已经包含许多十分可贵的现代政治理念，是很值得认真继承、高度评价的一些创新性思想。而这一点在下述的其经济思想中表现得尤其突出。

5. 叶适事功主义的经济思想

叶适作为追求事功的永嘉学派的代表人物，具有许多重要而有价值的经济思想。他主张义利并存、肯定人的物质利益的重要性，表现了讲求实效、注重功利的功利主义的价值取向；他反对"抑末厚本"及政府对经济活动的过多干预，追求一种类似于经济自由主义的理想目标；他还坚持理财是为了富民，希望建立一种小而不费的廉价政府。叶适的这些主张，是适合商品经济发展需要的进步思想，不仅对南宋以后温州的历史发展产生重要影响，而且构成当代温州社会经济发展和制度创新的重要传统文化背景及精神资源。

（1）义利并存：功利主义的价值取向

"讲求实效，注重功利"的功利主义价值取向是温州传统文化精神的一个显著特点。在温州历史上，一些著名的政治家和思想家都提出过许多有利于经济发展的思想主张，形成了一种讲求实效、注重功利的精神传统，其中，南宋以后兴起的浙东事功学派中以叶适为代表的永嘉学派在这一点上表现得尤其明显。叶适在学术思想上的一个重要贡献，就是倡导了一种"务实而不务虚"[①]，追求经世致用的学风。因此，叶适的功利主义经济思想首先肯定人们的物质利益和物质生活是整个社会生活的基础，也是人的道德生活的基础。他肯定班固所说的"先王制土处民，富而教之，必世而后仁"，[②]"夫衣食逸则知教，被服深则近雅"[③]。这样叶适也就充分肯定人的物质利益及对这种物质利益追求的合理性，认为圣贤与小人的区别就在于是否能看到这一点并给人民以切实的利益。因为"就利远害"是"众人之心"，[④] 人一般都有自利本性，所以为政之道首先在于不能忽视个人的物质利益原则，对这种物质利益原则只可疏导而不可人为杜绝，否则将丧失民心，引起政治动乱："其途可通而不可塞，塞则沮天下之望；可广而不可狭，狭则来天下之争"。[⑤] 从这种经济哲学思想出发，叶适针对朱熹提倡"正义不谋利，明道不计功"的观点，及整个宋代理学崇尚空谈义理，轻视功利，将功利和义理对立起来的倾向，进一步提出了义利并存的新价值观。他说："'仁人正谊（义）不谋利，明道不计功'，此语初看极好，细看全疏阔。古人以利与人，而不自居其功，故道义光明，后世儒者行（董）仲舒之论，既无功利，则道义乃无用之虚语耳。"[⑥] 仁义道德应以功利为内容，通过功利得以表现，没有功利，仁义道德就会变成空洞的说教。所以叶适明确主张："以利和义，不以义抑利"，[⑦] 使功利与仁义并存，物质生活与道德生活相统一。

叶适这种"讲求实效，重视功利"的精神，是植根于温州这块极其丰厚的社会土壤上的，是当时温州经济社会发展现实的反映，也是对当时普遍的社会心态的理论概括与提炼。如果没有地方民间社会不求性理、但求功利、注重实用的社会心理基础和当时温州社会经济较为开放发达的社会背

---

① 叶适：《水心文集补遗·奏札》，《叶适集》，第617页。
② 叶适：《习学记言序目》卷二十二《汉书二·志》，第310页。
③ 叶适：《水心文集》卷一十二《丁少詹文集序》，《叶适集》，第209页。
④ 叶适：《习学记言序目》卷五《尚书》，第52页。
⑤ 叶适：《水心别集》卷三《进卷·官法下》，《叶适集》，第671页。
⑥ 叶适：《习学记言序目》卷二十三《汉书三·列传》，第324页。
⑦ 叶适：《习学记言序目》卷二十七《魏志》，第386页。

景，是难以产生叶适这种与占统治地位的传统观念针锋相对的思想倾向的。当然，人们实际的追求功利的行为和逐利心态始终存在，但这种功利行为和心态在现代社会兴起之前，无论在东方还是西方均不为社会主流意识形态所承认，正像韦伯所说："占统治地位的教义则把资本主义的获利精神斥为卑鄙无耻或至少不会给予这种精神以肯定的道德评价。"[1] 所以，叶适敢于对孔子以来一直占统治地位的"君子喻于义，小人喻于利"和"谋道不谋食"的贵义贱利的传统思想和"罕言利"的伪道学进行一针见血的批判，在众说纷纭的义利之辩中独树一帜，的确具有反叛传统、启蒙革新的精神意蕴，表现了注重现实与实践、讲求实效、注重功利的精神，及事功之学的鲜明的文化个性。正如黄宗羲所说："永嘉之学，教人就事上理会，步步着实，言之必可行，足以开物成务"。[2]

以叶适为代表的永嘉学派"讲求实效、注重功利"的原则及其表现在精神上的价值取向和实践上的逐利追求，虽然是以温州的社会土壤为根基的，反过来它又有力地塑造和强化了温州这一地方的讲求实效、注重功利的民间心理和区域文化传统，构成了温州经济社会发展中不可或缺的"遗传因子"，无论是在历史上还是在当代现实中，都具有重大的意义，发挥了深刻的作用。从历史上来看，由于温州地处东部沿海地区，便于经商贸易，又由于地少人多，不得不务于工商，乃至从事各种走南闯北拾遗补阙之业，因而形成了温州人普遍较勤奋务实、吃苦耐劳、注重功利和实效、敢于冒险和竞争、善于学习和进取的精神风尚。正是凭借这种精神风尚，温州早在唐宋时期就因地制宜地发展起了较为发达繁荣的工商业，形成了敢想敢干、追求实效，重视工商，具有实用主义、功利主义倾向的瓯越文化形态。从当代现实来看，在封建时代产生过永嘉学派这样充满反封建的务实尚利思想的温州大地，在当代极"左"思潮盛行时，又出现了李云河、戴洁天式的干部和徐适存、诸葛邦式的农民，他们创造和坚持务实的"包产到户"制，抵制农业生产上吃"大锅饭"、搞"大呼隆劳动"等脱离实际、没有效率的极左

---

[1] 〔德〕马克斯·韦伯：《新教伦理与资本主义精神》，于晓、陈维纲译，三联书店，1987，第54页。
[2] 黄宗羲：《宋元学案》卷五十二《艮斋学案》，《黄宗羲全集》第五册，第56页。

做法。在改革开放以来，又创造出独具特色和活力的"温州模式"，当许多人还在顾及自己的面子和铁饭碗而犹豫不决时，温州人已经用自己的务实、肯干精神自发地、大规模地投身于商品经济的大潮中；温州人的务实精神更体现在许多实质性的经济变革、制度创新竟是在原有的计划体制的正式规则"名称"和"形式"还没有变的情况下，灵活地采取"先生孩子，后起名字"或"戴红帽子"等方式，不重形式、但求实效地取得了摆脱旧体制、旧规则的约束，创造新的经济绩效，实现制度创新的巨大成功。可以说，温州改革开放以来经济迅速发展取得了巨大的经济绩效，"温州模式"作为渐进式制度创新方式获得了令人瞩目的成功，在很大程度上就得益于温州文化精神中所体现的"讲求实效，注重功利"这样一种传统，因为这种传统使得温州人能够以一种务实的态度来对待改革开放、社会经济变革中的一切问题，以是否有利于生产力发展和经济绩效提高作为衡量制度创新及行为观念取向的基本标准。显然，"讲求实效、注重功利"的文化传统仍然是当代温州经济社会发展中可资利用和发扬的重要精神力量。对此，许多研究"温州模式"的经济学家们也都持肯定态度。[①]

（2）本末并举：经济自由主义的理想目标

我国自古以来是一个农业占优势的国家，自给自足的小农经济历来是封建国家的立国之本，因此，历代的许多思想家大多主张"抑末厚本"、"重农轻商"，重视农业生产，抑制工商业的发展，把"利出一孔"[②]、"驱民归农"[③]、切断民众任何别的谋生之路，牢牢地掌握予夺之柄，从而将整个社会经济严格地限制在自然经济的范围之内，当作维护其既有统治秩序的法宝。叶适生长在当时商品经济较为发达的东南沿海，其故乡温州永嘉县在北宋中期熙宁十年其商税额就已高达二万五千三百九十一贯之多，是全国各县平均商税额的七倍。[④] 面对商品经济发达的形势，叶适认识到工商业生产对

---

① 参见张仁寿、李红著《温州模式研究》，中国社会科学出版社，1990，第 26～27 页；陈立旭等著《文化与浙江区域经济发展》，浙江人民出版社，2001。

② 《商君书·弱民》。

③ 《汉书》卷 24 上《食货上》。

④ 《宋会要辑稿·食货》十六之七八。

国家、社会的重要作用，他在承认农业生产重要性的前提下，反对政府限制工商业发展的政策，对封建统治者和正统观念所坚持的"抑末厚本"的经济思想予以批判否定，他指出："按《书》'懋迁有无化居'，周'讥而不征'，春秋'通商惠工'皆以国家之力扶持商贾，流通货币，……汉高祖始行困辱商人之策，至武帝乃有算船告缗之令、盐铁榷酤之人，极于平准，取天下百货自居之。夫四民交致其用，而后治化兴。抑末厚本，非正论也。使其果出于厚本而抑末，虽偏沿有义。若后世但夺以自利，则何名为抑，恐此意（司马）迁亦未知也。"① 在叶适看来，"抑末厚本"，"非正论也"，他并不反对崇本，但反对为崇本而抑末。春秋以前不仅不"抑末"，而且实行"通商惠工"的政策；至汉代才开始行"困辱商人之策"等抑末措施，为的是统治者要"取天下百货自居之"、"夺之以自利"。所以，叶适的结论是：士、农、工、商"四民交致其用，而后治化兴"。国家对于工商不仅不能限制和歧视，反而要在经济上一视同仁、各得其所，在政治上也要给予平等的权利。总之，叶适主张实行比较自由放任的经济政策，反对国家对经济生活做过多的限制性干涉，是我国封建时代历史上对于以国家力量和政治原则压抑商品经济发展的正统经济思想抨击最力的一个人。叶适的这些思想主张，具有鲜明的经济自由主义理想性质，在中国传统社会原有政治经济的制度框架内是难以实现的，但叶适能以其追求务实事功的精神大胆地提出来，在中国封建专制社会里已属难能可贵，况且他所阐发的这种经济自由主义思想，对于后世一些地区（如温州本地）发展商品经济、实行本末并举是有积极的促进作用的。

叶适的经济自由主义的思想主张，还突出地体现在以下两个具体事例上。

一是叶适明确反对盐茶禁榷，认为政府不仅不能禁止民间工商业，反而应促进其自由发展。中国历代封建统治者出于维护自身利益和专制统治的需要，实行重农抑商、抑末厚本政策，限制、打击工商业的发展。对于国计民生实在必不可少的工商业，则往往实行官营，严厉禁止或限制私营。例如，

① 叶适：《习学记言序目》卷十九《史记·平准书》，第273～274页。

对于盐、铁、茶等重要的工商业，政府历来是实行专卖等垄断性经营或对私营苛以重税。至南宋，盐茶禁榷政策尤为严厉、为害尤烈。盐茶禁榷之害，不仅严重破坏生产、阻碍商品经济发展，而且会造成社会动乱，激起人民的反抗。盐、茶被政府垄断收售，而且是以很低的价格收购，以高出数十倍的价格出售并由此造成官吏贪污受贿，人民怨声载道，私贩禁而不绝。作为关心民众疾苦、主张发展自由工商业的进步思想家，叶适从维护盐民、茶农的权益出发，反对政府的盐茶禁榷政策，把它看成财政"四患"之一。他指出：正像"欧阳氏言'古有山泽之利，与民共之'"，"夫山泽之利，三代虽不以与民，而亦未尝禁民以自利。""若茶则民所自种，官直禁而夺之尔"。[1]"山泽之利"本来是劳动者应享受的或自己创造的财富，连三代"亦未尝禁民以自利"，可后世"官直禁而夺之"，而民还得"坐盐茶、榷酤"之罪。因此，叶适痛斥这种"茶盐之患"，"榷之太甚，利之太深，刑之太重"。如果不改变这种政策，"则无以立国"，"虽然，榷之不宽，取利不轻，制刑不省，亦终不可以为政于天下"。[2]

叶适既反对政府盐茶禁榷掠夺性政策，也反对政府重官商抑私商的科尔贝主义，主张私营工商业应该拥有"开阖、轻重之权"以"自利"，自由地从事合法的工商业活动，以获取应有的利益，政府既不可生红眼病，"嫉其自利而为国利"，[3] 又不可对民间的工商业活动横加干涉、管制。因为在封建官僚主义的国家里，政府过多的干预、管制就是变相的榨取、掠夺，只有自由放任才有利于工商业的发展。可以设想，如果南宋统治者真的能够采纳叶适的主张，改弦更张，摒弃传统抑末的国策性错误，"以国家之力扶持商贾"、"通商惠工"，把国力的培养建立在发展自由工商业的商品经济、允许"四民交致其用"，各行各业自主发展、百姓自得其利的基础上，也许就有可能富国强兵、重振河山。

二是叶适坚决反对抑制兼并，维护土地私有化的发展方向。中国古代的私有制不够发达，"国有制"经济占据主导地位。但从唐代中期均田制被破

---

①　叶适：《习学记言序目》卷四十七《皇朝文鉴》，第 708 页。
②　叶适：《水心别集》卷十一《外稿·茶》，《叶适集》，第 779 页。
③　叶适：《水心文集》卷四《奏议·财计上》，《叶适集》，第 659 页。

坏后，国有土地已大大减少，地主的土地所有制已占压倒优势。特别是北宋"不立田制、不抑兼并"的国策，使土地自由买卖成风，土地兼并及私有化进一步发展。在这种情况下，当时朝野兴起了一股要求限制土地兼并现象、主张恢复井田制的思潮。叶适说："俗吏见近事，儒者好远谋，故小者欲抑夺兼并之家以宽细民，而大者则欲复古井田之制。……夫二说者，其为论虽可通，而皆非有益于当世。"① 叶适认识到，井田制是一种比土地私有制更低级、落后的土地制度，它"远在数千岁之上"，早已失去现实的客观基础而"湮淤绝灭"，已不可能在现实中实行。所以，在宋代土地私有制已经确立的情况下，再去单凭政府的行政手段来强制干预土地制度的变迁，实行井田制，抑制兼并，实际上则是复古与倒退。叶适主张对土地兼并及私有化都采取较自由放任的政策，承认私有制及雇佣关系的合理性、肯定富人的社会作用，甚至对"豪暴过甚兼取无己者"，也不要予以干涉，要让其自然演变，"不抑而止"。这的确是当时最为彻底的经济自由主义思想。

叶适有关本末并举的思想，一方面，对于温州历史上进一步形成和强化重视工商的瓯越文化精神有着重要的意义。温州人自古能在人多地少的情况下，因地制宜，发展多种多样的工商业，并且勇于外出经营谋生，"能握微资以自营殖"②，"人习机巧"，"民以力胜"③，形成了重工商、善工商，商品经济较发达的局面。另一方面，它又是当代温州经济社会发展的重要精神资源。在二十年来温州经济发展的演进轨迹和制度创新的模式中，就深深地打上了重视工商的传统印记，如家庭工业、前店后厂、沿街成市、专业市场、以商促工、以工兴市以及股份合作制、集资创办社会公益事业、发展小城镇等社会经济绩效和制度创新模式上的一系列巨大成就，无不是重视发展"百业并举"的商品生产，发挥各显其能、自由竞争的市场经济机制所带来的效应。

当然，在中国，工商业的发展很大程度上取决于政府能否支持鼓励乃至放任经济自由主义政策。"温州模式"的一条基本经验就是政府对各种经济

---

① 叶适：《水心别集》卷二《民事下》，《叶适集》，第655页。
② 万历《温州府志》卷5。
③ 乾隆《温州府志》卷4。

活动能采取较自由宽松的政策，较少进行强制干预。特别是在温州模式初创时期，面对商品生产和交换、个私经济发展等各种新现象，"各级领导层和经济职能部门在大力发展社会主义商品经济的大前提下，对其抱着一种有意识的'无为而治'态度"①。正是这种"无为而治"的态度和管理方式为温州模式的成功提供了重要的保障，因为它通过表面上的"没人管"、"不作为"实际上创造了一种能够让新事物按其规律自然发展的宽松的制度环境，从而使人们能够冲破旧体制、旧观念的层层樊篱，自由自主地进行各种经济活动，激发起人们的实干逐利和自主创新的空前热情，在市场经济的汪洋大海中大加作为。

（3）理财富民：廉价政府的思想萌芽

在叶适的经济思想中，有一个很重要的内容是其关于理财、富民的思想。这些思想除了进一步表明了叶适所具有的追求功利实效、发展工商业，主张经济自由主义的思想倾向外，还显示了叶适另一些有利于商品经济及社会发展的民本主义的经济政治思想。

叶适不赞同一般士大夫避言理财的迂腐之见，充分肯定讲求财政是国家的头等大事，善于理财是圣君贤臣。但是，国家统理财政的目的是什么呢？叶适认为这首先得区分"理财"与"聚敛"之别。理财是与天下为利，聚敛则是政府官吏的自利。所以理财的根本目的不是聚敛，不是为了解决封建国家的财政需要，而是要"为天下理之"，因为"聚天下之人，则不可以无衣食之具"。②既然是为民理财，那么理财的根本手段也就是发展国民经济，凡有利于国民经济发展的手段都是理财的有效途径。所以，叶适提出"以天下之财与天下共理之"。③即要采取自由的经济政策，允许私人从事各种经济活动以"自利"，增进财富，而政府的作用则在于保护私人经济利益，采取措施对私人的经济活动"浚导之"，以免"壅遏"，而不能因"嫉其自利而欲为国利"。

既然国家财政应以发展国民经济为本，政府理财不是为了自利而是为民

---

① 袁恩桢主编《温州模式与富裕之路》，上海社会科学院出版社，1987，第170页。
② 叶适：《水心别集》卷二《进卷·财计上》，《叶适集》，第658页。
③ 叶适：《水心别集》卷二《进卷·财计上》，《叶适集》，第658页。

理财，与民共理财，不横加干预私人经济，那么国家就无须多敛财，而要少取诸民，因为"合天下以奉一君，地大税广"，即使二十取一乃至三十取一，也尽够开支了。据此，他认为先儒所称道的什一税制仍然偏重，不合"中正"之意。① 他的结论是：封建国家敛财愈多，治化越差，敛财越少，国愈富强。封建时代财政受官僚主义之患而敛多事散的腐败现象比比皆是，形成恶性循环。叶适认为，要扭转这种恶性循环，从财政方面来说，就必须彻底改变"财多愈富"、"财多愈治"的传统观念，而代之以"财少后富"、"财少愈治"②的新观念。总之，叶适认为，政府理财不是为了自利，而是为了利民，这样，政府就不应与民争利，而是要藏富于民，扶助富民。因为民富，才有国富，国富的目的最终是民富，所以富民应是政府的一项基本职能作用。为此，叶适进一步提出了一个"小政府"的设想。叶适后学李春熙在读了叶适《别集》后，"叹其治之精，有益于经世"，"其论宋政之弊及所以疗复之方，至为详备"③。而叶适所论宋政之弊，主要是就"冗官"、"冗兵"、"冗费"，即过于庞大低效的政府机构、国家机器而言，而其开出的"疗复之方"，主要就是要削冗去赘、建立小而不费的廉价政府。叶适的上述设想，已接近于现代自由市场经济条件下关于"小政府、大社会"的思想，有可贵的思想价值及现代意义。

叶适认定政府的主要职能作用就是富民，即积极促进国民经济的发展，因而只需建立一个小而不费的廉价政府就够了。那么，国家及政府为什么要不是富国而是富民、不是自利而利民呢？这一方面已如上述，是因为叶适相信国富而不是民富，不仅不是好事，反而会导致政府机构的冗赘低效和官吏的贪污腐败，造成国家"敛多事散"、"财多不治"的局面。另一方面是因为叶适认识到"富民"具有许多积极的作用。叶适曾分析肯定过富人的多方面作用，他说："今俗吏欲抑兼并，破富人以扶贫弱者，意则善矣。"但是，"县官不幸而失养民之权，转归于富人，其积非一世也。小民之无田

---

① 叶适：《习学记言序目》卷七《周礼》，第89页。
② 叶适：《水心文集》卷十一《卷财总论二》，《叶适集》，第773页；卷十二《四屯驻大兵》，《叶适集》，第784页。
③ 李春熙：《水心别集·序》，《叶适集》，第629页。

者，假田于富人，得田而无以为耕，借资于富人；……富人者，州县之本，上下之所赖也。"① 叶适指出，南宋社会中那些"上当官输"的富人是社会的中坚，理应受到国家的保护。虽然叶适这里所说的富人主要指地主、商人，肯定这些富人的作用就是肯定和维护一般庶族地主或者富商们的利益和地位，有其阶级的局限性，但叶适的"富民论"并不反对一般平民致富，而且主张国家应让他们也可以自由地致富、自利，政府不可横加限制、剥夺，如他反对政府对平民的山泽茶盐之利"禁而夺之"。又如他认为"后世之所以为不如三代者，罪在于不能使天下无贫民耳"②。叶适相信，政府若一味地收捐取税、搜刮民财，"再倍而取"，不仅会使民无衣食之具，而且无异于杀鸡取蛋、竭泽而渔，再继续这样"一切不顾取之者"，必将是民穷财尽，财政崩溃，天下不治。相反，若能削减捐税，节支开源，并且"以国家之力，扶持商贾"，使"小民蒙自活之利，疲俗有宽息之实"③，"天下速得生养之利"④，甚至进一步藏富于民，实现"无甚富甚贫之民"，⑤ 则"四民交致其用而后治化兴"矣。

中国历史上许多思想家、政治家及统治者都常常探讨究竟使民"贫"好还是"富"好这么一个问题，当然其标准就是哪一种情况有利于统治之需。他们经常得出的一个共同结论是既不可使民太贫，也不可使民太富，认为"治国之举，贵令贫者富，富者贫"⑥，因太富太贫都不利于维持现有的专制统治。实际上，他们认为最理想的状态是"无令人有余力，地有余利"，"家不积粟"。可见，总起来说，中国历代的专制统治者们都是不喜欢或者说不敢"富民"的。马克思说："超过劳动者个人需要的农业劳动生产率，是一切社会的基础，并且首先是资本主义产生的基础。"⑦ 中国的封建专制统治者残酷地剥削、压榨生产劳动者的剩余产品，使他们普遍没有什么

---

① 叶适：《水心别集》卷二《民事下》，《叶适集》，第657页。
② 叶适：《水心别集》卷二《民事下》，《叶适集》，第656页。
③ 叶适：《水心文集》卷一《上宁宗皇帝札子三》，《叶适集》，第8页。
④ 叶适：《水心别集》卷二《民事下》，《叶适集》，第657页。
⑤ 叶适：《水心别集》卷二《民事下》，《叶适集》，第657页。
⑥ 《商君书·说民》。
⑦ 马克思：《资本论》第3卷，人民出版社，1957，第885页。

产品剩余率，这样就使他们很难拥有足够的经济力量去促成自然经济的解体和商品经济的发展，并最终挣脱封建专制政权的政治经济统治。叶适的"富民论"虽然在主观上并不反对封建专制政权的根本统治，但它在实际上是肯定了致富逐利、私有制、雇佣劳动等一些有利于商品经济发展的现象的，客观上对封建专制统治的根基造成了强烈的震撼和冲击，具有思想解放的巨大意义。

改革开放以来，我国政府号召让一部分人先富起来，大力推进富民事业、鼓励人民敢富能富并真正藏富于民。在这方面，温州的发展就是我国的当代富民政策取得成功的一个典型。也正因为改革开放首先使广大人民得到了利益和实惠，使老百姓可以较自由地去追求自己的利益、实现勤劳致富，改革开放才获得了来自民众的最深沉巨大的原动力，也使经济发展的制度创新呈现了一种具有鲜明特色的自下而上的渐进式变迁过程。可以说，叶适当年所无法实现的富民理想，在当代温州及整个中国都将逐渐成为真正的现实，这既是社会的进步，也是实行改革开放、发展成熟完善的市场经济会带来的必然结果。

叶适的经济思想有很多丰富的内容，也蕴含了许多重要的价值，不过，叶适毕竟不是专门的经济学家，也限于当时的社会历史条件和认识水平，其经济思想是不够全面的，也是有不少局限的。但无论如何，以叶适为代表的永嘉学派及南宋浙学的各种思想观念早已成为瓯越文化及浙江文化传统中的一个重要内容，并对温州及中国的历史发展和当代变革产生深远的影响，其所具有历史的和现实的双重意义则是毋庸置疑的，而这一点也正是我们还需进一步认识和研究的。

## 三 叶适事功思想评析

1. 叶适事功思想的特色

（1）务实精神

宋代理学家大讲内圣修养，热心于讨论"性与天道"，虽本意是为了由内圣而达外王、由道德而达政治，但是过分注重心性哲学的思辨和离群索居的道德修养，而忘记了"务实"的品格。叶适则是反其道而行之，轻视无谓的哲学思辨，学说"皆为宋事而发"，大谈"事功"。

叶适的事功学说立足于"上古圣人之治天下，至矣。其道在于器数，其通变在于事物"① 的唯物理论，反对空谈义理心性，而注重研究救国救民的根本问题，重视实际问题的解决，提倡事功，其治学、为文、奏事、施政，无一不从实事实功出发。他认为立论一定要有"实事"作依据，"若射之有'的'，'的'必先立，然后挟弓注矢以从之。故弓矢从'的'而非'的'从弓矢也。"② 他针对当时空谈道德性命的风气，尖锐地指出："读书不知接统绪，虽多无益也；为文不能关教事，虽工无益也；笃行而不合大义，虽高无益也；立志而不存于忧世，虽任无益也。"③

永嘉务实精神传承有自，酝酿甚早，那么叶适又做了哪些推进呢？叶适在《温州新修学记》中说："永嘉之学，必兢省以御物者，周作于前而郑承于后"；"永嘉之学，必弥纶以通世变，薛经其始而陈纬其终也。"④ 他所谓的"薛经其始"，是指薛季宣既致力于礼乐制度，又求见于实际事功。他所谓的"陈纬其终"，是指陈傅良传薛氏之学，更趋精密。叶适则在此基础上更进一步，他对事功之学，不但做了理论上的深入论证和系统总结，而且规划了各种具体实施方案。他的《进卷》五十篇，具体而细微地对治国所及之君德、治世、国本、民本、财机、官法、兵权等都有言简意赅的总结，并且切中时弊地提出古为今用的实施途径；又对经史诸子及历代治臣的相关学说判定从违。他的《外稿》、《廷对》则集中论述了兵、财、法度、纪纲等治国的关键问题，将务实的精神在治世的层面上又推进了一步。

与当时"苟简卑近"的滞实黜虚、趋附功利的时务策论不同，叶适是由经入史"稽参成败之迹而推原当世之故"，使其事功之学具有深厚的经史之学的理论根基。叶适说："经，理也；史，事也。《春秋》名经实史也，

---

① 叶适：《水心别集》卷五《进卷·总义》，《叶适集》，第 693 页。
② 叶适：《水心别集》卷十五《外稿·终论（七）》，《叶适集》，第 829 页。
③ 叶适：《水心文集》卷二十九《赠薛子长》，《叶适集》，第 607 页。
④ 叶适：《水心文集》卷十《温州新修学记》，《叶适集》，第 178 页。

专于经则理虚而无证，专于史则事碍而不通。"① "无验于事者其言不合，无考于器者其道不化，论高而实违者，是又不可也。"② 这说明，所谓事功，首先是考经于史，求道于事，于历代的成败兴亡中探究治世之理，以应世变。而正是在这方面，南宋浙学学者们与宋儒们有了根本区别："虽儒者号知经，及其施之于用，则达礼而通政者少矣。"③

叶适认为，经世必须先弄明白国家治乱的原因，弄清楚内忧外患的根源，然后才能因时制宜，否则必"迷其时而误其术"。"古之号为贤君者，必能先明所以治其国意"。④ 他认为，南宋忧患深重的根源就在于财政、兵制、法度、纪纲等方面出现了严重的问题。叶适说："盖自昔之所患者，财不多也，而今以多为累；自昔之所患者，兵不多也，而今以多为累；自昔之所患者，法度疏阔也，而今以密为累；自昔之所患者，纪纲纷杂也，而今以专为累。"⑤ 他以宏阔的经史学养，援古鉴今，拟制了"切近"的治国御世要规。在当时国势衰微、祖业未复的情况下，叶适向统治者提出"修实政于上、行实德于下"的主张。叶适说："臣宿有志愿，中夜感发，窃谓必先审知今日强弱之势而定其论，定论而后修实政，行实德，如此则弱果可变而强，非有难也。"⑥ 即提议统治者要先具体分析宋、金之间的客观形势，在此基础之上"修实政"、"行实德"，以图"改弱就强"。叶适的"修实政"、"行实德"，是指要实施有利于国计民生的政策措施，"使国用司详议审度，何名之赋害民最甚，何等横费裁节宜先；减所入之额，定所出之费，不须对补，便可蠲除；小民有蒙活之利，疲俗有宽息之实"⑦。同时要严惩贪暴，精简冗官、冗兵，使百官勤于职守，通过修治法度，振起百事，使天下富强，将士用命。还要特别重视"正纪纲之所在，绝欺罔于既形，无惟其近，惟其贤，无惟其官，以其是，摧折暴横以扶善类，奋发刚断以慰公言。国家

---

① 叶适：《水心文集》卷十二《徐德操春秋解序》，《叶适集》，第 221 页。
② 叶适：《水心别集》卷五《进卷·总义》，《叶适集》，第 694 页。
③ 叶适：《习学记言序目》卷三十六《隋书》，第 538 页。
④ 叶适：《水心别集》卷二《国本上》，《叶适集》，第 644 页。
⑤ 叶适：《水心别集》卷十《外稿·实谋》，《叶适集》，第 768 页。
⑥ 叶适：《水心文集》卷一《上宁宗皇帝札子》，《叶适集》，第 5 页。
⑦ 叶适：《水心文集》卷一《箚子（三）》，《叶适集》，第 8 页。

之本，孰大于此！"①

叶适事功的价值观表现在政治上为"务实而不务虚"，从"务实"出发，面对现实社会弊端，提出制度改革的措治之道。而且于经济上敢于打破儒家重义轻利、崇本抑末的传统与禁忌，直言事功，提出"崇义养利"、"以义和利"，一针见血地指出"既无功利，则道义者无用之虚语尔"。叶适从根本上认为道义的精神要体现在人在实践中的成效、在治世中的成就上。实际上，在叶适看来，最初本就不够重视以制度建设为重心的儒家"开物成务"的外王传统在宋儒义理之学的诠释下，转而成了完全以身心整治为重心的修身诚意的内圣道统，这种内在化的演变致使原始儒家本已微弱的内外合一的传统完全晦暗难见，因此叶适所需要做的正是不得不彻底地否定以朱熹为代表的宋儒对儒学传统精神的歪曲诠释，来申明自己努力恢复和开辟出以制度建设为重心的合内外之道的新传统。

（2）批判精神

叶适的批判性精神是表现在各个方面的，对于以往的一切包括从思想主张到历代制度，叶适都有过尖锐的批评，尤其是思想批判，"放言贬古人多过情，其自曾子、子思而下皆不免"。② 他的《习学记言序目》独抒己见，无所蹈袭。所以陈振孙说他"务为新奇"。

自汉武帝定儒术为一尊，《五经》、《论语》等都成了神圣不可侵犯的经典，有敢提出异议的，往往就被认为是"离经叛道"。叶适的批判精神当然有宋朝"文禁稍宽"的推动因素，但与他本人在学术和人格上的独立性追求有更为直接的关系。他在《习学记言序目》中对《周易》、《论语》、《公羊》、《谷梁》等经传都提出了自己的看法。自汉以来，均认为《十翼》为孔子所作，但叶适认为这一说法"亦无明据"。"所谓《彖》、《象》、《系辞》作于孔氏者，亦未敢从也。"③ 他又说："《彖》、《象》辞意劲厉，截然著明，正与《论语》相出入，然后信其为孔氏作无疑。至所谓上下《系》、《文言》、《序卦》，文义重复，浅深失中，与《彖》、《象》异，而亦附之孔

---

① 叶适：《水心文集》卷二《辩兵部郎官朱元晦状》，《叶适集》第20页。
② 《宋元学案》卷五十四《水心学案上》，《黄宗羲全集》第五册，第106页。
③ 叶适：《习学记言序目》卷三《周易三·上下经总论》，第35页。

氏者，妄也。"① 对于《公羊》、《谷梁》，他说："口授指画，以浅传浅，而《春秋》必欲因事明义，故其浮妄尤甚，害义实大。然则所谓'口说流行'者，乃是书之蠹也。"② 他甚至怀疑《论语》中的"六十而耳顺，七十而从心所欲不逾矩"非孔子所言。叶适说："耳顺、从心，孔子安得以最后之年自言之，又其所为限节者，非所以为进德之序，疑非孔子之言也。"③ 但叶适还是肯定孔子的作用和贡献的："'述而不作，信而好古'，孔子之道所以载于后世者在此。盖自尧舜至于周公，有作矣，而未有述也。"④ 因为孔子的"述而不作"，保存了《诗经》、《春秋》等历史文献，使源于尧舜文武周公的上古人文制度得以续存。叶适对待经典的态度，是把它们作为"载道之具"来看待的，他对传统经典的解读显然是更注重对于经典所包含的价值内容的把握。

叶适的批判精神还在于他批判了唐宋以来曾子、子思、孟子相承的"道统"说。同时代的陈亮也是"谈论古今，说王说霸"，极具批判精神。那叶适的批判又有何不同呢？《宋元学案》中称"永嘉以经制言事功，皆推原以为得统于程氏。永康则专言事功而无所承，其学更粗莽。"⑤ 用牟宗三的话说，"叶水心不满曾子、子思、孟子、《中庸》、《易传》以及北宋诸儒所弘扬之'性理'，而另开讲学之大旨，以期有合于二帝三王之'本统'"。⑥ 牟宗三虽极排斥叶适的学说，却也看出了他不同于宋儒而极力另辟"本统"的旨意。唐代的韩愈在《原道》里讲到儒家的道统从尧、舜、禹、汤，传之文、武、周公，到春秋传之孔子，孔子传孟轲。宋代理学家则补充发展了这一传统，朱熹将二程遥接曾子、子思、孟子之统，以其为伊川后学，俨然以道统之传自居。对此，叶适说："近世以曾子为亲传孔子之道，死复传之于人，在此一章。按曾子没后语不及正于孔子，以为曾子自传其所得之道则可，以为得孔子之道而传之，不可也。自尧舜汤文武周公孔子，所

---

① 叶适：《习学记言序目》卷三《周易三·上下经总论》，第35页。
② 叶适：《习学记言序目》卷九《春秋》，第118页。
③ 叶适：《习学记言序目》卷十三《论语·为政》，第176页。
④ 叶适：《习学记言序目》卷十三《论语·述而》，第182页。
⑤ 《宋元学案》卷五十六《龙川学案》，《黄宗羲全集》第五册，第214页。
⑥ 牟宗三：《心体与性体》上册，上海古籍出版社，1999，第209页。

传皆一道，孔子以教其徒，而所受各不同。以为虽不同而皆受于孔子则可，以为尧舜禹汤文武周公孔子之所以一者，而曾子独受而传之人，大不可也。……然则继周之损益为难知，六艺之统纪为难识，故曰非得尧舜禹汤文武周公孔子所以一者受而传之也。传之有无，道之大事也。世以曾子为能传而余以为不能，余岂与曾子辨哉？不本诸古人之源流，而以浅心狭志自为窥测者，学者之患也。"① 他进而又补充道："孔子殁，或言传之曾子，曾子传子思，子思传孟子。按孔子自言德行颜渊而下十人，无曾子，曰'参也鲁'。若孔子晚岁独进曾子，或曾子于孔子后殁，德加尊，行加修，独任孔子之道，然无明据。又按曾子之学，以身为本，容色辞气之外不暇问，于大道多所遗略，未可谓至。…然则言孔子传曾子，曾子传子思，必有谬误。"② 此处论述可谓釜底抽薪，他直接截断了曾子对孔子的继承，攻破了程朱以遥接孔子自命的道统说。可以说，叶适是最早对程朱的道统论展开系统的质疑和批判的学者。同样，叶适对孟子的批评也时有见之，如他说"余尝疑孟子力排杨墨，杨墨岂能害道，然排之不已者，害所由生也，此孟子一病，不可为法。"③ 正像李觏等批判孟子"性善"学说把仁义当作可以速售的东西，把思想的真理凌驾于政治的权力之上一样，叶适通过对孔、孟的批评，揭示了儒学理论并不是绝对真理，以此表明对理学家自立道统、垄断真理的做法颇为不满的态度。

当然，叶适的批判不仅仅针对儒家道统，他对《易传》及佛老也颇有疑义。"按《易》以《象》释卦，皆即因其画之刚柔逆顺往来之情，以明其吉凶得失之故，无所谓'无思无为'，'寂然不动'，'不疾而速，不行而至'者。余尝患浮屠氏之学至中国，而中国之人皆以其意立言，非其学能与中国相乱，而中国之人实自乱之也。今《传》之言《易》如此，则何以责乎异端者乎？"④ 他又说："'《易》有太极'，近世学者以为宗旨秘义。自老聃为虚无之祖，然又不敢放言，曰'无名天地之始，有名万物之母'而

① 叶适：《习学记言序目》卷十三《论语·泰伯》，第 188～189 页。
② 叶适：《习学记言序目》卷四十九《皇朝文鉴（三）》，第 738～739 页。
③ 叶适：《习学记言序目》卷四十四《荀子》，第 646～647 页。
④ 叶适：《习学记言序目》卷四《周易（四）》，第 46 页。

已。至《庄》、《列》始妄为名字，不胜其多，故有'太始'、'太素'、'未始有夫未始有无'，芒昧广远之说，传《易》者将以本原圣人，扶立世教，而亦为'太极'以骇异后学，后学鼓而从之，失其会归，而道日以离矣。又言'太极生两仪，两仪生四象'，则文浅而义陋矣。"① 客观地看，叶适由于主张"务实而不务虚"的为学宗旨，追求"观天道以开人治"②，故而对一切思辨性的哲学理论都缺乏深入理解和研究的兴趣，其论断也往往瑕瑜互见，对于佛老的批评就体现了这一点。然而他治学终不离"以经制言事功"的使命，则又可使人对其作同情的理解。

2. 叶适事功思想的价值

（1）永嘉学派的集大成者

永嘉事功之学，从真正意义上应该说是自薛季宣始。"袁道洁问学于二程，……季宣既得道洁之传，加以考订千载，凡夫礼乐兵农，莫不该通委曲，真可施之实用，又得陈傅良继之，其徒益盛，此亦一时烂然学问之区也。然为考亭之徒所不喜，目为功利之学。"③ 薛季宣在《抵杨敬仲》书中指出："灭学以来，言行判为两途，其矫情之过者，语道乃不及事，论以天何言哉之意，其为不知等尔。某虽不敏，于此窃有所好，而清谈脱俗之论，诚未能无恶矣。"④ 由于对"语道不及事"、"清谈脱俗之论"的不满，他提出"务为深醇盛大，以求经学之正；讲明时务本末利害，必周知之，无为空言，无戾于行"⑤。从薛季宣这些"以求经学之正"、"讲明时务本末利害"、"无为空言"的自觉可以看出，永嘉学派注重事功的基础在这里已经被奠定起来。此后，薛季宣的思想得到了弟子陈傅良等人的进一步发挥，明显地表现出脱离二程道学、走向事功之学的思想倾向。

叶适思想直接渊源于薛季宣、陈傅良二人。《宋元学案》谓叶适为郑氏门人，但叶适自己却说："某之于公，长幼分疏；登门晚矣，承教则疏。"⑥

① 叶适：《习学记言序目》卷四《周易四》，第47页。
② 《宋元学案》卷五十四《水心学案上》，《黄宗羲全集》第五册，第114页。
③ 《宋元学案》卷五十二《艮斋学案》，《黄宗羲全集》第五册，第51页。
④ 薛季宣：《抵杨敬仲》，《薛季宣集》，第331页。
⑤ 薛季宣：《答象先侄书》，《薛季宣集》，第329页。
⑥ 叶适：《水心文集》卷二十八《祭郑景望龙图文》，《叶适集》，第564页。

就是说，问学郑门是有的，但时间很短，所受无多。叶适与薛、陈二人过往甚密。叶适十四岁时，在永嘉林氏家中师事陈傅良，前后追随四十年。他在为陈傅良写的墓志铭中说："余亦陪公游四十年，教余勤矣。"①

在对叶适思想产生重大影响的诸人中，吕祖谦和陈亮是不可不提的。

吕祖谦是叶适的师辈长者，叶适早年曾在各地游学十余年，其中就曾长期向在明招山讲学的吕祖谦问学，可以说是直接受教于吕祖谦，这对他学问的成长影响较大，他对吕祖谦的学说也颇为景仰，他自己曾回忆受教于吕学的影响说："大抵以乍出坑谷，忽见天地日月，不觉欢欣惊诧，过于高快。后接报报，益用力其间，乃知天地尽大，日月尽明，缉熙功夫无有穷已，其智愈崇，其礼愈卑，向时平时之语，乃今始知味矣。"② 而叶适在晚年所著《习学记言序目》的最后是以四卷专论吕氏的《皇朝文鉴》作结的，并认为"后有欲明吕氏之学者，宜于此求之矣"。③ 这应该就是他对吕学表达的最高敬意。而且，也正由于叶适对吕学有较深入的了解和认同，不少人在吕祖谦去世后劝其作吕学的传人继承衣钵。叶适回忆此事说："吕氏既葬明招山，亮与潘景愈使余嗣其学。余顾从游晚，吕氏俊贤众，辞不敢当。然不幸不死，后四十年，旧人皆尽，吕氏之学未知其孰传也！并追记于此。"④ 当然，叶适对吕学并非完全认同，他在《祭吕太史文》中说："昔余之于公也，年有长少之序，辈有先后之隔，每将言而辄止，意迟迟而太息。"⑤ 这里可能表明了叶适对吕祖谦的学说已经既有所继承又有所超越。

叶适与陈亮结交较早，早在乾道初年叶适游学婺州时，就已与陈亮结识，并且一生友好。综观叶适给陈亮写的《墓铭》、《祭文》以及《龙川集序》，叶适对陈亮学说，虽以"子有微言，余何遽之"⑥ 置之，但对陈亮不离物言道的思想还是备加推崇。他认为陈亮"见圣贤之精微常流行于事物，儒者失其指，故不足以开物成务，其说皆今人所未讲，朱公元晦竟有不与，

① 叶适：《水心文集》卷十六，《宝谟阁待制中书舍人陈公墓志铭》，《叶适集》，第300页。
② 叶适：《水心文集》卷二十七《与吕丈书》，《叶适集》，第548页。
③ 叶适：《皇朝文鉴总论》，《习学记言序目》卷五十，第756页。
④ 叶适：《皇朝文鉴总论》，《习学记言序目》卷五十，第756页。
⑤ 叶适：《水心文集》卷二十八《祭吕太史文》，《叶适集》，第565页。
⑥ 叶适：《水心文集》卷二十八《祭陈同甫文》，《叶适集》，第572页。

而不能夺也。"① 叶适受陈亮影响也主要在这一点上。只是与陈亮全盘否定"道德性命之说"不同，叶适以更为务实的态度和立场，积极地探寻功利与义理的和合途径。他根据"物之所在，道则在焉"和"道理终归之于物"的事功标准，对理学思潮中的概念范畴"极"与事物之间的关系进行了分析，否定了超然物外的"无极"、"太极"、"皇极"等本体概念的存在独立性。"夫极非有物，而所以建极者则有物也。君子必将即其所以建者言之，自有适无，而后皇极乃可得而论也。"② 正如钱穆在《宋明理学概述》所说："陈亮反对朱熹的新传统里抹去了汉唐诸儒，叶适则反对朱熹新传统里所定孔曾思孟与四子书不合。陈亮还是在争态度，叶适始是争思想。陈亮所根据的还是功利立场，叶适却直接从正统宋学的义理立场来争辩。"③ 全祖望所谓"永嘉功利之说，至水心始一洗之"④，指的正是叶适放弃了陈亮那种推倒道德精神，完全用功利立场取而代之的做法，而是直接从与道德精神的结合出发来树立事功学的旗帜，这无疑在理论的完整性上是比陈亮有更进一步的推进的。

在理论层面上看，与宋代理学家们致力于构建一个独立而超越的"天理"体系不同的是，永嘉学派的理论创新集中在建构一个"以经制言事功"的"制度新学"。但到了叶适时代，正如有学者指出的，"永嘉学派已经遇到了两个理论难题：第一，必须为永嘉学派的'制度新学'做一合法性证明，使之符合儒家道统而不致被目为异端；第二，进一步发挥、提升趋利避害式的庸俗的'功利'观念，使之由'常识'蜕变成为'思想'，这样就需要做一本体论的证明。"⑤ 那么，叶适是如何解决这些难题的呢？全祖望说："水心之门者，有为性命之学者，有为经制之学者，有为文字之学者。"⑥ 这就是说，叶适的学术思想蕴含了以上三个发展向度，我们也可以说叶适学术是由这三部分组成的。不过，无论是"性命之学"还是"经制

---

① 叶适：《水心文集》卷十二《龙川集序》，《叶适集》，第 208 页。
② 叶适：《水心别集》卷七《皇极》，《叶适集》，第 727 页。
③ 钱穆：《宋明理学概述》，九州出版社，2011，第 196 页。
④ 《宋元学案》卷五十四《水心学案上》，《黄宗羲全集》第五册，第 106 页。
⑤ 王宇：《永嘉学派与温州区域文化》，社会科学文献出版社，2007，第 230 页。
⑥ 《宋元学案》卷五十五《水心学案下》，《黄宗羲全集》第五册，第 197 页。

之学"、"文字之学",都是他从不同的理论维度对自己事功学思想的逻辑展开,也可视为他对永嘉学派的合法性进行证明的各种努力。

朱熹关于永嘉学派的"专是功利"、"大不成学问"的言论,从反面刺激了叶适必须对"薛经其始,陈纬其终"的"必弥纶以通世变"的永嘉学派做出进一步的发展。所以,才会出现《习学记言序目》中的"放言贬古人多过情,其自曾子、子思而下皆不免",认为"言孔子传曾子,曾子传子思,必有谬误,"[1] 断然截断了曾子对孔子的继承地位,从而否定了朱熹等所排定的圣人"道统"系谱。另外,叶适还对程、朱的《易》学提出诘难,认为将《易传》全部归于孔子名下是错误的。他对《四书》之说更是不以为然,对《中庸》、《大学》也并不特别推崇。本来,怀疑汉唐儒学经典是北宋以来整个理学思潮的学风,但叶适的学术批判精神已超出了理学的怀疑方法,触及了儒学的核心范畴和价值理念等深层次问题。也就是说,叶适对儒学经典和理学道统的学术批判是为他事功学的创建服务的,具有颠覆性质和解构功能。可以说,叶适正是在否定了原来所认为的儒学经典的神圣地位及朱熹等所排定的圣人"道统"系谱的正统地位,从而解构了其在原有传统思想和话语体系中的中心地位之后,才力图在中国传统思想体系中确立起事功学的新的正统地位的。

所以,可以说叶适思想是把对制度事功的研究和对现实政治的研究结合起来,从而力图将事功落到实处的理论形态,也是永嘉事功之学从对具体事功知识的研究到建立系统的事功理论的必然发展。他继承了原始儒学及关、洛学统中提倡经世致用的传统,"以经制言事功",对浙东功利之说进行了经学洗礼,经史结合,扭转了薛季宣、陈傅良等只是治史以言事功的单一思想路径,从而使事功思想"根柢《六经》,折衷诸子",进而开辟出新的"开物成务之伦纪"[2],终于集"永嘉学"之大成。

（2）南宋理学的批判者

叶适生于宋高宗绍兴二十年（1150 年）,卒于宁宗嘉定十六年（1223

---

① 叶适:《习学记言序目》卷四十九《皇朝文鉴（三）》,第 739 页。
② 《宋元学案》卷五十四《水心学案上》,《黄宗羲全集》第五册,第 172 页。

年），比朱熹（1130～1200 年）晚生二十年，比陆九渊（1139～1193 年）
晚生十一年，比陈亮（1143～1194 年）晚生七年，比吕祖谦（1136～1181
年）晚生十四年，而卒年更比以上诸子晚二十年以上。他哲学活动的高峰
期是在人生的最后十六年，也就是说，他是乾淳之际的那批学者中，把哲学
思维活动进行到最后的学者之一。这一条件使得他有机会对乾道、淳熙两朝
以来的学术活动做一总结。南宋末年的黄震在《黄氏日抄》中说："乾淳
间，正国家一昌明之会，诸儒彬彬辈出，而说各不同。晦翁本《大学》致
知格物以极于治国平天下，工夫细密。而象山斥其支离，直谓即心是道。陈
同甫修皇帝王霸之学，欲前承后续，力柱乾坤，成事业而不问纯驳。至陈傅
良则又精史学，欲专修汉唐制度吏治之功。其余亦各纷纷，而大要不出此四
者，不归朱则归陆，不陆则又二陈之归，虽精粗高下难一律齐，而皆能自白
其说，皆足以使人易知。独水心混然于四者之间，总言统绪，并学者之言心
而不及性，则似不满于陆，又以功利之说为卑，则似不满于二陈，至朱则忘
言焉。水心岂欲集诸儒之大成者乎？"① 叶适不是那个时代的集大成者，对
黄震提到的这四位各自具有鲜明学术个性的学者，实际上也根本无法对他们
进行集成。但毫无疑问，叶适所体认的道，是在对乾淳时期乃至整个宋代学
术思想进行反思的基础上提出来的。他是站在永嘉学派事功主义思想体系的
立场上，对有宋一代的学术思想做了一个自己的总结。

朱陆都有一个内在的先验的道德本体的设定，而事功学则根本否定有这
样的内在先验本体，这就难免陷入与理学和心学的"龂龂争辩"之中，故
而更多的是以道学批评者的姿态出现在世人面前。而且为了完整地呈现自己
外王内圣相统一的理论，事功学又必须首先将道作外向化的推展，把理置于
物中。在如何解决治道的问题上，朱熹等人是着眼于儒家道统的圣学话语，
从夏、商、周三代的圣统中，找寻其治道的普遍性，但抽取了圣统的现世内
容。叶适看到的是社会功利经济发展的合理性和制度改革的必要性，他在推
动传统儒家思想从德性论向功利理性论或实用理性论的转化过程中，实际上
已大大地超越了传统儒学的话语体系和核心价值取向，走向了具有近世化色

---

① 《黄震日抄》卷六十八《读叶水心集》，四库本册 708，第 642 页。

彩的事功主义。如果说叶适早期是在程朱道学之外对儒家之道做探索和思考的，他试图在宋初程朱道学兴起之前更加开放的意义上来理解儒家之道的话，那么叶适后期则不仅以其特有的智慧和勇气，敢于破先天之学，而立后天之学，给予经验世界以重要地位，赋予人的感性存在以正面价值，正视人生遭遇，面对人生问题，以其知识谱系学的策略解决德性问题，开出了儒学的思想框架之外的另一条重要的经验主义传统，① 而且进一步从经史反观现实、以制度重建为社会治理的根本之道，"自为门庭"、"务为新奇"，以巨大的创新性思想指向成为具有近世化性质的理性诉求，成为南宋浙学中具有高度自觉性和总结性的思想巨子。

北宋学术，分经义和时务，经义为其体，时务为其用。以创通经义来推行改革是一种社会思潮，庆历新政、熙宁新政都是这种思潮的产物。"北宋学术不外经术、政事两端。大抵荆公新法前，所重在政事，而新法以后，则所重尤在经术。"② 在王安石变法后，二程才转而反对新法而重经义。到南宋，朱熹等人继承二程的这种趋势，为学偏于创通经义，希望通过把封建纲常、道德规范本体化为"天理"来维护封建统治。这种重经义而轻政事的偏向在南宋也渐成一种社会思潮。永康、永嘉两派学者不堪政事之积弊，欲重振北宋经世致用之学风，兴事功之学，以纠朱陆之偏。然而，陈傅良、陈亮等人主要沿着治史道路而言事功，直到叶适起，由治史转而着重治经，把经术与政事结合起来，既纠正了朱陆空谈义理之偏，又把二陈的事功向前推进，使之建立在经义的基础之上，有体有用。在新的历史条件下实现了经术和政事的统一。

除了政事和经术的统一外，叶适又以"崇义以养利"的观点论证了义理和功利的统一，一方面从理论上纠正了道学、心学把义与利割裂开来的弊端，另一方面又从实际上吸取了新法实行中"利而后义"，使理财变为聚敛的教训。叶适义利观的落脚点是要通过为国为民谋利，以实现国家富强和收

---

① 参见蒙培元《叶适的德性之学及其批判精神》，《叶适与永嘉学派论集》，光明日报出版社，2000，第61页。

② 钱穆：《中国近三百年学术史》第一章《引论》（论两宋学术），九州出版社，2011，第5页。

复故土的大义。

此外，如前所述，叶适在道与器、理与物的关系问题上，反对道学以"理"为本的客观唯心主义和心学以"心"为本的主观唯心主义，而肯定道在物中、"道不须臾离物"，实现了向唯物主义的复归。

人类认识的一般发展过程，总是在矛盾斗争推动下螺旋式上升或波浪式前进的。黑格尔就以他的逻辑与历史相一致的观点，把哲学史比作这种"圆圈"运动。在宋代哲学发展过程中，正如有学者认为的也呈现了这种螺旋式上升或波浪式前进的"圆圈"运动：如张载的唯物主义——程朱和陆氏的唯心主义——叶适的唯物主义；北宋经术和政事结合的经世致用学风——南宋道学重经术而轻政事的偏向——南宋浙学经术和政事重新结合的经世致用学风；北宋义利结合的功利主义思想——南宋道学重义轻利思想——南宋浙学义理与功利重新结合的功利主义。在这三个螺旋曲线的"圆圈"运动中，叶适正好都处于综合各派思想的位置上，因此能够站在事功主义思想体系的立场上对有宋一代的思想学术做一个自己的创新性总结。当然，在以后的思想发展中，这个总结又会成为新的起点。①

（3）明清实学的开拓者

叶适在思想学术上的重要贡献之一，就是倡导"务实而不务虚"的学风，把经术与政事结合，力主恢复故土，倡言改革政事。不过，虽然叶适等南宋浙学学者觉察到了务实学风对于整个社会的迫切性，但事实上宋明理学空谈性理轻时务之风不仅弥漫士林，而且影响了整个政治。所以明亡之后，从顾炎武到颜元的许多儒家都反对空谈心性。顾炎武说："谢氏曰……独曾子之学专用心于内，故传之无弊。夫心所以具众理而应万事，正其心者，正欲施之治国平天下，孔门未有专用心于内之说也。"② 这不正是与叶适对道统的怀疑和批判如出一辙吗？在黄宗羲那里，为改变君权过重之弊，他放弃了二程、朱、王要求"正人心"和"格君心之非"的内在化办法，而力图通过建立客观性的现实制度来得到保障。这固然可以看作内圣之学在黄宗羲

① 参见张义德《叶适在南宋学术界树起的三面旗帜》，《叶适与永嘉学派论集》，光明日报出版社，2000，第52页。
② 顾炎武：《日知录》卷十八《内典》。

这里有了向外的新拓展，但也因为有叶适"重事功"、"重制度建设"的浙学传统的实际延续，才终于出现了黄宗羲这样伟大的浙江籍的近代思想家。

在此之后，又有王船山出，他一方面总结了宋明理学，对理气心性做了细致的论证，批判了王学，改造了程朱之学，发展了张载的唯物论；另一方面又高扬了中国具有浓厚历史意识的悠久传统，并把它提升到了不以人的意志为转移的哲学高度。"形而上者，非无形之谓。……唯圣人然后可以践形。践其下，非践其上也。……君子之道，尽夫器而已矣。"① "无其器则无其道……洪荒无揖让之道，唐、虞无吊伐之道，汉唐无今日之道，则今日无他年之道者多矣。……故古之圣人，能治器而不能治道。治器者则谓之道"。② 一切"道"、"理"都必须寓于现实事物的客观存在之中，不能离开具体事物去探求抽象化的"道"、"理"。当然，王船山此处的"理"已经逐渐摆脱传统理学家的伦理性的"天理"，而更接近于客观历史总体规律的近代观念了，这显然比叶适"道不须臾离物"的思想更进了一步。

在事功思想的指引下，叶适认为经书即史籍，较早提出了"五经皆史"的看法。"孔子之时，前世之图籍具在，诸侯史官世遵其职，其记载之际博矣，仲尼无不尽观而备考之。故《书》起唐、虞，《诗》止于周，《春秋》著于衰周之后，史体杂出而其义各有属，尧、舜以来，变故悉矣。"③ 他还进一步指出《易》是研究历史变化的书籍，《礼经》中的《周礼》则是记载周代各种制度的书。章学诚明确地承继叶适的说法，提出"六经皆史"，以历史学来反对空谈义理、"舍今而言古，舍人事而言性天"的理学。他说："史学所以经世，固非空言著述也。且如六经，同出于孔子，先儒以为其功莫大于《春秋》，正以切合当时人事耳。后之言著述者，舍今而言古，舍人事而言性天，则吾不得而知矣。学者不知斯义，不能言史学也。"④ 章学诚为"切于人事"的"经世致用"观念提出了历史学的论证，对儒家的"外王"路线做了理论上的延伸和扩展。

---

① 王船山：《周易外传·系辞上传（12）》。
② 王船山：《周易外传·系辞上传（12）》。
③ 叶适：《水心别集》卷六《进卷·史记》，《叶适集》，第720页。
④ 章学诚：《文史通义》内篇五《浙东学术》，上海古籍出版社，2011，第170页。

叶适的事功思想发端于南宋将亡之际，并影响到明清浙东学派的务实学风的形成。也可以说，后者正是在明清社会大变动和宋明理学衰败的历史条件下形成和发展起来的。清代中叶到末期，合义理、考据、辞章、经济而一，即合性命、学问、文章、事功而一的学风甚盛，这又有力地促进了封建社会向近代化的转化。可见事功思想之起，与国家的衰败和社会的变革要求有关系。不论是南宋或明末清初，重视事功的思想家，在一定程度上都与理学家对立，叶适甚至与整个的孔子传统为敌。这绝不能以为只是由于时代环境的刺激，而出于意气之言，这种现象实反映着儒学传统中的一个大问题，这个问题的核心，是要求如何解决外王的问题。理学家们不管对心对性的了解有何不同，他们对外王问题比较忽视，是无可争辩的事实。① 我们可以看出，中国精神和中国文化存在着另外一条线索的学术精神，那便是从荀子、董仲舒到王通、欧阳修、到陈亮、叶适，继之顾炎武、黄宗羲、王船山等的一个极为重要的方面——以"治、平"天下为己任的精神。中国文化的强大生命力远不仅在它有高度自觉的道德理性，而且还在于它有能面向现实改造环境的外在性格。②

3. 叶适思想的失传问题

尽管叶适事功之学无论在儒学的意义上还是在整个学术思想发展的意义上都做出了突破性的贡献，但其学却"一传而衰"，在思想史上长期边缘化和"失传"，这是非常遗憾的。

造成叶适事功之学在思想史上的边缘化和"失传"的主要原因，首先是思想学术上的。对此全祖望的解释是"水心工文，故弟子多流于辞章。"③ "水心之门者，有为性命之学者，有为经制之学者，有为文字之学者，先生欲以事功见其门庭，盖又别为一家。惜乎未竟其用也。"④ 也就是说，在叶适及其后学的学术思想所包含的三个方面的发展向度中，其"性命之学"本身晦暗不明，未能独树一帜，最终被束缚在道学的话语中而被同化了；由

① 参见韦政通《中国思想史》（下），第 1210~1211 页。
② 参见李泽厚《中国思想史论》（上），安徽文艺出版社，1999，第 282 页。
③ 《宋元学案》卷五十四《水心学案上》，《黄宗羲全集》第五册，第 106 页。
④ 《宋元学案》卷五十五《水心学案下》，《黄宗羲全集》第五册，第 197 页。

于党禁以及后来的政治变化，特别是北伐的失败，一贯主张北伐的"内、外交相成之道"的经制之学随着以程朱理学为中心的儒学思想的正统化、官学化而被视为"大不成学问"、"没头没脑"的无用之学而被驱逐出局；晚年从学于叶适的大多数士子所感兴趣的也只是科举之学，"余久居水心村落，农蓑圃笠，共谈陇亩间。有士人来，多言场屋利害破题工拙而已。"①虽然叶适的思想在形成和传播的过程中曾有效地利用了科场，但当叶适本人具有重要创新意义的思想在晚年整理系统化之后，由于道学正在成为官方的学术导向，它已经没有机会重返科场，更没有可能占据思想史的中心位置。叶适自己也感慨："古人多识前言往行，谓之蓄德。近世以心通性达为学，而见闻几废，为其不能蓄德也。"② 这样，以叶适为代表的事功之学终于再传而衰，成为中国思想史上的"失踪者"。

此外，叶适思想的失传问题还涉及重要的政治社会因素。正如前所述，一种思想的产生与其特定社会背景有着巨大的关联，思想体系的演变不仅受自身思想的演变规律的影响，更受社会形态和社会压力的影响，从而产生思想的形塑以及做出相应的调整。社会形态不仅成为一种思想体系萌芽、产生的土壤和气候，对思想的产生起着诱导作用，同时也贯穿在这种思想成长和成熟的过程中，也最终会影响甚至决定这种思想体系的最终取向和命运。

北宋熙宁改革的失败，使得统治者对激进的改革思想不得不三思而后放弃。尤其在南宋，随着外患对其政权的严重威胁，出于内忧外患的双重压力，国家政权的生死存亡必然成为南宋从建立到延续整个过程中不可避免而始终要解决的首要政治问题。特别是南宋皇权专制统治不断加剧的政治环境下，其所要求的思想文化产品必然要相应地为政治统治上的合法性及其稳定性提供文化上的有力支撑，这充分地凸显出文化为政治服务的工具性作用。因此，北宋的败亡使它不仅不可能再承担改革再次失败的风险，而且在南宋社会占主导影响的思潮已经转变为对改革及事功主义思想的普遍排斥。叶适的事功学说，要求在政治、经济、思想、军事各个领域进行全方位的改革，

① 叶适：《水心文集》卷二十九《题周子实所录》，《叶适集》，第603页。
② 叶适：《水心文集》卷二十九《题周子实所录》，《叶适集》，第603页。

尤其要进行一系列制度上的变革，显然是要动筋骨而不是皮肉的事情。叶适的事功学说推崇改革变新与王氏新学及其改革具有强烈的经世精神、进取精神和实践精神的事功思想虽不能说是一脉相传，但是有着很大的相通之处。实际上，叶适事功学说的特殊价值取向，已经在某种程度上与整个专制统治制度产生了严重的矛盾。所以，南宋统治者不仅会对叶适这种积极的全面改革的思想倾向有着天生的恐惧和排斥，而且会在具体的政治层面予以打压，叶适晚年被夺职还乡就反映了这样一个结果。更何况叶适和其代表的事功学派本身就并不拥有在政治实践上的有效话语权和实施改革的依靠力量。正如成中英在评述叶适和陈亮时所说："他们都能辩才无碍，有能力形成更系统化的理论以打动人心，说服统治者。但他们没有遇到西方18世纪开放的时代，像亚当·斯密一样，得到支持，发生影响。相反的，他们面对的是一个已形成气候的道学思想格局，很难加以打破。然而，他们却仍为儒家的义利关系提供了一个组织性的及工具性的次目标，藉以实现儒学所追求的至善。这是一个现代性的想法，但当时无现代性的语言来表达，又具有后现代性的智慧，当时更缺少一个后现代的时空与环境，赋予它普遍性的话语的含义。"① 从历史上来看，叶适思想的这种遭遇，并不是偶然的、单一的，而是整个南宋浙学的普遍命运。而这也是具有历史必然性的中国社会历史发展及其思想文化演变的悲剧性现象，值得我们深思。

当然，尽管存在诸多局限和遗憾，但叶适事功思想的意义还是难能可贵的。内圣与外王合一是中国文化传统提供的伟大理想，叶适在一个偏向内圣之学发展的时代重新认识到了这一理想的价值并突出了制度层面的外王实践，确有不寻常的意义，很好地诠释和发展了宋代学术中的理性精神传统。如前所述，从程颐到朱熹，我们可以看到宋代道学对儒家之道的理解被不断狭窄化和内向化，因此发生了儒学内在化的重大转向，并对以后中国文化精神的发展产生了许多长远和消极的影响。而在叶适这里，宋代学术中的理性精神传统得到了很好的继承，其事功主义思想的系统建构表明了其理性精神

---

① 成中英：《义利之辨与儒家中的功利主义》，卢敦基、陈永革主编《陈亮研究》，上海古籍出版社，2005，第27页。

的沉淀已从更深的意义上回到了经验世界，回到了日常生活，回到了形而下的更加具体的经济、政治和历史的存在之中，使之不仅具有了深刻的理论意义，更具有了变革社会、重建理想的社会秩序的实践意义。

# 四　叶适事功思想与现代温州精神

以叶适事功思想为代表的永嘉学派是南宋浙学的典型形态，对整个浙学传统与浙江精神的形成和发展都具有十分重要的意义。而对此的具体阐述，我们可以以叶适事功思想与现代温州精神的关系作为具体的切入点予以展开考察。

叶适事功思想与现代温州精神的关系主要表现在两个方面：一是叶适事功思想与温州精神具有文化上的同源性，即海洋文化、农商文化和移民文化。二是叶适的重物唯实、以利和义的思想，经商理财、富人为本的经济思想，经世致用、改革图新的思想，这些在今天则已经转化成一种以实利主义为特征的实践型文化，从而构成了当代温州人的普遍文化心理和"文化基因"。其中唯实唯理、变通图新、宽民富民的文化精髓可视为叶适事功思想与现代温州精神乃至整个浙江精神的契合之处。

1. 同源文化

如前所述，叶适事功思想在南宋以后的社会时代背景特别是政治集权统治的限制下、在程朱理学的渗透和挤压下以及整个南宋思想界的局限中"失语"了，或者说在历史的长河里迅速"消失"了。以叶适为代表的永嘉学派因此被认为是宋代温州区域文化进展的一个"短时段"的标志性事件。[1]然而，数百年后的今天，同样是在温州，一种与永嘉学派立足事功、务实而不务虚、富于批判、经世致用的精神如出一辙的讲究唯实唯理、变通图新、逐利而行、敢为人先的思想观念，正在与各种社会资源的互动中，创造出了一个区域经济腾飞的神话。我国理论界将这种区域性经济发展的成功模式称为"温州模式"，将这种区域性的人文精神称为"温州精神"。那么，

---

① 王宇：《永嘉学派与温州区域文化》，社会科学文献出版社，2007，第279页。

相隔几百年的它们之间到底有没有某些内在的联系呢？

自 20 世纪 80 年代以来，随着中国改革开放与现代化建设的全面展开，学术界对现代化、社会经济发展与传统文化的关系研究也逐步深化。早在 1988 年，徐令义就认为：远在数百年前以叶适为代表的永嘉学派的功利思想就奠定了温州人重实际、讲实利、求实效的思想文化基础。数百年后出现的温州模式及温州人的各种商品经济行为就成为这种文化的必然历史映像。[①] 20 世纪 90 年代，更多的学者进一步认识到"温州模式"的形成和发展绝不仅是一个特定区域的经济现象，而是具有特定文化特征的经济社会现象。张仁寿就指出：在温州，重商主义的商业文化传统奇妙地一直得以延续并广泛地深入民间，构成了温州人特有的文化"遗传基因"。[②] 李庆鹏借鉴这一观点，一方面认为永嘉学派的"义利观"、"工商皆本论"等给温州人的经济意识变革做出了贡献。另一方面，他也认为永嘉学派本身就是温州农商文化的结晶。[③] 这些观点认识到了在不同时代出现的永嘉事功学和现代温州精神实质上都具有地域文化的同源性。

浙江文化渊源于古代吴越文化，吴越的共性都是"水文化"。吴文化之"水"重在江湖，良田桑畴、平原沃野，以传统耕织为主要生存方式。而温州处于浙江南边之"越"，越文化之"水"则为海洋，浙南多丘陵，山多地少、资源匮乏，须向海洋讨生活。古越人生活在岛湾交错、港汊环绕的海滨一带，生活环境促使他们长于操舟泛海，"夫越性脆而愚，水行而山处，以船为车，以楫为马，往若飘风，去则难从，锐兵任死，越之常性也"，[④] "浮海出齐"、"耕于海畔"的范蠡更是中国商人顶礼膜拜的祖师爷。温州沿海港湾众多，瓯江内港水深，适宜建造船坞。三国东吴时期，横屿（今温州平阳县宋埠镇一带）设有官营船屯，是吴国的主要造船基地。晋代温州亦是全国三大造船基地之一。宋绍兴年间，温州建立市舶务，成为正式对外开放的通商口岸。《万历温州府志》云："瓯与浙为海国，其地斥卤，无珠玑

---

① 转引自洪振宁《永嘉学派与今日温州》，《温州大学学报》2001 年第 2 期。
② 张仁寿：《温州模式研究》，中国社会科学出版社，1990，第 27 页。
③ 李庆鹏：《中国犹太人——神秘的温州人》，经济日报出版社，1999，第 91 ~ 92 页。
④ 《越绝书》卷八，丛书集成初编本，第 39 页。

宝玉珍奇金银之产，其民以煮海网罟业其生，颇称饶给，至于水陆所生以资饮食，前民用其品类繁矣。海壖土著之民，往往能握微资以自营殖，其所谓因地之利乎！"① 自然环境对人类社会和人类精神的影响是毋庸置疑的，与海洋相连接的沿海地区，往往手工业、商业和航海业发达。由于冒险求利是经常性的活动，所以海岸居民往往富有胆略和冒险精神。海洋文化赋予温州文化一种开放性的特征，正是这种开放性使得温州人敢于冒险和闯荡，敢于第一个吃螃蟹。

尽管沿海的地理环境给温州人提供了一条便利之道，但仍然无法完全解决人地矛盾所带来的生存困境。因为除沿海居民以外，城内居民基本上还是传统化、乡村化的生存模式。人们在社会交往中，本着血缘、亲缘、宗族的关系，确立起由近而远、层层放大而层层递减淡化的相互信任关系。这种传统农业血缘、地缘等乡土关系所形成的习惯对温州文化产生重大影响。改革开放之初，温州地区的人均耕地为 0.52 亩，浙北地区的嘉兴则有 1.12 亩。人多地少的环境给温州人造成了很大的生存压力，但这种压力同时也给人们带来了从事非农活动特别是商业活动的动力。在有限生存空间的挤压下，温州人纷纷远走他乡，通过修鞋、弹棉花、卖小五金等开始早期的开拓，在艰难环境中的开拓对他们来说是一种更为理性的选择。而到了当代改革开放时期，商品经济以巨大的物质力量把潜藏在人们身上的主动性充分地调动起来。劳动得到了社会的合理报酬和应有尊重，一种有效的谋生手段往往会在一夜之间在人群中迅速传播。"计划经济的边缘地区以及人多地少、资源缺乏等自然禀赋，使浙江人尤其是人地矛盾更加突出的浙南人，面临着较大的生存压力，最本真的求生欲望，迫使他们必须离开土地，使他们具有较强烈的自主谋生意愿和自主创新精神。"②

温州的土著居民极少，今天的温州人基本上都是由移民及其后裔组成。西晋和北宋的两次"南渡"使温州植入了一部分"发展性移民"——官僚、地主、士大夫、知识分子等，也给后来温州文化层次的提高起了重要作用。

---

① 《万历温州府志》卷五《食货》。
② 陈立旭：《人地矛盾与当代浙江文化精神》，《浙江社会科学》2005 年第 1 期。

但南宋之后，北方移民日渐减少，历史上向温州地区经久不息的大规模移民，其实来自与其接壤的福建。尤其是明末，具有海商传统的闽南人大规模迁入温州，给原有的海洋文化注入了浓厚的闽南海商文化特色。"闽南人尤其是沿海闽南人，更少循规蹈矩，更具蔑视权威、敢于离经叛道的独立自主精神。"[①] 明人冯璋在《通番舶议》中提到："泉漳风俗，惟利通番，今虽重处以充军、处死之条，尚犹结党成风，造船出海，私相贸易，恬无畏忌。"[②] 温州本来就有重商的传统，这一点，叶适等永嘉学派也论及颇多。具有海商经历的闽南人来到温州之后，无疑更强化了温州的重商和冒险精神，并且给这种精神注入了更为直接的、粗蛮的逐利方式。在现代市场获利机会尤其是在超额利润的驱使下，温州人往往自发而"先发"，连续不断地进行机制创新，以致形成"领先一步"的巨大优势。

综上所述，在海洋文化、农商文化、移民文化等诸多因素的作用下，温州地域文化的功利色彩逐渐显现并得到深化，并且在某种条件下，这种灵活多变的文化特性能够与特定的时代和社会环境交互作用从而迸发出巨大的能量。宋以前讲求实效、注重功利的文化精神，不仅通过永嘉事功学派得以概括和提炼，而且也广泛地浸润于温州民间社会心理。随着时间的流逝，静态的思想观念和动态的社会实践使得这种地域文化精神得到延续并扎根于民间，从而构成了当代温州人的文化心理和"文化基因"。所以当代温州人的精神旨趣在许多方面确实与叶适事功思想是同条同贯、若合符节的。

2. 叶适事功思想与温州精神的契合点

（1）唯实唯理

叶适"唯实唯理"的务实精神前文已多有论述，无论是在宇宙观还是认识论上，都始终以客观事物为依据，所谓"无验于事者，其言不合；无考于器者，其道不化"；强调主观符合客观，"以物用而不以己用"；反对用主观代替客观，"自用则伤物，伤物则己病矣"；强调人的思想言论必须符合实际，否则便是"论高而违实"。他的"唯实唯理"精神在具体理论和实

---

① 庄国土：《闽南人文精神特点初探》，《东南学术》1999 年第 6 期。
② 《明经世文编》卷二八〇《冯养虚集》。

践中也都体现得淋漓尽致。开禧年间，南宋朝廷酝酿"北伐"大计。对于抗金复国的大业，叶适一向旗帜鲜明，但朝廷因为"禅位"和"党禁"消耗了太多内力，因此一向讲求实事实功的叶适认为"是未可易言"，并提出了"先为不可胜以待可胜"的策略。在《上宁宗皇帝札子》中，叶适提出"修实政于上、行实德于下"的主张，期望南宋王朝能先"改弱就强"后"规恢祖业"，"备成而后动，守定而后战"。叶适提出实政之一，"经营濒淮沿汉诸都郡，各做家计，牢实自守。虏虽拥众而至，阻于坚城，彼此策应，首尾相接，藩墙御扦，堂奥不动，然后进取之计可言。"叶适提出实政之二，对于人马器甲、营伍队阵，要勤于训练和管理，"晓夕用心，事事警策，件件理会"，训练有素之后"此兵能战"、"制虏有余"。叶适提出实政之三，"若淮、汉千里果当固守，四处大军果当精练，四方之才，随其大小，宜付一职，使之观事揆策，以身尝试。"① 而叶适所谓的"行实德于下"针对"财既多而国愈贫"、"赋既加而事愈散"的局面提出"使国用司详议审度，何名之赋害民最甚，何等横费裁节宜先；减所入之额，定所出之费，不须对补，便可蠲除；小民有蒙活之利，疲俗有宽息之实"。"实政与实德交修，所以能累战而不屈，必胜而无败也。"② 叶适之意，虽国土未复，但从南宋实力来看，应修边而不急于开边，整兵而不急于用兵。紧要之事是国家节用减赋、以宽民力，修治法度、振其百事。

改革开放以来，温州人最讲究"不唯上、不唯书、只唯实"，特别能够从温州的实际情况出发，讲求实功实效，解放思想，大胆探索，走出一条真正适合自己的致富之路。例如温州人在改革开放初期发明的"挂户经营"模式，就充分地体现了这一点。"挂户经营"是指在国家政策对私人从事商品性经营活动的管制仍然十分严格的情况下，出于各种原因没有取得独立法人地位的个人或联合经营者，挂靠在集体或国有企业之下，以挂靠单位的名义，从事生产和经营活动。不但冲破了旧制度的束缚，也在一定程度上规避了政治风险和市场风险。在挂靠经营活动中，经济领域事实上形成了一种与

---

① 叶适：《水心文集》卷一《札子（三）》，《叶适集》，第7页。
② 叶适：《水心文集》卷一《札子（三）》，《叶适集》，第8页。

公开规范相对应的隐蔽规范。它擦公开规范的边，但不违背公开规范，并且在时机成熟的情况下往往能使之制度化。正是这种讲求实效的做法，使得温州人在改革之初总能领先一步，占有市场先机。事实上，温州人在从事社会商品生产创造财富的过程中，已经自觉不自觉地创造出一套与生产发展需要相适应的新价值原则。它以追求个人权益为精髓，以讲创新破循规、尚实在轻教条、厚自我薄组织等观念为骨架，从而更新了整个精神文明的价值观念体系。例如他们根据实际需要，实行了土地转包、转让合同、挂户联营、私人信贷等一系列新经营方式，在改革过程中，顽强地与来自各方的责难和阻力抗争，始终坚持了自己认准的路走下去。

（2）变通图新

"永嘉之学必弥纶以通世变"，叶适事功思想也善于借古治今，"以通世变"。与中国古代的大多数知识分子一样，叶适也十分赞同三代的治国之道。他认为孔子的功劳就在于，将三代之治道"录之为经以示后世，其意反覆深切，将使学者因是言而求之，而可以得尧、舜、禹、汤、文、武、周公之心，与知其为人而无疑也"。① 但是他又反对汉唐诸儒尊子思、孟子，认为思孟不但没有提示道统真正的大义，而且有些观点还与孔子有较大差异。首先，他对曾子之学进行质疑，认为曾子将孔子的"一贯治道"归结为"忠书而已"只能看作是他自己的体会，而非孔子的本意。其次，对于子思之学，叶适也提出疑义，否认《中庸》独为子思所作。最后，他更对孟子提出批评，认为孟子的偏失较曾子、子思更甚，尤其是其心性学说，偏离了古圣贤之道。叶适说："盖以心为官，出孔子之后，以性为善，自孟子始，然后学者尽废古人入德证之条目，而专以心性为宗主，致虚意多，实力少；测知广，凝聚狭，而尧舜以来内外交相成之道废矣。"② 此处，叶适破立相结合，隆古的同时又充分疑古，阐发了自己对道统的理解，一方面维护尧舜周孔的道统，一方面又否定思孟程朱的正统地位。除此之外，叶适对待孔子的态度也是"崇圣而不迷信"，对待经典是"尊经又疑经"。对此上文

---

① 叶适：《水心别集》卷六《进卷·孔子家语》，《叶适集》，第710页。
② 叶适：《习学记言序目》卷十四《告子》，第207页。

多有论述，此处不再赘言。总之，叶适是站在事功的立场上有所坚持，又有所变通。正如叶适的怀疑精神和创新的勇气为他在南宋文化的版图中留下与朱、陆鼎足而立的印记一样，当代温州人也以"通事变"的创新意识敢为人先、善为人先，在中国经济的版图上留下一个又一个的开先河之举：颁布了中国第一份个体工商执照，建立了中国第一家实行利率改革的农村信用社，建立了中国第一座农民城，制定了中国第一份关于私营企业的地方性法规，建立了中国第一个私人跨国农业公司，修建了中国第一个集资建造的飞机场，修建了中国第一条股份合资建设的金温铁路，等等，从而使"变通图新"的精神成为温州乃至整个浙江的优秀文化传统和当代浙江精神的突出特征。

（3）宽民富民

汉朝以来，"重农抑商"的思想一直在中国传统社会中占据着统治地位。"农"、"商"的发展往往被看成互相排斥的，"商"之盛被认为会导致"人去本者众"。叶适针对传统的讳言财利的观念，指出"就利远害"是"众人之同心"，对于人们求利的活动"其途可通而不可塞"。对于统治者来说"利之所在"是实行统治的基础，而使百姓衣食富足是治道的第一义："制土处民，富而教之，必世而后仁。"① 并视民之富为治国的根本。叶适说："国本者，民与？重民力与？厚民生与？惜民财与？本于民而后为国与？昔之言国本者，盖若是矣。"② 叶适非常强调富人在社会中的作用，认为富人既"为天子养小民"，又向政府交纳税收以"供上用"，故为"州县之本，上下之所赖"。既然富人有如此重大的作用，因而赞成富人与贫民之间"使之以事而效其食"的雇佣关系，而决不轻易打压富人从事商业经营活动。他反对国家直接经营并控制工商业的"轻重"政策，认为王安石的"市易"、"青苗"等法是"夺商贾之赢"。叶适不仅为工商业争取国家的支持，而且还主张在政治上使工商业者参与政权。叶适说："四民未有不以世。至于炎进髦士，则古人盖曰无类，虽工商不敢绝也。"③ 有才能的工商

---

① 叶适：《习学记言序目》卷二十二《汉书（二）》，第310页。
② 叶适：《水心别集》卷二《国本上》，《叶适集》，第644页。
③ 叶适：《习学记言序目》卷十二《国语》，第167页。

业者，也应被选拔为政府官员。除此之外，叶适的很多经济主张都与富民的宗旨有关，如反对抑制兼并的"保富"主张、"有民必使之辟地"的田制主张，以及"以天下之财与天下共理之"的理财观。特别是许民自理财的新颖观点"封疆道路，城郭沟池，其修补浚治之功，此民之力所能自为也"①和现在的"民营"意识甚为吻合，都是为了让统治者、管理者少强制地干预民众事务，放手让民众自利、自治、自为，并相信社会治理能够因此达到更好的效果。

改革开放以来，温州社会经济的发展模式一直是"民间诱致"和"政府增进"的制度的结合。即民众在获利机会面前，根据收益与成本的比较做出主动的选择，而政府所要做的就是在政策上给予松动。在这种形势下，人们较少地依赖政府而更多地诉诸个人的奋斗和社会个体间的协作。他们以发自内在的自强不息的精神状态，全力以赴地创造财富。因此，个体私营经济、股份合作经济迅猛发展。一村一品，一镇一品，皮革城、塑编城、印刷城、礼品城等乡镇特色经济纷纷崛起。这种政府给以足够空间，个体自主谋生、自担风险的方式一方面给社会各阶层提供了就业、创业、致富的机会，另一方面也给政府带来了大量的税收，促进了城镇建设。"全国农民第一城"——龙港镇便是这一模式的典型。

文化传统是国家、民族、社会的遗产，是人们在历史中创造的制度、信仰、价值观念和行为方式等构成的意识积淀。有了文化传统，前代与后代、过去与未来之间才有连续性和同一性；有了文化传统，人类社会的延续和更新才有了自己的密码。叶适事功思想的真正价值在于用一种理性的精神对社会的基本价值倾向提出反思并通过自己的理解重新确立特定时代的价值系统，从观念、治国两方面为更合理的治道寻求出路。叶适事功思想提出的重商理财、法度建设等思想更注重传统"内圣外王"文化思路中的"外王"层面，可以为中国社会的制度改革与创新提供借鉴，更适用于现代社会对在快速发展中所承受的巨大压力进行有效疏导，因而显示了其所具有的更多的现代性价值和精神性导向。

---

① 叶适：《水心文集》卷十《东嘉开河记》，《叶适集》，第 182 页。

# 第八章　南宋浙学基本精神

尽管南宋浙学没有形成一个统一的学派，也未能整合成为一种高度系统化的理论学说，但是它仍然具有自己许多共性，尤其是其独特的基本精神，既体现了南宋浙学对于传统思想文化的深厚传承，又展现了南宋浙学的创新性发展，也彰显了南宋浙学所具有的多方面的现代性意义与价值。

## 一　来自草根的平民哲学

### 1. 起于乡野的平民哲学

浙江事功学派讲求实效、注重功利、重视工商等思想观念以一种日用而不知的形式浸润于浙江地区生动活泼的民间社会实践中，也正是对当时当地具有普遍性与特异性的社会生活与社会心态的概括与提炼。浙江地区如果没有民间社会的不求性、理，但求功利、注重实用以及重视工商的广阔社会背景与社会群众心理基础，那么浙江地区是断难产生这种与占统治地位的传统理学针锋相对的学术精神的。发达的民间工商业无疑尤其为浙东学派"讲求实效、注重功利"以及"重视工商"的精神提供了极其肥沃的社会土壤。南宋浙学的奠基者与代表人物，很多出身于乡野，并教授于乡野。在浙学的发展过程中，他们立足于朴实温厚的平民精神，自觉吸收底层的社会实践与平民思想，形成了平民哲学的基本特色。

就南宋浙学的思想源头来说，永嘉王开祖（字景山，学者称"儒志先生"）的学术思想产生于整个北宋以来的新的思想潮流，强调"修己治人"

的实践层面与"经世致用"的思想主张，与永嘉的士风民俗互相激荡、相
得益彰。王开祖在北宋皇佑五年中进士，曾担任秘书省校书郎与处州主簿等
职，其后辞官回乡，在东山书院讲学授徒，教化乡野，对永嘉学术具有创辟
之功，被学者尊称为"永嘉理学之开山祖"。在浙东地区，以杨适、杜醇、
王致、楼郁、王说为代表的"庆历五先生"对南宋浙学的兴起也有重要贡
献，全祖望曾称赞："有宋真、仁二宗之际，儒林之草昧也。……而吾乡杨
杜五先生者，骈集于百里之间，可不谓极盛！"① 在儒学地域化的历史背景
下来看，明州（今宁波）的杨杜五先生主动吸取中原儒学的思想精华，又
注入了浙东地区强烈的笃实品格，有力地推动了宋代浙学的兴起。明代学者
李堂评论："宋至庆历文治日兴，岩穴山林修德践行之士彬彬辈出，吾四明
五先生当其时，行必践言，身必为教，信所谓道义重则轻王公者。呜呼！濂
洛未开，天启真儒之脉，诸先生莹然完璧，名实相符，不特师表一方而已。
昔文公以石守道、孙明复、胡安定开濂洛理学之先，堂以五先生其不当以一
乡之论者矣。"② 杨、杜五子虽为胡瑗的同调，但在治学过程中更为注重史
学，善于从历史典籍中探究治乱之道，对浙东地区的学风影响很大。从籍贯
看，除杜醇原为越人外，其余四人的先祖都是唐末五代从外地迁至明州
（含宁波）；从经历看，曾在官办学校执教的仅有杜醇、楼郁，他们原本也
不求闻达，做过小官的也仅有楼郁、王说两人，中过进士的仅楼郁一人。庆
历年间的兴学运动直接将他们推向社会，其学生也多为本地乡民与外来移
民，其学术体现着浓厚的民间隐儒门风与草根乡野气息。稍后以"元丰九
先生"为代表的浙学先驱在学成之后，同样普遍具有深醇的学养与高洁的
志行，大多隐居并传道于乡野，培养了大批浙学后学，成为浙学最早的奠基
人。这些人虽然在思想史上影响有限，但他们在浙学渊源处确立了浙学兴起
的始基，清代学者邓实曾评论说："宋元丰间，九先生起于其乡，曰蒋元
中、沈躬行、刘安节、刘安上、戴述、赵霄、张烽、周行己、许景衡，是为

---

① 全祖望：《鲒埼亭集外编》卷十六《庆历五先生书院记》，《全祖望集汇校集注》第二册，上海古籍出版社，2000，第1037页。
② 李堂：《堇山集》卷十三《书庆历五先生传后》。

258

元丰九先生。……溯其师法，皆导源于伊洛，得其传以归，以教授于乡里。"① 如其中的著名学者周行己为宋元祐六年进士，曾官太学博士，晚年归教乡里，自筑浮沚书院教授学生，其学术活动体现出明显的平民气息，对浙学发展颇有影响。

永康学派的代表人物陈亮也出身平民，长期混迹于乡野草莽，在性格上可谓一个奇特强毅的豪杰，以文名于天下，他"为人才气超迈，喜谈兵，议论风生，下笔数千言立就"②。但他"至老方第（直至去世前一年的 51 岁才状元及第）"，"常抱不平之恨"③。薛季宣早在陈亮 27 岁落第时就曾评论："学官秋试，遂遗贤者，士夫不能无恨。"④ 这种"不平之恨"很大程度上是一种不能得志的"平民之恨"，很多时候就表现为对传统的主流思想的反思以至批评。陈亮一生虽广交时贤，在士林中较有影响，但在社会等级地位上始终是一个没有取得官位、功名的普通乡绅，在生活上常受制于人，经济上时有赖于经商⑤，陈亮在一生中的绝大多数时间里可谓沉沦下潦，难以实现匡世济民的志向。叶适曾讲："使同甫晚不登进士第，则世终以为狂疾人矣。"⑥ 陈亮自己置田、经商，与乡村的农民、商人、基层官员、乡绅打交道，感受到现实生活的生动气息，更容易自然地提出"道存于物"、"道不离日用"等思想，认为道应体现在人们日常生活中："道之在天下，平施于日用之间……而其所谓平施于日用之间者，与生俱生，固不可得而离也。"⑦相对现实的生活，对道德建设的感受度较低，更容易提出"义利双行"，对士、农、工、商这四个传统社会阶层作出同情的评价，提出"官民一家"、"农商一事"、"相恤相通"、"各安其所"等思想观点，"古者官民一家也，农商一事也。上下相恤，有无相通，民病则求之官，国病则资诸民，商藉农

---

① 《国粹学报》第 11、12 期，光绪三十二年版。

② 黄宗羲：《宋元学案》卷五十六《龙川学案》，全祖望补修，陈金生、梁运华点校，中华书局，1986，第 1830～1831 页。

③ 黄宗羲：《宋元学案》卷五十六《龙川学案》，中华书局，1986，第 1842 页。

④ 薛季宣：《浪语集》卷二十三《答陈同父书》，清文渊阁四库全书补配清文津阁四库全书本。

⑤ 徐规等：《试析陈亮的乡绅生活》，《宋史论集》，中州书画社，1983 年 8 月第 1 版。

⑥ 叶适：《叶适集》卷十二《龙川集序》，中华书局，1961，第 207 页。

⑦ 陈亮：《陈亮集》卷十《经书发题》，中华书局，1974，第 100 页。

而立，农赖商而行，求以相补，而非求以相病，则良法美意，何尝一日不行于天下哉！……官民农商，各安其所而乐其生。夫是以为至治之极，而非徒恃法之为防也。"① 陈亮"事功"思想的人性论基础既非性善论又非性恶论，而是肯定人的感性需求和各种欲望合理性的自然人性观，他说："耳之于声也，目之于色也，鼻之于臭也，口之于味也，四肢之于安佚也，性也，有命焉。出于性，则人之所同欲也；委于命，则必有制之者而不可违也。"② 陈亮作为一介布衣，其学自然"更粗莽抢魁"，充满元气淋漓的草莽之气，更倾向于肯定人的感性的现实生活，陈亮长期都是"平民"，在某种意义上，其学也可谓"平民哲学"。

在永嘉学派中，虽非进士但出生于官宦家庭的薛季宣及进士出身的陈傅良、叶适等代表人物，虽然怀有经世之志，但也都没能登上朝廷这个政治中心舞台来施展政治抱负，而只能屈居州郡为当地施政谋福。在总体上，作为中下层士大夫，他们长期濡染于民风民情、乡土观念以及各种平民思想，并能以一种自觉的态度对之作吸收、总结与提升，从而在学术上实现一种自下而上的总结升华过程。陈亮、叶适他们提出义利双行、"四民交致其用"论等理论，大胆地对历代"以农为本"、"崇本抑末"的社会政策和传统观念提出了质疑，例如，陈亮经常会为社会最下层的工贾代言，认为如果推行井田之法，则授田对象不仅要包括农夫，而且要包括工贾。在《上孝宗皇帝第一书》中，陈亮对北宋"庆历新政"及王安石变法中那些摧折商贾、困辱富民的做法做出强烈批评，这些表明陈亮对于"官、民、工、商"这四个不同阶层在社会中的作用与应享的权利，有着一种超越传统标准的异见卓识。叶适更明确提出"抑末厚本，非正论也"的断言："夫四民交致其用，而后治化兴。抑末厚本，非正论也。"③ 坚决反对"俗吏"所主张的"抑兼并富人"，以及"熙宁新政"运用国家政权力量"以市易之司，以夺商贾之赢"的政策，这实质上是立足儒家"藏富于民"的思想而把工贾阶层涵摄至"民"的概念之内，从而为社会与经济的发展奠定了一个更为广泛也更

---

① 陈亮：《陈亮集》卷十一《四弊》，中华书局，1974，第 127 页。
② 陈亮：《陈亮集》卷四《问答下》，中华书局，1974，第 40 页。
③ 叶适：《习学记言序目》卷十九，中华书局，1977，第 273 页。

为坚实的社会基础，而所有这些，都体现了南宋浙学体民情、接地气、发民声的平民哲学气质。

以陈亮、叶适他们为代表的南宋浙学坚持事功主义、功利主义思想立场，主张农商互利与追逐合理的物质利益，反对重农抑商，提倡发展商品经济，从某种意义上说，这种为商人代言的治学路径为商品经济发展提供了强有力的理论依据，也最典型地反映了社会最下层的草根、平民思想。随着功利主义思想的传播，农商并重、发展生产、繁荣经济、尽快扭转贫弱局面逐渐成为社会共识。可以说，相对于传统儒学更注重道德价值为本位的成圣成贤之学，事功之学在本质上是平民哲学，事功哲学立足于新的社会现实基础，在重视农业之际，更加重视现实的物质生活，更加关注平民，更加注重工商的地位，在哲学形态上也更加具有近世性，在一定程度上适应了南宋江浙地区出现的资本主义萌芽的社会经济景象，由此，主流的性理之学与浙江事功之学初露传统、保守与现代、近世的分野。南宋哲学虽依然具有传统的理论形式，但毫无疑问更加具有平民化、世俗性、现代性的内蕴，在某种意义上堪称明清之际启蒙思想之前驱。

2. 鲜明浓郁的民本思想

对浙学先驱与贤达来说，他们或本身即乡野之人，或身有功名却长期作为中下级官僚而生活、教授于民间，浙学在总体气质性格上大多形成了独特而浓郁的平民气质，尤其突出地体现在重民思想、民本思想上。宋代浙江学人虽然寄身乡野，但并未忘怀天下，王开祖讲："君子之隐，知可止耳，心岂忘于世哉！嗣子天下之大本，一摇则天下乱矣。天下之民方出诸水火而又驱之于涂潦，忍坐视而不救乎？四老可谓达于义，非予予者也。"[1] 他们对天下的关心最突出地体现在对"天下之民"的关心上，王开祖对当时民穷赋重表示不满："古之王者赋于民不过什一，……后世取于民无制，……由是上下交不足而国乱。"[2] 他所谓的"后世"当是指北宋而言，他甚至直接提出"天下有三疾，死丧不预焉。吏暴而政恶，一疾也；赋重而役数，二

---

[1]　王开祖：《儒志编》（不分卷），清文渊阁四库全书本。

[2]　王开祖：《儒志编》（不分卷），清文渊阁四库全书本。

疾也；诏令数易民无信焉，三疾也。"① 他也曾慷慨陈词："有民而不爱，非吾君也！"② 这种观点有着传统儒学民本思想的深厚根基，对南宋浙学的民本思想、重民思想都产生了重大影响。

到南宋浙学时期，"民本"思想更加发达。郑伯熊、陈傅良、郑伯谦等永嘉学者频频提出"宽民力"、"养民"等思想，陈亮也提出有特色鲜明的民生、民本、重视工商等思想。叶适特别关注主体之人的政治意义，他以人民为国之根本："国本者，民欤？重民力欤？厚民生欤？惜民财欤？本于民而后为国欤？昔之言国本者，盖若是矣。"③ 这种"重民力"、"厚民生"、"惜民财"都体现了一种民本主义的人文精神，叶适又进一步提出"臣之所谓本者，本其所以为国之意而未及于民，臣非以民为不足恃也，以为古之人君非不知爱民，而不能爱民者，意有所失于内则政有所害于外也。"④ 认为既然"民为国本"，那么就必须"爱民"，古代国君"知爱民"而"不能爱民"就会导致国内政治的败坏以及外交的失利。要做到国家的昌盛以及外交、战争的胜利，最重要的就是要减轻人民的负担，增加民众的财富与能力，这是国家一切进取行为的基础，而主张等待国家"进取"强大以后再来"裕民"，则是"无道"的表现："能裕民力，而后可以议进取。待进取之定而后裕之者，无是道也。"⑤ 叶适把民力、民心看成抗战和立国之本，反对君主"私其国以自与"，主张国家的一切"命令之设，所以为民，非为君也"。⑥ 如前所论，叶适、陈亮等对工、商之民的社会地位与生活条件也特别关心，这也是南宋浙学民本思想的基本方面。总的来说，在宋代君主专制制度高度发达的情况下，叶适"以民为国本"的思想是十分可贵的，也基本代表了南宋浙学民本思想，初露启蒙的气息。这些进步思想为后世浙江思想家发扬光大，王守仁说道："夫良知即是道，良知之在人心，不但圣

---

① 王开祖：《儒志编》（不分卷），清文渊阁四库全书本。
② 王开祖：《儒志编》（不分卷），清文渊阁四库全书本。
③ 叶适：《水心别集》卷二《国本上》，《叶适集》，中华书局，1961，第644页。
④ 叶适：《水心别集》卷二《国本上》，《叶适集》，中华书局，1961，第644页。
⑤ 叶适：《水心别集》卷九《廷对》，《叶适集》，中华书局，1961，第753页。
⑥ 黄宗羲：《宋元学案》卷五十四《水心学案上》，中华书局，1986，第1788页。

贤，虽常人亦无不如此。"① 黄宗羲讲："盖天下之乱治，不在一姓之兴亡，而在万民之忧乐。"② 王阳明、黄宗羲等浙学后世思想家在不同层面上重视普通平民大众的能力与权利，尤其是明末清初的黄宗羲、顾炎武等启蒙思想家提出了堪称民主启蒙思想精华的伸张民众基本权利、批判君主专制制度的思想，都与南宋浙学独特而丰厚的民本思想有着渊源关系。

3. 大传统与小传统视野中的平民浙学

美国人类学家罗伯特·雷德菲尔德在其《乡民社会与文化》一书中提出了文化的"大传统"（GreatTradition）和"小传统"（LittlTradition）的思想理论，他认为在人类历史上，那些体系庞大、较为复杂的文明形式中往往存在着两个层次的文化传统，其中主要是由知识精英、思想家等少数人信奉和生产的精英文化即所谓"大传统"，而主要由普通民众、大多数民间人士所奉行的民俗文化即所谓"小传统"。大传统主要依赖于典籍记忆尤其是各种经典所构造的记忆、想象和价值理想而存在和延续。小传统主要以民风、民俗以及各种民间文化活动等"非物质"性的、鲜活的文化形态流传和延续。由此理论视角观之，南宋浙学作为一种思想文化的"大传统"，其形成和发展就是在与"小传统"的良性互动中实现的。南宋事功学派的"讲求实效、注重功利"以及重视工商的精神以一种"日用而不知"的方式浸润于浙江民间丰富多样的社会实践和思想观念中，是对当时当地的普遍化的社会心态的概括与提炼，浙学的文化"大传统"是从浙江地域文化、草根文化的"小传统"中找到源头活水与无限的思想营养的。如以陈亮而言，他长期生活在社会底层，为了生活，自己置办土地、经营商业，在与官员、士人交往之外，更与广大农民、商人有着水乳交融的关系，他深切地感受到来自乡野民间、工商社会的文化气息与思想精神，很自然地会将这种具有草根精神、平民特征、自发形态的"小传统"、地方性知识，上升为"大传统"、普遍性知识。如果没有浙江地区民间社会不求心性天理、但求实功实用以及重视工商的社会现实背景与社会心理基础，是难以产生与占统治地位的传统

① 王守仁：《传习录中·答陆原静书》，《王阳明全集》，上海古籍出版社，2011，第78页。
② 黄宗羲：《明夷待访录·原臣》，《黄宗羲全集》，浙江古籍出版社，2005，第5页。

理学针锋相对的学术精神的。可以说，充满务实精神与活力的浙江乡村农业、发达的民间工商业无疑为浙学"讲求实效、注重功利"以及"重视工商"的精神提供了极其丰厚的社会土壤。

浙学"讲求实效、注重功利"以及重视工商的精神从乡野民间得以提炼、凝聚而成，这一方面为浙江地区的相应的各种社会实践活动提供了理论的依据与思想的支撑，另一方面在广泛传播的基础上，又会反过来对浙江地方民间心理产生深刻的影响。浙学精神很接地气，一旦形成即得到了广大民众的认同与喜爱，并在草根中广为传播，从而进一步积淀凝聚成为浙江人在精神文化上的"遗传基因"，不仅在历史上深刻地影响了浙江地区政治、经济、文化的整体图景，而且在 30 年以来浙江地区经济体制变迁、演进中产生了多方面的深刻影响。这一情形正如诺斯所提出的，价值观念、伦理道德、生活习惯以及意识形态等文化的非正式性的制度设计与安排，是影响经济体制演进轨迹与社会生活发展的重要而强大的因素。南宋浙学的思想家们之所以能与民间社会形成良性的互动关系，一个主要原因在于其思想学术性格本身就具有特别强烈的平民性，平民性正是浙江思想家的一个最基本的特点。故而其思想能够来自民间，又很容易地回到民间、作用于民间。从这个意义上说，浙学是一种真正的平民哲学、"草根哲学"。

基于文化的"大传统"与"小传统"的思想理论维度，以及浙学是由民间心理文化的"小传统"而提升凝聚为"讲求实效、注重功利"以及重视工商的精神等的"大传统"的基本认知，我们认为，要进一步推动浙学研究，更深入地把握浙学内在的平民性、地方性、草根性以及未来发展的可能路径，这就有必要在基本的文献资料之外，采取深入系统的实地考察与调查研究方法，通过对温州、金华、永康、宁波等浙学主要学派的主要活动地域进行田野考察，调查从宋代至当代的浙学的史迹史料，积累第一手资料，具体地了解和感受宋代以来浙学的形成和发展过程、演进路径、思想特质及其与浙江独特的自然环境、地域因素、民风民俗、文化传统及当时的社会经济政治生活等因素的互动关系，探寻这种互动关系的内在机制、演化脉络及其所包含的思想内涵与价值意蕴，这对于当代中国重建乡土社会、民间社会的良好秩序，恢复和延续传统社会中优秀的自然和人文精神传统，探寻与指引未来浙学乃至浙江社会文化思想发展都能起到积极的作用。

4. 平民、草根哲学的当代影响

浙江地区自唐宋以来长期富庶文明，当代浙江经济社会各项事业更是快速发展，在许多学者看来，其在文化上的奥秘就是浙学基本精神的哺育，亦即这种讲求实效、注重功利、重视工商的积极向上的平民文化精神。在千年以来的浙江历史上，工商业不断发展、世俗化不断加强，平民化趋势日益明显，浙江经济处于长期的繁荣中。在改革开放以来，浙江经济一直都是以家庭小作坊、中小企业、民营企业为主力军，在很大程度上就是一种典型的"老百姓经济"、"草根经济"①、"平民经济"，浙江地区经济社会领域中的大多数体制、机制的改革与变革也都得益于"自下而上"的推进，浙江改革事业本质是一种由平民推动的内源性的、自然化的、诱致性的制度变革与社会变迁。在浙学这种平民哲学的浸润下，浙江的各级政府与官员也愿意察乎民情、顺乎民意、因势利导，形成政府与百姓、上级与下级共同推动社会发展进步的良好局面。这种良好的社会生态与文化心态也是传统浙学在当代浙江的经济社会发展中仍然具有生命力的一个主要原因。

改革开放以来，浙江模式、浙江经验取得了巨大成功，浙江经验在不同地区具体可以展现为台州模式、温州模式、义乌模式等多种形态。如温州模式，它是指浙江省东南部的温州地区以家庭工业和专业化市场的方式发展非农产业，从而形成家用民用小商品、海内海外大市场的发展格局，与苏南的集体经济、工业园区经济模式和广东注重利用外资发展的模式不一样，温州模式以日用小商品为主导产业，以家庭小企业、小作坊、联户企业为主要经营方式，通过市场化体系来配置生产要素，向小城镇及周边地区聚集发展、合作共赢，政府扮演"无为"者、服务者的角色，这种民营经济模式又被称作"小狗经济"、草根经济、民本经济或者说"老百姓经济"。温州人白天当老板，晚上睡地板，历尽艰辛，创造了举世瞩目的温州模式，集中展现出当代浙江人的创业智慧。如热播一时的《温州一家人》以温州人海内外

---

① "草根"一词源自英语"grass-roots"，是指非国家、政府、主流、精英和决策组织层面的普通平民大众，含有"群众的、基层的、基础的和根本的"等基本意义。

创业故事为蓝本，聚焦温州人草根创业的"温州模式"及具体内涵，书写了一部草根创业的原汁原味的英雄史书。浙江经济中民营经济的比重已超过80%，浙江经济的发展主要不是国有经济转制或外资推动的产物，而是由家庭作坊式的个体经济不断发展推动的，如今浙江经济的发展模式不断改进创新，在草根性、平民性的经济文化的基础上，融入了集群文化、共生精神、社会资本、行业协会、电子商务等社会文化内涵，以更高级更健康的形态继续向前发展。

从理论上来说，浙江模式、浙江经验在文化内涵与思想精神上有着显著特点，即将"平民"哲学的精髓发扬光大。首先，自发性、自主性品格使浙江人不太顾及宏观环境的制约，不依赖于制度的供给，从而形成创新活动源源不断的内在动力，使浙江人对一切有利于谋生的制度、模式与行为都有着天然的向往，他们以求利为目的，以亲情、伦理、友情为纽带，以家庭式、家族式的方式组织企业，追求行动高效率，为浙江民营企业在初期阶段实现快速发展提供了现实可能。其次，浙江人在草根创业的实践上培育出了强大的企业家精神，企业家精神在本质上是企业家在创业经营过程中表现出来的冒险精神、创新能力、事业心与责任感等特殊的精神品质。浙江的企业家大多出身草根，乃是一种纯粹的民间力量，天然地具有以民间的体制外的经济活动冲破固有结构而获得成长、发展的创造本能，这种自主创业与自由创造的精神正是最可贵的企业家精神。美国硅谷的创业者绝大部分都是白手起家，基本上没有大公司的工作背景，也不受规范的制度的约束，从而更真实、更加自由、更有创造性，他们的创新、创业能力得到了体现，这与浙江的创新创业异曲同工。再次，政府主动积极吸取充满草根意识、平民色彩的浙学思想，积极塑造宽松的政策环境，对民营企业减少干预，能帮则帮，加强服务，一定程度上做到了"无为而治"与顺势而为，实现了积极提供服务的"小政府、大社会"格局，对发挥企业家的首创精神、积极从事创新创造活动起了很大作用，政府努力营造尊重"草根"创业、支持企业由"平民"而成长为"英雄"的适宜宏观环境，本身也是浙学草根哲学精神的固有内蕴。

总之，作为一种哲学思想形态，浙学是浙江历史与现实中民间思想的哲学升华，而当代浙江精神的实质正是浙江民间广泛而强烈的自主创业精神。具有草根性、平民性的传统浙学哺育了当代浙江的创新创业精神，成为浙江民营经济发展的具有根本性的思想酵母。就经济学的一般发展理论来说，农民具有非理性的行为特征和传统的社会心态，很难成为优秀的企业家。但改革开放以来，浙江没有特区政策，没有国家重大项目，浙江成为全国各省份中人均 GDP 增长最快、经济社会总体发展水平最高的地区之一，成为走在全国前列的中国改革开放的模范典型。应该说，浙江优秀文化传统是该区域的突出优势和最深厚的软实力，积极的文化基因深深地影响了浙江人的思想观念和行为方式，浙江的草根思想与草根、民营经济互为促进、互相助推、良性互动，共同谱写出浙江经济社会发展的壮美画卷。

## 二　求真务实、讲求功利

### 1. 思想文化渊源

浙江历史的自身条件及个性发展，决定了浙学思想在整体上强调实事求是、经世致用，注重从自身的实际出发，想问题做事情讲求实效、探究实理、务切实用，并将学问与社会的实践、百姓的生产和生活紧密结合；与之相关的，就是反对空言说教，不迷信、不盲从，不做悬空思索、空虚无望之事，这可以说是浙学思想中最核心与最本质的东西。这既构成了浙江人的世界观、价值观与思想方式，也是其基本的方法论与行为准则。这类思想在浙江的思想文化传统中十分丰富，特色鲜明，且有清晰脉络。

先秦时期，《越绝书》记载越王勾践就越国是否可以攻吴向范蠡和计倪问对，范蠡回答应该首先把握天地、日月、星辰、四时的盈缩之机，注意各国实力的消长变化，并顺势而为，而不可逆势而动。计倪指出要看一个国家和百姓的粮食储备如何，并且提出应该实行"农末（商）俱利"的政策，让农民和商人共同获利，认为唯有这样才能搞好农业生产与商业活动，从而实现"国富兵强"。范蠡、计倪的答问初步体现出注重实际、实事求是的思想，对后世的浙江文化思想影响很大。

汉代王充（今绍兴上虞人）著《论衡》一书，在《对作篇》中首次提出"实事疾妄"的学术宗旨，"《诗》三百，一言以蔽之曰：'思无邪'；《论衡》篇以十数，亦一言也：'疾虚妄'"；这是对当时流行的"天人感应"等各种虚妄迷信之说的批判，是对各类禁忌、迷信、鬼神、卜筮等虚妄不实之论的批判，同时也是对儒家文化、儒家文献和儒家圣人的神圣化和神秘化的批判。与此同时，王充也提出了"事有证验，以效实然"和"以心原物，留精澄意"等哲学命题，进一步展示出一个哲学家实事求是的精神。在此基础上，王充主张博学、"贵通"，特别强调"贵用"，把只会读书而不会实践的人称作"匿书主人"和"能言鹦鹉"。"贵用"在强调学问要在现实中有真实的应用之外，更在于能为现实提供理想和规范："凡天下之事不可增损，考察前后，效验自列。自列，则是非之实有所定矣。"① 王衡在《自纪篇》中更明确提出了"为世用"的治学目的："为世用者，百篇无害；不为用者，一章无补"，他还提出学者著书为文的根本目的是有益政道与教化，"文人之笔，劝善惩恶"，"作有益于化，化有补于正"②。这些观点都凸显了王充经世致用的"浙学"思维，王充可以称得上"浙学"的鼻祖。

北宋以降，在明宗明道、宝元年间，胡瑗在浙西平江府（今苏州、湖州二地）办学，一反当时重视诗赋歌律的学风，提倡"明体达用"、经世致用的实学。他在学校中设立"经义斋"，主要研究经学基本理论，是为"明体"之学；设立"治事斋"，主要学习农田、水利、军事、天文、历算等实学类的知识，属于"达用"之学。在学校中，每位学生各主治一事，兼摄一事，创立了世界上最早的分科教学和课程必修、选修制度。后来范仲淹曾取其法，"著书令于太学"。"苏湖教法"为两浙路培养了如滕元发（东阳人）、顾临（绍兴人）、徐中行（临海人）等一批有志于经世的学者，成为助推浙学兴起的先导力量。至于庆历五先生、元丰九先生等大批的浙东、浙南地区的学者，就更为明确地标示出重视事功、史学、经制、道德实践等思想面向，成为南宋事功之学的直接开启者。

2. 核心思想

至南宋，永嘉学派和永康学派创立了系统化的"事功之学"，它反对理

---

① 北京大学历史系：《论衡注释》，中华书局，1979，第777页。
② 北京大学历史系：《论衡注释》，中华书局，1979，第1650页。

学家讳言功利和空谈义理，讲求"实事实功"，注重实际功用和效果，又称"功利之学"。事功思想是历史上浙学各流派共同的精神实质。朱子指出"近世言浙学者多尚事功"①。永嘉学派的薛季宣主张"无为空言，无戾于行"的治学态度："务为深醇盛大，以求经学之正；讲明时务本末利害，必周知之，无为空言，无戾于行。"②他宣称那些"矫情之过者，语道乃不及事"，"其为不知等尔"，对那些"清谈脱俗之论"，"未能无恶焉"③，将"言道而不及物"的空谈家视之为"今之异端"④。叶适更加自觉地追求一种知识系统的实用价值与现实效用，认为自我的道德完善均须"发为事业"，人们应该努力在现实原则基础上实现道义与功利的统一，"既无功利，则道义者乃无用之虚语尔。"⑤故黄宗羲曾对永嘉之学总结道："永嘉之学，教人就事上理会，步步著实，言之必使可行，足以开物成务。盖亦鉴一种闭眉合眼，矇瞳精神，自附道学者，于古今事物之变，不知为何等也。"⑥永康学派的陈亮通过"王霸之辩"、"义利之辩"等一系列辩论，以更为理论化、系统化的形式将传统儒学与正统理学的理论重心由道德而转向事功，批判了以朱熹为代表的道德精神本体化，断然提出"功到成处，便是有德；事到济处，便是有理"，为"事功之学"正名。黄百家曾评永康学派："是时陈同甫亮又崛兴于永康，无所承接。然其为学，俱以读书经济为事，嗤黜空疏、随人牙后谈性命者，以为灰埃。亦遂为世所忌，以为此近于功利，俱目之为浙学。"⑦认为陈亮之学是浙学的典型学术形态。永嘉之学与永康之学俱言事功，但也略有不同，全祖望指出永嘉事功学是"以经制言事功"，较注重儒学经典及道统问题；而"永康则专言事功"，专言王霸之道与事；

---

① 朱熹：《范浚小传》，《范香溪先生文集》卷首，四部丛刊续编本。
② 薛季宣：《浪语集》卷二十五《答象先侄书》，清文渊阁四库全书补配清文津阁四库全书本。
③ 薛季宣：《浪语集》卷二十五《抵杨敬仲简》，清文渊阁四库全书补配清文津阁四库全书本。
④ 薛季宣：《浪语集》卷二十五《抵沈叔晦焕》，清文渊阁四库全书补配清文津阁四库全书本。
⑤ 叶适：《习学记言序目》卷二十三《汉书三》，中华书局，1977，第324页。
⑥ 黄宗羲：《宋元学案》卷五十二《艮斋学案》，中华书局，1986，第1696页。
⑦ 黄宗羲：《宋元学案》卷五十六《龙川学案》，中华书局，1986，第1832页。

但无论如何，二者在基本学术旨趣上是别无二致的。

与永嘉、永康学派类似，金华学派的吕祖谦同样主张"学者须当为有用之学"，在所上札子中讲："不为俗学所汩者，必能求实学；不为腐儒所眩者，必能用真儒。"吕祖谦在《太学策问》中提出"讲实理，育实才，而求实用"等等，都说明了金华学派在实质上也是一种深刻的讲求"实理""实用"的事功之学，以至朱熹认为吕祖谦"其学合陈君举、陈同甫二人之学问而一之"。即便以杨简、袁燮、舒璘、沈焕等为代表的四明心学而论，他们在心学的思想旗帜下，也都极其关注现实生活，"所论常平、茶盐、保长、义仓、荒政，皆凿凿可见之行事，而言学者寡"，注重学术的社会功用和目的，展示出浙江心学思想中的心体与功利之间的一而二、二而一的不可分割的特点。至于后来阳明心学与事功的关系，钱穆的剖析堪称精到："永嘉不讳言功利，姚江力排功利而言良知，然从事于功利者每借良知为藉口。惟谨受朱子之所谓义理，则显与功利背驰。而言良知者，根极归趣亦无以自外焉。"① 道出了永嘉事功之学与阳明良知之学互为表里、殊途同归的内在联系。近人曹聚仁亦曰："浙东之学，虽源流不异，而所遇不同，故其见于世者，阳明得之为事功，蕺山得之为节义，梨洲得之为隐逸，万氏兄弟得之为经术、史裁，授受虽出于一，而面目迥殊，以其各有事事故也。"② 这些话展示出浙学传统中的不同学派虽学术授受不一，思想面目各有不同，但在重视实事实功、推崇事功主义这一基本思想观念上还是保持了高度的一致。

3. 基本论题

首先是道器、道物之辨。"道"与"器"、"物"是古老的中国哲学范畴。"道"是指事物的本体与普遍法则，"器"、"物"是指具体实存的各类事物。朱熹曾对"道"作出论述："若论道之常存，却又初非人所能预，只是此个自是亘古亘今常存不灭之物，虽千五百年被人作坏，终殄灭他不得耳。汉、唐所谓贤君，何尝有一分气力扶助得他耶？"③ "未有天地之先，毕

---

① 钱穆：《中国近三百年学术史》，中华书局，1986，第85页。
② 曹聚仁：《中国学术思想史随笔》，三联书店，1986，第277页。
③ 朱熹：《晦庵先生朱文公文集》卷三十六《答陈同甫书》，《朱子全书》第21册，上海古籍出版社、安徽教育出版社，2002，第1583页。

竟也只是理。有此理，便有此天地；若无此理，便亦无天地，无人无物，都无该载了。"① 认为"道"或"理"是在天地之前就存在的，是人力不能干预的超越于现实世界的绝对精神本体。与之相对，南宋事功之学则提出了具有朴素唯物主义思想特征的"道物不离"的观点，如"元丰太学九先生"在承继洛学、关学的同时草创了浙学的事功学术，其中刘安节在《行于万物者道》一文中说："形而上者谓之道，形而下者谓之器。形一也，而名二者，即形之上下而言之也。世之昧者，不知其一，乃以虚空旷荡而言道，故终日言道而不及物。……道与物离而为二，不能相通，则非特不知道，亦不知物矣。盖有道必有物，无物则非道；有物必有道，无道则非物。是物也者论其形，而道也者所以运乎物者也"。认为道物一体，彼此不能相离，"无物则非道"、"无道则非物"，道不能离开事物而存在，在道物关系上展示出与程朱理学大为不同的观点。

在道物关系上，陈亮也提出了"道在天下"、"何物非道"、"道行物间"等一系列理论思想，更为深刻地说明了事功之学"道在事中"、"道存于物"的思想。陈亮把"道"设定为形而上的价值本原，认为"道"必须借事物现象之存在才能获得实在性显现，"夫道之在天下，何物非道。千途万辙，因事作则。"② 道不是超越自然和社会的某种先验的东西，不具有任何超验性，而是普遍存在于经验世界之中，"道之在天下，平施于日用之间"，道非独存在于现实世界的神秘之物，而只是与具体事物密切相关联的存在，陈亮强调："夫道非出于形气之表，而常行于事物之间者也……天下固无道外之事也，不恃吾天资之高，而勉强于其所当行而已。"③ 陈亮进而提出人之"好色"、"好货"之心，一旦推广至平民百姓之间，亦非害道之事："好色，人心之所同，达之于民无怨旷，则强勉行道以达其同心，而好色必不至于溺，而非道之害也。好货，人心之所同，而达之于民无冻馁，则

---

① 朱熹：《朱子语类》卷一，《朱子全书》第 14 册，上海古籍出版社、安徽教育出版社，2002，第 114 页。

② 陈亮：《陈亮集》卷二十七《与应仲实》，中华书局，1974，第 260 页。

③ 陈亮：《陈亮集》卷九《勉强行道大有功》，中华书局，1974，第 97 页。

强勉行道以达其同心，而好货必不至于陷，而非道之害也。"① 道不可与事物相脱离，只要能够做到"好色而不溺，好货而不陷"，就不会于道有害。不难看出，陈亮肯定了人对于物质的正当需求，认为只要把握住需求的度，人欲与道是可以并行不悖的。与这种对人"好色"、"好货"等基本欲望的肯定相对，陈亮对只知空谈性命而不务实事、实业的迂腐予以猛烈批判，他曾以愤激的语言称："今世之儒士，自以为得正心诚意之学者，皆风痹不知痛痒之人也。举一世安于君父之仇，而方低头拱手以谈性命，不知何者谓之性命乎！"② 陈亮对道与事、物、欲等关系的如上理解，在很大程度上构建起了南宋浙学功利主义思想的具有基础性的理论框架。

永嘉学派同样认为"道"或"理"不能离开物而存在，提出了"道不离器"的思想，如薛季宣在《答陈同甫书》中说："道非器可名，然不远物，常存乎形器之内。昧者离器于道，以为非道。遗之，非但不能知器，亦不知道矣。"认为"道"固然不能以"器"来命名，但也绝不能离开器物来谈道，否则对"器"与"道"俱不能知，"器"相对于"道"来说，仍具有基础的性质。叶适更进一步发挥，他在《习学记言》中讲："道虽广大，理备事足，而终归之于物。"又讲："夫形于天地之间者，物也；皆一而有不同者，物之情也；因其不同而听之，不失其所以一者，物之理也；坚凝纷错，逃遁谲伏，无不释然而解、油然而遇者，由其理之不可乱也。"③ 在这里将"物"视为天地之间具有基础性的存在，"道"或"理"乃是"物之理"，亦即事物的固有属性，是指天地万物相互联系、运动变化的客观规律，"道"或"理"归根结底是依赖于"物"或"器"而存在而不能与器物相分离的。所谓"物之所在，道则在焉"④，"物有规矩，事有度数，而性命道德，未有超然遗物而独立者也"⑤ 等皆是此意。依此理路，叶适对《尚书·洪范》中的"皇极"、"大学"、"中庸"等概念都做了切合现实政治的

---

① 陈亮：《陈亮集》卷九《勉强行道大有功》，中华书局，1974，第98～99页。
② 陈亮：《陈亮集》卷一《上孝宗皇帝第一书》，中华书局，1974，第8～9页。
③ 叶适：《水心别集》卷五《进卷》，《叶适集》，中华书局，1961，第699页。
④ 叶适：《习学记言序目》卷四十七《皇朝文鉴一》，中华书局，1977，第702页。
⑤ 叶适：《水心别集》卷九《大学》，《叶适集》，中华书局，1961，第730页。

改造："道不可见，而在唐、虞、三代之世者，上之治谓之皇极，下之教谓之大学，行之天下谓之中庸，此道之合而可名者也。其散在事物，而无不合于此。"①"皇极"、"大学"、"中庸"等都不是心性之"理"，而就是总摄天下万物与治国施政的最高准则的"道"，它贯彻于人类的现实经验生活并可以直接证取，人对"道"的追求必然直接指向为政治国的生活，由此不难看出事功学派"道"的本质。

其次是"义利"之辨。董仲舒"正其谊（义）不谋其利，明其道不计其功"的态度一直为后世儒学正统所宗。陈亮强调"义利双行，王霸并用"，叶适强调"崇义养利"，主张效法"古人以利和义，不以义抑利"②，都与儒家重义轻利的传统价值观明显相悖。朱熹将永嘉、永康之学视为"专言功利"而严加批评，他说："江西之学只是禅，浙学却专言功利。禅学，后来学者摸索一上，无可摸索，自会转去。若功利，则学者习之便可见效，此意甚可忧。"又说："陆氏之学虽是偏，尚是要去做个人。若永嘉、永康之说，大不成学问。"③ 陈亮则痛斥朱熹等理学家忽视功利专尚义理，只教学者"穷理修身，学取圣贤事业"，"举一世安于君父之仇，而方低头拱手以谈性命"④，谴责他们是对民族国家之兴亡麻木不仁的腐儒。叶适以事功为义理旨归，认为"欲明大义，当求公心。……善为国者，务实而不务虚"⑤，指出："'仁人正谊不谋利，明道不计功'，此语初看极好，细看全疏阔。古人以利与人，不自居其功，故道义光明，后世儒者行仲舒之论，既无功利，则道义者乃无用之虚语尔！"⑥ 陈亮认为财富和仁义并不对立，并从人欲的角度肯定追求财富的合理性，指出"人生何为？为其有欲，欲

① 叶适：《水心别集》卷七《总述》，《叶适集》，中华书局，1961，第726页。
② 叶适：《习学记言序目》卷二十七，中华书局，1977，第386页。
③ 朱熹：《朱子语类》卷一二二，《朱子全书》第18册，上海古籍出版社、安徽教育出版社，2002，第3860页。
④ 陈亮：《陈亮集》卷一《上孝宗皇帝第一书》，中华书局，1974，第8页。
⑤ 叶适：《水心文集（补遗）·奏札（历代名臣奏议九十七）》，《叶适集》，中华书局，1961，第617页。
⑥ 叶适：《习学记言序目》卷二十三，中华书局，1977，第324页。

也必争"①，提出"高卑小大，则各有分也；可否难易，则各有辨也"②的观点，在理论上对"为富不仁"说进行批驳，对不少怀仁义之心且发家致富的典型人物大加颂扬，如陈亮认为义乌富商喻夏卿"友爱子侄，而计较秋毫之心不萌焉，慈恤里闾，而豪夺力取之事不行焉"③，"与人无争，以德则茂"④，"一家之所以和平而无间言"，"处之有道"⑤，"晚虽家事不如初，而视亲戚故旧之急难，族人子弟之美事，爱莫之助，每致其惓惓之意，而人人常信之"⑥，在亲族心目中享有崇高的威信，喻夏卿"孝友慈爱"，热心助人而毫无私心，与"为富不仁"相去甚远。所以陈亮热情称赞："'为仁不富'之论，盖至夏卿而废矣。"⑦为此，他以喻夏卿为正面典型来教育年轻一代，"孰昭斯铭，以淑我后生"。

应指出，南宋浙学确立的事功取向并非以个体功利为目标，并非道学家所批判的"坐在利欲的胶漆盆中"，其所强调的"利"是国家民族的社会公利，是"明大义，求公心，图大事，立定论"的"公利主义"思想。四库馆臣也认为要区分浙学的事功、功利是主于"经世"，而非主于"自私"："永嘉之学，倡自吕祖谦，和以叶适与陈傅良，遂于南宋诸儒别为一派。朱子颇以涉于事功为疑。然事功主于经世，功利主于自私，二者似一而实二，未可尽斥永嘉为霸术，且圣人之道，有体有用，天下之势，有缓有急。陈亮《上孝宗疏》所谓'风弊不知痛痒'者，未尝不中薄视事功之病，亦未可尽斥永嘉为俗学也。"⑧如果说朱熹的目的是要通过道德的确立来引导人类达到理想的生活方式，那么陈亮则要凭借人力的独运来处理人类所不断面临的生存危机；前者重视的是价值关怀，后者追求的是生存智慧。浙江学术在脱胎中原之学以后，逐渐在功利方面独树一帜，走上相对

① 陈亮：《陈亮集》卷二十八《刘和卿墓志铭》，中华书局，1974，第425页。
② 陈亮：《陈亮集》卷四《问答下》，中华书局，1974，第43页。
③ 陈亮：《陈亮集》卷二十八《喻夏卿墓志铭》，中华书局，1974，第419页。
④ 陈亮：《陈亮集》卷二十三《祭喻夏卿文》，中华书局，1974，第360页。
⑤ 陈亮：《陈亮集》卷二十九《喻夫人王氏改葬墓志铭》，中华书局，1974，第432页。
⑥ 陈亮：《陈亮集》卷二十八《喻夏卿墓志铭》，中华书局，1974，第419页。
⑦ 陈亮：《陈亮集》卷二十八《喻夏卿墓志铭》，中华书局，1974，第419页。
⑧ 永瑢：《四库家藏·子部典籍概览：三》，山东画报出版社，2004，第863页。

独立的思想道路。

　　再次是王霸之辨。陈亮曾与朱熹就"王霸义利"问题展开长期辩论，朱熹继承孟子，强调"王霸义利"的区分，在他看来，"天理"为"义"，"人欲"为"利"，"三代以上"以道义为出发点，在政治上体现为"天理流行"的"王道盛世"；而"三代以下"的汉唐君主以利欲为出发点，在政治上体现为"人欲横流"的"霸道衰世"。陈亮则认为王道与霸道、仁义与功利、天理与人欲是统一的，无本质区别，鼓吹"义利双行"、"王霸并用"。他认为最初的君主是由人民推举而来，并非以"仁义"取得天下，根本没有所谓"仁义"不"仁义"。汉唐王朝能使国家保持长期的统一富强，其"大功大德固已暴著于天下"①。朱熹曾指责陈亮"平时自处于法度之外，不乐闻儒生礼法之论"，并要他"绌去义利双行，王霸并用之说，而从事于惩忿窒欲、迁善改过之事，粹然以醇儒之道自律"②。陈亮则认为"古今异宜，圣贤之事不可尽以为法，但有救时之志，除乱之功，则其所为虽不尽合义理，亦自不妨为一世英雄。"③ 对朱熹理学只教人空谈性命作了严厉批判，表示自己绝不做这样的"醇儒"，而是要做像管仲、刘邦、李世民等那样"当得世界轻重有无"④ 的人。朱熹立足于道义，强调动机的绝对纯正，以"天理"为至上的道德价值；陈亮则认为功利不可废："然谓三代以道治天下，汉唐以智力把持天下，其说固已不能使人心服；而近世诸儒遂谓三代专以天理行，汉唐专以人欲行，其间有与天理暗合者，是以亦能久长。信斯言也，千五百年之间，天地亦是架漏过时，而人心亦是牵补度日，万物何以阜蕃，而道何以常存乎？"⑤ 通过对汉唐王道的评价来论证"功利"不等于私欲，如果没有"功利"，王道就无法体现，汉唐与三代一样是行"天理"，体现了"王道"。陈亮事功思想坚持知识价值上的实用主义，他批评心性之

---

① 陈亮：《陈亮集》卷三《问答上》，中华书局，1974，第33页。
② 朱熹：《晦庵先生朱文公全集》卷三十六《寄陈同甫书》，《朱子全书》第21册，上海古籍出版社、安徽教育出版社，2002，第1581页。
③ 朱熹：《晦庵先生朱文公全集》卷三十六《寄陈同甫书》，《朱子全书》第21册，上海古籍出版社、安徽教育出版社，2002，第1585页。
④ 陈亮：《陈亮集》卷二十《又乙巳春书之一》，中华书局，1974，第287页。
⑤ 陈亮：《陈亮集》卷二十《又甲辰秋书》，中华书局，1974，第281页。

学不仅不能实现对世界的实际改善，不具有经验上的有效性，甚至还将人心导向对于现实事务的冷漠。陈亮坚持道德与功利的统一，认为"本领宏阔，工夫至到，便做得三代"①，功业越大，善的价值也就越大，社会全体之福祉的谋求与民生之利益的普遍增进，就是合理正当的"仁"与"善"，普遍的善不是别的，正是普遍的功利，展示出坚定的事功立场。

南宋事功学派通过上述三个互相联结的论题表明了坚持实事求是、重视实理实功，探寻满足百姓日用与实现国家强盛的功利主义的基本立场。应该说，在南宋浙江思想文化史上，重视事功的思想主张在不同程度上是为以陈亮为代表的永康学派、以薛季宣、陈傅良、叶适为代表的永嘉学派，以吕祖谦为代表的金华学派，以杨简、舒璘等"甬上四先生"为代表的四明心学等诸多学派所共同坚持或认可的，体现了浙江的思想文化传统，不仅承续了先秦以至汉代的事功思想，而且对以后明代的阳明心学，明末清初以黄宗羲、章学诚为代表的浙东经史之学，以吕留良、张履祥等为代表的浙西理学，以至直到清末至民初龚自珍、孙诒让、章太炎、王国维、蔡元培等思想家以及他们所代表的各种思想流派，都产生了深远的影响。

浙东的事功主义，相对于西方的功利主义思想②，显示出自己的特点。西方功利主义主张从行为的后果来判断行为所具有的正当性，主要看一种行为是否有助于幸福或快乐的增加，以及是否有助于不幸或痛苦的避免。当代加拿大政治学家威尔·金里卡（Will Kymlicka）对功利主义功能的阐释是"能够为社会成员创造最大幸福的行为或政策就是道德上正当的"。在实践方面，它特别关注现实生活中人们获得实际利益的多少，以行为的目的和后

---

① 陈亮：《陈亮集》卷二十《又乙巳秋书（与朱元晦）》，中华书局，1974，第292页。

② 18世纪功利主义（Utilitarianism）伦理学在英国兴起，杰里米·边沁（Jeremy Bentham，1748-1832）将功利主义理论世俗化，确立了系统的功利主义理论框架，其事功思想反对缺乏证据的道德义务论和假定的动机论，对"善"的解读具有效果论切，始终要求对政治的相关行为或涉及公众的各项政策进行可测的检验，以确定或排除这类政治行为与政策是否能够给公众带来确定的好处，这不仅为判定个人或某一政治集团的道德层次提供了可测的标准，而且也能使一个特定历史阶段内的政治的"善"获得清晰的判定。约翰·斯图尔特·密尔（John Stuart Mill，1806-1873）在1863年出版的《功利主义》对古典的功利主义概念进行总结，使功利主义得到了更为理论化的形式。

果来衡量行为的价值，是一种典型的目的论。如果该行为能够产生最大的好的后果或是最小的坏的后果，那么该行为就是正当的，反之亦然。因而，一种行为在道德上的正当与否，不取决于行为自身或是行为者的动机，而体现在该行为产生的后果所体现出的善或恶。在基本思想观点上，陈亮认为"道在事中"，主张"道德"与"功利"的统一、"王道"与"事功"的统一，他的"成人"的理想人格观并没有直接关注人的幸福。在道德价值评判上，陈亮把动机与效果相结合，并非单方面地以结果论是非，而否定动机的重要性，可以说陈亮的"事功"思想与西方的功利主义在思想内涵与价值评判的方法论上都有所不同。一些学者认为陈亮是功利主义者，主要是基于陈亮与朱熹的思想差异。如美国汉学家田浩把"朱陈之辩"归结为"功利主义"的"事功"伦理学同个人德性伦理学的冲突，认为他们辩论的焦点乃"一方强调动机，一方强调结果"。相对于朱熹强调动机（道义）的绝对纯正，以"天理"作为绝对至上的道德价值而言，陈亮注重事功、效用，的确堪称一种强调效果的价值观，但陈亮的"事功"思想在价值观上并不否定动机的地位和作用。同时，生活于南宋封建集权制度下的陈亮的事功主义关注的主要是国家、王朝的整体利益，而西方维多利亚时代的"功利主义"却具有鲜明的个人主义特征。如上种种，都说明了以陈亮为代表的南宋事功主义的独特内涵。

4. 一种新思想范式的初萌

宋代浙学的思想家强调实事实学，起因于宋明学术上内圣和外王的分化。对此张载已经担心："朝廷以道学政术为二事，此正自古之可忧者"①。程朱理学就代表了这种重道学轻政术的倾向。南宋内忧外患，重道轻术显得有悖于儒学经世致用的目的。为了纠正道学空疏之弊，浙东学派调整道术关系，金华学派在三代文献上下功夫，以性命绍续道统。永嘉学派在《周礼》制度上下功夫，以经制言治法。永康学派在汉唐治迹上下功夫，希望借以由术至道。浙东学派恢复和发扬了宋初的胡瑗"明体达用"之学的基本精神，同时也给后代经世致用的实学思潮以推动之力。如颜元在反

---

① 张载：《张子全书·答范巽之书》，西北大学出版社，2015，第280页。

对静坐见性、主张学以致用时就以陈亮为榜样："陈同甫谓人才以用而见其能否，安坐而能者不足恃。兵食以用而见其盈虚，安坐而盈者不足恃。吾谓德性以用而见其醇驳，口笔之醇者不足恃，学问以用而见其得失，口笔之得者不足恃。"[①]

从理论上说，以陈亮、叶适等为代表的南宋事功之学超越了传统儒家道德主义的化约论立场，在宋儒注重道德心性修养的价值关怀之外，开创了构建新的思想范式的途径。在南宋思想文化环境中，由于受宋代以来长期偃武修文、崇理尚德思潮的影响，注重道德教化的性理之学成为在社会现实中占主流性地位的学术话语。南宋理学虽然有朱陆之别，但主要是理学内部之别，其总体特征皆严分理欲、崇尚修养，"皆谈性命而辟功利"（黄宗羲语），强调性命义理之学的优先地位，以修身内圣作为重建社会人心秩序的根本。而陈亮、叶适等的事功之学强调经世致用、力辟空谈，反对将理欲、公私、义利切割为绝对对立的"两截"，主张以实事实利、治世事功作为评判伦理德性价值和挽救社会现实危机，重建政治、社会秩序的根本依据，从而在儒家思想的主流话语之外，开创了把知识分子的知识关怀与现实事功紧密地贯通起来的新的思想范式。这种新的思想范式，从思想特征来说，是属于事功主义的，以与宋儒的道德主义相对立。从思想史上看，浙学是可以与朱学、陆学鼎足而立的思想学说。全祖望认为："乾、淳诸老既殁，学术之会，总为朱、陆二派，而水心断断其间，遂称鼎足。"[②]黄百家指出叶适、陈亮两派的思想最为接近，"俱以读书经济为事，嗤黜空疏、随人牙后谈性命者，以为灰埃"，故同被称为"浙学"。[③]以陈亮、叶适为代表的"浙学"作为一种新的思想范式确实在南宋学术界与朱陆之学构成了鼎足而立的格局，其重要性和影响并不亚于朱陆诸学。

"浙学"在学术思想史上长期作为地区性、短时性意义的思想学说，处于被轻视、被边缘化的状态，是与宋明以来以朱陆等为代表的儒学长期占据正统主流的意识形态地位有关的。学术界长期以来把陈亮之学等南宋

---

① 李塨、王源：《颜习斋先生年谱》卷上，中华书局，1985，第40页。
② 黄宗羲：《宋元学案》卷五十四《水心学案》，中华书局，1986，第1738页。
③ 黄宗羲：《宋元学案》卷五十六《龙川学案》，中华书局，1986，第1832页。

浙学的思想属性归入传统的儒学系统中去，在实际上有意无意地抹杀了南宋浙学所具有的独特性质和意义，这种处理思想史的方法有简单化和非历史主义之嫌。以陈亮之学为例，由于受上述的以儒学为中心的学术史观的影响，人们在处理陈亮之学等南宋浙学的思想归属时常常表现出两相矛盾的奇怪态度：一方面以轻视的态度贬低陈亮之学，如朱熹就一再地讥评永康永嘉之学"大不成学问"、"没头没尾"，认为"浙学"专讲功利，应予以全盘否定。正是在朱熹及其门徒们的诋毁、排斥下，浙学几乎被"废而不讲"，在南宋以后的学术界逐渐地被边缘化甚至遗忘，始终处于民间的、非主流的地位。而另一方面，无论是历史上还是现在的学者，大多极力地把陈亮之学仍然拉回到传统的儒学系统中予以解读，或说明陈亮之学"以程氏为本"，源出于程颐理学，把程氏视为陈亮事功之学及整个南宋浙学的开山宗主，或强调陈亮思想并未超出传统儒学范围，虽与理学对立却并非"反儒学"等。这种矛盾态度是由陈亮之学的独特性造成：一种新的思想范式及思想观念的独特性，不能被当时学术思想界的主流话语系统所接纳认可，毕竟在学术思想史上难以被完全抹杀掩盖，只好将它拉回到传统的儒学系统甚至理学框架，以达到抹平其独特性、掩盖其锋芒的目的。不受偏见和固有框架的影响，陈亮思想的独特性显而易见，其论敌朱熹也一再地表示陈亮的思想"新论奇伟不常，真所创见"，"纵横奇伟，神怪百出，不可正视，虽使孟子复生，亦无所容其喙"。其同道叶适也评论说："（陈亮）其说皆今人所未讲，朱公元晦意有不与而不能夺也"。陈亮思想的独特性在于敢于突破传统、批判权威，勇于思想创新、特立独行，关注社会现实、求真务实的思想特质，这在浙江学者中恰恰具有普遍性，从而形成一种可贵的浙学传统。

在关于南宋浙学的理论来源和思想属性等问题上，我们不赞同简单地把它们归之于传统儒家的观点，而主张摆脱以传统儒家为正统、以朱陆为中心的南宋以来传统学术史观和学术史面貌的影响与束缚，以陈亮、叶适等为代表的事功之学在总体上已与传统儒家核心思想有很大距离，以一种多元的、开放的学术史观重新解读和梳理浙学史，恢复其作为中国思想史上十分辉煌而独特的思想学说的本来面目和应有地位，这在一定程度上是对一些传统说法、"定论"的突破，对于重新理解中国哲学史、思想史，重新梳理、系统总结浙学史，发展当代浙学，都有重要的意义。① 汤一介主编的《中国儒学史》也认为陈亮的功利主义与他平素的"事功"思想一脉相承，乃为宋明以降思想界反对理学的先声。罗国杰主编的《中国伦理思想史》认为，陈亮所建立以事功为核心的功利主义思想体系，是宋代功利学的最完备的形态，也是中国伦理思想史上功利主义思想的成熟形态②。质而言之，南宋浙学坚持一种务实性思维，以一种理智、冷静的思维方式与行为方式追求功利，并以之为学术活动的根本目的，这对于长期以来"言义不及利"的儒家正统思想观念来说，具有一种明显的异端性质，其实质是以一种批判性的形式开启了一种新的学术范式。

# 三　实践理性追求

浙学重视实践、强调践履的思想特征是与浙江独特的地理文化环境分不开的。就地域而言，浙东地区相对多山地，生存环境比较恶劣，古老的百越族悍勇、质朴和大胆进取的文化心理特征留存较多，在文化性格上逐渐形成了勇毅坚韧、敢为人先、敢于向外开拓冒险的实践理性。浙西地区平原较多，水网密布，交通便利，农业发达，民风相对平和，思维细腻，善于经营管理，在文化性格上如水般通透畅达，形成了精致细腻、通权达变的实践理性。总体而言，浙江人多地少、资源匮乏，为了开辟生存之路，浙江人既有山海间骁勇坚韧、顽强拼搏、勇于开拓、敢于闯荡的硬朗，还有水乡人巧思善谋、通权达变的灵秀之气，在总体上呈现勇于实践、敢闯敢创、刚柔并济、通权达变的文化特征。

1. 浙学各派的"躬行践履"思想

就南宋浙学产生的历史背景而言，南宋王朝处于严重的内忧外患之中，永嘉、永康学者认为，程朱理学以理气心性论气节，难免空虚无实，无补于

---

① 朱晓鹏：《论南宋浙学研究的现代意义及方法》，《杭州师范大学学报》（社会科学版）2010年第5期。

② 罗国杰：《中国伦理思想史》上卷，中国人民大学出版社，2007，第585页。

世用，故他们强调躬行实践，主张以实实在在、笃实光辉的事功实践推动富国强兵、抗击金国的事业，特别要求在实践中验证各种思想观念的是非曲直，反对脱离实际生活与实践经验的高谈阔论。因而，无论是在道德方面，还是在事功方面，重视践履都成为整个宋代浙学的基本精神主旨与思想面向之一。下面依浙学各个学派择要论之。

金华学派的代表人物吕祖谦在《太学策问》中明确提出"讲实理，育实材而求实用"的教育宗旨，注重对历代王朝治乱兴衰与典章制度的研究，强调"务实""躬行"："学者以务实躬行为本，语言枝叶。"① "所以讲实理，育实才，而求实用也。盖尝论立心不实，为学者百病之源。"② 又讲："将各发身之所实然者，以求实理之所在，夫岂角词章，博诵说，事无用之文哉!"③ 吕祖谦十分强调"学而有所用"："百工治器，必贵于有用，器而不可用，工弗为也。学而无所用，学将何为也?"④ 他认为缺乏通经致用的意识，徒有读书的虚名："今人读书全不作有用看。"⑤ 金华学派于礼乐制度、田赋、兵制、地理、水利以至数术方技之学无不"该通委曲，真可施之实用"，可谓充分践行了吕祖谦明理躬行、追求实用的思想主张。

在永嘉学派中，薛季宣、陈傅良专于经制上下功夫，为事功的达成找到了真正的落实之处。薛季宣对田赋、兵制、地形、水利甚下功夫，"凡夫礼乐农兵无不该通委曲，真可施之实用"⑥，反对妥协，力主恢复，在武昌任上积极组织军民抗击金朝，后以壮志未酬忧愤而卒。陈傅良将"务切实用"

---

① 吕祖谦：《丽泽论说集录》卷十《门人所记杂说二》，《吕祖谦全集》第二册，浙江古籍出版社，2008，第263页。
② 吕祖谦：《东莱吕太史文集》卷五《太学策问》，《吕祖谦全集》第一册，浙江古籍出版社，2008，第84页。
③ 吕祖谦：《东莱吕太史文集》卷五《太学策问》，《吕祖谦全集》第一册，浙江古籍出版社，2008，第85页。
④ 吕祖谦：《丽泽论说集录》卷十《门人所记杂说二》，《吕祖谦全集》第二册，浙江古籍出版社，2008，第255页。
⑤ 吕祖谦：《丽泽论说集录》卷十《门人所记杂说二》，《吕祖谦全集》第二册，浙江古籍出版社，2008，第255页。
⑥ 黄宗羲：《宋元学案》卷五十二《艮斋学案》，中华书局，1986，第1691页。

的宗旨贯彻于制度的研究中，被叶适赞许为"年经月纬，昼验夜索，询世旧，翻吏牍，搜断简，采异闻，一事一物，必稽于极而后止"①，更被南宋著名史学家李心传推崇为"最为知今"②。永嘉学派到叶适那里进一步发扬光大，积极研究经制、务求通经致用，追求在现实政治中有所作为已经成为永嘉为学的基本宗旨。明王朝佐曾撰《永嘉先哲录》，其中记载宋至明弘治年间的温州学者达一百一十人之多，可见永嘉之学的传统在后学中代代传承不息。

就永康学派而言，陈亮从小便"慨然有经略四方之志"，其曾祖父陈知元在金兵攻破汴京时为国捐躯，对陈亮有莫大影响。陈亮于孝宗时曾多次上书朝廷反对和议，触怒当权者而三次入狱，但其心志并未改变。事实上，陈亮的开拓进取之心终生未变，在19岁时曾从周葵学习《大学》、《中庸》，颇感心性之学空疏无用，终经十年力学而创出义利王霸之学。叶适在《龙川文集序》中赞叹说："同甫既修皇帝王霸之业之学，上下二千余年，考其合散，发其秘藏，见圣贤之精微常流行于事物，儒者失其指，故不足以开物成务。其说皆今人所未讲，朱公元晦意有不与而不能夺也。"时人乔行简在《奏请谥陈龙川简子》中也称赞陈亮"以特出之才，卓绝之识，而究皇帝王霸之略，期于开物成务，酌古理今，其说盖近世儒者之所未讲"。"开物成务"体现了陈亮将事功思想付诸实践的坚定人生信念。

四明心学是陆九渊心学的分支，也特别重视道德践履。陆氏心学可分为两途，一是江西的金溪之学，陆九渊曾讲"某有积学在此，惜未有承担者"，自认江西弟子并未承其衣钵。元儒吴澄亦谓："余每慨临川金溪之士，口有言辄尊陆子，及讯其底里，茫然不知陆子之学为何如。"另一支即浙东的甬上四明之学。就心学思想传承而言，心学的先导早在象山之前即已在浙江出现，全祖望云："象山之学，先立乎其大者，本乎孟子……程门自谢上蔡以后，王信伯、林竹轩、张无垢至于林艾轩，皆其前茅，及象山而大

---

① 叶适：《叶适集》卷十六《宝漠阁待制中书舍人陈公墓志铭》，中华书局，1961，第299页。

② 李心传：《建炎以来朝野杂记》乙集卷十二《昔人著书多或差误》。

成。"① 在象山心学"前茅"的几位人物中，林竹轩为浙江永嘉人，与其弟
林叔豹等皆为永嘉"元丰九先生"中许景衡的弟子，林氏兄弟的思想"已
开象山宗旨"。同时，曾师事二程弟子杨时的浙江钱塘人氏张九成也是开启
象山心学的重要一环，朱熹曾讲："上蔡之说，一转而为张子韶，子韶一转
而为陆子静"②，张九成（子韶）以心学开启横浦学派，特别重视《六经》
之道，认为"《六经》即圣人之心，随其所用，皆切事理"，而"道非虚无
也，日用而已矣。以虚无为道，足以亡国；以日用为道，则尧舜三代之勋业
也"。③ 张氏心学门徒众多且多来自浙东，他们秉承"以日用为道"的实践
精神，为象山心学传入浙东准备了思想基础。象山心学传入后，以四明四先
生杨简、袁燮、舒璘、沈焕为代表的浙江心学学者将象山心学本即具有的实
践要素进一步发扬光大。全祖望《奉临川帖子二》讲："陆子之教，大行于
浙河以东，顾一时称祭酒者，必首四明四先生。"④。全祖望说："象山之门
必以甬上四先生为首。"⑤ 又说："槐堂之学，莫盛于吾甬上，而江西反不
逮。"⑥ 表明象山心学的传布端赖于浙东地区。朱熹认为"游陆氏之门多践
履之士"说的正是浙东的四明之学。无论从象山心学"前茅"林氏兄弟有
永嘉九先生的思想印迹，还是张九成心学"以日用为道"的思想，以至浙
东地区原本就十分深厚的务实、践履思想底蕴来看，四明心学虽师自陆九
渊，但受浙东一贯的务实和注重实际的地方文化个性影响明显，形成了与事
功学、践履精神互相发明的独特的心学。

至于明代，知行合一更成为阳明心学的核心要旨，立足浙学的丰厚学术
土壤，阳明心学继承象山心学与四明心学，以鲜明的践履特色而成为中国传
统思想在近代之前的标志性理论成果。王阳明批评"后世学者"与"今人"
将知与行截然二分，对程朱以及陆九渊等人"知先行后"说进行纠正，强
调知中有行、行中有知，主张"知行合一"，所谓"知是行的主意，行是知

---

① 黄宗羲：《宋元学案》卷五十八《象山学案》，中华书局，1986，第 1884 页。
② 黄宗羲：《宋元学案》卷二十四《上蔡学案》，中华书局，1986，第 913 页。
③ 黄宗羲：《宋元学案》卷四十《横浦学案》，中华书局，1986，第 312 页。
④ 黄宗羲：《宋元学案》卷六十一《徐陈诸儒学案》，中华书局，1986，第 1669 页。
⑤ 黄宗羲：《宋元学案》卷七十四《慈湖学案》，中华书局，1986，第 2466 页。
⑥ 黄宗羲：《宋元学案》卷七十七《槐堂诸儒学案》，中华书局，1986，第 2570 页。

的工夫，知是行之始，行是知之成"。王阳明认为，道德的养成光有知是不够的，还需要实践，通过"行"去体验"知"。朱熹的"格物致知"具有明显的认识论色彩，不可避免地面对"转识成智"的困境，陆九渊的"先立乎其大"是强调"本心"的主体本体论，也难免流于空洞与粗疏。而阳明的"致良知"思想旨在将本体与工夫在敞开的生活实践中融合为一，在很大程度上摆脱了朱、陆的局限，将思想与实践打通为一。王阳明的良知之学反对"冥行妄作"或"悬空思索"，形成了一个以良知为本体，以"致良知"为方法，以"知行合一"为实践模式的心学思想体系，遂使"浙学"风靡全国。明代刘鳞长的《浙学宗传》更将阳明学作为"浙学"的主流。后来浙中王龙溪、周海门等一派倡扬"良知现成"之说，虽然发展了主体自得、自由精神，但一味主张心体之"自然流行"，很容易将人引入放荡不羁、藐视礼法之路。而以刘宗周、黄宗羲为代表的另一派则继承并发扬阳明融本体与工夫为一的主体实践论的哲学，宗周之学重视"诚意"、"慎独"，展示出关注民生与践行的理论特点。宗羲以卓然之姿承继师说，创作了系统批判中国封建专制传统的《明夷待访录》以及具有创造性形式的学术思想史著作《明儒学案》、《宋元学案》，创辟出清初浙东史学之新局。永嘉、永康重社会实践，四明重道德践履，王阳明的心学实际上是这两个方面学说相互融合的结果。王学实际是真正从思想上做到了道德实践和社会实践的统一。可以说，由南宋浙东学派开创的重视实践践履之风终经阳明思想、黄宗羲创立的浙东史学而发扬光大。

2. 心、史并重，重视实践

浙学尤其是浙东之学具有心学、史学并重的传统。从南宋以吕祖谦为代表的金华学派，到明中叶以王阳明为代表的阳明学派，再到明末以刘宗周为代表的蕺山学派和清初以黄宗羲为代表的浙东学派，都无不体现出这种心学与史学、本体与工夫相统一的实践之学的传统。朱熹认为"浙学"具有偏重于史学的思想特征："浙间学者推尊《史记》。"又说："伯恭之学大概尊《史记》，不然则与陈同甫说不合。同甫之学正是如此。"[①] 认为在史学角度

---

① 蔡克骄：《20 世纪关于"浙东史学"研究的几个问题》，《浙江社会科学》2003 年第 3 期。

上，金华之学与永康之学非常相似。对此何炳松也说："自南宋以后，浙东史学大兴，当时道学家至诋浙学为知有史迁而不知有孔子，其极盛一时之情形，即此可见。"① 顾宪成《二大辨序》曰："江西'顿悟'，永康'事功'，今且兼而踞之，朱子复起，忧更何如？须捣其窠巢始得。"② 意谓阳明心学兼有象山、同甫之病，亦即说心学与史学、事功之学互相表里的独特性质。陈来对此也有觉察，他认为从南宋至元明清，相对其他地区以及浙江的心学、事功学发达的景象，在浙江并未出现朱子学的重要发展，"这似乎说明，浙江学术对以'理'为中心的形上学建构较为疏离，而趋向注重实践性格较强的学术。不仅南宋的事功学性格是如此，王阳明心学的实践性也较强，浙东史学亦然。朱子学在浙江相对不发达这一事实可以反衬出浙江学术的某种特色，我想这是可以说的。"③

在明末清初之际，浙学学者面临"天崩地解"的社会大变，痛感空谈心性误国误民，认为学术思想必须由虚返实，倡导经世实用之学。顾炎武、黄宗羲等浙江学者严厉指责王学末流"不习六艺之文，不考百王之典，不综当代之务，……以明心见性之空言，代修己治人之实学"，痛恨由此导致的"股肱惰而万事荒，爪牙亡而四国乱，神州荡覆，宗社丘墟。"④ 他们以经社稷、安百姓为时务之首，以社会问题作自己学术研究的核心，在总结历史经验的基础上讲求天下利病的缘由，"事关民生国命者，必穷源溯本，讨论其所以然"⑤，一洗往日空疏之弊。以清代浙东史学派为代表的一批经世学者们具体治学领域虽有不同，但其"抛弃明心见性的空谈，专讲经世致用的实务"⑥ 的学风是完全相同的。下面以黄宗羲、章学诚为例略作说明。

黄宗羲主张积极探究经史，以纠正"束书不观"、"游谈无根"之时弊，并追求经世致用，他曾对此作了反复说明："明人讲学，袭语录之糟粕，不以六经为根柢，束书而从事于游谈，故受业者必先穷经。经术所以经世，方

① 何炳松：《浙东学派渊源》，中华书局，1989，第4页。
② 邵廷采：《思复堂文集》，浙江古籍出版社，1984，第60页。
③ 陈来：《简论浙学》，《浙江社会科学》2014年第1期。
④ 顾炎武：《日知录》，岳麓书社，1994，第134页。
⑤ 张穆：《顾亭林先生年谱（附录）》卷四，中华书局，1985，第91页。
⑥ 梁启超：《中国近三百年学术史》，团结出版社，2005，第13页。

不为迂儒之学，故兼令读史。"又谓："读书不多，无以证斯理之变化，多而不求于心，则为俗学。""学必原本于经术而后不为蹈虚，必证明于史籍而后足以应务"①，他认为，当世学者要借鉴明代学者蹈于虚空的教训，就必须"穷经"、"读史"，仔细探讨"经术"亦即治国理政的道理与方法，唯此才不是迂儒之学，才能经世致用。黄宗羲曾明确提出学者为学的两种境界层次："大者以治天下，小者以为民用，盖未有空言无事实也。"② 主张学者为学其"大者"应以治理天下为职志，其"小者"也应关注民生民用，故为学切不可凌空蹈虚，虚语无实。黄宗羲强调运用批判、务实的精神推崇实学，开启了清代具有民主启蒙性质、强烈经史意识的浙东经史学派，清代浙东学派从理论到实践都继承并发扬了求实致用、重视践履的精神。

章学诚创立"六经皆史"说和"道不离器"说，认为六经都是教人经世的史书，他提出"史学所以经世，固非空言著述"，六经"皆先王之政典"，"皆先王得位行道，经纬世宙之迹"③。"君子苟有志于学，则必求当代典章以切于人伦日用，必求官司掌故而通于经术精微"④。章学诚的"六经皆史"等说，浙学先贤陈傅良、宋濂、王阳明等皆已发之，但章氏将之与经世致用的思想更为紧密地结合，影响了魏源"贯经术、政事、文章于一"的思想。钱穆在《中国近三百年学术史》中曾说："章氏六经皆史之说，本主通今致用，施之政事……经生窃其说治经，乃有公羊改制之论，龚定庵言之最可喜。而定庵为文，固时袭实斋之绪余者。公羊今文之说，其实与六经皆史之意相通流。"章学诚还曾系统提出"天人性命之学"不可"托之空言"，而"必究于史"的理论观点："天人性命之学，不可空言讲也，故司马迁本董氏天人性命之说，而为经世之书。儒学欲尊德性，而空言义理以为功，此宋学之所以见讥于大雅也。夫子曰：'我欲托之空言，不如见诸于行事之深切著明也'。此《春秋》之所以经世也。圣如孔子，言为天铎，

---

① 全祖望：《鲒埼亭集外编》卷十六《甬上证人书院记》，《全祖望集汇校集注》中册，上海古籍出版社，第1059页。
② 黄宗羲：《今水经（序）》，《黄宗羲全集》第二册，浙江古籍出版社，2005，第502页。
③ 章学诚：《文史通义·易教上》，李春伶校点，辽宁教育出版社，1998，第3页。
④ 章学诚：《文史通义·史释》，李春伶校点，辽宁教育出版社，1998，第136页。

犹且不以空言制胜，况他人乎？故善言天人性命，未有不切于人事者，三代学术知有史而不知有经，切人事也。后人贵经术，以其即三代之史耳。近儒谈经，似于人事之外，别有所谓义理矣。浙东之学，言性命者必究于史，此其所以卓也。"① 可以说"天人性命之学必究于史"的思想是对自南宋以来浙学兼治史学、心学与事功之学的一种颇有见地的理论总结。无论从师承家法或私淑习染看，博学多闻、经史会通、心史并重、经世致用、明理躬行的浙学学风进一步得到延续和发扬，浙学在清代成长为名副其实的"显学"。

**3. 易礼精研、通经致用**

浙学的实践理性还体现在浙学思想家以严谨笃实的学风研究六经尤其是《周易》、《周礼》等儒家经典文献，并努力发掘其实用价值、通经致用等方面。南宋浙学的思想家普遍认为六经是圣人所立制度的遗迹，人们可以借助六经的研考而见圣人致治之实，由此为当前的治具条划提供借鉴，如叶适提出："盖经者，所以载治，而非所以为治也。……盖自伏羲至于孔子，而道始存于经。"陈亮认为所谓"六经作而天人之际其始终可考矣"。吕祖谦也曾提出："六经所载者，尧、舜、禹、汤、文、武未备之法"，以六经为"百圣致治之法"。在六经之中，《周礼》是一部较为详细地介绍周朝官职及政治经济制度的儒家经典，它一直被浙江学者尤其是温州、金华一带的学者所关注。永嘉学派的开山王开祖即重视并研究《周礼》。到南宋时，陈亮称周公"集百圣之大成"，"《周礼》一书，先王之遗制具在"，认为《周礼》乃是周公制礼作乐之政典。薛季宣、陈傅良、叶适等永嘉学派代表人物都侧重从经制与治法角度对《周礼》进行研究，如陈傅良尤为推崇《周礼》，认为"周制可得而考，则天下亦几于理矣。"事实上，浙江学人研究《周礼》的流风遗韵一直延绵不绝，据孙诒让《温州经籍志》著录南宋永嘉学者研究《周礼》而有正式著作的，计有王十朋、薛季宣、王与之等21人，有专著23部，可见永嘉学者重视《周礼》研究之一斑。直至清末孙诒让著《周礼正义》集历代周礼学的大成。礼为一代典制之所依，治礼意味着在精研历代典制之际，可为当代合理制度的建立提供经典的参照，包含实用的目

---

① 章学诚：《文史通义·浙东学术》，李春伶校点，辽宁教育出版社，1998，第48页。

的。浙江学者重视礼学，据林存阳考论，清乾隆年间曾诏开"三礼馆"，在当时参加"三礼馆"的纂修儒臣中，"浙江籍学者占有相当大比例，如浙东学者梁国治，浙西学者吴廷华、杭世骏、诸锦、王锦、朱佩莲、徐以升、陈顾联、姚汝金诸人，于纂修《三礼义疏》皆发挥了相当大的作用。"[1]

自汉以降，浙江学者于群经中不仅于"三礼"之学尤其擅长，对《周易》之学，也是多所用心，这一现象至清犹然。如三国时期有《易》学大家虞翻。浙学中重视实理实事、讲求建功立业的思想与《周易》之学的兴盛也是有内在联系的。在文化思想上，《周易》致力于"崇德而广业"，向往建立"盛德大业"，同时又注重"穷则变、变则通、通则久"的变通之道，强调"明于天之道而察于民之故"，将易道"举而错之天下之民"，转化为切于民生之实际利用的辉煌大业，因此研究《易》学本身就包含着以自强不息之心实现事功伟业的实用目的。在南宋的永嘉学派那里，薛季宣对《周易》特别重视，读之将数百遍，从中探讨古圣先贤的治道与治法，由此成为永嘉事功之学的真正开创者。叶适作为永嘉之学的代表人物对《周易》同样十分推崇，认为"道在于器数，其通变在于事物"，主张通过学习《周易》之思变创新，通达古今制度之变，对当世的"治具条划"改革更张，将内圣至德转变为外王的功业。由此可见，浙学思想中的那种崇尚实用、注重实践的精神与浙江士人特重文献经制的研究有着密切关联，浙江学者要求将古代经典中的知识在现实的社会人生境域中实现其实际的价值，这不仅是南宋浙学的根本特征，也是浙江文化在整体上的根本特色之一。

# 四 独立自主精神

在浙江历史上，浙学与中原文统的一个明显差异性在于，中原文统有比较清晰的思想体系，而浙学虽也有联系，包括与中原之学的联系以及浙学自己内部之间的联系等，但相对来说并不明显，相反每个学派都相对独立，甚

---

[1] 林存阳：《杭世骏与三礼馆》，《明清浙东学术文化研究》，中国社会科学出版社，2004，第713页。

至自成体系，坚持创新，特立独行，提出了一系列新知卓识，从而形成一种可贵的浙学传统。而当代浙江经济社会的较成功发展所展示出来的独立自主、勇于创新、讲求实效等浙江精神，不能不说正是对这种浙学传统的一种继承和体现。①浙学的这种精神独立性呈现在思想的论说、人格的形成与事业的实践等多个维度中。

1. 独立自主、勇于创新

浙学独立自主的精神，一方面体现于浙学作为一个整体与主流的学术思想体系保持着一定的距离，体现出与主流思想体系的差异，而展示出一定的独创性与自身学派的丰富个性。浙江学人好古而不泥古，善于独立思考、推陈出新，在浙江思想文化史上涌现出一大批能够开学术风气之先、引领学术发展的学术巨子。他们在思维方式的怀疑性、批判性、创新性等特征上深相契合，都体现出对越地思想文化中实事疾妄思维的传承与弘扬。如汉代的王充著作富有深意与新意，并富有自己独立的见解。他称颂孔子、扬雄等人的著作"眇思自出于胸中"，能"立义创意"、"兴论立说"②，不是鹦鹉学舌式的经书注疏。在王充之外，商业巨擘范蠡、道教思想理论家魏伯阳、佛教天台宗与道教南宗等等，都以创新性的学术思想在中国思想文化史上独标异帜，充分展示出"浙学"个性鲜明的独立与创新精神。

至于宋代尤其是南宋，"浙学"逐渐形成完备的理论形态，也更鲜明地展示出在学术上独立自主、自成体系的文化精神。如就永嘉学派来说，它有来自伊洛之学的学术传统，"永嘉自九先生而后，伊川之学统在焉"③，但它一经在浙东地区传播，就展示出与洛学的异质性、独创性的基本面向，转而崛起为一种具有崭新形态的事功之学，在根本上呈现一种受洛学刺激影响、进而反思洛学，最终批判对抗洛学的新的思想学说，所以"为考亭之徒所不喜，目之为功利之学"④。叶适对孔子以后儒家的批判，实质上展示着新

① 朱晓鹏：《浙江精神的价值意蕴》，《观察与思考》2012年第4期。
② 北京大学历史系：《论衡注释》，中华书局，1979，第777页。
③ 黄宗羲：《宋元学案》卷五十二《艮斋学案》，中华书局，1986，第1698页。
④ 黄宗羲：《宋元学案）卷五十二《艮斋学案》，中华书局，1986，第1691页。

的时代的创造性思想，所谓"至于论唐史诸条，往往为宋事而发"① 正是此意。至于陈亮，就更显得无所师承、特立杰出，"当乾道、淳熙间，朱、张、吕、陆四君子皆谈性命而辟功利，学者各守其师说，截然不可犯。陈同甫崛起其旁，独以为不然。"② 陈亮以务实与事功为思想底色，径直提出"义利双行、王霸并用"，强调"古今异宜"，要求自觉地进行理论创新创造、开拓学术新局面，在与朱熹等人的论辩中痛切淋漓地展现出独立创新的学术品质。再如金华学派的吕祖谦，他认为人类社会不断发展变化，社会制度也应该随之不断变化革新，对"圣贤之法"、"祖宗之制"也"不必事事要学"。否则，因循守旧甚至复古倒退，断难顺时应务，成就造福苍生的伟业，所谓"天下之事，向前则有功，不向前，百年亦只如此"③，"天下之事，若不向前，安能成其大"?④ 吕祖谦在《丽泽讲义》中强调："今之为学者，自初至长多随所习熟者为之，皆不出窠臼；惟出窠臼外，然后有功。"告诫门人弟子面对实际问题，要敢于跳出前人窠臼，而不可蹈袭旧说，唯此才可真正实现学问的"自得"，提出超越于时代与他人的新思想、新方案。

南宋以后，除了具有标志性的永嘉学派、永康学派、金华婺学之外，南宋的四明心学、明中的阳明心学也属浙学，其学术上独立创新的品格同样明显。如以王阳明来说，他在程朱理学成为学界"正宗"的情形下特揭心学之旨，不仅将外在的"天理"转变为充满主体精神与个性特征的"良知"，更明确提出"夫道，天下之公道也；学，天下之公学也。非朱子可得而私也，非孔子可得而私也"，强调不必以孔子、朱子之是非为是非，而要"以吾心之是非为是非"，在思想上强调自立自主，主张学问贵在"自得"，追求学术创新而成一家之言。即便在心学内部，王阳明也禀自己"良知"而直下取舍，批评陆九渊的心学思想虽然颇得《易》系辞"易简"之旨，但

---

① 永瑢：《四库全书总目提要·子部·杂家类》，河北人民出版社，2000，第3026页。
② 黄宗羲：《宋元学案》卷五十六《龙川学案》，中华书局，1986，第1850页。
③ 吕祖谦：《丽泽论说集录》卷一《门人集录易说上》，《吕祖谦全集》第二册，浙江古籍出版社，2008，第28页。
④ 吕祖谦：《丽泽论说集录》卷一《门人集录易说上》，《吕祖谦全集》第二册，浙江古籍出版社，2008，第31页。

其在心之本体、知行关系等关键问题上与程朱理学纠缠不清，仍有"沿袭之累"，尚未做到"自得"。可以说，阳明心学相比象山心学，在思想上有着深刻的浙学印迹，他从自身出发，尊重自己的"性之所觉"，着眼"事上工夫"、"事上磨炼"，以自觉的创新精神创造出迈越朱陆的学术思想体系，而达到了近世以前中国哲学思维的新高度。

至于明清以降，浙东经史之学以及浙西理学等皆属"浙学"自身内部学派，它们相互间虽有或明或暗的师承关系，但大多在不同的方面展现出独特的创新性与创造性，如黄宗羲著《明儒学案》创立学案体裁，其政治学说也在思想体系上自成一家。章学诚的新方志体裁及相关方志理论，不仅在著作体裁上独创一格，而且在史学理论与思想体系上独树新的范式。浙学的开拓进取，不仅体现于在传统的文化学术领域自得创新，而且更多地体现在努力开辟新的学术领域与学术形态。袁康、吴平的方志，黄宗羲的学术史，章学诚的史学史等都是这样的一种学术开拓与创新。如黄宗羲继承了王阳明"夫道，天下之公道也；学，天下之公学也。非朱子可得而私也，非孔子可得而私也"的思想，提出系统化的"经世致用"及"以民为本"等进步思想，成为中国民主启蒙的先声。清中叶的龚自珍，能于王朝的升平表象之中洞见末世衰颓之势即将到来，并大胆揭露清朝统治者的腐朽无能，毅然提出"更法"、"改图"的思想主张，大声疾呼革除弊政，抵制外侮，成为近代政治思想变革运动的第一位导师，被柳亚子誉为"三百年来第一流"。至于更为晚近的章太炎与马一浮诸人，在新的体制已然确立的背景中，他们均能以不同的生活方式与思想方式绝然自外、卓然自立，也让人印象深刻。如马一浮在中年以后返归儒学并偏爱王阳明，但是他始终认为一个现代学者在面对儒学时所当取的正确态度应是"不分古今、不分汉宋、不分朱陆"，展示出了独立思考的精神与深邃的思想。黄宗羲曾以王阳明、徐渭、杨珂的独立创作为例，慨然而赞"吾越自来不为时风众势所染"，可谓极恰切地展示出浙学独立自主、创造创新的精神。

2. 疾妄刺虚、理性批判

浙学中独立自主的精神经常表现为一种基于事实的理性的质疑与批判精神，这种批判精神在历史的长河中犹如一根红线串联着浙地学者的学术思想活动，勾勒出浙学学术传承的基本图景。如东汉的王充处身于当时谶纬神学风行之际，以一种创辟学术新风的勇气毅然倡导"实事疾妄"的科学精神与批判精神，并在《问孔》、《刺孟》、《非韩》等文章中敢于直陈"圣人之非"，批评"世儒学者，好信师是古，以为圣贤所言皆无非，专精讲习，不知难问"①，不仅为魏晋以降的思想解放运动做了引领与示范，也为中国传统思想文化宝库增添了新的思想元素。梁启超在《中国近代学术史》中认为："王充《论衡》实汉代批评哲学第一奇书。"自王充而起的"崇实疾妄"的批判精神在后世浙学中一步步发扬光大，如南宋陈亮、叶适诸人对朝廷以及一些学者苟安求和的批判，对孔子以来儒学传统的批判，前文论析已多，此不赘论。如明代王阳明对程朱理学意识形态化过程带来的僵硬教条学风的批判也很典型，王阳明在治学的过程中主张独立思考、敢于质疑与批判，"夫学贵得之于心。求之于心而非也，虽其出于孔子，不敢以为是也"。他教导学生说："且以所见者实体诸心，必将有疑，果无疑，必将有得，果无得，又必有见。"② 敢于坚持，强调"夫君子之论学，要在得之于心。众皆以为是，苟求之心而未会焉，未敢以为是也；众皆以为非，苟求之心而有契焉，未敢以为非也"。③ 这种敢于质疑与反对权威、敢于疑古疑圣的独立思考精神，成为浙学文化的一种优秀思想传统，也是明代文风学风转变的主要思想基础。到明清之际，浙江地区学术批评和思想启蒙达到鼎盛，明末绍兴地区的思想家张岱对程朱理学的批评可谓不遗余力，他自述"余幼遵大父教，不读朱注。凡看经书，未尝敢以各家注疏横据于胸中。"④ 对所谓的道统论尤其持十分激烈的批判态度，"传道之说，宋儒仿禅家衣钵而为之，孔门无此也。"⑤ 更讲"六经四子，自有注脚，而十去其五六矣；自有诠解，而去其八九矣。……六经有解，不如无解"⑥，展示了浙学思想批判的新高

---

① 北京大学历史系：《论衡注释》，中华书局，1979，第500页。
② 黄宗羲：《明儒学案》卷十《姚江学案》，中华书局，1985，第189页。
③ 王守仁：《王阳明全集》卷二十一《答徐成之（二）》，吴光、钱明、董平、姚延福编校，上海古籍出版社，1992，第807页。
④ 张岱：《四书遇序》，见《琅嬛文集》，云告点校，岳麓书社，1985，第8页。
⑤ 张岱：《四书遇》，浙江古籍出版社，2014，第124页。
⑥ 张岱：《四书遇序》，见《琅嬛文集》，云告点校，岳麓书社，1985，第8页。

度。黄宗羲能够决然提出"君为大害"，对君主专制制度作激烈批判，章学诚对各种伪史学的批判等都无不闪耀着理性务实的批判性思维。从南宋到近现代的浙学代表人物如陈亮、叶适、王阳明、黄宗羲、张岱、陈确、章学诚、龚自珍、鲁迅等都是中国思想史上杰出的具有很强批判性的思想家，在不同的历史时期对当时而且对后世的思想解放运动与学术创新发展，都起着震聋发聩、导夫先路的引领作用。

3. 豪杰气概、陈亮气象

就浙学独立自主、批判创新的精神来说，它体现了一种学术形态独特的思维品质与思想气质，在很大程度上，浙江学人勇于并善于独创性思考，强调"学源于思"，表征了浙学具有高度的精神主体性。因为精神主体性的挺立，浙学才表现出思想的独立性与创造性，也因此在整个中国思想的表达上发出自己的声音，从而成为中国思想的重要部分。[1] 进一步讲，浙江学人的这种独立思考的精神不仅体现于思想著述中，更内化于人格形象，展现为独立不羁、勇担重任的独特人格，正如不少学者所指出的浙江文化具有某种独特的"豪杰精神"，而这种豪杰精神在整体上具有充沛的力量与勃勃的英气，实际上又往往成为传统的强大离心力，进一步哺育出特立独行、敢于创新创造的文化形态与相应人格形象。就此而论，体现着豪杰精神与英雄气概的浙江学人代有其人。

浙江思想家中的许多杰出人物往往都无所师承、不傍门户、异军突起、自致通达。他们不怕孤立，敢于突破传统、批判权威，虽处非主流、非正统地位，甚至被视为"异端"、怪物，但往往都具有鲜明的豪杰气概和"狂者气象"，创造出斐然杰出的学术成就甚至现实功业。如陈亮的生平之志就是要做一个英雄，他能以"推倒一世之智勇，开拓万古之心胸"的勇气创造出"义利双行"、"王霸并用"的思想体系，开创出最具标志性的事功学派。叶适对儒家传统的批判横贯古今，"自孔子之外，古今百家，随其浅深，咸有遗论，无得免者"[2]，若无一种英雄豪杰的气势断难想象。王阳明更是运

---

① 何俊：《浙学的当下启示：性质、定位与特征》，《浙江社会科学》2017 年第 9 期。
② 陈振孙：《直斋书录解题》卷十，中华书局，1985，第 302 页。

筹帷幄、底定天下的圣杰，展现出开拓进取、傲视天下的心胸和气概。黄宗羲在黑暗的清王朝的高压下发出民主的呐喊，龚自珍在神州行将陆沉之际疾声呼唤改革，章太炎推动民主革命与国学建设、鲁迅对传统文化与国民性的痛切反思与批判，以至当代电商马云以一种开拓创新的精神成为中国当代商人的杰出代表，他们成为浙江乃至中华民族思想文化界、社会生活中的英豪，在不同的意义上，都有陈亮的影子，都可谓"陈亮现象"，这类"陈亮现象"已成为浙江一种普遍的社会文化现象。

就"陈亮现象"或者浙江学人身上体现的豪杰气概来说，其文化精神渊源，大致有两个方面不可忽视，一是易学的生命进取精神，二是《论语》中的狂狷精神。

在易学精神方面，如前所论，浙学学人普遍对《周易》有着较深厚的研究兴趣，而《周易》在文化精神上，强调"生生之谓易"、"天地之大德曰生"，推崇乾坤之道"大生"、"广生"的生命精神，在本质上是一种生命哲学。就《周易》的思想内涵来说，它推崇天道的刚健有为、自强不息，它向往"开物成物"，成就"盛德大业"，它还主张通权达变，与时偕行，所谓"刚柔相推，变在其中"，"穷则变，变则通，通则久"，《易经》六十四卦以《未济》为终卦，认为事物发展变化无穷无尽、生生日新。浙江学人推崇《周易》，即会以一种日用而不知的方式沾染濡润，而形成一种"推倒一世之智勇，开拓万古之心胸"的英雄豪情。如永嘉学派的创始人薛季宣就非常推崇《周易》，著有《古文周易》十二卷，认为《周易》之道乃是圣人奋发有为、经邦济世之道。永嘉学派的集大成者叶适在其《习学记言序目》中对《周易》做了评论①，认为《周易》旨在阐明"易道"，"是故道以易天下而不待其自易"。② 叶适的这一思想为永嘉学派的变通创新、开辟事功打下了思想基础。

同时，"陈亮现象"或者说是浙江学人中的"豪杰气概"具有明显的个性，充满叛逆、狂狷的性格特征。"狂狷"一语出自《论语·子路》："子

---

① 洪振宁：《永嘉学派与今日温州》，《叶适与永嘉学派论集》，光明日报出版社，2000，第454页。
② 张义德：《叶适评传》，南京大学出版社，1994，第270~274页。

曰：'不得中行而与之，必也狂狷乎？狂者进取，狷者有所不为也。'""狂"
指狂放不羁、不拘一格、气势猛烈、蔑俗轻规；"狷"指"狷介"、高洁不
群、洁身自好、不同流俗。"狂"、"狷"都是就一般的中道、中和、中庸而
言的，往往以亲近自然、性情豁达，心高气傲、不畏强权、追求自由为特
征，展现的是一种对世俗的反思、批判乃至创新创造的精神，也展现出人格
的独立与豪迈气象。深受玄学影响的魏晋名士以狂狷而著名，浙地学人也颇
有其流风遗韵。陈亮认为狂和狷虽有背离中道的"过"与"不及"之失，
却从中见得真知见与真性情，同时两者可以互补，狂中有狷，狷中有狂，而
致一种新的"中和"。王阳明同样赞赏"狂者"气象而反对"乡愿"，他曾
讲："我在南都以前，尚有些子乡愿的意思在，我今信得这良知真是真非，
信手行去，更不着些覆藏。我今才做得个狂者的胸次，使天下之人都说我行
不掩言也罢。"可以认为，在浙学中人这里，他们葆有的英雄气概，他们特
有的"陈亮现象"，其中有着深厚的文化内涵，这是他们自觉取舍、自我成
就的结果，并非偶然而发。这使他们能够努力坚持一种独立的知识立场与文
化人格，不受陈规俗见的束缚，不断探询新的知识领域，从事思想文化上的
新创造。

### 4. 突破传统、自我救赎

独立自主、开拓创新，不仅是浙学的基本精神，同时也是浙江历史文化
与浙江人的基本精神。从河姆渡文化算起，在七千年的文明进程中，浙江人
民面对艰苦动荡的自然环境与社会环境，始终以勤肯务实的态度、自主自立
的精神、敢于创新的勇气不断突破传统、开拓向前，不断实现自我救赎、自
我超越，不仅创造了光辉灿烂且具有独特个性特征的历史文化，而且还将浙
江建设成为物华天宝、人杰地灵的天堂，浙江历史文化精神与浙江经济社会
文化发展呈现互相促进的动态图景。

从地域文化角度看，为什么浙江人会展示出较为强烈的独立自主精神
呢？我们认为，从根本上，这是"因为浙江自古远离中原的政治中心，社
会环境相对宽松，加上人多地少、沿海地区等地理因素，人们难以固守于小
农生产，早已不得不'讲究功利，注重工商'，使士农工商并重，通过自己
多种途径的踏实努力，改善自己的生活。正是这种独立自主精神，激发了浙

江人身上的各种潜能，使自我不断地冲破各种束缚和固定规则，成为自己的主宰，这从陈亮、王阳明等富有'狂者气象'，注重'本心'的思想传统中典型地表现出来。"①

在历史上，浙江绝大多数学者的学问是从开拓进取中来，他们立足浙江地域文化，不剿袭他人成说，勇猛精进，开拓进取，并善于在社会实践上身体力行，勇往直前。如晚清大学问家孙诒让，他是温州瑞安人，作为学术大师，他在经学领域开拓进取，著作等身，成为乾嘉以后一位集大成式的朴学大师。同时他又心怀天下，并不枯坐书斋，埋首故纸堆，以极大热情参与到当时实业救国与教育救国的行列中去，由国人出资创办自己的民族工业，搜集有关时务政书，阐发西学，倡议变法，举办实业，兴办学校，力图开通民智，革新政治，探索救国图强之道。在学术创造与社会实践的精神上，与王充、陈亮、叶适、王阳明、黄宗羲等一脉相承。再推广说来，在近现代以来，浙江省涌现出一大批的思想家、科学家、教育家、文学家、艺术家，形成了一道极其壮丽的文化图景。单就中国科学院院士、中国工程院院士、中国社会科学院学部委员而言，有许多都是浙江人，浙江是我国产生两院院士最多的省份之一。从这个角度来说，浙江人在知识的传承、创造上，至今仍是我国最出色的省份之一，开拓创新是当代浙江精神之一。

跳出单纯的学术、知识与文化层面，而进入深广的社会实践之域。在很大程度上可以说，"即使在1949年以后，由于种种原因，浙江仍然是远离政治经济中心的地区，既没有国家的重要投资，也缺乏政策支持，是所谓缺乏'父爱'的典型地区。但是，改革开放以来，正是浙江人不等不靠、自力更生、自强不息，依靠自己实实在在的努力、多种途径，使自己较快地走上了发展之路，表现了较强的独立自主意识。可以说，自谋生路、自我'救赎'的结果就是自我的强劲的独立自主精神的张扬。浙江社会文化中强烈的独立自主精神，直到今天仍然是十分有意义的，它可以引申出现代人所应该具有

---

① 朱晓鹏：《浙江精神的价值意蕴》，《观察与思考》2012年第4期。

的独立性、自主性和自强不息精神，构成现代社会的基本价值观。"①

　　改革开放激活了浙江人敢闯敢创、勇于开拓的文化精神与重视工商的文化基因，使浙江传统文化在传承与创新中实现了现代转换，转换为排山倒海式的创业激情与求富图强的社会心理和经商大潮，"创业""下海"成为社会潮流，数以十万、百万计的浙江人尝试着新的生产方式和经营方式，使浙江率先启动民营化、市场化改革，成为改革开放排头兵，浙江人呈现特别能创业、特别能发现商机的能力，从全省走向全国、走向世界，成就了独特的浙商、温商群体以及浙江现象等，也成就了浙江作为市场大省的经济特色。浙江在全国首创了小商品的批发零售专业市场、股份合作制，较早实行民间融资，首创基层民主恳谈会等。从文化角度看，所谓"温州精神"、"浙江现象"等在很大程度上正是一种创业、创新、创造的精神，如有的学者将"温州精神"的实质概括为："白手起家、艰苦奋斗的创业精神；不等不靠、依靠自己的自主精神；闯荡天下、四海为家的开拓精神；敢于创新、善于创新的创造精神。"著名社会学家费孝通则阐述为："就是不甘落后，敢为天下先，冲破旧框框，闯出新路子。"开拓创新是浙学传统之一，这种传统已经成为当代浙江人的思想观念。当前我们要建设创新型国家，要实现理论创新、制度创新、科技创新、文化创新以及其他各个方面的创新，都需要更深入地挖掘和弘扬浙学传统中的开拓创新精神，更自觉地增强创新意识，提高创新能力，这既是文化传承的需要，更是推动更高质量的改革开放和现代化建设的迫切要求。

## 五　包容开放精神

　　据《吴越春秋》和《史记》记载，夏朝夏后帝少康封其庶子于越，让他守护大禹的陵寝宗庙，其领地大体上是以大禹陵所在地会稽为中心的广大地区，亦即今日浙江的大部分土地。贺循《会稽记》云："少康，其少子号

---

① 朱晓鹏：《浙江精神的价值意蕴》，《观察与思考》2012年第4期。

曰于越,越国之称始此。"少康之子使北方的中原文化与越文化融合在一起。越地与中原华夏文明文化的交流至迟于春秋战国时期便初具规模,秦汉时期已经完全融入汉民族文化系统。东汉至南北朝是浙江发展的一个高峰,西汉末年战乱、东晋永嘉之乱、唐朝"安史之乱"等引起的三次人口南迁带来了南北文化大交流,为南方提供了充裕的劳动力、先进的农业、手工业技术以及文化和思想观念,这造成了江南文化的繁荣。南宋建都杭州更使浙江地区成为中国政治、经济和文化的中心。浙江地区以越文化为根基,自觉接受吴文化、楚文化、中原内陆文化的洗礼以及域外文化的冲击,形成涵融多种文化养分的多元一体的地域文化。浙江地区既秉承越族文化基因,又对本区域外广大丰富的华夏文明作能动的选择与融合,最终达到自身文化品质的不断提升与飞跃。

1. 博览通达、海怀百川

"浙学"传统中自古就有一种多元包容、和齐同光的精神。王充"博览通达",提出"含百家之言"的治学思想,博采儒、道、法各家之长,融贯汲取,最终纳入"天道自然"的理论体系中,"夫人含百家之言,犹海怀百川之流也"[1],可谓吞吐百家而成一家之言。《后汉书》记载:"(王充)常游洛阳市肆,阅所卖书,一见辄能诵忆,遂博通众流百家之言。"[2] 王充善于融摄吸收古代优良的思想传统,而独立成一家言,为后世浙学思想树立了典范。

入宋以来,浙学博采中原关、闽、濂、洛之学,体现出融汇诸家、包容开放的气象。浙江历史上存在的浙学各家学派,其学术主旨虽有不同,但融汇包容的学术特点则殊为一致。北宋末期"元丰太学九先生"在承继关学、洛学的同时开创了浙学事功学术,体现了浙学在学术上根据浙江社会思想文化实际汇通融合的进取精神。永嘉学术成为两宋之后二程学脉真正成大气象者,永嘉学者对人与事都有自己的独立看法,他们不依傍门户,但也鲜有门户之见。如周行己、许景衡等虽为程门弟子,"永嘉以经制言事功,皆推原

---

① 北京大学历史系:《论衡注释》,中华书局,1979,第756页。
② 范晔:《后汉书》卷四十九《王充传》,团结出版社,1996,第461页。

以为得统于程氏"①，却也倾心蜀党，欣赏苏轼诗文，同情苏轼遭遇。《宋元学案》记载："周恭叔……从程先生（伊川）学问，而学苏公文辞以文之，世多讥之者。"② 所谓"世多讥之"指受到洛党同门的讥笑。哲宗绍圣四年，许景衡在苏轼流放海南时写下《闻子瞻南迁》一诗，其中有云："幽愁还有作，笑东赞皇公"，以同样流放海南岛的唐代名相李德裕比苏轼以示同情与尊敬。清四库馆臣评论《浮沚集》时以"绝不立洛、蜀门户之见"来评论周行己，颇能说明南宋永嘉学者兼容并包的学风。陈傅良、叶适等人都较少门户之见，如陈傅良《与朱元晦书》说："念长者前有长乐（林栗）之争，后有临川（陆九渊兄弟）之辩，又如永康（陈亮）往返动数千言，……术见其益。盖矜持过甚，反涉吝骄。"③ 全祖望在《宋元学案》评论南宋永嘉学者的治学态度也说："皆左祖非朱，右祖非陆，而自为门庭者，"④ 对朱、陆之争以超然之态处之，足见其包容兼蓄气象。即使对独立特出的陈亮思想，清人王梓材校定《宋元学案》时说："龙川在太学尝与陈止斋等为芮祭酒门人。又先生《祭郑景望龙图文》称之曰'吾郑先生'，则先生亦在郑氏之门矣。"⑤ 也足见永康之学也绝非完全意义上的自出心裁，而是多所承接吸纳之后的独创出新。

金华学派代表吕祖谦治学最突出的特点是注重典籍文献，"兼容并包"、"博采众长"，其家学即有包容气象。吕祖谦世祖吕公著"以治心养性为本"，既与程颢、程颐相与唱和，又对王安石的"新学"、邵雍的"象数学"等表示赞赏；吕公著长子吕希哲"不名一师"，一生先后师从于焦千之、胡瑗、孙复、邵雍、王安石、二程诸家，"集益之功，至广且大"⑥。吕祖谦"不主一门，不私一说，直截径捷，以造圣人"的"博杂"主张，成为金华学派的治学传统。如朱熹在评论吕祖谦的《读诗记》时说："兼总众说，巨

① 黄宗羲：《宋元学案》卷五十六《龙川学案》，中华书局，1986，第1830页。
② 黄宗羲：《宋元学案》卷十九《范吕诸儒学案》，中华书局，1986，第813页。
③ 陈傅良：《止斋先生文集》卷三十八，四部丛刊景明弘治本。
④ 黄宗羲：《宋元学案》卷五十三《止斋学案》，中华书局，1986，第1724页。
⑤ 黄宗羲：《宋元学案》卷五十六《龙川学案》，中华书局，1986，第1830页。
⑥ 黄宗羲：《宋元学案》卷二十三《荥阳学案》，中华书局，1986，第902页。

细不遗，挈领提纲，首尾该贯……融会通彻，浑然若出一家之言。"① 朱熹曾批评吕祖谦学问"博杂"，但也称赞其"德宇宽弘，识量宏廓"，"绍文献于故家，又隆师而亲友，极探讨之幽遐，所以秉之既厚而养之深，取之既博而成之粹，宜所立之甚高，亦无求而不备"②。全祖望认为"宋乾、淳以后，学派分而为三：朱学也，吕学也，陆学也。三家同时，皆不甚合。朱学以格物致知，陆学以明心，吕学则兼取其长，而复以中原文献之统润色之。门庭路径虽别，要其归宿于圣人则一也。"③ 他还称赞："小东莱之学，平心易气，不欲逞口舌以与诸公角，大约在陶铸同类以渐化其偏，宰相之量也。"④ 吕祖谦金华学派的这种思想特色同浙中的文化个性与学术风气密切相关，金华地区在宋代以来深受儒家文化影响，有"小邹鲁"之称，附近的衢州是南宋孔子后人的避居地，有"东南阙里"之称，这使得金华学派能够超越宋儒，而回归致力于典籍文献整理传播的孔孟原儒思想特色。吕祖谦重视整理中原文献学，以为往圣继绝学为己任，正是深受金衢地区儒家崇文重教风气的影响结果。

就心学而言，陆象山之心学虽盛于赣，但其后的传承是两浙路，"甬上四先生"杨简、袁燮、舒璘与沈焕成为象山之后传承心学的最主要力量，他们在不同的方面上也都以一种开放包容的心态将心学思想与浙东重视经史研究、重视社会实践相结合，成为后来同样具有包容性思想特征的阳明心学的学术渊源。作为四明人氏，王阳明立足浙江深厚的思想学术文脉尤其是心学传统，"范围朱、陆而进退之"，"融尽其高明卓绝之见而底于实地"⑤，将浙东的事功学、朱熹理学与象山心学熔于一炉，就学术思想而言，王阳明不仅是对"超凡入圣"孜孜以求的正统儒家，同时也注意对佛教、道家、道教的思想积极吸收，终于建立起卓绝学林的集大成式的心学思想理论体系，受到黄宗羲的极力推崇，认为他是自孟子以来扫清思想界迷雾的

---

① 戴殿江：《金华理学粹编》卷一《理学先声理学大宗》，清光绪刻本。
② 黄宗羲：《宋元学案》卷五十一《东莱学案》，中华书局，1986，第1676页。
③ 黄宗羲：《宋元学案》卷五十一《东莱学案》，中华书局，1986，第1653页。
④ 黄宗羲：《宋元学案》卷五十一《东莱学案》，中华书局，1986，第1652页。
⑤ 黄宗羲：《明儒学案·师说·王阳明守仁》，沈芝盈点校，中华书局，1985，第7页。

第一人。明代大儒、心学殿军刘宗周（1578～1645）对朱子之学保持了相当宽容的思想态度，甚至在《圣学宗要》中把周敦颐、程颢、张载、朱熹和王阳明一体视之，以其"本是一条血脉，而学者溺于所闻，犹未免滞于一指而不能相通，或转趋其弊者有之"①。其后黄宗羲强调治学要"会众合一"，在《明儒学案发凡》中强调"学问之道，以各人自用得着者为真，凡倚门傍户、依样葫芦者，非流俗之士，则经生之业也。此编所列，有一偏之见，有相反之论，学者于其不同处，正宜着眼理会，所谓一本而万殊也。以水济水，岂是学问"②，都十分生动形象地展示出兼容并包的浙学精神。

甚至就朱熹之学在浙江的传播发展来说，也颇能说明浙江学术的包容开放。朱氏闽学源于且一度盛于福建，但在黄榦之后便转向浙江③。黄震（慈溪人）是闽学后期最具代表性的学者，全祖望在评价黄震的学术态度时说："慈湖之学宗陆，东发之学宗朱，门户截然，故《日钞》颇不以心学为是。由今考之，则东发尝与杜洲之讲会，而其后别为一家者也。夫门户之病，最足锢人，圣贤所重在实践，不在诃说，故东发虽诋心学，而所上史馆剳子，未尝不服慈湖为己之功。然则杜洲祠祭，其仍推东发者，盖亦以他山之石，是可以见前辈之异而同也。"如全氏述黄震之学"四明之专宗朱氏者，东发（黄震）为最。……晦翁生平不喜浙学，而端平以后，闽中、江右诸弟子，支离、舛戾、固陋无不有之，其能中振之者，北山师弟为一支，东发为一支，皆浙产也。其亦足以报先正惓惓浙学之意也夫！"④又述王应麟之学兼治朱吕陆诸家之学，"深宁（王应麟）之父亦师史独善以接陆学，而深宁绍其家训，又从王子文以接朱氏，从楼迂斋以接吕氏，又尝与汤东涧游，东涧

① 刘宗周：《刘宗周全集》第一册，浙江古籍出版社，2007，第353页。
② 黄宗羲：《明儒学案·明儒学案发凡》，沈芝盈点校，中华书局，1985，第14页。
③ 朱学与象山心学的后期发展主要是由两浙学者继承，两浙路则成为朱学发展的最主要区域，两浙路的发展分为两支：一支是被称为嫡传正宗的"金华学派"，其代表人物是黄榦弟子与再传弟子中人称"北山四先生"的何基、王柏、金履祥、许谦。他们创立的"金华学派"被学界解读为"金华朱学"。另一支是"四明朱学"，代表人物是王应麟、黄震、史蒙卿等。
④ 黄宗羲：《宋元学案》卷八十六《东发学案》，中华书局，1986，第2884页。

亦兼治朱、吕、陆之学者也。和齐斟酌，不名一师"①，体现出一种"和齐斟酌，折衷朱陆"的学术风格。

2. 两浙之学，并行不悖

浙江人民经过数千年的艰苦奋斗，孕育了富有地方文化个性的多样化的生活样式、生活习惯、生活态度、民俗风情、道德品格、价值理念与人文理想，不断出现极具个性与创新性的学人、学派，实现了浙学学术思想的生生日新。就浙江地域文化大端而言，以钱塘江为界，可以分为浙东、浙西②两大文化区，浙西、浙东二地在学术思想旨趣上有所不同，但又相得益彰。浙东多为山区贫苦之地，生活条件较为艰苦，生活压力较大，更须步步着实，不断开拓奋进，更加吃苦耐劳，勤于社会实践，其学术思想相应地充满了忧患意识，这就是事功学；面对困难特别需要鼓动人心，唤起人的主体自觉，这催育了心学；同时也需要努力保存与传承文化、弘扬传统，这就是金华的文献之学和浙东经史之学。这些学说从不同角度展示出了浙东的思想文化传统。浙西主要包括杭嘉湖平原和太湖流域，自然条件优渥，是所谓"鱼米之乡"、"天下粮仓"，在宋代以后是中国经济发展水平最高的地区，其文化以从容闲适为基调，追求生活的精致和谐与包容创造。从学风看，如果说以南宋事功学派、明代心学以及清代浙东史学为代表，浙东的学术旨趣注重钻研，具有实际针对性；那么浙西学术的旨趣就是注重艺文享受，更具有理性精神以及对于现实的超越性。浙西学术在清以前不彰，清以后由顾炎武创浙西学派，其后蜕变出以惠栋为代表的吴学和以戴震为代表的皖学，同时，明末清初的浙西理学也蔚然壮观，以吕留良、张履祥、陈确等为代表，其中吕、张二人学宗程朱，陈氏则以批判程朱为己任，但都有纠缠义理而脱离现实的倾向。总的来说，浙东、浙西学术具有相互并立、开放包容、互取优长、融汇和谐的基本特征。

---

① 黄宗羲：《宋元学案》卷八十五《深宁学案》，中华书局，1986，第2856页。

② 唐代始置浙江西道、浙江东道，宋代改称浙江西路、东路，元代置浙江行中书省，领两浙九府，明代改为浙江承宣布政使司，领两浙十一府，清代恢复省称，领府不变，两浙以钱塘江为界，江右有杭州、嘉兴、湖州三府，是为浙西（"下三府"）；江左有宁波、绍兴、台州、金华、衢州、严州、温州、处州八府，是为浙东（"上八府"）。

章学诚在《浙东学术》一文中首次作出了"浙东之学"与"浙西之学"的区分，并分析了各自的学术渊源和学派特色。他说：

> 浙东之学，虽出婺源，然自三袁之流，多宗江西陆氏，而通经服古，绝不空言德性，故不悖于朱子之教。至阳明王子揭孟子之良知，复与朱子抵牾；蕺山刘氏本良知而发明慎独，与朱子不合，亦不相诋也；梨洲黄氏出蕺山刘氏之门，而开万氏弟兄经史之学，以至全氏祖望辈尚存其意，宗陆而不悖于朱者也。唯西河毛氏，发明良知之学颇有所得，而门户之见，不免攻之太过，虽浙东人亦不甚以为然也。
>
> 世推顾亭林氏为开国儒宗，然自是浙西之学，不知同时有黄梨洲氏出于浙东，虽与顾氏并峙，而上宗王、刘，下开二万，较之顾氏，源远而流长矣。顾氏宗朱而黄氏宗陆，盖非讲学专家、各持门户之见者，故互相推服，而不相非诋。学者不可无宗主，而必不可有门户，故浙东、浙西，道并行而不悖也。浙东贵专家，浙西贵博雅，各因其习而习也。①

顾炎武是江苏昆山人，被章氏统归之于浙西之学。章氏所谓的"浙东之学，虽出婺源"，指的是南宋永嘉学者叶味道、陈埴等朱子后学，其所谓"三袁之流"是指南宋号称"甬上四先生"的袁燮（与其子袁肃、袁甫合称"三袁"）、杨简、舒璘、沈焕等陆氏后学；所谓"二万"则指清代梨洲门人万斯大、斯同兄弟。从章氏所述浙东之学看，并非单指史学，而是涵盖了宋明理学、心学的"经史之学"，浙东学术的主流是从南宋四明学派、中经明代姚江学派到明清之际的蕺山——梨洲学派，其特色是"宗陆（王）而不悖于朱"。清初的浙东学术沿着黄宗羲开辟的学术路径，在历史学、文献学等领域多有建树，万斯同兄弟、邵廷采、全祖望、章学诚、邵晋涵等著名学者各领一时之风骚。清初浙东学术与浙西"博雅"考据之学形成学术宗

---

① 章学诚：《文史通义》卷五，李春伶校点，辽宁教育出版社，1998，第48页。

旨、学术趣向有别的不同风格，章学诚提出"浙东贵专家，浙西尚博雅，各因其习而习也"。"贵专家"强调自主自得、独立创造，可归属于王阳明、刘蕺山"心学"的思想文化传统；"尚博雅"偏重广征博引、周详搜讨，归属于程朱"理学"的思想文化传统。章氏还以"宗陆而不悖于朱"、"言性命者必究于史"概括浙东学术那种以我为主、兼收并蓄的特有学术风格。

3. 思想自由、兼容并包

在近代以来，浙学兼容并包的精神文化传统在浙江经济社会发展过程以及浙江学人身上继续传承。具有典型意义的是，在教育领域，著名浙江籍教育家蔡元培在担任北京大学校长时提出"思想自由、兼容并包"的教育方针。蔡元培认为，在学术问题上"一己之说，不能束缚他人，而他人之学说，亦不能束缚一己。诚如是，则科学、社会学等，将均任吾人自由讨论矣"[1]。在蔡元培主政北京大学期间，北大校园内充满浓厚的学术自由包容的气息，诸如自由主义、社会主义、共产主义、国粹主义等各种思想流派在校园内百家争鸣、争奇斗艳。这种"思想自由、兼容并包"的教育方针是促进学术繁荣与理论创新的基本前提。梁漱溟先生曾依据性情的特点，认为"关于蔡先生的兼容并包之量，时下论者多能言之，但我愿指出的是：蔡先生除了他意识到办大学需要如此之外，更要紧的乃在他天性上具有多方面的爱好，极广博的兴趣。意识到此一需要，而后兼容并包，不免是人为的（伪的），天性上喜欢如此，方是自然的（真的）。有意的兼容并包是可学的，出于性情之自然是不可学的。有意兼容并包，不一定兼容并包了；惟出于真爱好，而后人家乐于为他所包容，而后尽管复杂却维系得住。这方是真器局、真度量。"[2] 梁漱溟从"性情"、"天性"的角度来论述蔡元培"兼容并包之量"，并认为这出于"真爱好"，体现了"真器局、真度量"，绝非矫揉造作，在很大程度上可以说，这正是浙学包容、开放的思想文化基因在蔡元培身上的自然而然的流露。

---

① 蔡元培：《蔡元培全集》第三卷，中华书局，1984，第51页。
② 梁漱溟：《纪念蔡元培先生》，载《追忆蔡元培》，陈平原、陈勇编，中国广播电视出版社，1996，第145页。

4. 面向海外与拿来主义

浙江地区虽然早在河姆渡文化时期就产生了稻作农业，但是浙江尤其是东部地区自然环境在总体上比较恶劣，且由于地处滨海环境，经常面临海侵，难以拥有稳定的农业收成，因而浙江先民必须在农业生产之外寻找其他生存之道。据考古资料，越人自七千年前就开始向海外开拓，不断移民到东南亚等地，这也就是文化人类学上称之为"百越"的重要原因之一。近两千年来，浙江一直与海外有较密切的往来，宁波尤其是中国最著名的港口之一，也是中国古代通过海洋对外交流的"海上丝绸之路"重要始发港之一。从秦朝的河口港到今天超亿万吨级的世界大港口，经久不衰。唐宋以来，浙江地域的海外通商贸易就已经比较发达。1840 年以后，宁波、温州、杭州等地更相继被开辟为通商口岸，使浙江处于中西方经济文化交流的前沿阵地。与之相应，浙江文化中向外开放的开拓进取心态就更加明显地展现在与海外交往的过程中。海上交通运输与港口贸易的不断发展繁荣，使宁波以及浙江的文化具有明显的"海洋文化"的特征。浙学作为一种地域文化，其包容开放的特征较之以前也愈加明显。

浙东的黄宗羲兼容博采，开放包容，不仅"折衷朱陆"、"宗王而不悖于朱"，而且钻研并吸收了当时西方天文历算学方面的科学知识，并在理论上提出"一本而万殊"、"会众以合一"的方法论主张，初显融汇中西的思想史视野。其后孙诒让、魏源等思想家更以自己的学术研究、诗文著作以及创办实业等多种方式展示出相当程度的"睁眼看世界"的眼光，成为当时中国少数有世界视野的先进知识分子。在民国时期，鲁迅首倡文化"拿来主义"更展示出中国知识分子对待西方文化上的一种文化自觉。鲁迅于1934 年 6 月发表《拿来主义》一文，在该文中，鲁迅批判了政府当局的卖国主义政策和一些人对待文化遗产的错误态度，阐明了应该批判继承和借鉴文化遗产及外来文化的论点，构成了浙江学人一以贯之的治学思想链。鲁迅提出："我们要运用脑髓，放出眼光，自己来拿！""总之，我们要拿来。我们要或使用，或存放，或毁灭。那么，主人是新主人，宅子也就会成为新宅子。然而首先要这人沉着，勇猛，有辨别，不自私。没有拿来的，人不能自成为新人，没有拿来的，文艺不能自成为新文艺。"这种拿来主义表明，浙学思想上的包容开放、兼收并蓄并非简单的生吞活剥，而是根据自身条件，立足浙学基底，摒除门户之见，有所取舍，取人之长补己之短，促进浙江社会经济文化各项事业发展。近现代以来，浙学中面向海外包容开放的精神不仅体现在中外思想文化交流领域，更广泛地体现在社会经济领域中，尤其是在浙商身上，他们不仅把生意走出国门，而且很多定居海外，成为中外文化交流的重要使者，为浙江乃至中国的改革开放事业争取了宝贵的信息、资金、技术，浙商敢于走出去，以四海为家，以天涯为比邻的精神是浙学开放包容精神的重要体现。

# 第九章　文化传统与社会发展

浙学以其不同于以朱陆为正统思想、以道德心性修养为主要价值关怀的"泛道德主义"儒学的学术思想形态，表现了一种将知识分子的知识关怀与现实事功紧密相结合的新的思想范式。它不仅深刻地影响了浙江地区经济社会发展演进的可能路径，而且还显示了传统浙学所具有的现代性与普遍性价值，具有积极应对现代社会各种发展难题和危机的智慧，值得现代人去深入挖掘和借鉴。

## 一　浙学传统与"人"的发现

### 1. 宋明理学与"人"学

南宋浙学作为一种摆脱了以传统儒家为正统、以朱陆的道德心性修养为价值关怀，以"泛道德主义"为基本特征的学术思想形态，乃是一种将知识分子的知识关怀与现实事功相结合的新的思想范式。从宏观上讲，作为一种与传统儒家、朱陆之学相异质的学术思想体系，南宋浙学与传统儒家、朱陆之学都属于一种具有系统性的"文化"，而"文化"的本质乃是"人化"，我们可以从如何为"人"、为何种"人"的角度来仔细比较南宋浙学与朱陆之学，以期更明晰地探明浙学演进的可能路径，同时初步阐明浙学的现代性与普遍性价值。

就宋代学术而言，有见于五代十国的乱象以及北宋王朝在金国铁蹄之下国灭逃亡的国耻家恨，宋代的思想家们都希望能够建构理论体系以指导现实政治发展。这几乎是两宋思想界的共识，如北宋的司马光说："至于五代，天下荡然，莫知礼义为何物矣。是以世祚不永，远者十余年，近者四五年，败亡相属，生民涂炭。及大宋受命，太祖、太宗知天下之祸生于无礼也。"[①]二程也说："礼治则治，礼乱则乱，礼存则存，礼亡则亡。上自古始，下逮五季，质文不同，罔不由是。"[②] 礼在当时成为政治秩序与纲常秩序的总体象征。面对如何建立一种合理的社会秩序、实现良善的社会政治治理这一紧迫的课题，宋代思想家做出了不同的努力，大致说来，朱陆之学采取了强调道德修养的重"内圣"的路子，而以陈亮、叶适为代表的南宋浙学走的是一条强调实事实功的重"外王"的路子。无论"内圣"，还是"外王"，二者都要落实到"人"这一实践主体上。下面即以程、朱理学与陈、叶事功学为代表，从"人"的角度做一论析说明。

从现实政治社会秩序建构的逻辑来讲，宋代思想家坚持将"人"作为政治秩序建构的逻辑起点，所谓"道必先充于己而后施诸人"。在理论上，良好政治秩序的建构必有赖于包括理性、知性和感性三方面的健全人格的参与。在理学思想体系中，"天理"及其统摄下的"人"发生了严重的异化，从根本上导致了理学家的理想秩序最终走向僵化和异化，对理学"人"的内在走向进行分析有助于我们对理学秩序建构的深层思考[③]；作为一种对比，南宋事功学的"人"则显得更为全面与健康，其所导向的政治秩序也显得更为稳健。

2. 片面之人与丰满之人：理学与浙学中"人"的比较

一是德性之维，就思想体系的整体来说，程朱理学坚持以理制欲、重义轻利，由此，人之道德理性趋于不断膨胀。程朱认为，"人之所以为人者，以有天理也"[④]。人的价值需要由天理而定。"三纲之要，五常之本，人伦天

---

① 李焘：《续资治通鉴长编》，中华书局，1992，第4748页。
② 程颢、程颐：《二程集》，中华书局，1981，第668页。
③ 赵玉强：《宋明理学的秩序重建向度及其内在理路阐析》，《湖南师范大学学报》2012年第2期。
④ 程颢、程颐：《二程集》，中华书局，1981，第1272页。

理之至。"① 道德纲常被抽象化为天理并因而成为人之所以为人的标志，这就把人的道德状态看作最合于宇宙秩序法则的，把人格的道德完成与人之为人内在地联系起来，把它作为赋予人意义的人的本己规定性。在义利关系上，虽然理学家在原则上并不完全否定利："利害者，天下之常情也。"② 但就其理论重心来说，它十分反对人们因逐利而败坏社会秩序："后世自庶士至于公卿，日志于尊荣，农工商贾日志于富侈，亿兆之心，交笃于利，天下纷然，如之何其可一也，欲其不乱，难矣。"③ 甚至如程明道在改正《大学》时明确强调："国不以利为利，以义为利也。"④ 在严分理欲、义利的基础上，朱熹最终提出："道便是无躯壳底圣人，圣人便是有躯壳底道。"⑤ 由此，理学家眼中的圣人人格表明其所要建构的"人"，归根结底乃是纯粹道德理性意义上的人。在现实中，"礼者，理也"，代表"理"的就是"礼"，人也就成为展现纲常秩序的抽象附属物。相比之下，以陈亮、叶适为代表的事功学派在理欲、义利关系上的观点则更加平实，他们在哲学的基本思想观念上主张"道在器内"、"道在事中"、"道存于物"、理欲统一，认为道体与器物、本体与现象、普遍与特殊在根本上是相统一的，不可将理欲、公私、义利等切割为绝然对立的两个内容，而应该从肯定和满足人的私利、基本欲望的过程中来体现天理与道义，所谓"以义和利"、"义利双行"，其所导向的"人"则是一个有着牢固现实根基的"义利兼顾并重"的人，而非一个道德符号与抽象存在。

二是知性之维，在程朱理学中，由于道德理性的压制，认知理性也有陷入从属地位而趋于瓦解的倾向，事功之学则善于事上理会、开物成务。朱熹在论"理"时指出："至于天下之物，则必各有其所以然之故，与其所当然

① 朱熹：《朱文公文集》，《朱子全书》第20册，上海古籍出版社、安徽教育出版社，2002，第633～634页。
② 程颢、程颐：《二程集》，中华书局，1981，第176页。
③ 程颢、程颐：《二程集》，中华书局，1981，第750页。
④ 程颢、程颐：《二程集》，中华书局，1981，第1129页。
⑤ 朱熹：《朱子语类》卷一三〇，《朱子全书》第18册，上海古籍出版社、安徽教育出版社，2002，第4059页。

之则，所谓理也。"① "所以然之故"关涉着探求自然物理的认知理性，"所当然之则"关涉着探求社会伦理的道德理性。理学家强调格物穷理，认为"一草一木莫不有理"，"一事不穷，则缺了一事道理；一物不格，则缺了一物道理"②，体现出开显自然物理的认知理性的意义，然而理学家认为格物穷理终究是为了发明人的道德理性："格物之理，所以致我之知"③。"致知，以心言也"，"致知，是自我而言"④，格物的目的在于扩充人心本有的道德本性，相对于人的道德理性，认知理性仅具有手段的意义，在此意义上，"格物致知"的最终导向仍是心性之学，认知理性并未被逸出道德理性的局面。相对来说，南宋事功之学则是一种更为侧重"开物成务"的实学，这正如黄宗羲所论："永嘉之学，教人就事上理会，步步着实，言之必使可行，足以开物成务。"⑤ 事实上，基于追求实事实功的基本思想，事功学派把思想学术的主要关注点置于对传统的外王之道的探究，这就自然而然地对历史与现实中的各种各样的政治、经济、历史、文化、军事、财政、税收等进行探讨，并提出切合时需的见解与主张。尤需注意的是，相对于理学家津津乐道的性命心性，永嘉学派以十分敏锐的眼光觉察到制度因素对于社会政治发展与社会变革的极端重要作用，并对历代各种制度进行深入研究，提出了诸如发展工商、流通货币、改革土地财税制度等大胆见解。如元明之季的婺州学者王祎赞叹说："此所以永嘉经制之学，要在弥纶以通世变，操术精而致用远，博大宏密，封植深固，足以自名其家也。"⑥ 他在给元代永嘉学者王熙阳《迁论》一书的序言中更说得明白："至于宋而有永嘉经制之学焉，盖自郑景望氏、薛士龙氏，以及陈君举氏、叶正则氏，先后迭起。其于

---

① 朱熹：《大学或问》，《朱子全书》第6册，上海古籍出版社、安徽教育出版社，2002，第512页。

② 朱熹：《朱子语类》，《朱子全书》第14册，上海古籍出版社、安徽教育出版社，2002，第477页。

③ 朱熹：《朱子语类》，《朱子全书》第14册，上海古籍出版社、安徽教育出版社，2002，第607页。

④ 朱熹：《朱子语类》，《朱子全书》第14册，上海古籍出版社、安徽教育出版社，2002，第473页。

⑤ 黄宗羲：《宋元学案》卷五十二《艮斋学案》，中华书局，1986，第1696页。

⑥ 王祎：《王忠文公集》卷三，中华书局，1985，第62页。

井牧、卒乘、郊丘、庙社、章服、职官、刑法之类靡不博考而精讨，本末源流，粲然明白，条分缕析，可举而行。当其时，吾金华唐与正氏帝王经世之术，永康陈同父氏古今事功之说，与之并出，新安朱子皆所推叹。然于永嘉诸君子之学，独深许之，岂不以经制之讲，固圣贤之所以为道者欤?"① 应该说，南宋浙学所着力关注的诸多问题都是正统理学所常常忽略的，南宋浙学在认知理性上的突出成就与传统理学形成了鲜明对比。

三是感性之维，就理论的最终趋向来说，程朱理学中的感性欲求日趋干枯消解，而事功之学则充分肯定了人的正常感性欲望，显示出丰满生动的人性。朱熹等理学家承认饮食男女之类基本的欲求合乎"天理"，所谓"饮食者，天理也；要求美味，人欲也"②，但其着眼点乃是道德规范与心理动机。无论是在逻辑上，还是在现实的历史演进中，程朱理学在总体上都要求尽量节制与压抑人的自然欲求。伴随着理欲之辩中"天理"的畸重，"人欲"、"人身"逐渐从正当的欲望步步退缩，直到演化为一种负面的意义，朱熹提出："圣人都忘了身，只是个道理。"③ 理学家最终将"圣人"抽象成无须血肉之身的标志天理的符号，人旨在满足肉体生存需要的自然感性沦落为附属于道德的外在价值："己者，人欲之私也。"④ 人本己的感性生命存在即成为应当抛弃的"人欲之私"，类似的意思在主流理学家那里多有表达，如张载说："无我而后大，大成性而后圣。"⑤ 二程讲："大而化，则己与理一，一则无己。"⑥ 在理学家那里，去除利欲之心的"无我"、"无己"否认了人的感性生命的价值，消解掉了人的独立个性和完整人性，必难以催育出健全的人格和相应权利意识，如谭嗣同就对此感慨："强遏自然之天乐，尽失自主之权利。"⑦ 人感性生命的沉沦乃至虚无化，必然消解着人的政治主体性，

① 王袆:《王忠文公集》卷四，中华书局，1985，第109页。
② 朱熹:《朱子语类》,《朱子全书》第14册，上海古籍出版社、安徽教育出版社，2002，第389页。
③ 朱熹:《朱子语类》,《朱子全书》第15册，上海古籍出版社、安徽教育出版社，2002，第1127页。
④ 真德秀:《大学衍义》卷十，山东友谊出版社，1991。
⑤ 张载:《张子全书·正蒙》，西北大学出版社，林乐昌编校，2015，第10页。
⑥ 程颢、程颐:《二程集》，中华书局，1981，第143页。
⑦ 谭嗣同:《谭嗣同全集》，中华书局，1998，第198页。

难以为有生命力的政治秩序奠基,人只能沦为僵化的纲常名教秩序的驯服者。而在陈亮、叶适那里,人的感性生命存在则呈现完全不同的面貌,他们充分肯定了人欲之"私"的正当性,强调"私"欲的满足乃是"理"的基础。陈亮在晚年所写的《勉强行道大有功》中讲:"好色人心之所同,达之于民无怨旷,则强勉行道以达其同心,而好色必不至于溺,而非道之害也;好货人心之所同,而达之于民无冻馁,则强勉行道以达其同心,而好货必不至于陷,而非道之害也;人谁不好勇,而独患其不大耳。"陈亮指出"好色、好货、好勇"皆非道之害,主张达之于民,如此则会有"民无怨旷"、"民无冻馁"的效果,则"好色、好货、好勇"皆合于道理。相比朱熹"圣人"都"忘身","只是个道理",以限制感性欲望为宗旨,陈亮主张将人的感性欲望推广至全体人民,以拓展感性欲望为职志,理论旨向可谓完全异趣。

概言之,"道"与"理"作为宋代学者秩序建构与相应人格成就的最高原则,在理论上内蕴着道德理性、认知理性和感性欲求三个基本维度,在以程朱为代表的理学家那里,随着道德理性逐渐膨胀为"天理",人的认知理性逐步陷于瓦解,感性欲求也走向沉沦。由此,以"实学"为代表的科技文明、技术文明无由昌明,人们对物质世界的开发也必然受到限制,人的感性生活走向枯萎,而这又强化了限制人的知性活动与感性生活的道德教化的必要性。理性膨胀、知性不足和限制感性欲求无论就内在逻辑,还是历史进程来说,呈现三位一体、多向强化而又整体自洽的"人"的发展迷局。在天理的宰制下,人成为只有道德理性的平面化的存在,感性和知性意义上的人晦而不彰,人也难有机会成为具有丰满人性和各种权利主张的人,建构理想秩序的有生命性的逻辑根基消失了,僵化纲常秩序与专制体制日胜一日。相对来讲,南宋浙学以追求外王为宗旨、以追求事功实利为基础,而主张理欲统一、义利双行、重视事上理会、求知求真、重视制度建设、开物成务,尊重并满足人的合理的感性,无论是逻辑上还是现实中,都将导向一种相对健全的人格,如能有机会指导现实政治建设,也极有可能催育出一种更为开明健康、充满活力的政治新秩序。因而,在与程朱等主流理学相对立的意义上,南宋浙学的确堪称一种关于政治秩序建构与理想人格建构的理论新范式。

3. "成人之美"：浙学人格理想的启示

关于理想的人格，无论是程朱理学，还是南宋浙学，都有一种较为明确的追求。因被人诬陷，陈亮曾两次入狱，在朱熹看来，这主要是由陈亮崇尚功利、推崇汉唐英雄的事功，在个人修养上有所欠缺造成的。故在陈亮出狱后，朱熹致信希望他加强道德修养，"粹然以本醇儒之道自律"。陈亮对此"醇儒"颇不以为然，自言："亮以为学者学为成人，而儒者亦一门户中之大者耳。秘书不教以成人之道，而教以醇儒自律……亮犹有遗恨也。"① 在他看来，这般"醇儒"只是脱离实际的空谈者，而不屑为之，他推崇的乃是"成人之道"，以"成人"为人格养成的理想目标。陈亮甚至说"天地人为三才，人生只是要做个人。圣人，人之极则也。如圣人，方是成人。""学者，所以学为人也，而岂非儒哉?"② 将自己的人生目标志向定在"人"上，作为"人之极则"的"圣人"，也绝非理学家那里道德畸重的"醇儒"，陈亮是不屑去做一个如此这般的"儒"者的，他所要做的是一个成就事功伟业的"英雄"。陈亮之为人，迥异于理学家口中的"本原不纯"，《宋史》本传讲他"志存经济，重许可，人人见其肺肝"，陈亮也曾自言："研穷义理之精微，辨析古今之同异，原心于秒忽，较礼于分寸，以积累为功，以涵养为正，睟面盎背，则亮于诸儒诚有愧焉。至于堂堂之阵，正正之旗，风雨云雷交发而并至，龙蛇虎豹变见而出没，推倒一世之智勇，开拓万古之心胸，如世所谓粗块大脔，饱有余而文不足者，自谓差有一日之长而来教。"③ 陈亮所谓的"成人"绝非那些只会穷究义理、空谈心性，整日"闭眉合眼，朦瞳精神"④、不知天下事业为何物的"醇儒（腐儒）"："始悟今日之儒士，自以为得正心诚意之学者，为皆风痹不知痛痒之人也。"⑤ 亦非一个自满于口腹之欲、不讲道德规范、躲在小楼成一统的猥琐"小人"，而

---

① 陈亮：《陈亮集》卷二十八《又甲辰秋书》，中华书局，1974，第282页。
② 陈亮：《陈亮集》卷二十《又乙巳春书之一》，中华书局，1974，第287页。
③ 陈亮：《陈亮集》卷二十《又甲辰秋书》，中华书局，1974，第280页。
④ 陈亮：《陈亮集》卷二十《又甲辰秋书》，中华书局，1974，第280页。
⑤ 陈亮：《陈亮集》卷一《上孝宗皇帝第一书》，中华书局，1974，第8页。

是一个怀有"救世之志"同时又具备"除乱之功"的英雄豪杰。

立足当代，基于南宋浙学与程朱理学在成"人"问题上的比较，尤其是陈亮不做"醇儒"而为"成人"，甚至"只是要做个人"、做一个有深厚事功基础的"圣人"的思想，我们认为浙学思想家的人格理想对当代人的理想人格建构当有以下几条启示。

首先，要立雄心壮志。陈亮自青年时代即"志存经济"，致力于富国强兵、收复失地、国泰民安，立志做一个仁德与智勇兼备的英雄豪杰。事实上，经过一生的努力，陈亮也赢得了后人"真英雄、真豪杰、真义士"① 的赞叹。这对于我们现在的年轻人树立远大的人生理想，早日确立相应的以学业、事业为重心的人生规划，并不屈不挠地为之奋斗都有启示意义。

其次，要有丰富知识与能力。事功学派"俱以读书经济为事，嗤黜空疏、随人牙后谈性命者，以为灰埃"②，他们普遍勤于学习各种实务知识与实用技能，创造性地开拓出许多具有近现代意义的学科领域的雏形，如政治学、经济学、财政学、税收学、社会学、军事学、战略学、管理学等等，并以之为密切关涉于实事实利、治世事功的真学问、真功夫。因而南宋浙学的思想家们大多数是具有真才实学之辈，这从根本上支撑起了他们高远的人生理想。

再次，要有深厚的人道主义精神。南宋浙学思想家们都深刻地认识到自己作为"士"与"人"的职责所在，对广大黎民百姓、天下苍生充满了温厚的深情，着力践行民本思想。他们所展现出来的强烈的社会责任感、崇高的道德使命感与成就盛德大业的能力给人留下了深刻印象，他们是自觉地将人的内在价值与外在价值、个体价值与社会价值、道德价值与事功价值有机统一起来的典范，也获得了广大浙地民众的衷心赞誉。

最后，要培育具有丰满个性的独立人格。浙学家们的"成人"的理想是包蕴着人的德性、知性与感性多个维度的健全的人，这样的"人"与近现代具有多种基本权利的理想人格颇为相通，事实上，南宋浙学的思想家们

---

① 姬肇燕：《康熙刻本龙川文集序》，《陈亮集》增订本附录，河北教育出版社，2003，第458页。

② 黄宗羲：《宋元学案》卷五十六，中华书局，1986，第1832页。

在实际生活中既有深厚庄严的家国之念、济世之志，也常有展示才艺、游戏人生甚至狂放不羁的人生面向①，展示出富有张力而又丰满迷人的个性特征，在整体上呈现为一个独立的、真实的、自觉的"人"，这在专讲"天理"、灭"人欲"的宋代理学盛行的社会情境中，具有突破传统、打开禁锢的巨大思想解放作用，开了明清启蒙思潮的先河，这对我们当下的人格建构也有启示意义。

# 二　浙学与浙商

### 1. 浙商历史与文化

浙商，一般是对浙江籍的从事各种商品生产、商业经营以及各种商务事业的商人、实业家的统称。在中国几千年的商业活动历史中，浙江商人都是具有代表性的重要参与者与推动力量之一。在进入近现代尤其是改革开放以来，浙商更获得了迅猛发展，在浙江发展、长三角经济崛起乃至中国经济腾飞过程中，创造了各种经济奇迹，取得了为中国乃至世界所瞩目的成就和经验，成为"浙江模式"、"浙江经验"、"浙江现象"的主要缔造者。在历史上，浙商不仅与粤商、徽商、晋商一道被合称为"四大商帮"，在近代以来，更当仁不让地成为"华夏第一商帮"，数百万海内外浙商将浙江商业的影响力几乎扩展到海外的每一个角落，欧洲工商业界将"东方犹太人"的美誉送给浙商，我国台湾工商界人士甚至将浙商称为"大陆之狼"，以赞誉浙商让人震撼的生存能力与商业创新能力。从文化思想、价值观念、精神状态来考察社会经济发展，最经典的理论当属"韦伯命题"，马克斯·韦伯在《新教伦理与资本主义精神》中认为希腊的理性主义传统和犹太教基督教的希伯来精神是西方思想文化的渊源，蕴含着科学、理性、平等、民主、自由等具有代表性的现代精神，这成为西方现代文明与资本主义不断发展的核心思想资源。回顾浙商发展的历史，可以更为真切地感受浙商与浙学之间的天

---

① 如叶绍翁《四朝闻见录》曾记载陈亮"为大臣所沮，报罢居里，落魄醉酒，与邑之狂士甲命妓饮于萧寺，目妓为非"，与狂士、妓女以皇帝、丞相、妃子相称，被人举报给孝宗，而孝宗以"秀才醉了胡说八道"而不罪的故事。

然自然、血肉一体、不可分离的深刻而内在的关系。

浙商在2400年前的战国时期就已然是行至四方、以天下为市的商贾之人。《越绝书》、《国语·越语》和《史记·货殖列传》等文献都描述过越国大夫范蠡、计然（计倪）治国理政、重视商业与经商致富的故事。计倪曾提出实行"农末（商）俱利"之策以实现"国富兵强"的理论命题。范蠡在辅助越王勾践灭吴之后，功成身退，"候时转物，逐什一之利。居无何，则至赀累巨万"，到山东定陶成为富甲一方的"陶朱公"，成为中国历史上有史料记载的首位商业巨人。宋以后，中国的经济重心南移，江浙一带成为中国商品经济最发达的地区之一，中国早期的资本主义在此萌芽。《宋史·地理志》即说浙人"善进取，急图利，而奇技之巧出焉"，与中原安土重迁、贵本贱末、黜奢崇俭、重义轻利等思想大相异趣。陈亮在《问古今财用出入之变》中提出"财者天下之大命"的观点，其《赠楼应元序》也认同"财者人之命，而欲以空言（仁义）劫取之，其道为甚左"，并以之为"真切而近人情"，与儒家传统殊为不同。陈亮还提出："古者官民一家也，农商一事也。……商籍农而立，农赖商而行，求以相补，而非求以相病，则良法美意，何尝一日不行于天下哉。"[1] 并为富商阶层辩护："强宗豪族犹足以庇其乡井，而富商大贾出其所有，亦足以应朝廷仓猝之须。"[2] 甚至"乡之长者皆以为才智莫能及"[3]，大力为商贾说话，这在两宋士人中十分引人瞩目。叶适要求许可工商业者入仕，反映了经济发展对士人观念变迁之影响。宋以降，商人地位上升，士商融合趋势明显[4]。陈亮兼为名士大儒与经商成功的"豪杰"，自述"亮为士，为农，为商，皆立足未稳"，将士、农、工、商四民平等看待，以"利"入"义"，把商人价值观带到"士"阶层

---

① 陈亮：《陈亮集》卷十一《四弊》，中华书局，1974，第127页。
② 陈亮：《陈亮集》卷十三《策问》，中华书局，1987，第153页。
③ 陈亮：《陈亮集》卷三十《何夫人杜氏墓志铭》，中华书局，1974，第436页。
④ 清沈垚说："古者四民分，后世四民不分。古者士之子恒为士，后世商之子方能为士。此宋、元、明以来变迁之大较也。天下之士多出于商。……以天下之势偏重在商，凡豪杰有智略之人多出焉。其业则商贾也，其人则豪杰也。为豪杰则洞悉天下之物情，故能为人所不为，不忍人所忍。是故为士者转益纤啬，为商者转敦古谊。此又世道风俗之大较也。"见沈垚《落帆楼文集》卷二十四《费席山先生七十双寿序》，文物出版社，1987。

中去，成为中国封建社会由中古迈入近古之际，士商人格转换、"士""商"互动的典型。后世王阳明更直接提出"四民异业而同道"，黄宗羲提出"工商皆本"，其思想皆是一以贯之。近现代以来，浙江商人成为中国民族工商业的中坚之一，为中国工商业的近代化起了很大的推动作用。鸦片战争后，温州、宁波、杭州均被开辟为商埠，近代又毗邻大都市上海，加速了经商贸易的发展，最早参与上海的开发建设，浙江商人群体一度成为叱咤十里洋场、垄断上海大半产业的传奇群体。民国时期，浙江财阀也在事实上构成国民政府的经济基础。

改革开放以来，浙江人继续坚持"敢为天下先"的创新实干精神，率先在全国创立和发展了个体、私营等非公有经济，并培育了一批领先全国的优势产业。全国第一家股份制企业即在浙江温岭市诞生的，义乌的中国小商品市场、绍兴的中国轻纺城、杭州的四季青服装市场等商品专业市场在浙江大地迅速崛起。20世纪80年代初的第一代浙江商人中的绝大多数是普通老百姓，他们无资金、技术、市场，白手起家，从"草根"开始成长，进入90年代以后，浙商们积累起了一定的知识和资本，但依旧缺乏国家财力、物力、政策等各类资源支持，他们自我摸索，奋发图强，以三流的资源创造出一流的效益，在以市场取向的改革中率先发展，以蓬勃发展的民营经济造就令世人瞩目的浙江奇迹。

2. 浙江商帮与浙商的当代发展

近现代以来，就浙商群体的构成来说，比较著名的主要有湖州商帮、温州商帮、台州商帮、龙游商帮、宁波商帮、萧绍商帮、绍兴商帮（越商）、义乌商帮等，这些商帮大多有悠久的历史与文化传统，大多具有自己相对鲜明的某些特点，如一般认为浙江龙游商帮和宁波商帮历史特别久远，温商最为活跃，萧绍商人最能吃苦敢闯，越商尤为低调而智慧，最为活跃的商人城市为义乌市等，其中龙游商帮和宁波商帮早在明末清初就是我国十大商帮中的两大帮。

就著名的浙江企业家来说，早在明清之际就已经形成一定实力。浙商湖州人沈万三在明初即号为天下首富，清末宁波镇海人叶澄衷是中国近代五金行业的先驱，以经营辑里丝起家的刘镛、张颂贤、庞云鏙、顾福昌这"四象"为首的湖州南浔商人一度是中国最早的强大商人群体。以虞洽卿、黄楚九、袁履登为代表的宁波商人曾经叱咤于当时的远东第一大城市上海。就当代浙商来说，在海外打拼并取得巨大成就的有张忠谋、殷琪、董浩云、邵逸夫、包玉刚、曹光彪、董建成、王德辉、陈庭晔、吴光正、李达三、邱德根、安子介等等。在内地经商的著名浙商有杨元庆、马云、丁磊、陈天桥、李书福、郭广昌、鲁冠球、冯根生、徐冠巨、宗庆后、宋卫平、邱继宝、黄巧灵、王均瑶、王阳元、鲍岳桥、求伯君、任正非、沈国军、江南春、叶立培、周成建、楼忠福、吴鹰等。上述浙商，大多具有传奇的经商奋斗的历史，都是浙江商人的杰出代表，不断传承着的浙学精神在他们身上都有生动体现。

就改革开放以来浙商所走过的发展历程来说，大致走过"流动走商"、"办厂坐商"、"国际化浙商"几个阶段。具体来说，"七山一水两分田"、"地少人稠多台风"的自然条件从根本上决定了浙江尤其是浙东地区相对不利的生活条件，在自然空间和社会制度空间双重压力和"倒逼"下，广大农民为了追求更好的生活，像犹太人一样在"流动中"寻找商机，浙江农民并没有表现出对土地和农业的眷恋，温州的修鞋匠、理发师、弹棉郎，东阳、诸暨、上虞的建筑工，义乌的流动商贩、货郎，永康的五金匠，台州的豆嫂、工匠等不断涌向全国乃至世界各地。"流动走商"亲身感受到巨大的社会性需求，而且了解其中所包含的品种、价格、质地、购买能力、利润空间等市场信息，进而迈向"办厂坐商"的新阶段，浙江由此迈进了工业化时代，为了适应各种工艺简单、技术含量低的日常生活必需的小商品的市场需求，早期的浙商以家庭作坊为形式从事规模不大但效率较高的加工生产，淋漓尽致地展示着浙江人"重事功"的务实精神。以义乌的小商品百货、温州的皮鞋和服装、永康的五金、嵊州的领带、海宁的皮革等为代表的各种专业市场不断发展壮大，甚至有了享誉世界的知名度。在工业化时代之后，浙商更加具备国际视野和经济一体化意识，不仅建立起将浙江的产品输送到全球近200个国家和地区的成熟商贸模式，积极分享全球贸易蛋糕，而且善于利用资本的力量，积极吸引外资，积极走出国门，坐上了国内海外投资的第一把交椅。浙商自觉依照世界贸易组织的游戏规则把习惯单兵作战的浙商

318

团结起来，积极培育合作、共享、共赢、回馈、法治、平等、融入国际社会等现代意识，组建起一个个同业公会、行业协会等自治性的民间社团组织，加强浙商合作，加强浙商与浙江整个政治社会文化教育的整合与互动。当代浙商能以敏锐的直觉投身于电子商务、高端制造、生物科技、旅游休闲等高技术高附加值行业，这有力地推动和促进了区域支柱产业、文化教育和慈善事业等的繁荣和发展，大大提升了区域文化软实力，促进了经济和文化良性互动和一体化建设，当代浙商已经构成了浙江整个社会不断走向现代化、国际化的基本力量。

3. 浙学与浙商的关系

浙商大多出身于草根群体，浙江经济发展的成就带有明显的草根文化血统，是草根智慧和草根行动的结晶。而浙学就是浙江草根智慧的结晶，草根行动的最根本的精神支撑。浙商不断发展的经验表明，空间、资源和地理区位等自然条件并不一定构成经济发展的决定性前提，以浙学为代表的地域性文化传统构成了浙江地区经济发展的精神根基，浙学所蕴含着的充沛而强大的精神思想动能可以推动浙商从事一种自下而上、由点及面、由内而外的社会空间、社会基础系统的升级飞跃乃至更新再造。概括说来，浙学与浙商的关系可从以下几个维度来理解。

其一，浙江地区在历史上相对发达的商品经济活动与相关的重视商业、农商并重的商业意识为浙学的产生与发展提供了深厚的经济基础和思想土壤，是"浙学"传统的活水源头。浙江地区的商业活动体现了重视功利的基本意识、超出农业的超越眼光、面向外部世界的开放视野与义利兼顾、公平公正的交易原则。在历史上，浙商从事的商品生产、买卖、贸易等活动都是服务性的，中央政权、官府的利益纠缠相对较少，更多的是与产品上下游供货商、批发商、零售商、顾客打交道时，都是以一种平等、公平、互惠的方式进行的，是一种草根性、平民性、老百姓、日常化的商业模式，而非主要靠政府庇护、官商协同、行业垄断、产品专营的商业模式，因而，极易产生出一种以利为基础、义利兼顾、以义和利的思想精神。在唐宋时期，浙江已有商船出海贸易，成为全国工商业发达的地区之一；海上丝绸之路的悠久历史又使浙江文化具有开放性质。这就使浙江文化具有了锲而不舍的务实精神、张扬个性的开拓精神、信誉至上的诚信精神和兼容并蓄的开放精神。这种精神正是社会主义市场经济体制下推动经济发展所必须具备的，浙江在新时期的崛起也就在情理之中。

其二，健康发达的浙学思想是浙商商业实践与相关经济思想的高度系统化、哲学化的理论总结。若从范蠡算起，浙江的商业实践已经有 2000 多年的历史，宋代以来，其商业文明已经逐渐跃居中国领先地位，直到现在，浙江的商品经济、市场经济的发达程度仍然居于中国各省份的前列，浙学在这种繁荣的商业实践中得以不断孕育、发展，同时也以十分自觉、诚实的态度对浙江的商业文化实践进行理论与思想层面的总结与升华，在不同的历史时期，先秦计倪所阐发的"农末俱利"、"国富兵强"的思想，后来演变为陈亮的"义利双行"、黄宗羲的"工商皆本"的思想等等，这些杰出的思想如一股强力的新风，对于冲破儒家思想中的重农轻商、重义轻利的保守僵化的价值观念作用明显，不仅是当时那个特定时代的思想财富，也具有穿越时空的历史价值，昭示着浙商在实践中的创造力与非凡思想智慧，浙学反过来又助推着浙江地区创造出更为健康、富庶的商业文明与繁荣兴盛的地方经济。

其三，新时期的浙商精神是当代浙学的有机组成部分，凝聚为独具特色的浙江文化软实力。由于传统浙学文化的激发，浙商积极提升文化素养，努力做到文化自觉，形成浙江商业文化，浙江商业文化并不单纯是浙商创业历程的故事汇，更是浙商在创业创新活动中特有的心灵历程、价值追求、理想信念、团队意识及其一系列相关的法律制度和组织文化系统，集中体现着浙商的智慧结晶，是浙商人格力量、创业文化、企业文化以及社会责任感的总结、凝聚与升华。据浙江省委车俊书记于 2017 年在第四届世界浙商大会上的致辞，"坚忍不拔的创业精神、敢为人先的创新精神、兴业报国的担当精神、开放大气的合作精神、诚信守法的法治精神、追求卓越的奋斗精神"已经成为新时代的浙商精神，以这种浙商精神为内核的浙商文化也正是新时代浙学的重要有机组成部分，成为重要的浙江文化软实力。

其四，浙学是浙江商业、浙商精神不断发展的思想文化酵母与取之不尽的精神源泉。近代著名的社会学家、文化学家德国的马克斯·韦伯在其

《新教伦理与资本主义精神》一书曾以"新教与资本主义之间的关系"为例，阐明了一个关于经济发展与文化支撑的真理性命题，即"任何形态的经济发展都必定内蕴了特定的文化力支撑，缺少这种文化力的支撑，任何形态的经济发展都不可能获得持续的生命力"。早在陈亮时代，陈亮为商人、商业辩护的思想就得到民众的大力拥护，也成为激励他们进行商业活动的精神力量。一部千年浙江经济发展史清晰地展示出浙学传统乃是浙江经济发展中极其重要的文化支撑力要素。当代浙江经济发展也需要特定的文化力支撑，浙学传统才是浙商文化、浙江经济发展的精神实质。如就温州现象而论，两宋之际，两浙路的学术始于永嘉等地，而当代浙江经济发展最早的典范是温州，浙学传统的思想真谛才是当代温州现象的最深刻的文化根源。总之，浙学作为浙江地区数千年独特的经济文化发展的哲学总结，凝聚起浙商最为精华的思想智慧，成为浙商进一步发展壮大、引领浙江经济再创辉煌，进而弄潮世界的强大精神动力。

其五，浙商及浙江商业经济、商业文化为浙学进一步发展提供了研究课题、新的挑战、新的文化土壤与新发展机遇。当前来说，如何实现产业转型升级、如何避免中等发达国家陷阱、如何处理与以美国为首的发达国家的经济贸易关系，如何更好地融入国际政治经济体系，如何实现经济发展成果符合公平正义原则的分配，如何处理经济发展过程中政府与企业、政府与人民、自然生态与经济发展、人的发展与社会的发展的关系，如何总结浙江近代以来尤其是改革开放以来的发展经验教训，如何在新的历史条件下传承与光大浙江地域的文化并实现与国内乃至世界文化的交流对话等等话题，既是一般性的经济话题，又涉及广泛的社会问题，就求真务实、重视事功、视野开阔、包容开放、自主创新、勇于并善于实践的浙学来说，都是不可回避的重大理论问题，也是浙学面临的挑战与发展机遇。

概言之，浙江经济发展的历史经验尤其是改革开放以来的经验表明，工商业是浙江经济的基础，浙江经验在总体上来说就是以浙商等群体为代表的草根群众的首创精神与国家政策支持相结合的经验，浙江经济的成就是依靠人民的自主性、调动人民的创造性、凝聚人民力量、吸取人民智慧取得的成就。浙学是成就浙商传奇、浙江经验、浙江现象的悠久深厚的思想源泉与生

生不竭的精神力量，也是浙江整体社会继续走向进步、走向未来的思想
财富。

# 三　浙学与当代浙江精神

## 1. 浙江当代精神略述

恩格斯说："在一切意识形态领域内传统都是一种巨大的保守力量。"①
"历史思想家在每一科学领域中都有一定的材料，这些材料是从以前的各代
人的思维中独立形成的，并且在这些世代相继的人们的头脑中经过了自己的
独立的发展道路。"② 以南宋浙学为代表的浙学思想传统是一种巨大的"保
守力量"，作为一种文化"遗传基因"一直传承于历代浙江人的思想观念
中，当下则成为当代浙江精神。所谓"浙江精神"，习近平说：它是"中华
民族精神的重要组成部分，是以爱国主义为核心的民族精神、以改革创新为
核心的时代精神在浙江的生动体现，是浙江人民在千百年来的奋斗发展中孕
育出来的宝贵财富。浙江精神世代传衍，历久弥新，始终激励着浙江人民励
精图治，开拓创新，显示出强大的生命力和创造力。"③

千百年来，浙江特有的地理环境、生产生活方式、历史上的多次人口迁
徙和文化交融，造就了浙江人民独特的精神文化特质。早在数万年前，浙江
大地就已出现"建德人"的足迹，在距今四千至七千年前，跨湖桥文化、
河姆渡文化、马家浜文化、良渚文化，更是进一步呈现浙江地区文明的曙
光。夏、商、周三代以降，浙江地区总体上相对落后于北方黄河流域，但相
关文明因素处于不断的累积过程中。从魏晋南北朝开始，随着北方移民南
迁，先进的学术与技术文化推动了浙江地区的快速发展，南宋定都杭州以
后，两浙地区的社会整体发展达到了全国的最高水平。明、清以至民国，浙
江成为全国的财税中心与文化重镇。在浙江人民创造自己灿烂文明史的背
后，浙学不断发达，涌现出如大禹、勾践、王充、钱镠、胡则、沈括、岳

---

① 马克思、恩格斯：《马克思恩格斯选集》第四卷，人民出版社，1995，第 257 页。
② 马克思、恩格斯：《马克思恩格斯选集》第四卷，人民出版社，1995，第 727 页。
③ 习近平：《与时俱进的浙江精神》，《哲学研究》2006 年第 4 期。

飞、陈亮、叶适、于谦、方孝孺、张苍水、黄宗羲、王阳明、龚自珍、竺可桢、蔡元培等一大批杰出人物，展现出浙江深厚的文化底蕴。如前所论，求真务实、勇于实践、兼容并蓄、创业创新、以人为本、注重民生、诚实守信、义利并举、卧薪尝胆、发愤图强等成为传统浙学的基本思想精神维度。"虽然在不同时期，浙江精神呈现的具体形态和侧重点不尽相同，但是，由上述观念、理性、胸襟、情怀、品行、气节和志向所凝聚的内涵，正如涌动的活水，跳跃、翻腾在整个浙江的历史过程中，表现出旺盛的生命力。"[1]

在新的历史时期，随着浙江社会经济文化的全面繁荣，浙江模式、浙江现象、浙江经验为世人所瞩目，与之相伴，浙江哲学社会科学内部的各个学科尤其是哲学思想界的学者们对"浙江精神"这一浙江发展的思想精神层面做了很多提炼与研究，形成了许多成果。具有标志性的是，2006 年与 2017 年，第一期、第二期浙江文化研究工程分别正式启动，该工程以"今、古、人、文"为主题，突出"浙学"研究，讲好浙江故事，重点在"浙江当代发展研究"、"浙江历史文化专题研究"、"浙江名人研究"和"浙江历史文献整理"等四个方面，传承传统浙学中"整体和谐、艰苦创业、以人为本、多元兼容、批判创新"的基本精神。浙江文化研究工程实质上是浙江学者传承浙学精神、续写浙学精品、重塑浙江学派的重要体现。就浙江社会各界关于"浙江精神"提炼的成果来说，大家普遍认为，在改革开放初期，浙江人自发形成了"历经千辛万苦、说尽千言万语、走遍千山万水、想尽千方百计"的"四千精神"；2000 年，浙江精神又被概括为"自强不息、坚韧不拔、勇于创新，讲求实效"16 个字；2006 年，浙江精神被进一步界定为"求真务实、诚信和谐、开放图强"12 个字；2009 年，为推进浙江经济转型升级，在党和政府引导下，浙江人又提出了以创业创新为核心的"新四千精神"："千方百计提升品牌，千方百计保持市场，千方百计自主创新，千方百计改善管理"；2012 年浙江又提炼出"务实、守信、崇学、向善"作为浙江人民共同的价值观。在 2016 年 G20 杭州峰会时党中央习近平书记勉励浙江干部群众"秉持浙江精神，干在实处、走在前列、勇立潮

---

① 习近平：《与时俱进的浙江精神》，《哲学研究》2006 年第 4 期。

头", 凝聚了新的社会共识, 可以视为浙江精神的新概括。

不同时期的"浙江精神"的提炼过程正是重塑与提升浙江人文精神与价值共识的过程, 也是浙江经济社会实现更高质量的自觉发展的过程, 是浙江民众思想境界与综合素质不断提升的见证, 对凝聚浙江力量、建设"两美、两富"浙江都有重大文化意义。就文化的传承与发展来说, 传统浙学是当代浙江精神的源头活水, 要准确提炼与发展当代浙江精神, 必须深刻认识传统浙学与当代浙江精神一脉相承的紧密而内在的联系。我们认为, 二者联系的核心要点主要体现在求实、创新、开放、重民这四个有机联系、互相支撑的基本方面。

2. 浙学与当代浙江精神沟通的四个维度

(1) 求实

如前所论, 实事求是、求真务实是浙学的核心思想, 这基本上得到了思想文化界的肯定与认同。如蔡元培先生就认为, 自王充以降, 在中国传统儒家学术谱系中有一支"南方思想"亦即"实学"的流派, 径直将以浙江地区为代表的南方思想归结为"实学"。

在基本含义上, "求实"意味着追求事物的真实、脚踏实地地做事, 去除矫揉造作与虚浮不实的思想与言行。东汉时期君权神授和"天人相与"的天人感应说流行, 王充在《自然》中宣称"天地合气, 万物自生", 用一种简易的"人间世理"对抗迷信神学, 体现了一种"疾虚妄"的科学精神, 他还告诫儒生对虚妄的东西要加以批判, 以便"订其真伪, 辨其实虚", 其《自纪》说: "伤伪书俗文, 多不实诚, 为《论衡》之书", 即批判现实之虚妄以求道理之衡, 王充"实事疾妄"的思想可谓浙学的精神主轴。

在治学内容上, "求实"意味着抛开空泛的天人性命之说而进行踏实的经史研究。程朱理学主张"宗经"以体悟道德义理, 如朱熹认为"凡读书, 必先读《论》、《孟》", 然后方可观史。否则先读"经济", "比如泰山之高, 他不敢登, 见个小土堆子便上去了, 只是小。"[①] 而浙学思想家则认为"性命之说, 易入虚无", 主张治学务必探究实理, 在实践中验证其是非曲

---

① 周少华:《破译温州经济的文化 DNA》,《浙江经济》2002 年第 6 期。

直，反对那种脱离实际的高谈阔论，认为研究历史则"切入人事"，呼吁广泛涉猎经史以求经世致用，并且还致力于天文、地理、数学等自然科学的研究，如吕祖谦就广涉经史，明确提出"讲实理，育实材而求实用"①。清代浙东史学提出读经"必证明于史籍"，只有"求之愈艰，则得之愈真"。黄宗羲也主张："学必原本于经术而后不为蹈虚，必证明于史籍而后足以应务"。② 务"实"求"真"的价值目标展示了浙学具有的理性精神，其旨在于学习对现实社会有用的东西，做学问要和社会实际相结合，切忌蹈虚空谈，这成为浙学几代宗匠从浙江全部社会实践和理论中概括出来的思想宗旨。

在价值观念上，"求实"意味着不去蹈袭"重义轻利"的高调，而去肯定实利，追求义利合一、理欲相容这种平实的生活经验。叶适主张"以利合义"、"义利并立"，陈亮提出"义利双行"，都充分肯定了人的欲望具有天然合理性。王阳明对商人予以相当同情，阳明后学更有提出"理在欲中"之说的，这些思想具有相对禁欲主义的启蒙意义。

在治学目的上，"求实"意味着要有实干与践履精神，能够以学问经世致用。程朱理学家强调"修身"，提高道德修养，先做"醇儒"，然后"治国""平天下"。浙东学派则主张治学与经世的统一，将"经世"作为治学目标。这一思想自北宋"永嘉九先生"发端，至南宋时叶适、陈亮的"事功之学"，"教人就事上理会，步步着实"，再至王阳明反对记诵词章之虚文而提出主张事上磨炼的"知行合一"、"致良知"、重视"闻见"之知以及"簿书讼狱之间，无非实学"等思想，再到清代黄宗羲在《明夷待访录》中提出"学问所以经世"，治学目的"大者以治天下，小者以治民用"③ 等思想，万斯同也提出"经世之学"是儒者的第一要务。以黄宗羲为代表的浙东史学，"对于明朝的灭亡，认为是学者社会的大耻辱大罪责，于是抛弃明

① 王凤贤、丁国顺：《浙东学术研究》，浙江人民出版社，1993，第89页。
② 吴光：《试论浙学的基本精神——兼谈"浙学"与浙东学派的研究现状》，《浙江学刊》1994年第1期。
③ 吴光：《试论浙学的基本精神——兼谈"浙学"与浙东学派的研究现状》，《浙江学刊》1994年第1期。

心见性的空谈，专讲经世致用的实务，他们不为学问而做学问，是为政治而做学问"。① 务"实"就成为浙东学术与理学截然不同的价值目标。

在浙江学术的各个时期与流派中，学者"经世"方式并不相同，"阳明得之为事功，蕺山得之为节义，梨洲得之为隐逸，万氏兄弟得之为经术史裁"②，但他们致力于以学问接引社会治道，在经营世务与现实生活方面又是殊途同归。浙江古代学者一贯强调学问的践履，这清晰地体现于数千年来浙江民众社会生活的各个方面，毫无疑问，至今仍是浙江地区发展经济文化事业的基本思想精神，也应该成为当代浙江精神建设的基本轴心。

（2）创新

浙学具有开拓创新的精神特征，它不崇尚权威，具有打破既有成规、冲决网罗的精神气概，展示出理性的质疑精神与批判精神。最典型地体现在以下几个时期，在南宋时，程朱理学成为当时主流性的思想理论，但陈亮、叶适等浙江学人公然对之坚决批判，尤其是陈亮与朱熹进行了长期论辩，力主学术与事功、义利的统一，终于使具有鲜明事功特征的"浙学"在浙江大地上诞生；明代中叶以后，程朱理学日趋教条化，但仍居于意识形态的统治地位，王阳明大力提倡"心"学，断然提出"吾心之良知，即所谓天理也"，"虽其言之出于孔子，不敢以为是"，以强烈的主体精神对传统儒学进行大胆的革新改造，逐渐成为影响全国的思想潮流。在明末清初之际，阳明心学日趋衰微，黄宗羲力倡经史典籍研究，开创了浙东史学研究的新风气，著作《明夷待访录》，宣扬社会政治启蒙学说，著作《明儒学案》，创立学案体这一新的学术史范例；在乾嘉之际，文字狱一度兴盛，考据学如日中天，章学诚以巨大的学术勇气颠覆乾嘉时期以文献考据为基本特征的经学学风，力倡学术的经世致用，提出"志乃史体"这一崭新形态的方志理论等。在中国思想史上，浙学学者大多敢于不惧权威与程式，开时代风气之先，同时他们也自觉鼓励门人弟子不要蹈袭旧说，敢于存疑质疑，自作主张，大胆创新创造，发前人之未发，唯此才能在学术上有新建树，于社会有新事功。

---

① 梁启超：《中国近三百年学术史》，复旦大学出版社，1985，第106页。
② 钱茂伟：《浙东学术史话》，宁波出版社，1999，第4页。

这正如吕祖谦所讲的"惟出奡臼外，然后有功"①，黄宗羲主张"有一偏之见，有相反之论"②。这种敢于质疑、敢于批判、敢于创新的精神在浙江思想家身上一直延续到近现代，如龚自珍、章太炎、鲁迅、蔡元培等思想家对封建制度、伦理思想、教育思想、国民性等多个方面都有抨击，同时也多有重要建树与创新。

这种精神延续到当下，集中表现为浙江人民对本本主义、教条主义等的质疑与批判。改革开放之初，浙江人轻视所谓"姓社姓资"的抽象争论，敢于探索尝试，做到第一个吃螃蟹，浙江桐乡不出羊毛，却建起了全国最大的羊毛衫市场；海宁不产皮革，却建起了全国最大的皮革市场；余姚不产塑料，却建起了全国最大的塑料市场；嘉善没有森林，却建起了全国最大的木业加工市场。浙江缺乏各类资源，独辟路径，不仅创造出"温州模式"、"义乌模式"等，而且在电子商务、"美丽乡村"建设、生态文明建设等方面走在了全国前列。自主创新是永恒的话题，它是企业发展不遏的动力，更是一个民族、一个国家长期兴旺发达的根本源泉。浙江在未来的发展中，应该继续秉承创新精神，在各方面的千锤百炼中"无中生有"、"有中出奇"，闯出一片创新创业、社会发展的新天地。

（3）开放

浙江是中国面积最小的省份之一，陆域面积仅有10万平方公里，约占全国的1.06%。就地形来说，山地和丘陵约占70%，平原和盆地占23%，河流湖泊约占6%，呈现"七山一水两分田"的特征。除杭嘉湖地区生存环境较好外，以温州、金华等地为代表的整个浙东地区"土薄难植"，"一方水土养不活一方人"，而且，国家给予浙江的优惠、扶助政策也相对缺乏，自然空间和社会政策空间留给浙江经济与社会发展上回旋腾挪的余地非常有限。这使浙江尤其浙东地区的人能够正视生存环境中的不利因素，敢于放弃"安土重迁"的传统价值取向，而以开放的心态去谋生活，"开放"由此也就成为联结传统浙学与当代浙江精神不可或缺的关键词。

---

① 徐吉军：《宋代浙江学风概述》，《浙江学刊》1989年第6期。
② 杨太辛：《浙东学术的含义及浙东学术精神》，《浙江社会科学》1996年第1期。

在学术思想上，"开放"意味着能以谦逊包容的心态对其他异质性的思想做积极的兼收并蓄。就宋代浙学而言，"永嘉九先生"即以走出去的开放心态积极吸取洛学思想营养，然后以重视实际、讲求实践的学术态度在永嘉地区讲学授徒，开启南宋事功学渊源。到了南宋，无论是永嘉学派、金华学派，还是四明心学，都有开放包容之象。最有代表性的当属以"兼容并包"、"博采众长"知名于世的吕祖谦的金华之学，他以"宰相之量"对朱陆之学"兼取其长，而复以中原文献之统润色"，体现了南宋浙学的开放、包容、汇通的学术特点。

在生产生活中，"开放"意味着突破"重农抑商"的传统观念而积极从事工商业。与中原地区相异，浙江许多地方尤其是浙东地区的农业生产很难满足人民的基本需要，浙地民众相对更容易地从对土地的崇拜中走出来寻求生存之道，他们主动离土离乡乃至走南闯北、漂洋过海从事各种"拾遗补阙"的工商业。在南宋时期瓯越之地即有了较为发达的造船、造纸、漆器、制瓷、酿酒、晒盐等行业，人们普遍重视工商，"富贵而不务本"，与"重义贱利"、"重农抑商"的儒家传统价值观颇为不同。在这样的社会土壤中，叶适的"以利合义"，陈亮的"义利双行"，以至清代黄宗羲的"工商皆本"等思想就显得水到渠成，自然而然。

在对外交往方面，"开放"意味着能积极走出家门，走向世界，以一种包容、乐观、积极的心态与外部世界进行商品、资金及信息的交流。浙江人不仅以"担货郎"的身份走遍中国的大街小巷，而且把生意做到了世界各地。浙江人尤其是温州人被称为"东方犹太人"，浙江有许多全国知名的侨乡，如青田、文成等地都有众多人口生活在海外，并且取得了较大的事业成就，他们又以宝贵的人力、资金、信息等方式源源不断地反哺浙江，是推动浙江兴旺发达的重要动力源。从对外开放的历史深处走来，浙江已经成为对外交往、对外开放活跃度最高的省份之一，终于取得了丰厚的回报。立足当下，浙江应继续坚持以开放助改革，以开放促发展，以开放引领未来，让浙江传统文化中的"开放"性的文化基因继续传承光大。

（4）重民

如前所述，浙学在本质上是一种具有极强的草根性质的思想学术形态，在根本上是一种平民哲学、草根哲学，这样的一种哲学形态必然具有强烈的世俗气息，它天然地具有关心老百姓生活、重视老百姓利益、为天下苍生代言、为平民百姓谋利益的学术品格。这集中地体现在"重民"、"富民"的思想上，由此视角也可以更好地把握当代浙江精神。

首先，政治上的"民为国本"。陈亮提出："天下之事，孰有大于人心之与民命者乎？"[1] 认为"人心""民命"乃天下最大之事。叶适提出："国本者，民欤？重民力欤？厚民生欤？惜民财欤？本于民而后为国欤？昔之言国本者，盖若是矣。"[2] 这种"重民力"、"厚民生"、"惜民财"体现出民本主义的人文精神，叶适又进而提出"命令之设，所以为民，非为君也。"[3] 这种民本思想从目的论的层面将"民"摆在"君"之前，具有很强的政治思想的革新意义。以此为基础，黄宗羲进一步提出："盖天下之乱治，不在一姓之兴亡，而在万民之忧乐。"[4] 在"天下"也就是政治终极正义与合法性的意义上，将民众利益（"万民之忧乐"）摆在了君主利益（"一姓之兴亡"）之上，体现出了颠覆性的意义。无疑，从陈亮、叶适至黄宗羲，这种政治上的"民本"思想是一以贯之的，这种思想与现代民主思想、以人为本思想具有可贯通性，理应成为新时代"浙江精神"的重要理论源泉。

其次，经济上的"不求富国而求富民"。"民为国本"的思想本来就含有关注普通民众的民生之义。在叶适的思想中，政治上的"民本"思想正是以经济上"重民力"、"厚民生"、"惜民财"为基础的。与此相应，金华学派、永康学派以及四明心学等，也都具有支持发展一切可以改善民众生活的事业的学术思想。事实上，鼓励民众发展农业生产、进行工商货殖活动、轻徭薄赋，成为浙学共识，也在很大程度上影响着统治者的为政施策。陈亮曾赞扬汉文帝"惩秦之陋，斫雕为朴，不求富国而求富民，故为治之先，勤于耕农是劝，今年以开籍田先农，明年以减半租勉农，又明年以除租税赐

---

① 陈亮：《陈亮集》卷十一《廷对》，中华书局，1974，第113页。
② 叶适：《水心别集》卷二《国本上》，《叶适集》，刘公纯、王孝鱼、李哲夫点校，中华书局，1961，第644页。
③ 黄宗羲：《宋元学案》卷五十四《水心学案上》，中华书局，1986，第1788页。
④ 黄宗羲：《明夷待访录·原臣》，《黄宗羲全集》第一册，浙江古籍出版社，2005，第5页。

农"①；陈亮在《上孝宗皇帝第一书》中批评王安石变法"惟恐富民之不困也"，"惟恐商贾之不折也"。从历史上看，浙江地区通过农业、工商等活动赚取财富，进而藏富于民，成为一种特别的地域文化现象。放眼当下，以"重民力"、"厚民生"、"惜民财"为基础的"藏富于民"也应成为浙江鼓励民众创新创业、改善生活品质的题中应有之义。

再次，尊重和鼓励群众的首创精神，因势利导，成就事业。王充撰写《论衡》努力做到"直露其文，集以俗言"，以简易的语言形式写作，已初露关注与尊重民众日常生活经验之意。陈亮更提出一系列主张，要求为政、改革尊重民心民意，如他说："自伏羲神农黄帝以来，顺风气之宜而因时制法，凡所以为人道立极，而非有私天下之心也"，认为三代之君"敷政出令，不拂民欲；惇德行化，以固民心"②，又说"古之帝王，独明于事物之故，发言立政，顺民之心，因时之宜，处其常而不惰，遇其变而天下安之。"③ 都充分展示出要求统治者的行政施为要顺应民心民意的思想，得到了广大人民群众的热烈拥护，连朱熹也叹曰："陈同甫学已行到江西，浙人信响已多……可畏可畏。"④ 改革开放以来，浙江的群众首创精神得到充分释放，如义乌人从"肩挑货郎担"、办马路市场开始，然后办专业市场，进而提升为全国最大的小商品国际商贸城，最终有力地反哺农业，促进工业化、城市化、国际化的区域经济发展，走出了一条区域经济社会快速健康协调发展的道路。与之类似，杭州的电子商务、宁波的服装、温州的皮鞋、永康的五金、海宁的皮革、嵊州的领带等一大批区域特色产业在全国出类拔萃，无不得益于全社会对群众首创精神、自下而上的改革发展道路的认同与大力支持，至今具有强大的生机活力，也理应成为当代浙江精神的内涵。

综上所述，求实、创新、开放、重民四个方面，是有机联系的浙学思想

---

① 陈亮：《陈亮集》卷二十，中华书局，1987，第215页。
② 陈亮：《陈亮集》卷十三《史传序》，中华书局，1974，第154页。
③ 陈亮：《陈亮集》卷十《经书发题》，中华书局，1974，第103页。
④ 朱熹：《朱子语类》卷一二三，《朱子全书》第18册，上海古籍出版社、安徽教育出版社，2002，第3872页。

文化整体，求实是浙学精神内核，创新是求真务实的自然结果，开放体现着浙江人民宽广的胸襟与灵活的策略，以民为本则是浙学与浙江精神的最终归宿。如上四个方面既是以南宋为代表的传统浙学的思想真谛，也是与当代浙江精神息息相通的宝贵思想精神财富，它们将继续成为浙江思想精神发展的源头活水，指引浙江思想学术与各项事业取得新的发展。

# 四 浙学传统中的"本土化"问题与普遍性价值

### 1. 一种学术新范式：南宋浙学的现代特征

程朱理学与以南宋浙学为主体的整个浙学实质上是两种完全不同的学术思想范式。前者作为一种强调道德修养的具有泛道德主义倾向的思想理论体系，其思想宗旨是一种"内圣"之学，虽然已经达到了儒学乃至整个传统学术思想的最高峰，但它终究只是一种传统的学术思想范式的典型；而后者虽然还不够系统成熟，却已经是代表着传统学术思想向近代学术思想转换的范式，已具备近现代学科化、专业化学术思想的初步形态，因而标志着重大的历史转折，亦即标志着浙学思想家已充分地认识到传统的以内圣为基点的外王之道已发生某种阻塞不通，而必须完全另谋他途。相对于程朱理学乃至孔子以降的传统儒学，南宋浙学作为一种新的理论范式，其主要内涵如下。

其一，在基本思想观点上，与以程朱为代表的传统理学相比，以陈亮、叶适等为代表的南宋浙学在哲学基本思想上认为"道在器内"、"道在事中"、"道存于物"，强调立足于"器"、"物"、"事"的本体与现象、普遍与特殊相统一的唯物主义的世界观与辩证法。在基本价值取向上，主张"理欲统一"的道德观与"义利合一"的价值观。在人生观上，反对做畸重于德性涵养而畸弱于外王事业的"圣贤"或"醇儒"，而要求"学为成人"、"只要做个人"，做一个有着堂堂事业的"圣人"。在学风上，提倡为学要关注实事实功，关注现实问题，反对重农抑商，主张发展工商业等。相对于理学家以"天理"为首要原则，事功学派确立起新的以"事功"为首要原则的全新思想面向。

其二，陈亮等的事功之学超越了传统儒家泛道德主义的化约论立场，在宋儒注重道德心性修养的价值关怀之外，开创了以"事功"为基点来构建新的思想范式的学术路径。南宋理学虽有朱陆之别，但那主要是理学内部的区别，它们在总体上严分理欲、崇尚修养，"皆谈性命而辟功利"（黄宗羲语），强调性命义理之学的优先地位，以修身内圣作为重建人心秩序的根本。而陈亮、叶适的事功之学强调经世致用、力辟空谈，反对将理欲、公私、义利切割为绝然对立的两极，主张以实事实利、治世事功作为评判伦理德性价值和重建社会秩序的根本依据，从而在儒家主流话语之外，开创了把知识分子的知识关怀与现实事功相结合的新的思想范式。

其三，南宋浙学的根本思想在于强调实事实功、经世致用的外王之道，完全不同于传统儒学及当时理学注重"内圣"的思想旨趣。这些异质性的思想特征在永嘉学派那里得到了极鲜明的反映。从薛季宣到陈傅良、叶适，永嘉学派研究五经中的制度重于研究义理，而且研究经制的目的在于治事，同样，他们也研究理、欲、义、利问题，但摒弃了理学的空谈，反对"存天理，灭人欲"之论，而把理与欲、义与利、道德与事功结合起来，达到了空前一致。

质言之，南宋事功学派相较于程朱理学及传统儒学，实现了由"道德"本位而转向"事功"本位、由重"内圣"而转向重"外王"、由重"心性"而重"制度"等多个维度的根本性转变，建立起了新事功主义的思想范式。在今天的视角下，我们可以清晰地看到，南宋浙学与明清实学思潮的兴起在一定程度上是一致的，从重视实事实功、仔细研究推寻的角度来看，这与作为近代科学研究方法的实证法、调查研究法、实验法等多有可深度沟通之处，它们都反映了中国文化思想自身在努力实现从传统到现代的范式转型。而这样一种学术思想史的崭新意义，显然是以传统儒学及正统理学为中心的学术史观所无法理解的——毕竟直到今天，由孟子以降直到熊十力、牟宗三等现代新儒家，致力于从心性修养的"内圣"出发，而欲开出一个"外王"的理想世界，无一例外地都失败了——这也是他们一定要极力将事功之学边缘化、扭曲化或理学化和儒学化的根本原因。而这恰恰又正是以永康学派、永嘉学派为代表的南宋浙学在学术思想史上长期被遮蔽和遗忘的一个重要原因。

以上所述正如李泽厚所认为的，从传统儒学到现代新儒学都强调道德主义，但从内圣到外王的路径，实际上已走不通了，需要彻底地改变基地："这种道德至上的伦理主义如不改弦更张，只在原地踏步，看来是已到穷途了。"① 这大概也是著名史家何炳松先生说的 "著者的愚见以为在我国学术史上要以浙东学派为最有光彩"②，"要研究中国学术史，必须研究浙东学术史"③ 的主要原因之一。

事实上，作为一种区别于传统道德、心性、内圣之学的 "外王之学"、"实学"、"事功之学"、"制度之学"，浙学的影响甚至远及日本乃至欧美，日本近代著名学者内藤湖南的学术思想与方法就深受浙东学派影响。正是有鉴于事功之学的现代性，美国汉学家田浩认为："陈亮的观念比较容易转译成今日流行的社会政治术语。"④ 国内更有学者对之作出了深刻评价与积极展望："在中国学术发展的历史上，南宋以来的浙东学派，虽然不能说是同期学术各体系的主流，甚至可以说是对传统学术的逸出，但是这一流派从精神与方法上都代表着中国近代形态的学术的独立。所以如果我们逆溯深受西方学术影响、我等身在其中的近现代人文及社会科学的学术的本土传统，则非以浙东学术为首出不可。而浙东学术之重要地位，正在于它在历史上是传承并蜕变于中国古代悠久的传统学术，并在晚近为现代学术的产生提供其重要的本土资源。而这一本土资源对现代学术的影响，不是业已成为历史，而是还要继续发生，并且在获得其胜义之后，发生更大的影响。最终将为中华学术的完全成熟，成为世界学术中的一个独立乃至先进的学术体系提供重要的传统资源。"⑤

2. 地方性与普遍性：浙学传统的多元价值

浙学产生于浙江独特的自然地理与历史文化环境，与浙江在不同历史阶

---

① 李泽厚：《探寻语碎》，上海文艺出版社，2000，第317～318页。
② 何炳松：《浙东学派溯源》，中华书局，1989，第3页。
③ 何炳松：《浙东学派溯源》，中华书局，1989，第3页。
④ 〔美〕田浩：《陈亮论公与法》，田浩编《宋代思想史论》，社会科学文献出版社，2003，第520页。
⑤ 钱志熙：《论浙东学派的谱系及其在学术思想史上的位置——从解读章学诚〈浙东学术〉入手》，《中国典籍与文化》2012年第1期。

段的社会经济文化发展的状况有着多方面的内在关联，南宋浙学及整个浙学传统中不可避免地具有独特的根本性"本土性问题"及其解决方案。同时，因浙学所着力解决的浙江地域政治经济社会文化等多方面的问题大多属于事功范畴，浙学本身乃是一种具有初步的现代性的学术思想范式，因而它又自然地具有极深刻的现代性和普遍性价值，包含可以导向现代理性和现代社会构建的丰富可贵的精神资源，如工商社会、市场经济、自然人性论、民本思想、批判意识、独立自主精神、平民化精神、自强自立的主体意识、秩序理念、市场意识与公民责任、理性原则、人文关怀、权利意识、主体性观念、追求功利实效、从道德人向经济人的转向、价值观上的世俗化取向，等等。这些具有重要的现代性和普遍性价值的思想资源，无疑值得我们去进行深入系统的研究挖掘，并标举出其在中国思想史上的独特价值和地位。

为了达成上述研究目标，在具体研究过程中，需要以马克思主义唯物史观为指导，从哲学、文化学、社会学、经济学、历史学、心理学、思想史等多学科视角出发，采取历史与逻辑相结合，文献考证、逻辑分析与史迹考察相结合的方法，对南宋浙学的形成和发展的历史过程、逻辑线索、基本史实等进行认真的考察梳理和客观认定，避免主观联系、任意拔高、夸张比附的主观主义研究方法。

同时，通过考察辨析南宋浙学的形成和发展历史过程中的一些核心概念、主要理念的基本内涵和意义特点，分析南宋浙学的内在逻辑结构、基本精神及其与环境、历史、社会、文化传统等互动的机制、传递转化途径等。还要采用比较的方法将南宋浙学与不同的思想学说特别是程朱理学、心学相比较，将浙学和浙江文化与湘学、闽学等不同的地域文化相比较，将传统浙学与现代社会的基本价值观念相比较，从中提炼出科学的评价和理论概括，阐发其具有的重要的现代性和普遍性价值。

此外，还应该采取深入系统的实地考察调查方法。通过对温州、金华、永康等浙东事功学派的主要活动地域的考察，调查有关南宋浙学的史迹史料，积累第一手资料，可以具体地了解和感受南宋浙学的形成和发展过程、演进路径、思想特质，及其与浙江独特的自然环境、地域因素、民风民俗、文化传统及当时的社会经济政治生活等因素的互动关系，探寻这种互动关系的内在机制、演化脉络及其所包含的价值意蕴，同时也可以了解浙东事功学"讲求实效、注重功利"以及重视工商的精神等的"大传统"，是如何从民间心理文化的"小传统"中得以提炼并又成为浙江地方民间的相应实践活动的理论依据的，以及浙江区域文化与当代浙江区域经济、社会发展的互动关系。这些对于当代中国重建乡土社会、民间社会的良好秩序，恢复和延续传统社会中优秀的自然和人文精神传统，都能起到积极的作用。

3. 新课题与新出路：浙学发展的未来展望

"浙学"是充满地域个性的地方学派，也是中国哲学思想文化中最富光彩的组成部分之一。千百年来，"浙学"在浙江独特的自然地理环境上产生，禀受着浙江厚重的历史人文气息的熏染，不断求索创新，对浙江人的思想观念、社会价值、行为准则和生活样式产生了深刻的影响，也对整个中华民族文化乐章贡献出华美的智慧之曲，同时也对东亚思想乃至整个人类文明产生了重要的影响。在21世纪中国改革开放和应对全球化挑战的文化浪潮中，翘首展望未来，传统"浙学"如何在中国文化的复兴进程中重现异彩，再次留下自己的思想印记，是一个颇为值得研究的重大课题。

站在人类文明发展的当下，我们应该在考察浙学发展的历程并充分借鉴其他地方性知识发展经验的基础上，充分认识到，未来的浙学要想获得良好的发展，必须立足浙江丰富的政治经济社会文化实践，并能以高远的眼光放眼中国乃至整个人类文明共同体，牢牢把握浙学的核心精神内涵，树立敏锐而牢固的问题意识，自觉地面向现实生活的实际问题做深入的哲学思考与理论创新，以实现浙学在新的时代条件下的思想传承与创造，前瞻未来，浙学发展面临的重大课题有：

（1）浙江经济社会发展问题，如经济社会发展各方面的深层次改革、产业结构调整、城乡均衡发展、地域协调发展、生态环境问题等。

（2）浙江现象相关问题，如对浙江经验、浙江模式、浙江奇迹的理论总结，对浙江未来发展前景与可能问题的研判与理论思考。

（3）民众权利、民众发展相关问题，如各项公民权利维护、民众创新创造能力的激发、民众首创精神的发掘，及相关创新创造成果的总结、提升、推广。

（4）新技术革命相关问题，如影响人类未来发展的生命生物前沿技术、人工智能技术、量子技术、航天与太空技术、各种新能源技术，以及各种相关现实伦理问题等。

（5）各类各层次的国际交往问题，如与不同国家和地区的政治经贸文化往来、各异质文明的相处及发展、国际组织国际规则的适应与调整、人类文明的未来走向等。

上述问题都是关乎浙江发展、国家发展、人类文明发展的基本而重大的问题，也是关乎我们每个人的重大问题，我们需要以专业的态度和担当的精神对之做高远、系统、深刻的哲学思考，形成新的浙学关怀，取得新的浙学成果，展示新的浙学精神，以实现浙学在现代化、全球化、高技术条件下的生生而日新。

# 主要参考文献

## 一　原始资料

1.《周行己集》（温州文献丛书），周梦江笺校，上海社会科学院出版社，2003。

2.《薛季宣集》（温州文献丛书），张良权点校，上海社会科学院出版社，2003。

3.《陈傅良先生文集》，周梦江点校，浙江大学出版社，1999。

4. 陈傅良：《止斋集》（钦定四库全书荟要），吉林出版集团有限责任公司，2005 年影印本。

5.《陈亮集》（增订本），邓广铭点校，河北教育出版社，2003。

6.《陈亮诗文选注》，上海人民出版社，1977。

7.《陈亮文粹》，董平选注，浙江古籍出版社，2006。

8.《吕祖谦全集》，黄灵庚等主编、点校，浙江古籍出版社，2008。

9.《叶适集》（全三册），刘公纯、王孝鱼等点校，中华书局，1961。

10. 叶适：《习学记言序目》（上、下），中华书局，1977。

11.《王安石全集》，上海古籍出版社，1999。

12.《苏轼文集》，岳麓书社，2000。

13.《周敦颐集》，中华书局，2009。

14.《二程集》（上、下），王孝鱼点校，中华书局，1981。

15.《张载集》，中华书局，1978。

16.《朱子全书》，上海古籍出版社、安徽教育出版社，2002。

17. 朱熹：《朱子语类》，黎靖德编，中华书局，1986。

18. 朱熹：《四书章句集注》，上海古籍出版社，2001。

19.《陆九渊集》，中华书局，1980。

20.《王阳明全集》，吴光等编校，上海古籍出版社，1992。

21. 王祎：《王忠文公集》，中华书局，1985。

22. 李觏：《李觏集》，中华书局，1981。

23. 郑伯熊、郑伯谦：《二郑集》，上海社会科学院出版社，2006。

24. 刘埙：《隐居通议》，文渊阁四库全书影印本。

25.《宋元学案》（版本1），中华书局，1986。

26.《宋元学案》（版本2），见《黄宗羲全集》（第3~6册），浙江古籍出版社，2004。

27.《宋史》，中华书局，1977。

28.《宋会要辑稿》，中华书局，1957。

29.《续编两朝纲目备要》，上海古籍出版社，1995。

30. 陈邦瞻：《宋史纪事本末》，中华书局，1977。

31. 李心传：《建炎以来系年要录》，文渊阁四库全书影印本，上海古籍出版社，1987。

32. 李心传：《建炎以来朝野杂记》，中华书局，2000。

33. 楼钥：《攻媿集》，文渊阁四库全书影印本。

34. 马端临：《文献通考》。

35. 王夫之：《宋论》，中华书局，1964。

36. 朱熹、李幼武：《宋名臣言行录五集》，文海出版社，1967。

37.《文渊阁四库全书影印本》，商务印书馆，1986。

38.《四库全书总目》，中华书局，1965。

39.《黄宗羲全集》（全12册），浙江古籍出版社，2004。

40. 章学诚：《文史通义》，上海古籍出版社，2008。

41. 孙诒让：《温州经籍志》，上海社会科学院出版社，2005。

# 二 研究论著

1. 何炳松：《浙东学派溯源》，广西师范大学出版社，2004。

2. 周梦江：《叶适与永嘉学派》，浙江古籍出版社，1992。

3. 周梦江：《叶适年谱》，浙江古籍出版社，1996。

4. 周梦江：《叶适评传》，作家出版社，1998。

5. 张义德：《叶适评传》，南京大学出版社，1994。

6. 万斌主编《浙学研究集萃》（论文集），上海古籍出版社，2004。

7. 董平、刘宏章：《陈亮评传》，南京大学出版社，1996。

8. 〔美〕田浩：《功利主义儒家——陈亮对朱熹的挑战》，江苏人民出版社，1997。

9. 卢敦基、陈永革主编《陈亮研究——永康学派与浙江精神》，上海古籍出版社，2005。

10. 潘富恩、徐余庆：《吕祖谦评传》，南京大学出版社，1992。

11. 杜海军：《吕祖谦年谱》，中华书局，2007。

12. 徐儒宗：《婺学之宗——吕祖谦传》，浙江人民出版社，2005。

13. 蒋伟胜：《合内外之道——吕祖谦哲学研究》，浙江工商大学出版社，2012。

14. 董平：《浙江思想学术史——从王充到王国维》，中国社会科学出版社，2005。

15. 王凤贤、丁国顺：《浙东学派研究》，浙江人民出版社，1993。

16. 朱晓鹏主编《浙学研究论集》，上海古籍出版社，2012。

17. 朱晓鹏主编《浙学传统与浙江精神研究论集》，上海古籍出版社，2012。

18. 方如金、方同义、陈国灿：《陈亮与南宋浙东学派研究》，人民出版社，1996。

19. 葛兆光：《七世纪至十九世纪中国的知识、思想与信仰》（《中国思想史》第二卷），复旦大学出版社，2000。

20. 卢睿蓉：《海外宋学的多维发展——以美国为中心的考察》，中国广播电视出版社，2012。

21. 陈钟凡：《两宋思想述评》，东方出版社，1996。

22. 周梦江：《宋元明温州论稿》，作家出版社，2004。

23. 〔美〕田浩主编《宋代思想史论》，社会科学文献出版社，2003。

24. 陈立旭：《市场逻辑与文化发展》，浙江人民出版社，1999。

25. 陈立旭等：《文化与浙江区域经济发展》，浙江人民出版社，2001。

26. 陈立旭：《从传统到现代——浙江模式的文化社会学阐释》，中国社会科学出版社，2007。

27. 孙越生：《东方现代化启动点——温州模式》，社会科学文献出版社，1989。

28. 何福清主编《纵论浙江》，浙江人民出版社，2003。

29. 何俊：《南宋儒学建构》，上海人民出版社，2004。

30. 何俊：《事与心——浙学的精神维度》，北京大学出版社，2013。

31. 王宇：《永嘉学派与温州区域文化》，社会科学文献出版社，2007。

32. 王宇：《道行天地——南宋浙东学派论》，中国社会科学出版社，2012。

33. 陆敏珍：《宋代永嘉学派的建构》，浙江大学出版社，2013。

34. 张义德、李明友等编《叶适与永嘉学派论集》（论文集），光明日报出版社，2000。

35. 吴光等编《叶适与永嘉学派》（论文集），浙江人民出版社，2012。

36. 方同义、陈新来、李包庚：《浙东学术精神研究》，宁波出版社，2006。

37. 方祖猷等主编《论浙东学术》，中国社会科学出版社，1996。

38. 徐定宝：《黄宗羲评传》，南京大学出版社，2002。

39. 何忠礼主编《南宋史研究》系列丛书，人民出版社等，2008~2013。

40. 沈善洪主编《浙江文化史》（上、下），浙江大学出版社，2006。

41. 侯外庐主编《中国思想通史》，人民出版社，1960。

42. 侯外庐、邱汉生、张岂之主编《宋明理学史》，人民出版社，1984。

43. 张岱年：《中国哲学史大纲》，中国社会科学出版社，1964。

44. 束景南：《朱子大传》（上、下），商务印书馆，2003。

45. 韦政通：《中国思想史》（上、下），水牛出版社，1990。

46. 韦政通：《伦理思想的突破》，中国人民大学出版社，2005。

47. 陈少峰：《中国伦理学史》，北京大学出版社，1996。

48. 张立文主编《南宋时期理学思想》，中国人民大学出版社，1991。

49. 张立文主编，张立文、祁润兴著《中国学术通史》（宋元明卷），人民出版社，2004。

50. 蒙培元：《理学的演变》，福建人民出版社，1984。

51. 冯达文：《宋明新儒学略论》，广东人民出版社，1997。

52. 贾丰臻：《中国理学史》，商务印书馆，1982。

53. 漆侠：《宋代经济史》（上、下），中华书局，2009。

54. 胡寄窗：《中国经济思想史》，上海人民出版社，1981。

55. 赵靖主编《中国古代经济思想名著选》，北京大学出版社，1985。

56. 傅筑夫：《中国经济史论丛》（上、下），三联书店，1980。

57. 叶坦：《富国富民论——立足于宋代的考察》，北京出版社，1991。

58. 叶坦：《叶坦文集：儒学与经济》，广西人民出版社，2005。

59. 张仁寿、李红：《温州模式研究》，中国社会科学出版社，1990。

60. 方民生等：《浙江制度变迁与发展轨迹》，浙江人民出版社，2000。

61. 赵靖：《中国经济思想通史》（四卷），北京大学出版社，1997。

62. 葛金芳：《两宋社会经济研究》，天津古籍出版社，2010。

63. 〔日〕斯波义信：《宋代江南经济史研究》，方健、何忠礼译，江苏人民出版社，2001。

64. 厉以宁：《资本主义的起源——比较经济史研究》，商务印书馆，2003。

65. 吴震、〔日〕吾妻重二主编《思想与文献：日本学者宋明理学研究》，华东师范大学出版社，2010。

66. 费孝通：《乡土中国》，生活·读书·新知三联书店，1985。

67. 〔英〕阿雷恩·鲍尔德温：《文化研究导论》，陶东风译，高等教育出版社，2002。

68. 杨念群：《儒学地域化的近代形态——三大知识群体互动的比较研究》，三联书店，1997。

69. 〔美〕本尼迪克特：《菊花与刀——日本文化的诸模式》，浙江人民出版社，1987。

70. 朱国宏主编《社会学视野里的经济现象》，四川人民出版社，1998。

71. 〔德〕黑格尔： 《哲学史讲演录》，贺麟、王太庆译，商务印书馆，1959。

72. 胡志宏：《西方中国古代史研究导论》，大象出版社，2002。

73. 刘俊义主编《日本学者研究中国史论著选译》，中华书局，1992。

74. 〔美〕刘子健：《两宋史研究汇编》，联经出版事业公司，1987。

75. 〔美〕倪德卫：《章学诚的生平及其思想》，江苏人民出版社，2007。

76. 〔美〕田浩：《朱熹的思维世界》，陕西师范大学出版社，2002。

77. 〔美〕余英时： 《朱熹的历史世界——宋代士大夫政治文化的研究》（上、下），三联书店，2004。

78. 〔美〕余英时：《现代儒学的回顾与展望》，生活·读书·新知三联书店，2004。

79. 〔美〕余英时：《余英时文集》，沈志佳编，广西师范大学出版社，2004。

80. 〔日〕土田健次郎：《道学之形成》，上海古籍出版社，2010。

81. 〔日〕市来津由彦：《朱熹門人集團形成の研究》，东京文创社，2002。

82. 包伟民：《地方财政史研究》，上海古籍出版社，2001。

83. 陈来：《诠释与重建——王船山的哲学精神》，北京大学出版社，2004。

84. 陈来：《中国近世思想史研究》，商务印书馆，2003。

85. 陈来：《朱子书信编年考证》（增订版），生活·读书·新知三联书店，2007。

86. 陈来：《朱子哲学研究》，华东师范大学出版社，2000。

87. 陈植锷：《北宋文化史述论》，中国社会科学院出版社，1992。

88. 陈钟凡： 《两宋思想述评》，东方出版社，1996 年（影印商务印书馆1933 年版）。

89. 程元敏：《三经新义辑考汇评》，国立编译馆，1986。

90. 邓广铭：《邓广铭全集》，河北教育出版社，2005。

91. 邓广铭：《邓广铭学术论著自选集》，首都师范大学出版社，1994。

92. 邓小南：《祖宗之法：北宋前期政治述略》，生活·读书·新知三联书店，2006。

93. 方彦寿：《朱熹书院与门人考》，华东师范大学出版社，2000。

94. 冯友兰：《三松堂全集》，河南人民出版社，2001 年第 2 版。

95. 〔日〕沟口雄三、小岛毅主编《中国的思维世界》，江苏人民出版社，2006。

96. 关长龙：《两宋道学命运的历史考察》，学林出版社，2001。

97. 管敏义：《浙东学术史》，华东师范大学出版社，1993。

98. 何忠礼：《宋史选举志补正》，浙江古籍出版社，1992。

99. 黄宽重：《南宋地方武力——地方军与民间自卫武力的探讨》，国家图书馆出版社，2009。

100. 劳思光：《新编中国哲学史》，广西师范大学出版社，2005。

101. 刘述先：《理学与现实的纠结》，吉林出版集团有限责任公司，2011。

102. 刘昭仁：《吕东莱之文学与史学》，文史哲出版社，1986。

103. 罗光：《儒家形上学》，学生书局，1991。

104. 罗立刚：《宋元之际的哲学和文学》，复旦大学出版社，1999。

105. 蒙文通：《蒙文通文集》，巴蜀书社，1995。

106. 牟宗三：《心体与性体》，上海古籍出版社，1999。

107. 钱穆：《朱子新学案》，巴蜀书社，1987。

108. 束景南：《朱子大传》（上、下），商务印书馆，2003。

109. 束景南：《朱熹年谱长编》，华东师范大学出版社，2001。

110. 尹协理、刘海兰：《王通评传》，北岳文艺出版社，2016。

111. 吕思勉：《理学纲要》，东方出版社，1996。

112. 周予同：《周予同经学史论著选集》，上海人民出版，1983。

113. 李泽厚：《探寻语碎》，上海文艺出版社，2000。

114. 李泽厚：《〈论语〉今读》，中华书局，2015。

115. 台湾大学历史系主编《转变与定性：宋代社会文化史研讨会论文集》，台湾大学历史系，2000。

116. 姜广辉：《走出理学》，沈阳：辽宁教育出版社，1997。

117. 〔德〕马克思·韦伯：《新教伦理与资本主义精神》，于晓、陈维纲等译，生活·读书·新知三联书店，2002。

118. 萧公权：《中国政治思想史》，新星出版社，2005。

119. 刘泽华主编《中国政治思想史》（隋唐宋元明清卷），浙江人民出版社，1996。

120. 漆侠：《宋学的发展和演变》，《漆侠全集》第六卷，河北大学出版社，2008。

121. 余英时：《朱熹的历史世界——宋代士大夫政治文化的研究》（上、下），生活·读书·新知三联书店，2004。

122. 〔德〕迪特·库恩：《儒家统治的时代：宋的转型》（哈佛中国史），李文锋译、邵君安校，中信出版社，2016。

123. 王先明：《中国近代社会文化史续论》（近代中国研究丛书），南开大学出版社，2005。

124. 〔美〕卡尔·A. 魏特夫：《东方专制主义——对于极权力量的比较研究》，徐式谷、奚瑞森、邹如山等译，邹如山校订，中国社会科学出版社，1989。

125. 李明辉主编《儒家思想的现代诠释》，"中央研究院"中国文哲研究所，1998。

126. 魏义霞：《理学与启蒙——宋元明清道德哲学研究》，商务印书馆，2009。

127. 徐复观：《中国思想史论集》，上海书店出版社，2004。

128. 余英时：《中国思想传统的现代诠释》，江苏人民出版社，1998。

129. 周谷城：《中国政治史》，中华书局，2007。

130. 〔美〕刘子健：《中国转向内在：两宋之际的文化转向》，赵冬梅译，江苏人民出版社，2012。

131. 李会富：《邵续与革新：儒学史视域中的理学问题考察》，天津社会科学出版社，2016。

132. 何成轩：《儒学南传史》，北京大学出版社，2000。

133. 方祖猷、滕复主编《论浙东学术》，中国社会科学出版社，1995。

134. 费孝通：《乡土中国、生育制度》，北京大学出版社，1998。

135. 萧萐夫、许苏民：《清明启蒙学术流变》，辽宁教育出版社，1995。

136. 中国哲学史学会、浙江省社会科学研究所编《论宋明理学》（宋明理学讨论会文集），浙江人民出版社，1983。

137. 葛兆光：《思想史研究课堂讲录：视野、角度与方法》，生活·读书·新知三联书店，2005。

138. 曹聚仁：《中国学术思想史随笔》，生活·读书·新知三联书店，1986。

139. 钱婉约：《从汉学到中国学：近代日本的中国研究》，中华书局，2007。

140.〔美〕包弼德：《斯文：唐宋思想的转型》，刘宁译，江苏人民出版社，2000。

141. 蔡仁厚：《宋明理学·南宋篇》，吉林出版集团有限责任公司，2009。

142. 陈祖武主编《明清浙东学术文化研究》，中国社会科学出版社，2004。

143.〔日〕山本新、秀村欣二：《中国文明与世界——汤因比的中国观》，周颂伦、李小白、赵刚译，东方出版社，1998。

144. 沈冬梅、范立舟：《浙江通史》（第5卷宋代卷），浙江人民出版社，2005。

145. 方民生：《浙江制度变迁与发展轨迹》，浙江人民出版社，2000。

146. 程水龙：《理学在浙江的传播——以〈近思录〉为中心的历史考察》，上海古籍出版社，2010。

147.〔日〕三石善吉：《传统中国的内在性发展》，余项科译，中央编译出版社，1998。

148.〔美〕狄百瑞：《中国的自由传统》，李弘祺译，贵州人民出版社，2009。

149. 姜海军：《宋代浙东学派经学思想研究》，齐鲁书社，2017。

150. 闵泽平：《南宋"浙学"与传统散文的因革流变》，浙江大学出版社，2014。

151. 何成轩：《儒学南传史》，北京大学出版社，2000。

152. 郭庆财：《南宋浙东学派文学思想研究》，中华书局，2013。

153.〔美〕柯文：《在中国发现历史——中国中心观在美国的兴起》，林同奇译，中华书局，1989。

154.〔美〕西里尔·E.布莱克：《比较现代化》，杨豫、陈祖州译，上海译文出版社，1996。

155.〔美〕包弼德：《历史上的理学》，（新加坡）王昌伟译，浙江大学出版社，2009。

156. 〔美〕爱德华·希尔斯：《论传统》，傅铿、吕乐译，上海人民出版社，2009。

157. 章学诚：《文史通义》，上海古籍出版社，2008。

158. 吴光：《当代新儒学探索》（论文集），上海古籍出版社，2003。

159. 韦政通：《人文主义的力量》，中华书局，2011。

160. 杨国荣：《成己与成物——意义世界的生成》，北京大学出版社，2011。

161. 陈来：《宋明理学》，辽宁教育出版社，1991。

162. 叶舒宪：《现代性危机与文化寻根》，山东教育出版社，2007。

163. 〔法〕米歇尔·博德：《资本主义史 1500～1980》，吴艾美、杨慧玫、陈来胜译，北京，东方出版社，1987。

164. 〔美〕黄仁宇：《中国大历史》，生活·读书·新知三联书店，2015。

165. 〔美〕黄仁宇：《万历十五年》，生活·读书·新知三联书店，1997。

166. 程民生：《宋代地域经济》（宋代研究丛书），河南大学出版社，1992。

167. 〔日〕小岛毅：《中国思想与宗教的奔流：宋朝》，《中国的历史》第七卷，何晓毅译，广西师范大学出版社，2014。

168. 〔德〕迪特·库恩：《儒家统治的时代——宋的转型》，《哈佛中国史》第四卷，李文锋译，中信出版社，2016。

169. 夏诚：《世界现代化史纲——世界体系的形成与第一轮现代化》（第一卷），广西人民出版社，1999。

170. 〔美〕保罗·肯尼迪：《大国的兴衰——1500～2000 年的经济变迁与军事冲突》，王保存、陈景彪等译，求实出版社，1989。

171. 罗荣渠：《现代化新论——世界与中国的现代化进程》，北京大学出版社，1993。

172. 赵旭东：《反思本土文化建构》，北京大学出版社，2003。

173. 马克垚主编《中西封建社会比较研究》，学林出版社，1997。

174. 〔美〕黄仁宇：《大历史不会萎缩》，广西师范大学出版社，2004。

175. 〔美〕塞缪尔·亨廷顿：《现代化——理论与历史经验的再讨论》，上海译文出版社，1993。

176. 〔美〕道格拉斯·C.诺思：《经济史中的结构与变迁》，陈郁、罗华平等译，上海三联书店、上海人民出版社，1994。

177. 许纪霖、陈达凯主编《中国现代化史》（第一卷 1800～1949），上海三联书店，1995。

178. 罗荣渠、牛大勇：《中国现代化历程的探索》，北京大学出版社，1992。

179. 朱维铮：《走出中世纪二集》，复旦大学出版社，2008。

180. 高翔：《近代的初曙——18 世纪中国观念变迁与社会发展》（明清史研究丛书），社会科学出版社，2000。

181. William Theodore de Bary：Source of Chinese Tradition，Vol. I，1. New York：Columbia University Press，1960.

182. William Theodore de Bary：Self and Society in Ming Thought，New York：1. Clombia University Press，1970.

183. Hall，David L. and Ames，Roger. T.：Thinking Through Confucius. 2. New York：State University of New York Press，1987.

184. Williams，Raymond，"The analysis of culture"，in *Cultural Theory and Popular Culture*：*A Reader*，2nd edn，in John Storey，（ed.）Hemel Hempstead：Prentice hall，1998.

185. Robert Hymes，Statesmen and Gentlemen：The Elite of Fu-Chou，Chiang-His，in Northern and Southern Sung，Cambridge University Press，1986.

186. 朱晓鹏：《浙学刍议》，《中国哲学史》2006 年第 1 期。

187. 朱晓鹏：《论南宋浙学研究的现代意义及其方法》，《杭州师范大学学报》（社科版）2010 年第 5 期。

188. 〔日〕早阪俊广：《关于〈宋元学案〉的"浙学"概念》，《浙江大学学报》（社科版）2002 年第 1 期。

189. 葛兆光：《道统、系谱与历史——关于中国思想史脉络的来源与确立》，《文史哲》2006 年第 3 期。

190. 沈松勤：《论"元祐学术"与"元祐叙事"》，《中华文史论丛》2007 年第 4 期。

191. 周梦江：《叶适的经济思想与宋代商品经济》，《宋史研究论文集》，河北教育出版社，1989。

192. 周梦江：《永嘉之学如何从性理转向事功》，《孔子研究》2006 年第 2 期。

193. 何俊：《叶适与朱熹道统观异同论》，《学术月刊》1996 年第 8 期。

194. 何俊：《宋代永嘉事功学的兴起》，《杭州大学学报》1992 年第 3 期。

195. 陈安金：《叶适的事功价值观初探》，《哲学研究》2001 年第 4 期。

196. 陈安金、王宇：《贯通内圣外王的努力——评永嘉学派的思想历程》，《哲学研究》2002 年第 8 期。

197. 陈安金：《论永嘉学派与朱子学派的分歧》，《江汉论坛》2004 年第 7 期。

198. 陈安金：《从对立到整合：永嘉学派研究的基本路向》，《哲学动态》2004 年第 5 期。

199. 陈远平、肖永明：《论叶适经制事功之学的渊源及其与理学的分歧》，《湖南大学学报》2001 年第 2 期。

200. 郭淑新、臧宏：《论叶适的学术批判精神》，《孔子研究》2001 年第 4 期。

201. 蒙培元：《叶适的德性之学及其批判精神》，《哲学研究》2001 年第 4 期。

202. 吕世荣：《义利之辨的哲学思考》，《哲学研究》1998 年第 5 期。

203. 董平：《叶适对道统的批判及其知识论》，《孔子研究》1994 年第 1 期。

204. 吴松：《学术关怀与事功关怀——略论叶适的文化批判及其超越》，《思想战线》1998 年第 7 期。

205. 陈中权：《永嘉学派和温州人精神》，《中共浙江省委党校学报》1999 年第 4 期。

206. 蔡克骄、陈飂：《温州模式与温州人精神——兼谈温州人精神面向未来的变革与重构》，《温州师范学院学报》2000 年第 1 期。

207. 徐洪兴：《论叶适的"非孟"思想》，《浙江学刊》1994 年第 3 期。

208. 叶坦：《宋代浙东实学经济思想研究——以叶适为中心》，《中国经济史研究》2000 年第 4 期。

209. 郭淑新、臧宏：《论叶适的学术批判精神》，《孔子研究》2001 年第 4 期。

210. 李明友：《叶适的道器观及其对心性之学的批评》，《浙江大学学报》2001 年第 1 期。

211. 屠承先：《论叶适的本体功夫思想》，《温州大学学报》2001 年第 2 期。

212. 党瑞红、罗家祥：《南宋事功学派与中华民族精神》，《华中科技大学学报》2005 年第 4 期。

213. 张家成：《析叶适的重商思想》，《中国哲学史》2005 年第 2 期。

214. 朱晓鹏：《从朱熹到王阳明：宋明儒学本体的转向及其基本路径》，《哲学研究》2015 年第 2 期。

215. 朱晓鹏：《试论叶适的经济思想及其现代意义》，《温州大学学报》2001 年第 2 期。

216. 朱晓鹏：《论陈亮事功主义伦理思想的基本特征》，《杭州师范学院学报》2005 年第 3 期。

217. 朱晓鹏：《论陈亮思想的特质及其意义》，《浙江学刊》2009 年第 1 期。

218. 朱晓鹏：《从陈傅良的思想特质看永嘉学派的思想史地位和学派归属》，《浙江学刊》2011 年第 5 期。

219. 朱晓鹏：《论黄宗羲政治思想的民主启蒙性质》，《黄宗羲与明清思想》，上海古籍出版社，2006。

220. 陈国灿：《论宋代"浙学"与理学关系的演变》，《孔子研究》2000 年第 2 期。

221. 潘富恩：《吕祖谦与浙东史学》，《孔子研究》1992 年第 32 期。

222. 陈锐：《叶适的社会政治思想》，《浙江社会科学》2004 年第 6 期。

223. 吴光：《简论"浙学"的内涵及其基本精神》，《浙江社会科学》2004 年第 6 期。

224. 王宇：《薛季宣和永嘉制度新学的开创》，《中国哲学史》2005 年第 2 期。

225. 张仁寿：《沿海农村经济发展模式与区域文化的比较研究》，《经济社会体制比较》1995 年第 2 期。

226. 陈立旭：《人地矛盾与当代浙江文化精神》，《浙江社会科学》2005 年第 1 期。

227. 陈立旭：《区域工商文化传统与当代经济发展——对浙商、晋商、徽商的一种比较分析》，《浙江社会科学》2005 年第 3 期。

228. 晏国彬：《叶适经济思想的创新价值及其对温州经济模式的影响》，《企业经济》2006 年第 10 期。

229. 方立明、薛恒新、奚从清：《温州精神：内涵、特征及其价值》，《浙江社会科学》2006 年第 1 期。

230. 刘玉敏：《吕祖谦学术渊源略考》，《中国哲学史》2007 年第 3 期。

231. 方同义：《论吕祖谦的人格气度和学术特色》，《宁波大学学报》（人文科学版）2008 年第 6 期。

232. 董平：《论吕祖谦的历史哲学》，《中国哲学史》2005 年第 2 期。

233. 杜海军：《论吕祖谦研究中的偏见》，《浙江师范大学学报》（社会科学版）2008 年第 4 期。

234. 黄灵庚：《吕祖谦佚文补遗》，《古籍整理研究学刊》2008 年第 1 期。

235. 李圣华：《浙学"由经入史"发微》，《光明日报》（理论版）2018 年 6 月 30 日。

236. 王锟：《吕祖谦的心学及其对浙东学术的影响》，《中国哲学史》2013 年第 4 期。

# 后　记

　　我对浙学的学术兴趣始于 20 年前调回浙江工作后。此前，我虽是生于斯长于斯的浙江人，却因长年求学工作于异乡，只觉得以往的浙学也只是数千年中国思想史中的"一段历史"、数十种地方文化中的"一种文化"而已。然而，在故乡的土地上浸润进去后，浙学的魅力很快就深深地吸引了我，我发现它原来不仅仅是地方性的，还具有普适性；也不仅仅是历史性的，也具有现代性价值。如就南宋浙学来说，其研究就不能陷入一般地方性文化研究的俗套，也不能限于宋学或儒学的视野去考察其思想脉络及其精神特质，而是要把它放在唐宋以来中国社会文化转型这一大趋势中予以把握和评判。只是由于囿于传统学术史观和理论视野的限制，人们大多没能够真正认识南宋浙学非同一般的价值和意义，因而它恰恰成了一块有待于深入探索、重新认识的思想洼地。

　　不过，兴趣是一回事，真正深入研究是另一回事。虽然对浙学的研究、思考和写作已成为自己所乐意投入的学术活动的一部分，但终究因为有其他琐事的不断干扰，尤其是中间插进去做了十多年的王阳明研究而始终只能断断续续地从事这一课题的研讨。直到前几年在先后完成了两本阳明学方面的著作后，才开始真正转入南宋浙学课题的研究工作中。

　　然而，由于本人素来手慢，一个课题在手里不搞个十年八年是写不好书的。所以尽管作为一个研究项目现在已经完成了，但由于受项目时间、范围所限，有关南宋浙学这一课题的研究实际上还远未完成，各种粗疏谬误恐在所难免，故此一方面期待学界同仁的批评交流，另一方面也有待于我自己今后做出更多深入研究。

本课题的研究，曾先后得到我校省市级中国哲学重点学科建设计划、浙江省社会科学规划项目、教育部人文社科规划项目及我校人文振兴计划出版资助项目的支持，在此谨表谢意，因为正是它们先后为本课题提供了持续研究上的续航动力。同时，本课题研究也得到了同事赵玉强博士的大力支持，他长期属意于浙学的研究，作为合作者他这两年放下自己的项目研究先为本书撰写了若干很有分量的章节。另外，本书第七章系与以前的研究生、现在已经回到温州工作的林玉碧合撰。在此衷心感谢赵玉强、林玉碧两位作者的辛劳和支持。我的研究生李红梅虽已毕业回到安徽工作，仍然冒着酷暑帮我打了几万字的稿件，我也非常感谢她的热心帮助。

在多年的研究写作过程中，本书不少章节已作为论文先后在有关学术刊物及国内外学术会议上发表过，在此除了要感谢那些刊物编辑和会议组织者的支持之外，还要对由此造成的部分章节文字上可能略有重复但为了保持各自内容的完整性而未能全部删改的状况致以歉意。

需要特别提到的是，就在本书写作的最后阶段，从台海彼岸传来惊人的消息，我所尊敬的著名思想家韦政通先生于 8 月 5 日不幸去世，令人哀痛！我除了立刻与供职的学校上下沟通联络，并代拟唁电以学校名义于第一时间发出之外，本来还应受邀写下一些先生于晚年长期在我校讲学、我们多年交往等等的追忆文字的，可惜一则因为心情难过一时难以下笔，二则因为正是本书收尾结题阶段，头绪纷杂，就想暂时放放再说。但是隐藏于内心中的那些记忆和伤感还是时时袭来，于是就在此暂且记录一笔，以作怀念。

朱晓鹏

2018 年 8 月 19 日于杭州兰园

图书在版编目（CIP）数据

　　平民哲学与社会发展：南宋浙学精神及其现代价值／
朱晓鹏，赵玉强著 . -- 北京：社会科学文献出版社，
2019.9

　　ISBN 978 - 7 - 5201 - 5139 - 9

　　Ⅰ . ①平…　Ⅱ . ①朱…　②赵…　Ⅲ . ①哲学学派 - 研
究 - 浙江 - 南宋　Ⅳ . ①B244.05

　　中国版本图书馆 CIP 数据核字（2019）第 136960 号

# 平民哲学与社会发展

## ——南宋浙学精神及其现代价值

著　　者／朱晓鹏　赵玉强

出 版 人／谢寿光
组稿编辑／邓泳红
责任编辑／桂　芳
文稿编辑／贺拥军

出　　版／社会科学文献出版社 · 皮书出版分社（010）59367127
　　　　　　地址：北京市北三环中路甲 29 号院华龙大厦　邮编：100029
　　　　　　网址：www. ssap. com. cn
发　　行／市场营销中心（010）59367081　59367083
印　　装／三河市龙林印务有限公司

规　　格／开　本：787mm × 1092mm　1/16
　　　　　　印　张：23.25　字　数：366 千字
版　　次／2019 年 9 月第 1 版　2019 年 9 月第 1 次印刷
书　　号／ISBN 978 - 7 - 5201 - 5139 - 9
定　　价／98.00 元